한국사회사의 탐구

최 재 석

景仁文化社

서 문

본서는 1959년부터 2000년 사이에 발표한 한국사회사에 관한 논고 14편을 묶은 것인데, 지금까지 간행한 논문집에 수록되지 않은 논고로 이루어졌다. 아직도 논문집에 수록되지 않은 논고가 여러 편 있으나 논문집으로 묶는 일은 이것으로 끝을 맺을까 한다. 그동안 필자는 한두 권의 계몽서를 제외하고는 시종 우선 개별 논문으로 발표하여 학계에 묻고 그 다음에 이것들을 모아 논문집으로 묶었다.

이 저서에 수록된 논문들은 신라시대의 화랑, 골품제, 조선시대의 가족제도와 동족부락, 그 이후 시대의 친족제도, 공동체, 한국사회의 윤리규범, 신앙촌락, 무속신앙, 아파트 지역의 근린관계, 한국의 사회학, Deuchler의 한국사회사 비판 등 크게 11개 분야에 걸쳐있다. 신라시대의 경우 화랑연구는 1986년까지의 연구성과를 고찰하고 골품제에 관한 비판을 다루었다. 조선시대의 집성부락(동족부락)에 관한 논고가 두 편, 한국의 친족제도에 관한 논고가 한 편 포함되어 있다. 공동체 연구는 초기부터 1972년 사이에 행해진 연구내용이 담겨져 있고, 한국의 윤리규범에 관한 두 편의 논고는 한국 사회윤리의 사회적 배경을 살핀 것이다. 신앙촌락의 연구는 계룡산록에 자리잡은 여러 신앙촌락을 여러 번 현지 조사하여 얻은 논고이다. 이 논고는 1956년 필자의 석사학위 논문을 보완한 것으로, 그때까지 그곳의 신앙 내지 종교를 한국의 원시종교로 의식하였던 지도교수 이상백 선생의 권유로 이루어진 것이다. 무속신앙의 초기 연구는 초기부터 1945년까지 발표된 무속신앙에 관한 논저를 살펴본 것이고, 아파트 지역의 주민구성과 근린문제는 서울의 한 중류 아파트의 근린관계가 어떻게 전개되고 있는지 알아본 것이다. 1970년 시점에서 본 한국사회학은 제목 그대로 1970년 시점에서 그때까지 이루어 놓은 한국사회학의 성과를 리뷰한 것이다. Deuchler 비판 논고는 Deuchler의 한국사회사 연구가 그때까지 한국인이 이루어 놓은 한국사회사 연구와 어떤 점에서 다르고 또한 어떤 점에서 같은 것인지 살펴본 것이다. 마지막으로 부론의 「일제강점기의 족보와 동족집단」은 한국의 씨족 내지 종족 연구에 중요한 길잡이 역할을 할 것으로 생각한다. 식민통치시대에 일제는 족보를 간행할 때마다 반드시 그 족보 한 질을 제출케 하였는데 그 족보들이 현재 국립중앙도서관에 소장되어 있다. 따라서 그 시대에 족보를 한 번이라도 간행한 씨족은 그 족보를 통하여 연구할 수 있다.

지난 1958년부터 50년간 한국사회사와 고대한일관계사 고찰에 집중하였으나 체력의 한계를 느껴 본서의 간행을 끝으로 막을 내리게 되었다. 한편으로는 아쉽기도 하지만 다른 한편으로는 감개가 무량하다.

끝으로 시장성도 없는 본서를 출간해준 경인문화사 한정희 사장에게 감사를 드린다.

2009년 10월
저 자

<목 차>

서문

제1장
화랑연구의 성과

제2장
신라 골품제에 관하여

제3장
조선전기의 가족제도

본서 게재 논고의 발표지명과 연도

1. 「화랑(花郞)연구의 성과」『화랑문화의 신연구』, 경상북도, 1995.
2. 「신라 골품제에 관하여-이종욱씨에 답함-」『한국사회사연구회논문집』 11, 1988.
3. 「조선전기의 가족제도와 동족(집성)부락」『한국사론』 3, 1975.
4. 「조선시대 동족(집성)부락」『한국사』 13, 1995.
5. 「한국인의 친족생활」『한국민속대관』 1(사회구조 편), 고대 민족문화연구소, 1980 ; <개정증보>「친족제도」『한국 민속의 세계』 1(생활환경・사회생활 편), 2000. (본서에는 개정증보 논문을 수록하였음)
6. 「한국에 있어서의 공동체 연구의 전개」『한국사회학』 7, 1972.
7. 「한국사회의 윤리규범 문제」『한국사상』 10, 1972.
8. 「한국의 사회윤리와 그 사회적 배경」『韓國人의 思想』, 태극출판사, 1974.
9. 「신앙촌락의 연구」『亞細亞研究』 2(1), 1959.
10. 「한국무속신앙의 초기연구」『行動科學研究』 6, 1981.
11. 「아파트지역의 주민구성과 근린관계」『都市問題』 18(10), 1983.
12. 「1970년 시점에서 본 한국사회학의 회고와 전망」『고대문화』 11, 1970.
13. 「도이힐러(M. Deuchler)의 한국 사회사 연구 비판-선행 연구와 관련하여-」『사회와 역사』 67, 2005.
부론. 「일제하의 족보와 동족(씨족)집단」『아세아연구』 12(4), 1969.

제1장

화랑연구의 성과

-초기부터 1986년까지를 중심으로-

1. 머리말

　본인은 1987년에 「신라의 화랑과 화랑집단」이라는 논고를 영남대의 『민족문화논총』 8호에 발표한 바 있다. 이 논고는 1920년대의 화랑연구의 시작에서부터 1986년까지 발표된 화랑 관계 논문을 정리하고 반성한 것이었다. 그런데 주최자 측으로부터 그 이후 8년간(1987~1994)에 발표된 논문까지 포함하여 화랑연구의 성과에 대하여 집필하여 달라는 부탁을 받았다. 그러나 본인은 지금 正倉院 소장품의 제작국 확인 작업이 마무리 단계에 들어가 굳이 이를 고사하였으나 전번에 발표된 글의 일부라도 좋다는 제의가 있어 마음이 평안하지는 않지만 그대로 따르기로 하였다. 그동안 『화랑세기』도 발굴되었고 또한 20세기도 몇 년 남지 않았으니 그 때 가서 다시 「20세기의 화랑연구의 회고」(가제)라는 주제로 집필할 생각이다. 그런데 1987년부터 1994년 사이에 발표된 화랑연구 논문은 얼마 되지 않으니 죄책감의 일부는 감소되는 것 같다. 본고는 화랑기사가 담겨진 사료에 대한 일본인들의 평가, 화랑의 조직, 화랑의 수련과정, 화랑의 변천, 화랑의 성격과 기능에 관한 종래의 견해를 정리하고 평가한 것이다.

2. 사료(『삼국사기』·『삼국유사』)의 평가

　화랑의 연구가 일단의 일본인 학자로부터 시작되었지만 신라의 왕위

계승, 시조묘, 육부(六部), 골품제 등의 연구에 있어서처럼 화랑연구에 있어서도 그들은 화랑에 관한 기사가 있는 『삼국사기』・『삼국유사』의 기록이 조작・전설이라 주장하였다. 물론 여기에서도 증거의 제시 없는 주장이었던 것이다. 지금 이들이 구체적으로 『삼국사기』・『삼국유사』를 어떻게 왜곡하고 있는가를 다음에 알아보고자 한다.

1) 금촌 병(今村 鞆)

① 신라의 개국사는 일체 실제보다 고대로 소급하여 만들어졌다(今村 鞆, 1928, 20쪽).

② 신라의 초기는 국가가 아니고 六部族이다(19쪽).

③ 특히 도・유・불교의 분식을 종합한 것처럼 기재한 것은 粉飾・傅會가 심한 것이다(19쪽).

④ 위의 기사(화랑에 관한 『삼국사기』 등의 기사)를 읽어 보면 아무리 생각해도 의미가 통하지 않고 또한 이치에 닿지 않는다. 아무리 1500년 전의 일이라 하더라도 官吏軍人을 채용하는 데 위와 같은 변칙의 방법을 취하였다고는 믿어지지 않는다. (중략) 옛날 시대에는 대체로 문벌 연줄에 의하여 사람을 채용하지 않았던가(19쪽). 위의 기사는 金富軾이 『삼국사기』를 실을 때 그 자료로 한 구비・전설・옛 기록에 실렸던 진짜 재료를 그대로 쓰지 않고(그대로 쓰면 조선의 문화가 支那에 뒤떨어지는 일부분이 폭로된다고 생각하여) 糊塗粉飾하여 쓴 것이든가 또는 이미 그 전에 신라시대에 자료문서를 위와 같이 분식호도하고 있었는지 모른다(19쪽).

⑤ 신라 초기의 왕은 모두 尼師今・麻立干이라는 존호를 사용하고 있는 데 (중략) 이 모두 巫와 같이 神事를 관장하는 의미가 있다(21쪽). 次次雄은 방언으로 巫이다(20쪽).

⑥ 신라 초기는 金・昔・朴의 3姓이 교대로 왕위로 오르고 있는데 이것은 變體의 조직이며 고대 어느 국가에도 없던 일이다. 그것은 아직 국가가 아니고 국가의 하위인 단체이며 (중략) 異姓의 자가 교대로 두목이 되어서는 나라를 다스릴 수 없다(21쪽).

⑦ 사람에 官位를 줄 때 神託에 의하였다(26쪽).

⑧ 화랑은 남색, 源花는 賣笑와 관련이 있다(26쪽).

위의 항목 ⑤에 대하여는 약간의 설명이 필요하다. 즉 2대왕 南解王의 왕호만이 방언으로 巫인 '차차웅'이다. 그 밖의 왕호인 '居西干'·'尼師今'·'麻立干' 등은 巫로 볼 수 없다.

2) 점패방지진(鮎貝房之進)

① 『삼국유사』의 화랑 瓶始記事는 일종의 臆斷이며 支離滅裂이다(鮎貝房之進, 1932, 34쪽).

② 『삼국유사』 未尸郞조의 화랑, 國仙之始의 '國仙'이라는 명칭의 당시 실재여부는 의문이다(35쪽).

③ 海東高僧傳의 "自原郞至羅末凡二百餘人"은 『삼국사기』 金歆運傳의 "三代二百餘人"의 "三代"를 "至羅末"로 바꾼 것으로서 迷妄의 짓도 이만저만한 것이 아니다(35쪽).

④ 신라, 즉 오늘날의 경상도 땅에는 고래조선민족(기준을 따라 남하한 민족), 漢민족(秦의 亡人) 등의 이주가 있었지만 가장 중요한 민족이 일본민족(大和민족)이라는 것은 彼我의 역사에 의하여 증거를 댈 수 있으며 지금 췌언(贅言)을 요치 않는다(94쪽).

⑤ 신라의 志操가 고구려·백제인과 달리 충의를 위하여 죽음을 택하는 것은 필경 일본민족의 피를 받았기 때문이며 昔于老, 朴提上, 勿稽子도 일본민족의 자손이다(95쪽).

⑥ (진흥) 37년 춘 始奉源花 … 遂簡美女二人 一曰南毛 一曰俊貞 聚徒三百餘人(하략)의 2人 美女는 女子奴隷고 嫁女이다. 女隷嫁女를 朝廷에서 받드는 것은 실로 어이없는 일이다(31쪽).

⑦ 『삼국유사』의 2인의 미녀를 화랑이라 한 것은 娼妓를 칭하는 말이다(44쪽).

⑧ 진흥왕은 女色男女를 내세워 화랑의 徒衆을 모으는 수단으로 사용하였으며 남색은 공공연하게 일반이 행하였기 때문에 의심할 여지가 없다(71쪽).

⑨ 花娘, 花郞 모두 여색남색을 내세워 도중을 모으는 수단으로 사용되었다(118쪽). 斯多含과 武官郞과의 관계, 夫禮郞과 安常과의 관계, 竹旨郞과 得烏谷과의 관계는 동성애의 관계이다(71~77쪽).

⑩ 신라에서는 화랑과 郞徒간의 동성애를 공공연히 인정하고 마치 부부관계처럼 취급하고 이를 탈취한 자는 임자 있는 처를 姦한 것과 같은 극

형을 科하였다(76~77쪽).
⑪ 통일 전의 화랑이 통일 후에는 男巫를 호칭하는 데 사용되고 그 대신
仙郎·국선이 화랑을 지칭하게 되었다(123쪽).
⑫ 신라 말에 남무를 화랑이라 불렀다(119쪽).
⑬ 신라 말에 남무를 화낭, 女巫를 무당이라 칭하였다(119쪽).
⑭ 일본의 세력은 반도 내에서 구축되었다(85쪽).
⑮ 『일본서기』 欽明記 23년조에 신라군은 일본군을 완전히 격파하였다
(92쪽).

금촌 병의 주장이 신라의 역사는 소급, 조작되고 또한 화랑기사도 전
설, 粉飾되었다는 데 있다고 한다면 점패방지진의 왜곡의 골자는 훌륭한
화랑이 있는 신라민족은 일본민족이고 여자화랑은 창녀이고 남자화랑은
남무이며 한반도는 한 때 일본의 지배하에 있었다는 데 있다. 이러한 주
장은 三品彰英의 주장에 그대로 이어지고 있다.

3) 지내 굉(池內 宏)

지내 굉은 1920년대에 발표한 「신라인의 무사적 정신에 대하여」라는
논문에서는 사실의 왜곡이 적었으나 1930년대에 발표한 「신라의 화랑에
대하여」라는 논문에서는 같은 사람의 논문이라고 생각할 수 없을 정도
로 사실을 왜곡하였다. 즉 전자에서는 다음과 같은 왜곡뿐이다.

① 于山國 征服, 고구려로부터의 약취·略有, 江原道地方 略取, 西半部
併呑, 신라의 악랄한 방법, 왕의 시체를 전장에 버린다(池內 宏, 1929,
489~490쪽) 등의 용어를 사용하여 역사를 왜곡하였다.
② 법흥왕 때 낙동강유역의 가라제국을 정복하고 일본의 정치적 세력을
대표하는 임나일본부에 큰 타격을 주었다(489쪽).
③ 진흥왕 때 임나일본부의 소재지였던 가라의 일국인 安羅를 토멸하여
반도에서의 일본세력을 상실케 하였다(490쪽).

후자 즉 1930년의 논문에서는 다음과 같이 왜곡하고 있다.

① 『삼국사기』 진흥왕 37년조의 「初君臣病無以知人 欲使類聚羣遊 以觀
  其行義 然後擧而用之」의 기사도 설원랑비(薛原郎碑)에 의거하여 강조
  한 것이며 신용할 수 없다(池內 宏, 1936, 541~542쪽).
② 『해동고승전』의 「自原郎至羅末 凡二百餘人 其中四仙最賢」의 원랑은
  공상의 인물이다(511쪽).
③ 화랑의 기원에 관하여는 현존 문헌상으로는 전혀 알 수 없다(537쪽).
④ 『삼국사기』 진흥왕 37년조의 2인의 여성 원화와 『삼국유사』 권3 彌勒
  仙花조의 여성 <원화> 이야기는 같은 목적으로 동시에 조작된 것이
  다(535쪽).
⑤ 『삼국유사』의 화랑의 鼻祖인 설원랑은 후인의 상상에서 생긴 가공인
  물이다(527쪽).
⑥ 설원랑은 화랑의 기원을 설명하기 위하여 만든 가공의 인물이다(535
  쪽).
⑦ 염미한 낭자를 중심으로 단체를 조직하여 選士와 敎化에 도움을 주고
  자 하는 것과 같은 비상식이 행해질 리 없다(535쪽).
⑧ 공상의 설원랑 위에 관한 원화의 이야기는 아마도 그와 같이(전분장식
  한 미모의 귀공자인 화랑을 선행시키기 위하여) 하여 생겨났으며 역사
  적 사실에 근거를 갖지 않는 설명적 설화이다(535~536쪽).
⑨ 『삼국사기』 진흥왕 37년조의 「원화」 이야기는 역사적 사실을 포함하
  지 않는다(536쪽). 요컨대 『삼국사기』 진흥왕 37년조의 화랑기사는 김
  부식 자신의 견해이며 역사적 사실로서는 거의 가치가 없다(537쪽).

위에 나타난 바와 같이 지내 굉은 근거의 제시 없이 『삼국사기』의 화
랑의 기사는 '조작'·'공상'·'설화'·'가공'의 것이라고 시종 주장하고
있다.

그는 『신라국기』의 저자는 당나라사람 顧愔인데 『삼국사기』 新羅本
紀 진흥왕 37년조에는 令狐澄으로 잘못 기재되어 있다고 지적하고 있는
데, 이 잘못이 『삼국사기』 기사의 조작·架話와 관련이 있는 듯한 인상
을 주고 있다.

4) 삼품창영(三品彰英)

삼품창영에 의한 화랑관계기사(『삼국사기』)에 대한 이른바 사료비판은 이미 언급한 바 있지만[1] 그 당시 누락된 것도 있고 해서 다시 여기서 언급하고자 한다.

이미 위에서 보아온 바와 같이 금촌 병, 점패방지진, 지내 굉 등의 사료비판은 거의 전적으로 왜곡되어 있다. 그런데 삼품창영은 이들의 사료비판을 비판한다. 삼품창영이 이들을 비판하는 것은 이들의 비판이 왜곡되었다는 것을 주장하기 위해서가 아니라 이들과는 다른 시각에서 더욱 왜곡하기 위해서였던 것이다. 이리하여 삼품창영은 상기 3명의 화랑연구에 대하여 다음과 같이 주장한다.[2] 즉 그는 "개개의 말초적인 문헌사료상의 논쟁이 아니라 근본문제는 연구입장의 상이점에 있으며 사료의 가치와 해석은 전적으로 그 연구의 입장에서 상이하지 않을 수 없음이 유감이다"라고 말하고, 또 그는 다른 일본인의 화랑연구는 "문헌의 합리적 해석이 될 수 있지만 고대적 사실 그 자체의 구명은 될 수 없다"고 주장한다(14~16쪽).

이리하여 그는 지엽적으로 왜곡한 다른 일본인과는 달리 화랑제를 근원적으로 왜곡하기로 작정하고 신라의 화랑제도를 처음부터 '奇俗' · '기묘한 습속' · '기이하게 느낀다'(56쪽)라고 표현하고 비판을 시작한다. 그의 사료의 비판은 요컨대 화랑기사가 있는 『삼국사기』는 조작되

---

1) 최재석, 1987, 「삼품창영의 한국고대사회 · 신화론비판」 『민족문화연구』 20(『한국고대사회사방법론』 소수).

2) 알려져 있는 바와 같이 삼품창영은 「新羅の奇俗花郎制度に就いて」 『歷史と地理』 25-1~26-5, 1930년 1월~1931년 5월(10회 연재)과 「新羅花郎の源流とその發展」 『史學雜誌』 45-10·11·12, 1934(3회 연재)를 수정 보완하고 1943년 여기에 비교자료 등의 참고편을 추가하여 『新羅花郎研究』-朝鮮古代研究 第一部라는 저서로 출간하였다. 이 책은 1974년 『新羅花郎の研究』(三品彰英論文集 第6卷, 平凡社)로 출간되었는데 본고에서의 페이지 수는 1974년의 것의 위치이다.

었으며 화랑은 대만의 기존의 원시종족인 高砂族에서 전파된 것이며 또한 한반도는 한때 일본의 식민지였다는 세 가지로 요약된다. 화랑을 연구하는 자리에서 한반도가 일본의 식민지였다고 여러 번 반복하여 주장하는 점에서도 그의 저의의 일부를 알 수 있을 것 같다. 그의 표현을 빌리면 『삼국사기』는 '전설'·'반전설'·'윤색'·'사실아니다'·'믿을 수 없다'·'왜곡하였다'라는 것이다. 삼품창영은 한국 고대에 대한 다른 연구에서도 여러 번 『삼국사기』가 조작되었다고 주장하였지만 화랑연구에서 조작되었다고 주장한 것을 제시하면 다음과 같다.

① 법흥왕 이전시대는 연대사적으로 반전설적 시대이다(三品彰英, 1974, 206쪽).
② 삼한시대에 접속하는 마립간 시대는 신라사에서 반전설적 시대이며 사료적으로 대단히 빈약하다(209쪽).
③ 신라 왕족의 계보는 초기는 전혀 믿을 수 없다(217쪽).
④ 『삼국사기』 유리왕 9년조에는 6姓을 정하고 관 17등을 제정한 것이 기록되어 있지만 어느 것이나 기년적으로 믿을 수 없다(127쪽).
⑤ 화랑의 습속을 풍류 혹은 풍월도라 하는 것은 신선취미에 의한 윤색이다(297쪽).
⑥ 『삼국사기』 법흥왕 15년(528)의 숭불파와 배불파간의 약간의 싸움은 그대로 사실이 아니다(231쪽).
⑦ 『삼국사기』 고구려본기 동천왕 21년조의 왕도에 관한 기사는 전설이다(234쪽).
⑧ 『삼국사기』 진흥왕 37년 봄의 '始奉源花 … 遂簡美女二人 一曰南毛 一曰俊貞 聚徒三百餘 …' 기사대로 남성화랑의 전신으로서 여성화랑이라는 것이 있었다는 것은 전설이다. 따라서 여성화랑의 존재는 사료적으로 막연하다(109쪽).
⑨ 『삼국사기』 신라본기의 법흥왕 8년, 진흥왕 10·25·26·28·31·32년조의 梁·北齊·陳과의 교통을 기술하고 있으나 모두 믿을 수 없다(210~211쪽).
⑩ 신라의 왕위가 그 초기에 부민의 선거추대에 의하여 결정되었으며 중국의 禪讓思想에 의하여 윤색되었다(217쪽).

⑪ 花郎遊娛의 기사는 아주 적은 史實을 자료로 하여 각종의 윤색이 가해
진 것이며 제정 당시의 화랑유오의 사정을 반영한 전설은 아니다
(148~149쪽).

⑫ 이곡의 『동유기』를 비롯 『패관잡기』・『대동운부군왕』・『동국여지승
람』・『지봉유설』・『와유록』・『해동금석원』 등의 화랑유오 기사는
모두 전설이고 후대의 것이며 윤색・왜곡되었다(131~135쪽).

⑬ 화랑 관계 이야기는 어느 것이나 신선사상과 불교신앙에 의하여 대단
히 윤색되었다(76쪽).

⑭ 花郎遊娛도 그 유적도 전설이어서 그 사실성에 있어서는 반드시 정확
성을 갖기 어렵다(149쪽).

⑮ 『삼국사기』 유리왕 9년의 기사는 어느 것이나 기년적으로 믿을 수 없
다(127쪽).

⑯ 신라 왕족의 계보는 그 초기의 것은 전혀 믿을 수 없다(217쪽).

⑰ 최치원의 『난랑비서』는 화랑에 대한 신선사상에 의하여 현저하게 윤
색된 것이며 김대문의 『화랑세기』는 화랑의 신선적 윤색의 선구적 문
헌이다(237쪽).

⑱ 신라의 신선적 윤색은 신라통일 후 서서히 나타났다(239쪽).

⑲ 四仙의 '四'라는 정의는 신라 말기 이후에 출현하였으며 『해동고승전』
(권1)의 사선최현, 『보한집』의 고유사선, 이곡의 『동유기』의 화랑 遊娛
地는 전설의 땅이며, 화랑도 전설이고 전설 중의 4인을 적출하여 四의
수를 가져다가 붙인 것도 고려시대의 전설이다(270쪽).

그 밖에 紀年, 일본과의 관계 및 世系를 왜곡한 것을 예시하면 다음과
같다.

① 마립간 시대는 삼한시대에 접속하는 시대 혹은 삼한시대의 일부를 포
함하는 시대이다(208쪽).

② 삼한시대에서 신라 마립간 시대로 이어진다(299쪽).

③ 백제의 멸망이야말로 일본의 한반도경영의 완전한 포기를 뜻한다(181
쪽).

④ 진흥왕 23년(562) 왕은 이사부에 명하여 반도에 있어서의 근거지로서
'일본부'가 있었던 가야국을 토벌하였다(174쪽).

⑤ 사다함은 가라정벌, 즉 당시 일본에 속해 있던 가야국을 토벌하여 반

도에서 일본의 세력을 몰아내기 위하여 그 집도를 거느리고 종군하였다(60쪽).

⑥ 왕을 선거하던 초기의 선거제는 실질적으로는 폐지되고 왕위는 어느새 김씨 일위의 세습제가 되어 초기의 '國體'는 변화하였다(217쪽).

⑦ 그 후 왕위는 김씨를 떠나 박씨라 칭하는 자에 옮아가고 실력 있는 자가 왕위에 올랐다(222쪽).

⑧ 화랑집단은 반도 통일시대에는 국가의 주석으로 활약하였지만 시대가 내려와 난맥의 세상이 되자 당연한 것으로서 정권획득의 쟁난을 더욱 격화시켰다(226쪽).

⑨ 가야국은 일본의 한반도경략의 策源地였다(175쪽).

3. 화랑의 組織

편의상 여기서는 ⓐ 화랑의 신분과 자격, ⓑ 낭도의 신분, ⓒ 화랑이 되는 방법, ⓓ 화랑과 낭도와의 관계, ⓔ 화랑의 조직, ⓕ 여자화랑, ⓖ 남자화랑의 粧飾 등의 7가지 항목으로 나누어 정리하고자 한다.

1) 화랑의 신분과 자격

다음 표에 나타나 있는 바와 같이 화랑의 신분이 귀족이라는 데는 대체로 의견의 일치를 보고 있다. 그러나 그 자격에 대하여는 미모 하나만을 꼽는 의견도 있고 그 밖의 조건을 지적하는 의견도 있다. 화랑의 자격에 있어서는 柳子厚의 견해가 가장 사실에 가까운 것 같다. 돈 있는 귀족으로서 미모·風標淸秀·志氣方正·儀表都雅·용의단정·有德行者가 화랑으로 추대되는 것이다.

〈표 1〉 화랑의 신분과 자격

주장자	화랑의 신분	자격	출처
점패방지진	귀족자제 (고아도 있음)	미 모	1932, 8쪽
삼품창영	상급귀인자제	미 모	1943, 56쪽
유창선	귀 족	미동남 · 용의단정	1935, 5~10쪽
손진태	귀족소년 왕족 · 귀족	미 모 덕 망	1948, 128~129쪽
유자후	귀인양가자제	용의단정 미 모 풍채준수 덕행의 성격	1947, 68쪽
김충렬	양가자제	외형미 품덕(내재미)	1971, 207쪽
이기동	귀 족	미 모	1979, 336쪽
최재석	돈 있는 귀족	미 모 풍표청수 지기방정 의표도아 용의단정 유덕행자	본 고

A-1. 新羅國記曰 擇貴人子弟之美者 傳粉粧飾之(『삼국사기』 권4, 진흥 37
　　년조)

A-2. 本 高門華冑 風標淸秀 志氣方正 時人請奉爲花郞(『삼국사기』 권44,
　　사다함)

A-3. 新羅將軍品日之子 儀表都雅 小而爲花郞(『삼국사기』 권47, 관창)

A-4. 新羅選童男 容儀端正者 爲風月主 求善士爲徒 以礪孝悌忠臣(서거정,
　　『동국통감』)

A-5. 更下令 選良家男子有德行者 改爲花郞(『삼국유사』 권3, 미륵선화)

손진태가 화랑이 귀족이 아니면 아니 된다고 지적한 다음과 같은 이
유는 타당하다고 생각한다.

ⓐ 단체를 운영하여 막대한 비용이 필요하고, ⓑ 지도자는 계급적 지위와 학문과 교양이 필요하므로 화랑은 반드시 귀족출신이어야 한다(손진태, 1948, 128쪽).

화랑이 위와 같은 신분과 자격을 구비하였으므로 당시의 국인으로부터 다음의 기사처럼 존경을 받는 것은 당연하다고 하겠다.

B-1. 各花郎 國人皆尊事之(『삼국사기』 권4, 진흥왕 37년)
B-2. 各花郎 以奉之(『삼국사기』 권4, 진흥왕 37년)

2) 낭도의 신분

낭도는 낭도 이외에 도, 문도, 도중 등의 용어가 사용되어 왔다. 낭도의 신분에 대하여는 종래 다음과 같이 주장되어 왔다(<표 2> 참조).

〈표 2〉 낭도의 신분

주 장 자	신 분	출 처
삼품창영	진골 이하 4두품까지(평민 제외)	1943, 66쪽
김 철 준	평민 이외의 신분	1975, 210쪽
이 기 백	평민(3두품~1두품)	1978, 231쪽
최 재 석	진골, 6·5·4두품(이상 중심성원) 및 생활에 여유 있는 평민	본 고

그러나 필자는 낭도가 될 수 있는 사람은 평민 이상(평민 포함)의 신분으로서 어느 정도 경제력이 있는 자라고 생각한다. 매일 또는 며칠을 두고 산수유오를 하려면 어느 정도의 경제력이 있지 않는 가정은 불가능하기 때문이다. 입에 풀칠을 하는 정도의 빈곤한 가정에서는 노동을 하여 가정경제에 공헌할 수 있는 연령인 15·16세의 소년을 여러 번 집 밖으로 내보낼 수 없기 때문이다.

이미 화랑의 제정목적란에서 언급한 바와 같이 많은 젊은이를 무리지

어 놀게하여 그 행실의 옳고 그름을 알아 사람을 등용하려고 하거나 또
는 무리를 모아 인재를 선발하였다(聚徒選士) 하니 가장 하층계급인 평
민(3두품~1두품)을 두고 한 말이 아니라는 것을 곧 알 수가 있다. 또 향
가의 작자에 낭도가 있었다는 것은 바로 이러한 사실을 뒷받침해 주는
것이라 하겠다. 골품이라는 엄격한 신분사회인 신라사회에서 평민 속에
서만 인재를 뽑으려고 이러한 절차를 밟았으리라고는 도저히 믿어지지
않는다.

그리고 화랑 밑에 소속되어 있는 낭도 중에 한 사람의 성인 승려낭도
가 있어 낭도 가운데의 '우두머리'(上首)로 화랑을 시봉하고 보좌하고 낭
도들의 상마, 교육 및 지도를 담당했다는 김영태의 견해3)는 주목을 끌
만하다.

3) 화랑이 되는 방법

화랑이 되는 방법은 종래 중망에 의해 추대 된다는 것이 지적되어 왔
지만,4) 이 밖에 왕에 의하여 화랑이 되는 경우도 있다고 하겠다. 『삼국
유사』의 다음과 같은 기록은 바로 이것을 나타내는 것이라 하겠다.

> C-1. 時人請奉爲花郎 不得已爲之(『삼국사기』 권44, 사다함)
> C-2. 郎答曰 我名未尸 … 於是肩輿而入見於王 王敬愛之 泰爲國仙(『삼국
> 유사』 권3, 미륵선화)

4) 화랑과 낭도와의 관계

화랑과 낭도와의 관계에 대하여는 모두 증거를 제시하지 않았지만 평

---

3) 김영태, 1970, 「승려랑도고-화랑도와 불교와의 관계 일고찰」 『불교학보』 7,
264~266쪽.
4) 이기동, 1979, 「신라화랑도의 사회학적 고찰」 『역사학보』 82(1980, 『신라골품제
사회와 화랑도』 수록).

등·동료·친구관계라는 견해와 카리스마적인 관계라는 두 가지 견해가 있어 왔다. 전자에는 이선근·전경수 등이 속하고 후자는 최근에 논문을 발표한 박승길 한 사람 뿐이다. 이선근은 衆議 존중과 남녀균등의 원리가 작용한다고 말하였으며,[5] 전경수는 화랑과 낭도와의 관계는 '친구성(親舊性; friendship)'의 관계라고 말하고 있다.[6] 여기에 대하여 박승길은 왕권과 교권(종교권)의 유지 목적인 카리스마적인 교육제도라 말하였다.[7]

필자의 견해는 전자에 동의하고 싶다. 첫째 이유는 화랑과 낭도가 모두 동년배라는 것이고, 둘째는 한 화랑집단은 낭도가 수백에서 천 명에 이르는 큰 집단이며, 셋째 산수유오와 歌樂相悅이 그들의 크나큰 수업의 하나라는 점이다. 사실 화랑 부예랑이 낭도 천 명을 거느리고 북명지방에 유오가서 적에 잡혀갔을 때도 승려낭도 안상을 제외하고는 낭도가 어찌할 바를 모르고 돌아왔다는 기사는[8] 바로 화랑과 낭도와의 일반적 관계를 나타내는 것이라 하겠다.

5) 화랑의 조직

(1) 화랑명부

여기서는 다시 화랑명부의 유무, 화랑의 연령, 화랑집단의 인원, 화랑집단의 구성과 조직성 등으로 나누어 알아보고자 한다. 우리는 다음 사료에 의하여 화랑집단에는 '黃卷' 또는 '風流黃卷'이라는 명부가 있어 그 집단성원은 이 명부에 이름이 올랐으며, 그 화랑집단에서 벗어나면

---

5) 이선근, 1950, 『화랑도연구』, 해동문화사, 13쪽.
6) 전경수, 1985, 「신라사회의 연령체계와 화랑제도」, 『한국문화인류학』 17, 72쪽.
7) 박승길, 1985, 「신라화랑도의 교정단체적 성격과 그 사회학적 의의」, 『한국전통문화연구』 Ⅱ, 26쪽.
8) 『삼국유사』 권3, 백율사.

그 명부에서 이름이 없어진다는 것을 알 수 있다.

> D-1. 제32대 孝昭王 때에 竹曼郎의 徒中에 得烏·級干이 있어 風流黃卷
> 에 이름이 올라 날마다 出勤하였다(第32 孝昭王代 竹曼郎之徒 有得
> 烏 級干 隷名於風流黃卷 追日仕進, 『삼국유사』권2, 효소왕대 죽지
> 랑).
>
> D-2. 僧 惠宿이 花郎인 好世郎의 郎徒로 지내더니 郎이 이미 黃卷에서 이
> 름을 면하자 惠宿도 또한 赤善村에서 은거하여 20여 년을 지냈다(釋
> 惠宿 沈光於好世郎徒 郎旣讓名黃卷 師亦隱居赤善村 二十餘年『삼국
> 유사』권4, 二惠同塵).

(2) 화랑의 연령

종래 화랑의 연령에 대하여는 아래의 표와 같이 주장되어 왔다(<표
3> 참조).

<표 3> 화랑의 연령

주장자	연령	출처
지내굉	15~16세	1936, 512쪽
삼품창영	15~16세	1943, 56쪽
손진태	14~18세	1948, 128쪽
김강모	15~18세	1973, 12쪽
이기백	15~20세	1978, 198쪽
이기동	15~18세	1979, 364쪽
최재석	15·16·17세 『삼국사기』 15·16·17·18세 『삼국유사』	본 고

그런데 지금 화랑의 연령이 적혀 있는 사료를 제시하면 다음과 같다.

> E-1. 公(金庾信)年十五歲爲花郎 時人洽然服從 號龍華香徒(『삼국사기』권
> 41, 金庾信 上).

E-2. 年至十八壬申 修劍得術 爲國仙(『삼국유사』 권1, 김유신).

E-3. 四年秋九月 王會君臣於臨海殿 王族膺廉 年十五歲 預坐焉 王欲觀其 志 忽問曰 汝游學有日矣 得無見善人者乎 … 顧謂膺廉曰 顧郎自愛 …(『삼국사기』 권11, 헌안왕 4년).

E-4. 王諱膺廉 年十八爲國仙 至於弱冠 憲安大王召郎 宴於殿中 問曰 郎爲 國仙 優遊四方 見何異事(『삼국유사』 권2, 48 경문대왕).

E-5. 斯多含 系出眞骨 (중략) 本高門華冑 風標淸秀 志氣方正 時人請奉爲 花郎 不得已爲之 其徒無慮一千人 盡得其歡心 (중략) 時斯多含年十五 六 請從軍 王以幼少不許 (하략) (『삼국사기』 권44, 사다함).

E-6. 含始與武官郎 約爲死友及 武官病卒 哭之慟甚七月亦卒 時年十七歲(『삼 국사기』 권44, 사다함).

E-7. 官昌 … 儀表都雅 少而爲花郎 善與人交 年十六 能騎馬彎弓(『삼국사 기』 권47, 관창).

위에서 E-1과 E-2, E-3과 E-4, E-5와 E-6은 동일화랑에 관한 것임을 알 수 있다. E-5와 E-6에서는 15·16세에 화랑이 되었으며, 17세에 사우 를 따라 자결하였음을 알 수 있으며, E-7에 의해서는 16세에 이미 화랑 이었다는 것을 알 수 있다.

그런데 E-1과 E-3은 각각 15세에, 그리고 E-2와 E-4는 각각 18세에 화랑이 되었다고 되어 있다. 우연일지는 모르나 E-1과 E-3은 『삼국사기』 의 기록이고, E-2와 E-4는 『삼국유사』의 기록이다. 여기서 우리는 15세 (『삼국사기』)와 18세(『삼국유사』) 가운데 어느 것이 사실에 더 가까우냐 하는 질문이 있을 수 있겠다. 그러나 『삼국유사』의 기록도 인정하는 경 우 결국 화랑의 연령은 15세, 16세, 17세 또는 15세, 16세, 17세, 18세라 는 결론에 이르게 된다.

그런데 柳子厚의 주장처럼 15세에 화랑이 되었다가 수련을 쌓고 18 세에 '국선으로 승진'하였다는 견해도 있을 수 있다.[9] 이 경우의 국선은 화랑 위에 위치하여 李瑄根이 주장하는 화랑의 최고책임자를 뜻하는 듯

---

9) 유자후, 1946, 「화랑고」『우리공론』 1-3, 24쪽.

하다. 그러나 '국선'은 화랑 최고책임자로서의 화랑이 아니라 일반적인
화랑을 의미한다. 『삼국유사』는 화랑보다 국선이라는 용어를 즐겨 사용
하고 있다.

3) 화랑집단의 인원

한 화랑이 이끄는 화랑집단의 인원이 얼마나 되는가 하는 것에 대하
여도 종래 다음 표와 같이 주장되어 왔다(<표 4> 참조).

〈표 4〉 한 화랑이 이끄는 화랑집단의 인원

주장자	인 원	출 처
점패방지진	수 천	1932, 63쪽
삼품창영	2·3백~수 백	1974, 58쪽
지내 굉	수 백~1천	1936, 512쪽
유 창 선	수 백~수 천	1936, 17쪽
김 준	3·4백~3천	1937, 64쪽
손 진 태	수 백~수 천	1948, 128쪽
이 선 근	3·4~7·8백	1950, 12쪽
이 기 동	7·8백~1천	1976, 335쪽
신 형 식	700~1000	1985, 180쪽
최 재 석	1·2백~1000명 전후	본 고

위의 표는 10명의 견해를 정리한 것인데 아직 견해의 일치를 보지 못
하고 있는 듯하다.

그러면 다음에 한 화랑이 이끄는 낭도의 인원에 대하여 언급한 사료
를 검토해 보자[10].

---

10) 이선근, 앞의 책, 12쪽.

F-1. 郎徒百三十七人 亦具儀侍從(『삼국유사』 권2, 죽지랑).

F-2. 聚徒三百餘人(『삼국사기』 권4, 진흥왕 37년).

F-3. 新羅淨神太子寶叱徒 與弟孝明太子 (중략) 各領一千人 到省烏坪 (중략) 兄弟同隱入五臺山 徒中侍衛等推覓不得 並皆還國(『삼국유사』 권3, 명주오대산 보질도태자전기).

F-4. … 人言新羅時 有永郎述郎四仙童 與其徒三千人 遊於海上 …(통천총 석정애상비).

F-5. 時人請奉爲花郎 不得已爲之其徒無慮一千人(『삼국사기』 권44, 화랑사다함전).

F-6. 大玄薩喰之子 夫禮郎爲國仙 珠履千徒(『삼국유사』 권3, 백율사).

F-7. 郎之千徒 歛租一千石遺之(『삼국유사』 권5, 빈녀양모).

F-8. 郎徒幾千人 各出粟一石爲贈(『삼국사기』 권48, 효녀지은).

위의 사료를 정리하면 137인이 하나, 300여 인이 하나, 1000인이 넷, 7~800인이 하나,11) 수천이 하나이다. F-8의 '幾千人'이라는 표현은 한 화랑이 이끄는 낭도만이 아니라 여러 화랑이 이끄는 화랑으로 해석해야 할 것이다. 몸을 팔아 효도한 孝女 知恩에 낭도들이 곡식을 보냈다면 한 화랑이 이끄는 낭도만이 아니었을 것이다. 이렇게 생각할 때 낭도의 수는 1,000명에 이르는 것도 있지만 대체로 7~800명으로 구성되는 것이 제일 많았지 않나 생각된다. '無慮一千人'이라는 표현에는 7~800명 또는 8~900명도 포함되었을 것이다. 4인이 이끄는 낭도의 총수가 3000인이 된다는 것은 이 사정을 말해 주는 것이라 할 것이다. 요컨대 한 화랑이 거느리는 낭도의 수는 1·2백에서 천 명 전후로 생각한다. 저명한 화랑 밑에는 더 많은 낭도가 모이고 그렇지 못한 화랑 밑에는 낭도가 적게 모일 것이다. 다시 말하면 화랑의 자격과 명성에 따라 낭도의 수가 달라진 것으로 생각한다.

---

11) F-4의 4선이 거느린 낭도가 3,000명이 된다는 것은 결국 한 화랑이 거느린 낭도는 7~800명이 된다는 것을 뜻한다.

4) 화랑집단의 구성과 조직성

먼저 화랑집단의 구성부터 알아보자. 화랑집단의 구성에 대하여 언급한 이는 점패방지진·이선근·이기동·김승찬 등이다. 점패방지진은 화랑은 각 문호가 있으며 수 개의 단체로 나뉜다고 말하고 있으나 문의가 약간 불명확하다. 그리고 화랑단체의 통솔자는 원화·화주·국선이라고 말하고 있다.[12] 이선근은 화랑의 최고책임자는 국선(原花·源花·화주·풍월주)이며, 그 밑에 몇 개의 문호가 있다고 주장한다.[13] 이기동은 중앙에서 통제하는 화주가 있으며 화랑집단은 7개 이상이라고 말하고 있다.[14]

지금 화랑집단의 구성을 표로 나타내면 <표 5>와 같다.[15]

〈표 5〉 화랑집단의 구성

주장자	구　　　　　성
점패방지진	원화(화주·國仙) ── 화랑(선랑) ── 낭도(문도)
이 선 근	국선화랑(原花·源花·화주·풍월주) ── 화랑(선랑) ── 문호 ── 낭도 　(총단장)　　　　　　　　　　　(각급단장)　(단부)　(부원)
이 기 동	화주 ── 화랑 ── 낭도
김 승 찬	화주(화판) ── 국선 ── 화랑 ― 낭도 　　　　　　　　｜　　 ― 화랑 ― 낭도 　　　　　승려낭도　 ― 화랑 ― 낭도[16]

필자는 중앙에서 화랑을 통할하고 보호하는 사람의 명칭은 화주이고

---

12) 점패방지진, 1932, 『花郞攷雜攷』 4, 朝鮮印刷株式會社, 64~66쪽.
13) 이선근, 앞의 책, 13쪽.
14) 이기동, 1976, 「신라화랑도의 기원에 대한 일고찰」 『역사학보』 69(1980, 『신라골품제사회와 화랑도』), 334쪽.
15) 점패방지진과 이선근과 김승찬의 것은 그들 자신의 것이고 이기동의 것은 필자가 그린 것이다.
16) 김승찬, 1978, 「신라화랑도와 그 문학세계의 탐구」 『부산대논문집』 25, 5쪽.

국선·풍월주 등은 화랑과 동일한 것이며 결코 화주가 아니라고 생각한다. 이 경우 화주는 화랑통할의 직무상으로 보아 선동이 아니라 성인이었다고 생각한다. 화주는 성인이고 화랑이 아니다. 따라서 국선·풍월주 등은 화랑의 이칭일 따름이다. 그리고 한 화랑이 이끄는 집단은 「문호」가 아니라 「歆運少遊 花郎文努之門」(『삼국사기』권47, 김흠운)의 예처럼 문 또는 제3, 제4 화랑 식으로 불렀던 것 같다. 이리하여 화랑집단의 구성은 <표 5>와 같은 것으로 생각한다. 그리고 진흥왕대부터 진성왕대까지 약 200여 인이나 되었다 하니 한 해에 2인의 화랑이 있었던 때도 있었으며 또한 한 해에 때에 따라서는 2인(남모·준정) 4인(永郎·述郎·四仙童輿基徒三千人) 또는 7인이었을 때도 있었다고 생각한다.

〈표 6〉 화랑집단의 구성

```
화주(성인이며 화랑 아님) ─────  화랑 ○○문 ───── 낭도
                                (제3 화랑 ○○)
                                (제4 화랑 ○○)
```

화랑집단의 조직원리는 강한 집단주의였다는 견해와 그렇지 않다는 서로 상반되는 견해가 있어 왔다. 김충렬의 견해는 후자에 속하고 이기동·박승길의 견해는 전자에 속한다. 김충렬은 화랑도는 국가적 운동이면서도 사조직으로서 종적·횡적 연계가 없이 자율적으로 운영되었으며 (김충렬, 1971, 221쪽), 화랑도가 국가적 운동의 주역이었음에도 국가가 이를 직접 통할장악하여 조직하고 규제하지 않고 어디까지나 사사로이 자율적으로 운용되도록 방임했다는 데 묘가 있다고 주장한다. 그는 또 종적으로나 횡적으로나 연계가 없는 것 같으나 그들이 추구하는 지능이나 才藝가 상동하고 숭상하는 도의와 기개가 일치되어 그들의 생활이나 정신이 반영되어 은연중 거기에서 국가이념이나 사회풍조라는 대망이

부각되고, 따라서 인생관·사생관 같은 철학과 신조가 구성되어, 이것이
다시 화랑을 길러내는 차원 높은 교리가 된 것이라고 말한다(김충렬,
1971, 208~209쪽).

여기에 대하여 이기동은 화랑집단성원 상호간은 매우 긴밀하여 서로
死友를 약속할 정도이다(이기동, 1979, 364쪽)라고 말하며, 박승길은 한
마디로 화랑도를 지배한 강력한 이데올로기는 집단주의였다고 말하고
또 연령집단의 성격과 형제간의 동지원리에 기초한 Genossenschaft 관계
가 유지되었다고 주장한다(박승길, 1986, 40·50쪽).

한 화랑이 거느리는 수백 명 내지 천 명 가까이의 낭도들이 모두 사우
관계를 맺었다고 믿을 수 없다. 화랑집단에 소속되지 않은 상태에서 친
구 두 사람이 서로 서약을 하고 학업에 몰두한 사례가 있는 것처럼[壬申
誓記石碑文] 화랑집단에서도 이러한 일이 있을 수 있다. 그러나 이러한
사례는 극히 일부에 지나지 않을 것이다. 화랑집단의 인원수와 수련의
내용에 비추어 보아도 김충렬의 견해가 가까울 것이라 생각한다. 제5 거
열랑, 제6 실처랑, 제7 보동랑 등의 3 화랑의 무리가 풍악에 遊娛할 때
혜성이 心大星을 범하는 것을 보고 낭도들이 여행을 중지하려고 하는
점에서도[17] 화랑집단의 집단성 내지 조직으로서의 일면을 알 수 있는
것이다.

6) 여자화랑의 존재

남모·준정의 두 여자화랑의 존재에 대하여는 다음과 같은 견해가 있
어 왔다.

> ① 금촌 병 … 여성화랑 源化는 賣笑와 관련이 있다(1928, 26쪽).
> ② 점패방지진 … 여성화랑은 여자노예이고 창녀이며 여색남색을 내세워

---

17) 『삼국유사』 권5, 융천사 혜성가 진평왕대.

화랑의 도중을 모으는 수단으로 사용하였다(1932, 31·71쪽).

③ 지내 굉 … 여성화랑 이야기는 조작된 것이다(1936, 535쪽).

④ 삼품창영 … 최초·원시 한족의 사회는 남방제민족처럼 오로지 부족적 남자집회형이었지만 북방으로부터의 shamanism과의 첩합의 결과 무녀적 기능을 가지는 여성화랑이 나타났다(1943, 121쪽).

⑤ 손진태 … 비록 양녀(남모와 준정)의 질투 상쟁으로 그 단체는 와해되었지만 여자를 소년단의 두령으로 추대하는 것은 당시 여성의 지위가 결코 타락되지 않고 또 신분과 교양있는 여성이 서민계급의 소년을 지도하는데 있어 반드시 非適任은 아니었다는 그 때의 시대성을 말한다(1948, 127쪽).

⑥ 김종선 … 여자화랑에서 남자화랑에의 위치는 모계사회에서 부계사회에의 변천을 합리화시킨 사건이다(1977, 41쪽).

⑦ 전경수 … 남모와 준정의 존재는 혼성연령집단적 성격을 충분히 인정할 수 있다(1985, 70쪽).

우리는 여기서도(①~④) 한국고대사가 얼마나 왜곡되고 있는가를 엿볼 수 있다. 여자화랑의 존재를 매소, 창녀, 여자노예, 무녀 또는 조작기사로 매도하였던 것이다. 또 삼품창영의 견해를 따르면 여자화랑이 존재한 진흥왕 이전은 한국은 shamanism이 존재하지 않는다는 결론이 나온다. 그러나 다른 한편으로는 한국이 원시시대부터 shamanism이 존재하였다고 주장하였으니[18] 자가당착도 이만저만한 것이 아니다.

세 여왕의 왕위 계승, 王妹 阿老의 시조묘제사 주재, 유리왕의 두 왕녀의 績麻집단의 통솔 등으로 미루어 보아도 손진태·전경수의 견해는 타당하다고 본다. 단지 전사적 기능의 강화 과정에서 源花(여자화랑)가 화랑으로 대체되었다는 견해[19]는 동조하기 어렵다. 후에 언급하겠지만 화랑의 전사적 기능이 강화되었다는 기록은 없다.

---

18) 삼품창영, 1974, 『日本神話論』(『三品彰英論文集』 第1卷), 270쪽.
19) 전경수, 앞의 논문, 70쪽.

7) 화랑의 粉飾

화랑의 분식에 대하여도 지금까지 여러 견해가 있어 왔다.

① 삼품창영 … 그는 화랑의 분장을 미녀가 되기 위한 분장이라고 단정하
고 신령의 가호를 얻기 위한 예의로서 성교적인 분장을 하였다고 주장
한다(1943, 123~124쪽).
② 유창선 … 화랑의 분식은 종교적 의미를 포함한다(1935, 102쪽).
③ 서정범 … 화랑이 곱게 단장하는 것은 남무의 여성화 현상을 보여 주
는 것이다(1974, 88쪽).
④ 김영태 … 화랑이 분식한 이유는 ㉮ 미륵의 상호장엄을 그대로 모방하
고 ㉯ 국토인민의 면목이 모두 桃花 눈같이 아름답게 하기 위해서이다
(1966, 147쪽).
⑤ 김강모 … 미륵불이 화랑의 이상이 되어 있기 때문에 미륵불의 우미장
엄함을 모방하여 화랑을 분장하였다(1973, 9쪽).

『삼국사기』의 '傳粉粧飾'을 삼품창영은 미녀가 되기 위한 분장이라고
단정하고 있지만 그러한 증거는 없다. 이와 같은 화랑의 분장에 대하여
는 앞으로 더욱 추구되어야겠지만 현재로서는 김영태의 견해[20]가 가장
타당한 것으로 보여진다.

4. 화랑의 수련과정

전 절에서는 화랑의 조직에 대해서 알아보았는데 여기서는 화랑의 수
련과정에 대하여 정리하고자 한다. 편의상 ⓐ 수련의 표현과 수련장소,
ⓑ 수련기간과 수련형식, ⓒ 세속오계의 의미, ⓓ 수련내용, ⓔ 화랑수
련과 화랑정신의 관계 등으로 나누어 고찰하기로 한다.

---

20) 김영태, 1966, 「미륵선화고」『불교학보』 3·4합집, 147쪽.

1) 수련의 표현과 수련장소

화랑의 수련은 '修行' '遊' '優遊' 등으로 표현되고 있다.[21] '遊' 자가 쓰이는 것은 산수유오의 유에서 연유되는 것으로 생각된다.

수련의 장소는 '풍월지정'으로 불렀으며[22] 구체적으로는 강원도 해변의 산수명승지 일대와 왕도 경주 남산 등이며[23] 좀 더 구체적으로는 동해안(관동)의 명승지로서 총석정·삼일포·영랑호·선유담·운송정·월송정·문주사·삼화사·경포대·포석정·오대산 등이다.[24]

위에 나타나 있는 바와 같이 화랑의 수련 장소는 산, 동해 바닷가의 명승지인 호수·담·정자·사찰 등으로 결코 산악으로 한정되어 있지 않다. 화랑이 산악에서만 유오하였다손 치더라도 화랑이 산신(산악)신앙에 비롯된 것이라고[25] 말할 수 없을 터인데, 이와 같이 바닷가·담·정자 등에 유오하였으니 어찌 그렇게 단정할 수 있겠는가. 더군다나 화랑의 수련장소는 대자연 이외의 전장·사원·가정의 4개 장소로 보는 견해도 있으나(박찬우, 1962, 11~12쪽) 이 견해는 너무 확대시킨 감이 없지 않다.

2) 수련 기간과 수련형식

화랑과 낭도의 수련기간이 3년이라는 것은 이병도의 견해이며(이병

---

21) 劍君笑曰 僕編名於近郎之徒 修行於風月之庭(『삼국사기』 권48, 검군) ; 歆運少遊 花郎文努之門 時徒衆言及某戰死(『삼국사기』 권47, 김흠운) ; 優遊四方 見何異事 (『삼국유사』 권2, 48, 경문대왕).

22) 위의 주 참조.

23) 삼품창영, 1943, 『新羅花郎の研究』－朝鮮古代研究 第1部 東京, 三省堂(1974, 『三品彰英論文集』 第6), 140쪽.

24) 유창선, 1935, 「신라화랑제도의 연구」 『新東亞』 5-12.

25) 다음 「화랑과 유·불·도·무」와의 관계 장에서 설명하겠지만 김승찬과 이기동은 화랑은 산악(산신)신앙과 관계가 있다고 한다.

도, 1967, 688쪽), 이 견해는 이기동으로 이어진다(이기동, 1979, 338~
339쪽). 그러나 필자는 이 수련기간이 가장 긴 경우는 3~4년이 되기도
하지만 반드시 3, 4년까지 이르지 않는다고 생각한다. 즉 전 장의 화랑
의 연령에서 보아 온 바와 같이 『삼국사기』의 화랑의 연령을 따르면 15·
16·17세의 3년이고 『삼국유사』를 따르면 15·16·17·18세의 4년간이 된
다. 그리고 모든 화랑과 낭도가 현대사회처럼 일률적으로 15세에 그 모
임에 들어가 17세나 또는 18세까지 수련을 받는 것으로는 생각되지 않
고, 경우에 따라서는 15세에 들어와서 17, 18세가 되기 전에 나가는 자
도 있을 것이며, 혹은 16세나 17세에 화랑의 모임에 들어오는 사람도 있
을 것으로 생각되므로 1년 또는 2년간 수행 유오하는 사람도 있을 것으
로 생각된다.

　화랑의 수련의 한 형식으로 서약을 든 사람도 이병도인데, 이 견해는
그 후 김철준·이기동 등이 따르고 있다. 이병도는 서약문의 존재는 신
라청년의 지행합일주의·실천윤리에 대한 태도와 열정이 나타나 있다
(이병도, 1957, 693쪽)고 말하고, 김철준은 死友·盟友의 제도는 미개사
회의 청소년단체활동의 핵이 되는 comradeship에서 나온다고 전제하고
맹우의 제도는 부족국가시대의 연령집단조직의 단계에서 사다함·무관
랑의 단계로, 여기서 貴山·箒項의 단계로, 그리고 壬申誓記石의 단계로
이른다고 주장한다(김철준, 1975, 213·216쪽).

　그 후 이기동은 화랑은 서약단체이며, 서약은 화랑집단의 수련이나
존속에 하나의 핵심적인 인자로 작용한다고 주장한다(이기동, 1979, 354
쪽). 그러나 한편, 이 사우·맹우관계를 동성애로 보는 주장도 있다. 점
패방지진은 일찍이 사다함이 사우를 맹서한 무관랑의 죽음에 따라 순사
한 것을 의형제관계가 아니라 부부관계와 같은 동성애 때문이라고 주장
하였으며(점패방지진, 1932, 70~72쪽), 여기에 대하여 이기동은 "다소
과장된 면도 없지 않다"고 주장하며(이기동, 1979, 351쪽) 점패방지진의

주장을 수용하고 있다. 사우관계를 부부관계와 같은 동성애로 보는 것은 왜곡이다.

필자는 서약을 화랑집단 전체 성원의 수련방법으로 보는 데는 주저한다. 이미 전 장에서 언급한 바와 같이 화랑집단의 가입여부에 관계없이 특정한 두서너 사람 간에는 서약관계를 맺을 수 있으나, 이것을 거의 천 명 가까이나 되는 화랑집단 전체에 적용할 수는 없을 것이다. 화랑이 수백 명으로 이루어지는 청소년이 명승지를 유오하며 수행하는 집단이라면 집단 전체가 수행의 하나의 형식으로서의 서약을 도저히 받아들일 환경이 되지 않을 것이다. 화랑집회가 진정 생사를 맹서한 서약단체라면 화랑인 부예랑이 적에게 잡혀갔을 때 수백 명의 그의 낭도가 어찌 할 바를 모르고 그대로 돌아오는 것과 같은(『삼국유사』 권3, 백율사) 일은 일어나지 않았을 것이다. 화랑과는 관계없이 특정의 개인 몇 사람 간에는 그러한 사우·맹우관계가 있었을 것이다.

3) 세속오계의 의미

원광의 이른바 세속오계는 화랑도의 계율이었다고 하는 견해도 있고,[26] 화랑뿐만 아니라 신라인의 집단생활, 사회생활의 도덕, 생활규범이었다는 견해도 있다.[27] 또 이 원광의 세속오계는 화랑의 오계이며 신라군의 전훈이며 나아가서는 신라 전 국민의 사생관이기도 하였다는 견해도 있다.[28] 뒤의 두 견해는 신라 전 국민의 생활규범이라는 점에서 결국 동일한 견해이다.

그런데 이 원광의 세속오계가 불교의 것이냐 유교의 것이냐는 의견이 갈라지지만 안계현과 김충렬에 의하면 순불교의 것도 아니고 그렇다고

---

26) 이선근, 앞의 책, 7쪽.
27) 안계현, 1960, 「신라의 세속오계의 국가관」 『한국사상』 3, 94~95쪽.
28) 김충렬, 1971, 「화랑오계의 사상배경고」 『아세아연구』 14-4, 210~211쪽.

순유교의 것도 아니며 불교의 것도 유교의 것도 함께 가지며 동시에 신라의 생활신조도 포함하는 것으로 밝혀졌던 것이다.

즉 오계를 중국인처럼 五常 · 五行사상의 윤리도덕에 배정시켜 이해하지 않고 순연히 국가생활을 위주로 새로운 오계를 따로 제정한 이 세속오계는 불교에 입각한 신라인의 윤리이고 국가생활의 규범이었으며, 오계는 유가의 덕목에 한한 것이 아니고 불가에서의 덕목이기도 하였다 (안계현, 1960, 83~88·94~95쪽). 또 원광의 '세속오계'는 유교의 오상과 오계등과 다르며 고유사상을 바탕으로 그러한 오상과 오계를 받아들인 것이므로 순불교도 아니고 순유교도 아니며 화랑오계 중 어느 일계도 이것은 불교의 사상, 저것은 유교의 사상이라고 구별할 수 없다(김충렬, 1971, 220~222쪽).

4) 수련내용

화랑의 수련내용은 山水遊娛와 道義相磨와 歌樂相悅로 요약할 수 있다. 종래 이에 대하여 언급한 이는 금촌 병·삼품창영·유창선·이선근·김봉수·박찬우·홍순창·김종우·김종선·이기동 등이다. 이들이 주장하는 수련내용 내지 수련목표는 다음 표와 같다.

〈표 7〉 화랑의 수련내용

주장자	산수유오	도의상마	가락상열	출 처
금촌 병	祭神을 위한 도당 집단형성		오락음악이 아닌 神事的 음악	1928, 26쪽
삼품 창영	주술종교적 의의 전사로서의 신체단련		가무조합 친족생활안녕을 위한 주술・종교적 기능 남녀구애 수단 청년의 기상 부족성원으로서의 자격	1943, 86쪽 88~89쪽 173쪽, 117쪽 123쪽, 156쪽 149~150쪽
유창선	종교단체 오락적 행위 산악 신앙	충용무협 존중 우정 독실 扶弱		1935, 61~64쪽(5-4), 105쪽, 107쪽 103쪽, 108쪽 (5-3)
이선근	향토의 명산대천 逍遙 국토대자연에 대한 애착심	민족의 전통신앙 숭상 五戒三異의 체득	예술적 생활장려	1950, 14~15쪽
김봉수	심신 단련 국토에의 애착심 지리적 지식 습득 선미의 인간성 구성 상호협동의 집단생활	효제충신・오계 등의 덕행 연마 정신의 훈련	부족생활안녕 도모 부족의 화합, 협동 부족의 전통관습의 보존 발달 부족의식・공동의식 주입 부족상호 정보교통의 생활활동	1960, 604쪽 606쪽
박찬우	국토순회 향토답사 군사훈련	종교교육 불교・도교・유교 사상 연찬	가무・풍류로 명랑한 성격과 고아한 취미	1962, 13~15쪽
홍순창	심신 단련 국토애착심 지리적 지식 습득 선미의 인간 양성 상호협동의 집단생활	사회정의(상호부조・ 화합단결) 연마	가무조합적 기능 화합단결훈련 사회의 평화안녕 전통의 전달 공동체의식 주입	1970, 71~73쪽
김종우	향토의 산천소요 국토대자연에 대한 애착심	오계・삼이정신 체득	예술생활 장려	1974, 478쪽

김종선		맹목적 충성심 자기중심적 애국심 샤머니즘의 비합리적 · 열병적 사고방식 인재등용 군사교육 귀족자제의 순국적 정신		1977, 43쪽 44~45쪽 56~57쪽
이기동	주술적 · 종교적수업 전사훈련 국토순례 성산시찰 영악신앙 우정관계 성립	오계연마	가무조합 청년의 의기(용기) 고무	1980, p.342 pp.345~347 pp.351~353

위에서 우리는 다음과 같은 사실을 알 수 있을 것이다.

① 금촌 병, 삼품창영 등 일본인 학자들은 교육내용 중 도의상마에 대하여는 언급하지 않는다.

② 삼품창영의 주장이 그 후의 화랑연구가에 지대한 영향력을 주었다. 샤머니즘의 관여, 종교의례, 산악신앙(이상 유창선), 샤머니즘의 비합리적 열병적 사고방식(김종선), 주술적 · 종교적 수업(이기동) 등은 삼품창영의 주술적 · 종교적 의의에서 연유되었고, 상무정신 고취(유창선), 군사적 교육(김종우), 전사훈련(이기동) 등은 삼품창영의 전사로서의 신체단련에서 연유된 것이다. 또 홍순창 · 이기동 등이 주장하는 歌舞組合的 기능도 또한 바로 삼품창영의 가무조합에서 비롯된 것이다.

③ 삼품창영의 '가무조합' · '주술적 · 종교적 의의'는 그보다 앞선 금촌 병의 '신사적 음악', '제신을 위한 도당형성' 등에서 연유됨을 곧 알게 된다. 단지 삼품창영의 표현은 금촌 병에 비하여 세련된 것만 다르다고 하겠다.

위의 표를 보건대, 바로 전에 언급한 ②의 사항과 '部族'이라는 용어와 삼품창영의 '남녀구애수단' · '부족성원으로서의 자격', 김종선의 '맹목적 충성심' · '자기중심적 애국심' 등은 전혀 사실과 거리가 먼 것으로 생각된다.

필자의 견해를 요약하면 산수유오에서는 자연애·국토애·조국애를 심어주고, 그리고 도의상마에서는 충군·애국·효도·우정 등의 신의를, 그리고 가락상열에서는 풍류와 소양을 함양하는 데 공헌한다고 생각한다. 조선조까지 있었던 遊山臨水·詩歌逍遙를 위한 여러 契의 존재는 화랑의 수련내용과 전혀 무관하지 않을 것이다.

5) 화랑수련과 화랑정신의 관계

화랑에 대하여 논하는 사람으로서 직접적이든 간접적이든 간에 '화랑의 도' 내지 '화랑의 정신'에 대하여 언급하지 않는 사람은 거의 없다. "조국수호를 위하여 신명을 돌보지 않는다", "충과 용(勇)을 기초로 하는 애국정신", "세속오계의 정신" 등 여러 가지 표현으로 언급하고 있다.

그런데 이러한 화랑정신은 화랑의 것만이 아니라 신라국민 전체의 것이라는 것이 거의 예외 없는 견해였다.

> ① 조국애를 주로 하는 희생정신은 화랑과 낭도의 전유물이 아니었으며, 당시 신라인에게는 충과 용을 기조로 한 무사적 정신, 조국 옹호를 위하여 신명을 가볍게 여기는 숭고한 희생적 정신이 충만하였다(지내굉, 1936, 518·520쪽).
> ② 그 시대의 신라인의 생활양식·도덕정신·국가이념과 같은 것의 집약적인 작용으로서 화랑들의 교훈이 되고 요구되었다(김충렬, 1971, 213쪽).
> ③ 화랑의 적극적 가치는 희생과 협동이라는 초시대적인 의식에 있다(신형식, 1985, 183쪽).
> ④ 세속오계는 신라사회의 지배적 가치이념과 화랑도의 그것과 연속성이 있다(박승길, 1985, 38쪽).

위의 주장들은 증거를 제시하지 않았지만 사실에 가깝다고 생각한다. 아들 원술에게는 모인 김유신의 처에 관한 이야기, 素那의 처의 이야기,

그리고 趙寧子의 노 合節의 이야기 등은 바로 화랑의 정신은 화랑만의 것이 아니라 신라 전 국민의 정신이었다고 할 수 있는 것이다.

5. 화랑의 변천

화랑은 알려져 있는 바와 같이 24대 진흥왕대부터 51대 진성왕대까지 존재하였으며 독특한 수련을 통해 인재를 발굴하려는 한시적인 제도였다. 그런데 화랑의 변화에 대하여 언급한 이는 거의 전부 타락·변질되었다고 다음과 같이 주장하고 있다. 그들의 주장이 타당한가 아닌가를 알아보자. 그 가운데 흥미 있는 것은 여자화랑의 존재를 매소·창녀·조작·샤머니즘과의 습합 등으로 왜곡하고 있는 논자는 모두 여기서도 화랑이 巫夫, 倡優 등으로 변하였다고 주장한 점이다. 알려져 있는 바와 같이 정다산이 『아언각비』에서 화랑은 신라 貴遊의 이름인데 오늘날(조선시대) 무부·창우 등의 賤者를 화랑이라고 부르는 것은 잘못이라고 지적하고 남무와 창우 등을 화랑이라고 부르는 것은 그 복장의 현려함이 신라의 그것과 유사함에 기인한다고 지적하였는데도[29] 이것은 전적으로 무시하고 화랑이 변질되어 무부·창우가 되었다고 주장한 것이다.

1) 금촌 병

정다산이 그의 저 『아언각비』에서 화랑은 신라귀유의 이름인데 오늘날 무부·창우의 천자도 화랑이라고 하고 있는 것은 옳지 않다고 하였는데, 다산선생 같은 철학자도 오류에 빠졌으며 후대 남무는 화랑이라고 칭하고 옛 유제를 나타내고 있다(1928, 24쪽).

이 금촌 병의 주장은 곧 후에 보게 될 것이지만 삼품창영에 그대로

---

29) 이수광의 『지봉유설』 무격조에는 '今俗設男巫爲花郎 失眞矣'라고 말하고 있다.

계승되었다.

2) 점패방지진

① 화랑이 쇠퇴함에 따라 전혀 성욕관계로 되었다(1932, 77쪽).
② 불교접화의 농후의 도가 더함에 따라 화랑기질은 오히려 소멸하고(107
   쪽) 신선을 사모하고 산수에 유오하는 것에만 몰두하여 화랑 최초의
   정신은 멸각하게 되었다(111쪽).
③ 화랑도가 "實乃包含三敎 接化群生"하였다는 최치원의 견해에 반대하
   여 삼교의 접화 때문에 화랑도가 퇴폐되었다(101쪽).
④ 신라화랑기질은 문무왕 이후 유교제도의 채용과 함께 소마되었다
   (104~105쪽).

3) 삼품창영

삼품창영은 신라의 화랑이 다음과 같이 변하였다고 주장한다.

① 신라의 화랑은 고대의 준국가적 제도이며 時人의 칭찬을 얻은 습속이
   었는데 후대는 쇠퇴하여 민간의 하천한 습속으로 타락하였다(1974,
   285~287쪽).
② 청년전사의 조합인 화랑집회에서 유녀화류사회의 천습으로 변하였다.
   이러한 추이과정은 남자집회의 변천사가 겪는 일반적 경향이다(290쪽).
③ 남자집회는 원시부족적 남자집회에서 출발하여 한정적 남자집회가 되
   고 여성을 포함한 오락적·사제단적·음속적인 것으로 화하여 붕괴되
   었다는 도식적 설명은 화랑변천사에도 해당된다(302쪽).
④ 군사적 기능은 중세 이후는 소실되었지만 제의적 기능과 성적 습속의
   기능만은 오늘날까지 존속해 왔다(300쪽).
⑤ 신라의 화랑은 국가적 봉사의 기능을 하였지만 신라 말기 이후는 반국
   가적 반란세력이 되었으며, 근세 이후는 민간의 천속으로 변하여 때로
   는 반사회적 악풍의 온상이 되었다(300~301쪽).

이상은 거의 전부 근거의 제시 없이 왜곡한 삼품창영의 주장이다. 조
선시대의 무당을 화랑의 퇴화유풍으로 본 것도 왜곡이고 세계의 남자집

회가 그랬으니 신라의 화랑도 그러하다는 주장(②)도 왜곡이다. 신라의 정신, 나아가서는 한국의 정신을 말살할 의도 없이는 이러한 주장을 할 수 없다.

이 기능의 변화에 관한 삼품창영의 주장을 이해하기 위하여 도시하면 다음과 같다.

> (a) 준국가적 → 민간하천민
> (b) 청년전사 → 유녀 · 화류사회
> (c) 남자집회 → 오락 · 제사 · 음속
> (d) 군사기능 → 제의 · 성적습속
> (e) 화랑집회 → 천민조합
> (f) 국가봉사 → 반국가적 · 반사회적 기능

이상이 삼품창영이 주장하는 신라의 화랑집회의 기능의 변천도이다. 용어를 조금씩 바꾸어 가며 반복하여 신라화랑의 기능의 변질을 강조하고 있다. 여기서 우리는 그가 그의 저서『신라화랑의 연구』의 서언에서 '한국사의 자율적 발전성의 결핍'이라 한 말을 상기하게 된다. 한국고대사의 왜곡이라는 사전에 계획된 계략에 화랑의 연구가 이용된 것이다.

신라의 한 시대에만 존재한 화랑이 고려나 조선시대에도 존재한다고 주장하고, 인재등용 · 심신수련 · 도의앙양의 기능은 무시한 채 존재하지도 않은 성적 향락의 기능과 무격적 기능이 주요기능으로 존재한다고 강조하고, 또한 국가봉사의 기능으로 출발한 것이 반국가적 · 반사회적 기능으로 변화하였으며, 또 이것은 한국사의 자율적인 발전성의 결핍 때문에 생긴 것이라는 것이 삼품창영의 신라화랑의 연구의 총 결론이다. 末松保和를 포함하여 일본인들의 한국고대사연구는 거의 전부 이런 유의 연구였다.[30]

---

30) 최재석, 1986, 「삼품창영의 한국고대사회 · 신화론비판」『민족문화연구』20 ; 최재석, 1986, 「말송보화의 신라고대사론비판」『한국학보』43 ; 최재석, 1985, 「『삼

4) 유창선

화랑이 그 말년에 이르러서는 전혀 퇴폐기에 들어가 자못 가무와 유오와 같은 향락만을 일삼고 마침내는 국가와 사회에 아주 유해무익한 존재가 되었다(1936, 6-3, 97쪽).

5) 김종우

화랑은 이조대에 와서는 남무·창우·傀儡로서의 화랑이 되었다(1974, 482쪽).

6) 김종선

후대에 놀이와 관계있는 화랑은 '화냥놈', 매춘부를 '화냥년', 여자의 간통을 '화냥질'이라 부르고, 남무 또는 여무의 남편은 '화랑'이라 칭하였는데, 이 것은 신라의 화랑과 전혀 무관계한 것은 아니다(1977, 53쪽).

7) 이기동

① 화랑의 본질은 아니지만 화랑도 수련법의 말류적 잔재 내지 유풍은 무부·무녀·유녀이다(1984, 38쪽).
② 요컨대 화랑도가 국가권력에 대한 진골귀족층의 압력단체의 성격을 띠는 조직으로 변질되었다(39쪽).
③ 요컨대 화랑도의 가무조합적(Tanzengesellschaft)인 기능만이 남게 되었다(38쪽).
④ 삼교의 접화가 화랑도를 퇴폐시킨 원인이라 한 점패방지진의 견해는 수긍가는 견해이다(1979, 350쪽).

위에 잘 나타나 있는 바와 같이 유창선·김종우·김종선·이기동은 왜곡된 금촌 병의 주장을 더욱 치밀하고 구체적으로 왜곡한 삼품창영의

국사기』 초기기록은 과연 조작되었는가?」 『한국학보』 38(위의 두 논문과 함께 『한국고대사회사방법론』에 수록).

주장을 따르고 있음을 알게 된다.

그러나 이러한 주장 이외에 역사적 소명을 다한 화랑은 문약유희집단
으로 변하였다는 견해도 있다. 여기서 주의하여야 할 것은 금촌 병, 삼품
창영부터 이기동의 주장은 화랑 또는 그 遺制가 조선시대까지 존재했다
는 견해이다. 그러나 지금부터 언급하려고 하는 견해는 화랑의 기능이
변하였으되 그 존재 시기는 신라 말까지라는 점이다.

8) 손진태

신라통일 이후 평화시대에 화랑은 문약에 빠지고 유오·사교목적의 화랑
단으로 되었으며 신라말기의 화랑은 유오적·문약적 단체가 되어 국가멸망
시 하등의 힘도 발휘치 못하였다(1948, 128·131쪽).

9) 박승길

화랑은 그 역사적 소명을 마치고 하나의 유희집단으로 전락했다(1985,
51쪽).

화랑은 신라의 한 시기의 교육제에 의한 청소년이었으므로 신라에만
존재하는 것은 두말할 나위도 없을 것이다. 그런데 '화랑'이라는 이름이
조선시대를 거쳐 오늘날까지 남아있다고 하여 화랑이 遊女·화류사
회·남무·창우 등으로 변질되었다고 하는 주장은 그 발상과 함께 한국
의 사상사, 정신사를 말살하려는 저의에서 비롯된 것이다. 일련의 일본
인들(금촌 병, 점패방지진, 삼품창영)이 저지른 역사왜곡을 한국 사람들
이 따르는 것은 안타깝기만 하다.

조선시대의 전기와 후기의 서당과 그 학동 사이에는 변화가 있을 수
있듯이 인접국인 고구려·백제와 싸움을 해야 하는 통일이전 신라와 통
일이후 신라 사이는 화랑의 성격에도 차이가 있을 수 있다. 그러나 증거

의 제시 없이 통일 후의 화랑은 문약에 빠지고 유오 · 사교목적으로 되었다든가 유희집단으로 변했다는 주장에는 선뜻 동조하기 어렵다. 가령 통일전후를 기하여 화랑의 기질이 변했다고 하더라도 이것은 신라인의 기질의 변화이지 화랑의 기질만의 변화는 아니다. 화랑은 없지만 나라와 신의를 위해서는 목숨도 아까와 하지 않았다는 화랑의 정신은 삼 · 일 정신까지 이어졌다는 이선근의 견해가 역사적으로 보아 설득력이 있는 것 같다. 고려시대의 삼별초, 조선시대의 임진왜란과 구한말에서의 목숨을 초개와 같이 버리는 의병의 구국운동은 화랑의, 나아가서는 삼국시대부터의 한국 정신의 발로로 보여진다.

6. 화랑의 성격과 기능

화랑에 대하여 여러 가지 측면에서 이야기되어 왔지만 이 절에서는 요컨대 화랑집단은 어떤 집단이냐 하는 데 초점을 맞추어 살펴보고자 한다. 지금까지의 논저를 이러한 시각에서 정리해 보면 크게 ⓐ 인재양성의 제도, ⓑ 전사단 · 군사적 집회, ⓒ 군사적 목적과 그 밖의 목적을 위한 조직, ⓓ 가무집단, ⓔ 종교집단(남무) 등의 다섯 범주로 구별된다. ⓑ와 ⓒ는 유사하여 구분하기 곤란하다. ⓑ는 여러 기능 가운데 군사적인 것이 제일차적 내지 근원적인 것이고, ⓒ는 군사적 기능과 그 밖의 기능의 비중이 거의 동일한 것을 뜻한다.

1) 인재양성의 제도

『삼국사기』의 기록을 믿고 화랑이 인재를 양성하기 위한 제도라고 주장하는 이는 유창선 · 유자후 · 최남선 · 김충렬 · 박승길 등이다.

① 화랑제도의 목적은 흥국책이며 국가의 賢臣勇將을 배양하기 위해서였

다(유창선, 1935, 5-11, 89쪽).

② 類聚群遊케 하여 그 노는 가운데서 그 의를 행하는 것을 보고 그 행의
하는 사람을 조정에 천거하야 사용케 했으며 유오하는 사이에 사람의
사정을 알아가지고 그 가운데 선한 자를 조정에 추천케 하였다(유자후,
1947, 65쪽).

③ 24대 진흥왕 때 고유신앙의 단체를 훨씬 강화하고 국민정신을 鍊成하
고 국가가 필요로 하는 인재를 여기서 추렸다(최남선, 1948, 104쪽).

④ 화랑도는 '欲興邦國'이라는 국가적 목적을 달성시키는 데 필요한 인재
교육의 방법으로 채택된 것이다. 또 화랑도하면 이것이 우리의 무사도
같이 받아들여지고 또 그렇게 사용되고 있는데 이것은 큰 잘못이다.
화랑도자체는 문무를 가릴 것 없이 신라의 청소년을 하나의 유위한 인
격으로 길러내는 국가적 운동이었고 개인적 수양이었다. 성장해서 국
가에 봉사할 때 文에 나가면 현좌충신이고 武에 나가면 양장용졸이다
(김충렬, 1971, 206·221쪽).

⑤ 화랑도가 일종의 재사나 지배층에 소용되는 인재를 발굴하기 위한 考
選法으로서의 목적을 지니고 있다(박승길, 1986, 28쪽).

2) 전사단 · 군사적 집회

군사적 기능이 화랑의 가장 근원적 일차적 기능이라 한 사람은 삼품
창영 · 지내 굉 · 김태준 · 이기백 · 이기동 · 김종선 등이다.

(1) 삼품창영

삼품창영은 화랑의 기능 중 군사적 기능이 가장 왕성하다(1943, 300
쪽)라고 주장하고 있으며, 구체적으로는 ⓐ 비상시에는 국방의 제일선에
섰으며, ⓑ 전사로서 부락을 수호하였으며, ⓒ 집합회는 감시소가 되어
경보를 울리면 전사의 요새가 되었으며, ⓓ 때로는 미혼의 자는 현역군
으로서의 중책을 짊어졌다고 주장한다(1974, 161쪽). 또 그는 화랑집회
의 기능 중 국가적으로 가장 중대한 의의를 갖는 것은 그것이 청년전사
의 집합이라는 데 있으며 이것은 고대희랍 제도시국가의 청년전사단과
비교될 수 있다고 주장한다(1974, 161~162쪽). 그러나 그는 위의 것들

은 거의 모든 미개민족, 고대민족의 청년집회가 갖는 가장 중요한 기능
이기 때문에(1974, 61쪽) 신라도 그러할 것이라고 추정한다. 신라의 화
랑은 미개사회에 존재하는 연령계급조직이 아니며 교육과 인재 발굴을
위하여 제정된 집회이다. 그리고 그는 또 이 ① 군사적 기능 이외에, ②
가무조합적 기능, ③ 교육적 기능, ④ 사법적 기능, ⑤ 제의적 기능, ⑥
성지순례, ⑦ 성적 습속의 7가지 기능이 있다고 주장한다.[31]

이 가운데 교육적 기능을 제외하고는 모두 증거가 없다. 가무조합이
라는 것은 화랑집단이 가무를 하기 때문에 붙인 것이고 성지순례는 명승
지를 탐방(산수유오)하기 때문에 붙인 것이다. '조합'과 '성지'라는 용어
도 적합하지 않다. 제의적 기능과 성적 습속은 이미 본 바와 같다. 다들
원시 청년집단의 기능이었으니 의당 신라의 화랑도 여기에 해당될 것으
로 보았으며 또한 조선시대의 남무·유녀가 화랑의 유제라는 시각에서
주장한 것이다. 사법적 기능은 중앙에서 화랑을 통할하고 보호하는 화주
가 어떤 화랑에 소속되어 있는 한 낭도를 사역에 동원한 관리를 응징하
기 위해 仲冬極寒에 못[池]에 목욕을 시킨 것을 두고 한 주장인데, 화주
는 화랑이 아니고 성인이며 조정에 있는 관리로 보여지며 또한 중앙의
관리가 하위관리를 응징하였다 하여 화랑집회의 기능이 사법적 기능에
있다고는 말할 수 없을 것이다.

중언하거니와 화랑집단은 신라 독특의 방법에 의하여 교육시켜 인재
를 발굴하려는 집단인 것이다. 교육을 받는 청소년이 노래를 불렀다고

---

31) 홍순창은 화랑도의 기능으로 종교적 기능·군사적 기능·가무조합적 기능·제의
적 기능·성지순례적 기능을 들고 있다(홍순창, 1971, 「신라화랑도의 연구」『신
라가야문화』 3, 68·71쪽).
김종우가 화랑의 기능분류를 성지순례, 제의적 기능, 사법적 기능, 교육적 기능,
가무조합적 기능, 군사적 기능, 성적 기능의 7개 기능으로 나눈 것(김종우, 1974,
「신라의 화랑과 풍류문학론」『우헌정중환박사 환력기념론문집』, 481~482쪽)도
모두 삼품창영의 것을 따른 것임을 알 수 있다.

가무적 기능, 신앙생활을 한다고 제의적·종교적 기능, 국토를 탐방한다고 국토순례의 기능, 연애사건이 있다고 성적 습속이 있다고 할 수 있겠는가? 이것은 오늘날의 청소년을 교육하는 집회나 학교에 있어서도 적용된다고 하겠다. 삼품창영이 군사적 기능을 가장 근원적 중대한 기능으로 하는 것은 인접미개민족의 청년집회가 고대한국에 전파되었다는 것을 주장하기 위해서이고 가무조합적 기능, 제의적 기능, 성적 습속의 기능이 있다고 하는 것은 화랑 자체가 무당이거나 또는 후에 무당이 되었다는 것을 주장하기 위해서인 것이다.

여기서 우리는 삼품창영이 화랑을 전사조합·전사단적 남자집회·청년전사단·청년전사조합·전사단·청년전사집합·전사가무조합·전사단적 가무조합이라고 칭하였음을 상기하게 된다. 아프리카를 포함하여 몇몇 미개사회에서는 연령계급체계가 존재하여 성년식·入信式·성인식에 수반하는 가혹한 시련이 있으며 청소년은 자기 종족의 방위를 위하여 전사로서의 집단조직의 기능을 한다. 삼품창영은 바로 이러한 전사단의 조직이 화랑이라고 견강부회한 것이다.

그러면 삼품창영이 화랑을 전사단이라고 한 증거를 살펴보자. 그 증거는 그의 저서 161쪽부터 183쪽에 걸쳐 있는데 그의 주장을 요약하면 다음과 같다.

> ① 거의 각 미개민족·고대민족이 다음과 같은 기능을 갖는 청년집회가 있을 것이니 신라도 그럴 것이다.
> ⓐ 전사로서 부락을 수호한다.
> ⓑ 청년집회는 감시의 요소가 된다.
> ⓒ 경보가 울리면 전사의 근거가 된다.
> ⓓ 미혼의 젊은이 집회는 현역군의 중책을 가지고 기혼의 남자는 예비군이 된다.
> ⓔ 고대희랍 도시국가에 청년전사단이 있었다.
> ② 삼한에 관한 기록에 '其人壯勇'이라는 기사(『후한서』)가 있다.

③ 『일본서기』에 고구려가 신라에 대한 복수의 군을 일으킬 때 가·무·악을 했다는 기사가 있다.

④ 『삼국사기』 진흥왕 12년조에 진흥왕이 국내를 순행할 때 우륵과 그 제자 尼文에게 음악을 연주케 했다.

⑤ 『후한서』 동이전 부여조에 "有軍事 亦祭天"이라는 기사가 있다.

⑥ 『삼국유사』 화랑제정 기사에 "王又念欲興邦國 須先風月道 …"라는 기사가 있다.

⑦ 『삼국유사』의 거열랑의 彗星歌는 전설이지만 전사단의 기능을 한 것을 나타낸다.

⑧ 樂浪에는 신비스러운 鼓角이 있었다.

⑨ 백제의 전설에 의자왕의 왕녀 桂山이 검법과 선술로 신라병을 괴롭혔다.

⑩ 『삼국사기』에 화랑의 '遠遊'의 기사가 있다.

⑪ 화랑은 灑美한 歌詞가 있다.

⑫ 사다함, 김유신, 김영윤, 관창, 김흠운 등 전진에서 무공을 세운 화랑이 많다.

위에서 나타나 있는 바와 같이 그가 열심히 무엇인가를 열거했지만 화랑이 전사단이라는 참다운 증거는 되지 못하고 있다. ⓐ 외국 미개민족에 전사단이 있으니 신라도 그럴 것이라는 주장과 ⓑ 신라와 관련이 없는 삼한·고구려·낙랑·백제·부여의 기사를, 그것도 전사단과 관련이 없는 기사를 적기하며 신라 전사단 존재의 증거로 삼았으며 ⓒ 신라에 관한 것으로 제시한 ④, ⑥, ⑦, ⑪, ⑫의 주장도 화랑이 전사단이라는 증거는 되지 못한다. 얼른 보기에는 ⑫의 주장이 그럴 듯하나 전진에서 무공을 세운 용사는 화랑만 아니라 화랑 아닌 청년도 많았으니(『삼국사기』 권47, 열전 7) ⑫의 주장도 화랑이 전사단이라는 주장은 되지 못한다.

화랑이 전사단이며 이 전사단은 삼한의 청년집합회·청년집회에서 유래되었고 삼한의 청년집회는 남방에서 전파되었다는 삼품창영의 주장은 우리가 별고[32)]에서 살펴본 한국신화가 남방(대만 고사족)에서 전파되었다는 주장과 한국고대에 존재하지도 않은 穀靈信仰 역시 남방에서 전파되었다는 주장과 맥을 같이하여 삼품창영의 세 가지 큰 한국고대사 왜곡·말살이 되겠다.

한국의 고대신화와 곡령신앙이 남방인 대만의 高砂族에서 전파되었다는 것을 증명하기 위하여 제시한 증거[33]와 마찬가지로 황당무계하고 견강부회한 것에 불과하다. 그런데 여기서 우리가 하나 주목할 것은 화랑이, 또는 그가 말하는 삼한의 청년집회가 남방에서 전파된 전사단이라 하면서도 '전사단'이라는 명칭 자체는 아프리카나 북미아메리카 인디언에 존재하는 전사(warrior)를 따왔다는 사실이다. 다시 말하면 삼품창영은 지내 굉의 글에서 '무사'라는 명칭에 암시를 얻어 '무사' 대신에 '전사'라는 이름으로 바꾸고, 한국의 신화에는 존재하지도 않은 곡령신앙과 마찬가지로 화랑이 남방(대만 고사족)에서 전파되었다고 하면서도, 명칭인 '전사'는 북미인디언에서 따온 것이다. 이렇게 되면 화랑은 북미인디언과 대만의 고사족에서 전파되었다는 결론에 이르게 된다.

예를 들면 아프리카의 Nandy족은 태어나자마자 연령조(age set)의 구성원이 되며 성장하면 할례의 입회식을 거쳐 전사 단계(warrior stage)에 속하게 되고, 이 단계를 거치면 장로(elderhood)의 단계를 통과하게 된다. 연령조는 7단계로 되어 있으나 이 가운데 가장 중시되는 것은 장로(elders)가 될 남자로 구성된 조와 전사(warrior)가 될 조와 입회식을 앞둔 남자로 구성된 조의 세 가지 조인데, 이 가운데 가장 권위 있는 것은 전사조이며 규율·재산·군사업무를 수행할 수 있는 힘을 소유하고 있다.[34] 이러한 전사조 내지 전사집단은 북미인디언족에도 있다. 삼품창영은 이 북미인디언족의 전사의 존재에 주목하여 신라의 화랑이 전사단·전사조합이라 한 것이다.

---

32) 최재석, 1986, 「삼품창영의 한국고대사회·신화론비판」, 『민족문화연구』 20(『한국고대사방법론』 소수).
33) 최재석, 위의 글.
34) G. W. B. Hungtingfort, 1953, *The Nandi of Kenya: Tribal Control in Pastoral Society.*

일선에서 장렬한 무공을 세운 청년 속에는 화랑 못지않게 화랑 아닌 청년도 많았으니(『삼국사기』 권47, 열전 7) 세속오계의 '임전무퇴'의 정신도 화랑만의 독점물이 아니라 신라 전체 청년의 정신이었음을 알 수 있다. 또 신라인이 부른 신라의 향가도 자연과 인생에 관한 것으로서 종교적 서정적인 것이 대부분이었으며 화랑과 관련이 있는 향가도 형제상봉의 기쁨, 처의 정절, 죽음의 애도, 화랑의 찬양, 思友, 慶福祈願 등35)으로 무공이나 용맹성을 고무하거나 적을 무찌르는 것과 같은 적개심이 담긴 군가는 아니었다. 또 화랑 부예랑이 衆徒 천 명을 거느리고 가다가 적에 잡혀갔을 때 승려낭도인 安常을 제외하고는 모두 어찌할 바를 모르고 돌아왔다(『삼국유사』 권3, 백율사). 만일 화랑의 집회가 진정한 전사단이었다면 목숨을 아끼지 않는 낭도가 적에게 잡혀가는 화랑을 두고 어찌할 바를 모르고 돌아올 수는 없을 것이다.

그가 삼한과 신라에 남자집합회가 있으며 성년식 시련도 있으며 또한 화랑이 그러한 전사단·전사조합이라 한 것은 신라의 화랑제도가 신라 고유의 것이 아니라 다른 남방 미개민족에서 전파되었다고 주장하기 위해서였던 것이다. 신라는 小子·追子·助子·丁·除公·老公 등의 연령의 구분은 있을망정36) 연령계급조직은 존재하지 않는 것이다.

(2) 지내 굉

지내 굉은 화랑은 신라무사도를 대표하는 전형적인 신라무사였다고 주장한다(1932, 542쪽). 화랑을 무사 또는 전사라고 한 삼품창영의 주장은 실은 지내 굉의 이 주장을 이어받아 구체화시킨 것이다. 이미 언급한 바와 같이 삼품창영은 금촌 병, 지내 굉 등의 주장을 발판으로 자기 주장을 체계화시키려고 한 것이다.

---

35) 김종우, 앞의 논문.
36) 최재석, 1983, 『한국가족제도사연구』, 일지사, 46쪽.

그런데 화랑이 무사 또는 전사라는 증거는 아무데도 없다. 억지로 찾으면 ⓐ 세속오계 중의 임전무퇴, ⓑ 김유신이 修劍得術한 후에 국선이 된 것(『삼국유사』권1, 김유신), ⓒ 관창이 나이 16세에 '能騎馬彎弓'하였다는 기사(『삼국사기』권47, 관창), ⓓ 『삼국사기』에 무용담을 남긴 많은 화랑출신의 용사 이야기 정도이다.

그러나 임전무퇴는 전에 보아온 바와 같이 화랑만의 것이 아니고 『삼국사기』에 무용담을 남긴 사람은 화랑뿐만 아니라 화랑 아닌 사람도 많다. 화랑의 몇 사람이 수검술과 기마술이 있다고 치더라도 화랑이 산수를 유오하여 도의를 相磨하고 가락을 상열하는 천 명 안팎의 인원을 가진 집단일진대 도의와 가락과 산수유오를 이상으로 수검술과 기마술을 연마할 수는 없을 것이다.

그러면 지금 삼품창영 등의 주장을 따르는 김태준·이기백·이기동·김종선·홍순창·신형식의 주장을 알아보자.

(3) 김태준

귀족자제를 중심으로 한 재향군인단과 같은 自衛團이며 노예를 착취하여 생산력이 비약적으로 발전하게 하고 또한 노예병을 영솔하여 전장에서 장렬한 싸움을 한 것이 제이의적 목적이다(1937, 62·65쪽).

(4) 이기백

① 화랑도의 가장 중요한 기능은 군사적 기능이었으며 그들은 평화 시에 무술을 연마하고 귀족군을 보충할 목적으로 조직된 것이며 씨족사회의 미성년집단이다(1967, 75~76쪽).
② 화랑도의 여러 기능 중 가장 중요한 것은 군사적인 것이며 화랑들은 대개 장군이 된다(1978b, 198쪽).
③ 화랑도의 사회적 기능은 씨족사회의 미성년집단에 그 기원이 있다. 교육의 내용은 성년이 되기 전에 성년으로서 지녀야 할 자격습득과 씨족원으로서 지녀야 할 도의교육과 군사적 훈련이었다(1978a, 128쪽).
④ 화랑도는 전사단이었다(1986, 36쪽).

(5) 이기동

화랑조직에서 먼저 생각한 것은 군사적 기능이며(1976, 319쪽), 화랑도의 일차적으로 중요한 의미를 띠게 된 것이 군사적 과업이었다(1984, 36쪽).

(6) 김종선

화랑집단은 국가에 대한 맹목적인 충성심과 애국심을 요구하는 군사교육 기관이었으며 670년대 한반도를 통일할 때까지는 군사교육이 화랑교육의 중심을 이루었다(1977, 55·58쪽).

3) 군사적 목적과 그 밖의 목적을 위한 제도

① 이병도 … 화랑도는 신라청년귀족의 수양단·무사단이다(1957, 689쪽).
② 홍순창 … 화랑의 기능은 종교적·군사적·교육적 기능이 종합적으로 표현되어 있으며 화랑집단은 목적적인 사회집단이 아니라 자연발생적으로 형성된 사회조직체이다(1971, 68쪽).
③ 신형식 … 화랑도는 이미 고급인재양성소·전사단의 공급원이었다(1985, 183쪽).

앞의 화랑이 전사단이라는 견해와 화랑이 군사적 목적과 동시에 다른 목적을 위하여 조직되었다는 견해도 모두 화랑이 '전사'라는 것을 강조하는 것이지만 적에게 잡혀가는 화랑 부예랑을 눈앞에 보고도 그 화랑천명이 어찌할 바를 모르고 그대로 돌아왔다는 기록은 화랑이 전사단이나 무사단이 아니라는 것을 여실히 증명하는 것이라 하겠다.

4) 가무집단

가무의 기능을 중요시하는 견해도 있다.

① 김종우 … 신라의 화랑도의 여러 기능 가운데 가무적 기능이 또한 중요한 자리를 차지한다(1974, 481쪽).

② 김승찬 … 화랑도는 현묘지도인 풍류를 수행케 하는 미성년집단이다
   (1978, 6쪽).

5) 종교집단(남무)

화랑은 거의 전적으로 남무라는 종교집단이라 한 이는 금촌 병,
Richard Rutt 신부, 서정범 등이다. 이 가운데 Richard Rutt 신부의 주장
은 주로 삼품창영의 영향을 많이 받은 듯하다. 이미 언급한 바 있지만
무당의 호칭과 화랑의 호칭이 같다는 것과 화랑의 학습내용의 하나가 가
무라는 데서 화랑을 남무로 보고 있다. 그들은 다음과 같이 주장한다.

① 금촌 병 … 화랑은 가장 존귀한 종교사제자의 총괄적 직명이며 화랑은
   불교가 신라에 들어가기 전의 고대종교인 shamanism의 신에 사사하는
   역할을 하였다(1928, 22~23쪽).
② Richard Rutt 신부 … 화랑은 일종의 shamanism이며 현재의 무당의 기
   원도 신라의 화랑에서 나왔다. 야외에서 놀고 노래하고 춤추는 것은
   기본적으로 무당의 활동으로 보고 있다(1961, 8~10·23쪽).
③ 서정범 … 역시 남무의 호칭이 화랑과 같다는 데 주목하여 "신라의 화
   랑은 남무였다"고 주장한다(1974, 78쪽).

그런데 여기에 매우 흥미 있는 현상이 나타나고 있다. 위에 나타나
있는 바와 같이 화랑이 인재양성을 위한 제도였다는 견해는 주로 대학에
서 사학을 가르치지 않는 사람의 것이고, 일본인의 영향을 받아 화랑이
전사단이라고 한 견해는 이병도·이기백·이기동·홍순창·신형식 등
대학에서 국사를 가르치는 사람의 견해였던 것이다. 그리고 화랑이 전적
으로 무당이라고 한 견해는 외국신부와 일본인학자의 견해였던 것이다.
화랑이 ⓐ 인재양성을 위한 제도, ⓑ 전사단, ⓒ 전사단과 다른 목적
을 위한 조직, ⓓ 가무집단, ⓔ 남무라는 다섯 가지 주장들 가운데 ⓑ의
주장과 ⓒ의 주장은 거의 전적으로 삼품창영의 주장에서 비롯된 것임을

알게 되었다. '무사단'·'전사단'·'군사적'인 것 등의 표현도 삼품창영과 금촌 병에서 비롯됨을 알게 된다. 중언하거니와 화랑은 무사단도 아니며 전사단도 아니며 전적으로 군사적인 기능을 한 집단도 아니다. 김충렬이 화랑도를 무사도와 같은 것으로 받아들이는 것은 큰 잘못이라고 갈파한 것은 타당한 견해라고 생각한다.

화랑을 무사, 전사단이라고 보는 견해는 『삼국사기』나 『삼국유사』의 기사를 불신하는 태도가 저변에 깔려 있다. 이미 언급한 바와 같이 수백 명에서 천 명 안팎의 사람을 모아 놓고 도의상마와 가락과 산수유오 등을 하게하고 여기에서 인재를 발굴코자 한 것이 화랑이라고 한 첫 번째의 견해가 가장 사실에 가깝다고 생각한다. 화랑이 군사적 조직으로서의 기능을 하였다는 직접적인 기록은 없다. 그러나 그 당시의 국제정세 등으로 보아서 전혀 없다고는 말할 수 없을 것이다. 그러나 있었다고 하더라도 도의와 가락과 유오에 비하여 2차적인 것이었다고 생각한다.

"賢佐忠臣 從此而秀 良將勇卒 由是而生"(『삼국사기』 권4, 진흥왕 37년)의 기록을 화랑을 전사단으로 보는 증거로 삼는 사람이 있을지 모르나 이것은 화랑교육을 받은 사람 중에서 賢佐忠臣과 良將勇卒이 나왔다는 뜻이지 화랑이 전사단 내지 군사적 조직이었다는 증거는 되지 못한다.

끝으로 여기서 시각을 달리하여 화랑이 엄격한 신라의 신분사회[골품제]를 완화시켰다는 주장에 대하여 잠시 살펴보고자 한다. 김종선이 화랑이 되는 것은 귀족자제의 출세의 길이며 하급 귀족자제는 엄격한 골품제도에서의 탈피를 어느 정도 가능케 했다(김종선, 1977, 55쪽)고 한 주장을 이기동·신형식이 받아들여서 각각 화랑은 신분계층간의 갈등을 완화하였다고 주장하였다(이기동, 1979, 357쪽 ; 신형식, 1985, 183쪽).

그러나 이러한 시각과는 달리 화랑이 샤머니즘적 지역주의를 극복하기 위한 제도였다고 하는 주장도 있다(박승길, 1985, 501쪽).

요컨대 일본인들이 화랑을 남무라 한 것은 후대에 화랑이 화류사회·무당으로 변질되었다고 말하기 위해서이고 또한 화랑이 전사단이라고 말한 것은 화랑이 남방(대만 고사족)에서 들어갔다는 것을 말하기 위해서인데 이러한 저의를 감지하지 못하는 사람이 있다는 것은 여간 답답한 일이 아니다.

7. 맺는말

지금까지 우리는 신라의 화랑에 관한 기사가 담긴 『삼국사기』·『삼국유사』의 사료적 가치에 대한 비판을 알아본 다음 지금까지 이루어 놓은 신라의 화랑에 대한 연구 성과를 알아보았다. 동시에 화랑에 대한 필자의 견해를 피력하기도 하였는데 지금 이것을 다음에 요약하고자 한다.

(1) 화랑연구에 본격적으로 처음 착수한 사람은 금촌 병·점패방지진·지내 굉·삼품창영 등 일단의 일본인 학자들이었다. 아무리 『삼국사기』의 기록을 조작·전설·가공으로 몰아붙이는 사람도 "조국을 위하여 신명을 돌보지 않는" 화랑도의 정신 자체를 헐뜯을 수는 없었다. 이들은 또 신라민족은 한국민족의 정통적 후계자인 동시에 그 대표적 존재이며 또한 화랑도 내지 화랑정신이 민족정신사에서 차지하는 비중이 막대하다고 하면서도 다른 측면에서 화랑과 화랑정신을 왜곡·말살하려고 하였다. 이리하여 금촌 병은 신라사는 소급·조작되고 화랑기사는 분식·전설기사라고 몰았고, 점패방지진은 화랑정신이 있는 신라민족은 일본민족이고 여자화랑은 창녀, 남자화랑은 남무였다고 주장하고, 지내 굉은 『삼국사기』 화랑기사는 거의 모조리 조작·공상·설화·가공으로 몰았다. 그리고 삼품창영도 역시 화랑의 기사가 있는 『삼국사기』는 전설·반전설·윤색이며, 사실이 아니다, 믿을 수 없다고 주장하였던 것이다.

그들이 신라가 한국민족의 정통적 후계자 및 대표적 존재이고 그러한 신라민족에 나라와 신의를 위하여 목숨을 아끼지 않는 화랑의 정신이 있었다고 하여 놓고 다른 한편으로는 한국민족·국가의 정통적인 위치를 차지하는 신라의 기사가 담긴『삼국사기』『삼국유사』등의 기록은 모조리 거짓 조작이며 화랑은 남방(대만 고사족)에서 전파되었으며 화랑은 또한 남자무당이고 여자화랑은 창녀라 주장하고, 또 한편으로는 한반도는 일본의 식민지였으며 신라는 일본민족이라 주장하였으니 그들의 화랑연구는 바로 한국사 및 한국정신을 말살하기 위한 것이었다는 것을 알 수 있는 것이다.

(2) 화랑은 풍채가 준수하고 덕행이 있으며 행실이 단정하고 부유한 귀족으로 衆望과 국왕에 추대되는 몇 되지 않는(화랑이 없는 해도 있었지만 어느 해는 2인 또는 4인 또는 7인 정도였다) 엘리트였으나 일반인의 존경과 선망의 대상이었다. 낭도는 집에서 매일 노동하지 않아도 생활할 수 있을 정도의 평민 이상의 계급이지만 중심성원은 진골과 6, 5, 4두품으로 생각한다.

화랑과 낭도와의 관계는 평등·동료관계였으며 화랑집회에는 명부가 있고 대체로 15~16세의 자로 구성되었으며, 한 화랑이 이끄는 인원은 대체로 2~300명에서 1,000명 안팎의 인원이 많은 집단이었다. 그리고 전국의 화랑을 통할하는 화주 밑에 몇 사람의 화랑이 있었으며 그 화랑 밑에 낭도가 존재하는데, 화랑은 아무개(화랑의 이름)문이라 칭하였다. 또 종래 여자화랑의 존재와 남자화랑의 장식에 많은 왜곡과 추측이 있었음을 알게 되었다.

(3) 화랑의 수련 장소는 동해안의 명승지로서 삼품창영이 말하는 '성지'는 아니었고, 그 수련 기간은 지금까지 3년으로 추정되어 왔다. 화랑의 계율로 보아 왔던 세속오계는 신라 고유의 규범과 불교·유교의 종합으로 이루어졌으며 화랑만의 계율이 아니라 신라사회의 생활관이었

다. 산수유오, 도의상마, 가락상열의 화랑의 교육내용에 대한 종래의 해석에는 왜곡이 많았으며, 화랑의 정신은 화랑만의 것이 아니라 신라인 전체의 정신이기도 하였다.

(4) 화랑이 청소년을 수련하고 인재를 발굴하려는 신라의 한시적인 교육제도였으므로 신라시대에만 존재하는 것은 두말할 나위도 없다. 그런데 '화랑'이라는 이름이 오늘날까지 남아있다고 하여 화랑이 유녀, 화류사회 남무, 창우 등으로 변질하여 아직도 존재한다는 주장은 한국의 사상사·정신사를 말살하려는 저의에서 비롯된다.

또 통일전후의 화랑의 기질이 다를 수 있다는 가능성을 배제하는 것은 아니지만 증거의 제시 없이 통일 이후의 화랑은 문약·유오·사교에 치중하였다는 견해에도 선뜻 동의하기 어렵다. 화랑은 없지만 신의를 위해서는 목숨도 아까워하지 않는 화랑정신은 삼·일 정신까지 이어진다는 견해에 설득력이 있으며 필자는 임진왜란과 구한말의 의병정신도 그 뿌리는 화랑정신에 있다고 본다.

(5) 화랑은 ⓐ 인재양성을 위한 제도, ⓑ 전사단, ⓒ 군사와 다른 목적을 위한 집단, ⓓ 가무집단, ⓔ 남무라는 다섯 가지 주장이 있어왔지만 첫째 견해가 가장 사실에 가까운 견해이다. 화랑이 전사단이라는 주장은 화랑이 신라 고유의 것이 아니라 외국(남방)미개민족의 남자집회·성년식·전사단에서 전파된 것임을 주장하기 위하여 꾸며진 삼품창영의 저의에서 비롯된 것이었다. 한국의 신화가 한국 고유의 것이 아니라 남방(현존 대만 고사족)에서 전파되었다고 주장한 삼품창영은 화랑도 남방에서 전파되었다고 주장한 것이다. 모든 사회에 전사단, '남자조합', 시련을 수반하는 성년식, 입신식이 있는 것은 아니며, 모든 문화가 연령계급조직을 갖는 것도 아니다. 신라는 연령의 구분은 있을망정 전사단과 같은 연령계급조직은 존재하지 않는다. 화랑이 무사단·전사단이라는 주장이나 남무라는 주장이나 또는 화랑은 창녀인 여자화랑으로 시작되

었다는 주장은 모두가 『삼국사기』·『삼국유사』의 사료를 불신·왜곡하는 데서 연유하는 것이다. 다시 말하거니와 화랑이 전사단이었다면 화랑 부예랑이 도적에 잡혀가지도 않았을 것이며 또한 적에 잡혀가는 화랑을 눈앞에 보고도 그 낭도 1,000명이 어찌할 바를 모르고 그대로 돌아가지는 않았을 것이다.

〈화랑관계문헌 1928~1986〉

1. 今村 鞆, 1928,「新羅の花郎を論す」『朝鮮』161.
2. 池内 宏, 1929,「新羅人の武士的精神について」『史學雜誌』40-8(『滿鮮史研究』上世編 2, 1960 수록).
3. 申采浩, 1930,「朝鮮歷史上의 一千年來一大事件」『朝鮮史研究草』(丹齊 申采浩全集下, 乙酉文化社, 1972).
4. 三品彰英, 1930~1931,「新羅の奇俗花郎制度に就いて」『歷史と地理』25-1~27-5(10회 연재).
5. 鮎貝房之進, 1932,『花郎攷雜攷』4(花郎攷, 白丁攷, 奴婢攷), 朝鮮印刷株式會社.
6. 三品彰英, 1934,「新羅花郎の源流とその發展」『史學雜誌』45-10・11・12(3회 연재).
7. 劉昌宣, 1935~1936,「新羅花郎制度의 研究」『新東亞』5-10・11・12, 6-1・2・3(6회 연재).
8. 池内 宏, 1936,「新羅の花郎について」『東洋學報』24-1(『滿鮮史研究』上世編, 1960 수록).
9. 金 俊, 1937,「新羅花郎制度의 意義」『新興』9.
10. 李東圭, 1942,「花郎と尙武精神」『東洋之光』4-7.
11. 三品彰英, 1943,「新羅花郎の研究」『朝鮮古代研究』第一部, 東京: 三省堂(『三品彰英論文集』第6, 1974 수록).
12. 李秉岐, 1943,「新羅의 花郎道」『半島史話와 樂土滿洲』.
13. 柳子厚, 1946,「花郎考」『우리公論』1-3.
14. 柳子厚, 1947,「花郎의 紀元辯」『우리公論』1-4.
15. 金凡父, 1948,『花郎外史』.
16. 遠志山人, 1948,「花郎制度の小考」『民主朝鮮』2-1・2・3(3회 연재).
17. 金容泰, 1948,「花郎制度創定考」『民聲』4-1.
18. 孫晉泰, 1948,『韓國民族史槪論』.
19. 崔南善, 1948,『朝鮮常識問答』.
20. 李瑄根, 1950,『花郎道研究』, 海東文化社.
21. 李丙燾, 1957,「壬申誓記石에 대하여」『서울大論文集』5(『韓國古代史研究』, 1976 수록).
22. 金光永, 1958,「花郎道創設에 對한 小考」『東國思想』1.
23. 釋德庵, 1959,「佛教의 護國思想과 花郎道精神」『現代佛教』1.

24. 金凡父, 1960, 「風流精神과 新羅文化」 『韓國思想』 3.

25. 安啓賢, 1960, 「新羅의 世俗五戒의 國家觀」 『韓國思想』 3.

26. 金鳳守, 1960, 「花郎道의 敎育的 價値」 『慶北大論文集』 4.

27. Richard Rutt, 1961, "The Flower Boys of Shilla," *Transactions of the Korea Branch of the Royal Asiatic Society* vol. 38.

28. 朴贊旿, 1962, 「花郎集團의 敎育制度와 그 實際에 關한 考察」 『釜山敎育大學研究報告書』 1-2.

29. 孫仁銖, 1964, 「新羅花郎敎育의 연구」 『敎育學研究』 2.

30. 辛兌鉉, 1965, 「花郎世代考」 『慶熙大論文集』 4.

31. 孫仁銖, 1966, 「新羅花郎道敎育과 西洋中世騎士道의 敎育」 『敎育學研究』 4.

32. 安浩相, 1966, 「배달임금과 배달나라의 고유한 道義原理들과 화랑도에 관한 연구」 『東亞論叢』 3.

33. 金煐泰, 1966, 「彌勒仙花攷」 『佛敎學報』 3・4 합집.

34. 李基白, 1967, 『韓國史新論』.

35. 金庠基, 1969, 「花郎과 彌勒信仰에 대하여」 『李弘植博士回甲紀念韓國史學論叢』.

36. 洪淳昶, 1970, 「新羅花郎道의 研究史的 考察」 『新羅伽倻文化』 2.

37. 金煐泰, 1970, 「僧侶郎徒考: 花郎道와 佛敎와의 關係一考察」 『佛敎學報』 7.

38. 金忠烈, 1971 「花郎五界의 思想背景考」 『亞細亞研究』 14-4.

39. 金哲俊, 1975, 「三國時代의 禮俗과 佛敎思想」 『大東文化研究』 6・7 합집(『韓國古代社會研究』 수록).

40. 洪淳昶, 1971, 「新羅花郎道의 研究」 『新羅伽倻文化』 3.

41. 兪昌均, 1971, 「花郎의 語源에 대한 管見」 『新羅伽倻文化』 3.

42. 增田圭章, 1972, 「新羅における花郎徒について」 『大阪學院大學論叢』 19.

43. 金彊模, 1973, 「花郎思想研究」 『學術論文集』 (朝鮮獎學會) 3.

44. 金種雨, 1974, 「新羅의 花郎과 風流文學論」 『又軒丁仲煥博士還曆紀念論文集』.

45. 金雲學, 1974, 「花郎道와 佛敎思想」 『東國思想』 7.

46. 徐廷範, 1974, 「花郎語攷」 『韓國民俗學』 7.

47. 李基東, 1976, 「新羅花郎徒의 起源에 대한 一考察」 『歷史學報』 69(『新羅骨品制社會와 花郎徒』, 1980 수록).

48. 閔泳福, 1977, 「鄕歌를 通해 본 花郎思想研究」 『空軍士官學校論文集』 7.

49. 金種璿, 1977, 「新羅花郎の性格について: 特にその遊びに關して」 『朝鮮學

報』82.

50. 淸水慶秀, 1977,「新羅花郞の硏究動向」『韓』 12.

51. 金春鉉, 1978,「花郞道敎育思想에 관한 一硏究」『公州敎大論文集』 14-2.

52. 李基白, 1978a,『新羅時代의 國家佛敎와 儒敎』.

53. 李基白, 1978b,『韓國史學의 方向』.

54. 金承璨, 1978,「新羅花郞徒와 그 文學世界의 探究」『釜山大論文集』 25.

55. 李基東, 1979,「新羅花郞徒의 社會學的 考察」『歷史學報』82(『新羅骨品制
    社會와 花郞徒』, 1980 수록).

56. 郭亨基, 1982,「花郞道精神의 體育史的 考察: 新羅時代를 중심으로」『同大
    論叢』 12.

57. 李基東, 1984,「新羅社會와 花郞徒」『新文化』 1 (東國大慶州分校).

58. 全京秀, 1985,「新羅社會의 年齡體系와 花郞制度」『韓國文化人類學』 17(耕
    雲張燾根博士華甲紀念號).

59. 申瀅植, 1985,『新羅史』.

60. 朴承吉, 1986,「新羅花郞徒의 敎政團體的 性格과 그 社會的 意義」『韓國傳
    統文化硏究』 2.

61. 李基白, 1986,『新羅思想史硏究』.

제 2 장
신라 골품제에 관하여
-이종욱씨에 답함-

1. 머리말

최근 이종욱씨는 한국 사학계 1984~1986의 고대편의 회고와 전망란을 담당하여 집필하였다(『역사학보』116집, 201~26쪽). 그에 의하면 이 3년 동안에 "한국 고대사 연구의 발전에 기여를 하고 있고 또 많은 노력을 기울여 발표된 저서"가 14책이나 되고, 또한 그 동안 발표된 "한국 고대사 관계 논문은 대체로 300편 정도"는 된다고 한다. 이러한 많은 저서·논문들 중에서 특히 본인의 하나의 논문「신라의 골품제」(『동방학지』 53, 1986; 후에『한국고대사회사연구』, 일지사, 1987, 376~425쪽에 수록)에 대하여 많은 관심을 가지고 그의 전체 논고 분량(26면)의 약 5분의 1에 해당하는 5면이나 할애해준 데 대하여 우선 사의를 표하고자 한다.

그러나 이종욱씨의 본인의 상기 논고에 대한 비판인「4. 신라골품제 연구」는 본인과의 견해 차이에서 나타난 문제라기보다는 사실과 전혀 다른 점이 있기 때문에 여기서 붓을 든 것이다. 본인은 신라의 골품제를 고찰함에 있어 먼저 이 연구가 본격화되기 시작한 1920년대 전반에서 1986년까지 발표된 57편의 논저를 연대순으로 나열하고 그 내용을 ⓐ 사료의 가치; ⓑ 골품의 신분 구조; ⓒ성골과 진골; ⓓ 골품과 頭品制; ⓔ 골품의 기원; ⓕ 골품과 地緣·官等과의 관계; ⓖ 골품의 성립 배경 등 8개 범주로 구분하여 정리하고 본인의 견해를 피력하였다.

그런데 이종욱씨는 위의 여덟 가지 범주에 대한 본인의 견해에 대하여는 비판을 하지 않고 다른 문제를 들고 나와 그것도 증거의 제시 없이 본인을 비판하고 있다. 또 그의 비판은 한국 고대 사회사 내지 골품제

전반을 조망하려는 시각에서 글을 쓴 것이 아니라 거의 한번도 증거를
제시하지 않은 채 '믿는다' '헤아린다'라는 자기 논리 위에서 증거의 제
시가 있는 본인의 논고를 비판하며 본인이 '잘못'이라는 평을 내리고 있
다. 그의 7가지 항목의 비평을 보면 이종욱씨 자신이 하지 않은 말을 본
인이 잘못 보고하였다고 한 것이 두 항목, 자신이 한 말 중에 본인이 누
락시켰다고 한 것이 한 항목, 사료의 가치에 관한 것이 한 항목, 본인이
과거의 논고를 부정적으로 보았다고 비판한 것이 한 항목이며, 신라의
왕위 계승 원리와 부계혈연집단(씨족·리니지) 存否 문제에 관한 것이
각각 한 항목으로 모두 7항목이다(이종욱씨는 이러한 순서로 비판논리
를 전개하지는 않았지만 본인이 편의상 이와 같이 정리하여본 것이다).
지금 여기에 대한 본인의 견해를 하나씩 지적하여 보고자 한다.

2. 이종욱씨에 답한다.

1)

이종욱씨는 다음과 같이 말한다.

> 이종욱이 성골의 실재를 부인하였다고 하였다. 그러나 이종욱은 분명히
> 성골의 실재를 인정하고 있다. 이는 최재석이 다른 사람의 논문을 잘못 이해
> 하고는 그것을 비판하는 예를 보여준다(218~19쪽. 앞으로 『역사학보』 116집
> 에서 인용한 문구는 면수만 기록하기로 한다).

수많은 논문을 정리할 때 다른 사람의 논문을 잘못 보는, 즉 A의 논문
을 B의 논문으로 잘못 보는 수도 있다. 그러나 본인이 다른 사람의 논문
을 이종욱씨의 논문으로 잘못 보고 이종욱씨가 성골이 있다고도 하고 또
없다고도 하였다고 지적하였다 하더라도 이종욱씨가 여전히 다른 곳에

서 성골의 존재를 안정하지 않는 점(법흥왕 이전)은 동일하다고 하겠다.

그는 명백히 "성골은 법흥왕이 율령을 반포할 때 만들어졌으며 성골 집단의 성원은 진덕왕을 마지막으로 모두 소멸되었다(이종욱, 1980, 「신라중고시대의 성골」『진단학보』50, 32쪽)"고 주장하고 있다. 이 주장은 『삼국사기』·『삼국유사』가 여러 곳에서 혁거세부터 28대 진덕여왕까지가 성골의 왕이라고 기록하고 있는 가운데 23대 법흥왕부터 28대 진덕여왕까지의 6대만을 성골로 인정하고 혁거세부터 22대 지증왕까지의 22대 570년 동안의 성골의 존재를 인정하지 않는다는 견해이며, 이는 결국 『삼국사기』와 『삼국유사』의 기록 중 22대 지증왕까지의 것을 조작으로 보는 견해이다. 이종욱씨의 주장은 성골이 존재한다, 존재하지 않는다는 두 갈래의 주장을 하고 있으나 1대에서 22대까지는 성골의 존재를 인정하지 않고 23대에서 28대까지의 6대의 존재만을 인정함으로써 자신의 주장의 역점은 부정론 쪽에 있다고 하겠다.

그러나 다음의 사례에서 분명히 확인할 수 있듯이 22대 법흥왕 이전에도 성골이 존재하였다.

· 已上中古聖骨 已下下古眞骨(『삼국유사』王歷 1)
· 國人謂始祖赫居世至眞德二十八王 謂之聖骨 自武烈王至末王 謂之眞骨(『삼국사기』권5 진덕왕 8년 3월)
· 始祖朴麻居世居西干 卽位元年 從此至眞德 爲聖骨(『삼국사기』권29 연표 상)

이렇게 되면 이종욱씨는 신라 17관등을 제정하였다는 유리왕 9년조의 기록(다음 4항에서 언급될 것이다)과 함께 도합 4종의 기록을 조작·추기로 보고 불신하는 것이 된다. 다른 조항은 몰라도 이 네 가지 기록은 역사적 사실로 믿어야 한다.

2)

이종욱씨는 또 "한편 최재석은 변태섭·이종욱이 6두품·5두품을 하나의 신분으로 보고 4두품·3두품·2두품·1두품을 다른 신분으로 보고 있다고 하였으나 변태섭·이종욱은 그런 주장을 한 적이 없다"(220쪽)고 말함과 동시에 "다른 사람의 논문을 옳게 이해하지도 못하는 잘못"(226쪽)을 저질렀다고 지적하고 있다.

변태섭씨는 그의 논고인 「신라 관등의 성격」(1956, 『역사교육』1)의 77쪽에서 "특히 사두품과 평민은 동등으로 취급되어 있다"고 말하였으며 이종욱씨는 「남산신성비를 통하여 본 신라의 지방통치체제」(1974, 『역사학보』64)의 69쪽에서 "한편 골품에 따른 일상생활에 대한 규정을 보면 크게 진골과 육두품·오두품 그리고 사두품·평민의 셋으로 구분되었던 것을 알 수 있었다"고 명백히 말하였음에도 그러한 견해를 제시한 적이 없었다고 부인하고 있는 것이다.

3)

이종욱씨는 본인이 다음과 같이 그의 견해를 누락시켰다고 주장한다 (그 견해는 누락시켜도 좋지만 본인은 누락시키지 않고 언급하였다).

> 族降의 이유는 그가 주장하는 외에도 여러 가지가 있다. 그 중 일반적으로는 종손에서 일정한 범위 밖으로 방계화한 집단은 족강을 하였는데 그들은 거주지도 다른 곳으로 옮길 수밖에 없었다고 믿어진다(219쪽).

그러나 본인은 다음과 같이 이종욱씨의 견해를 누락시키지 않고 명백히 밝혔다. 즉 "이종욱은 족강하여 6두품으로 되는 것은 종손에서 방계화된 자손이기 때문이라고 주장하기도 하고 다른 한편으로는 거주지를 옮기는 데 기인한다고 주장하기도 한다"(최재석, 1986, 「신라의 골품제」

『동방학지』 53, 69쪽).

　　지금까지의 세 가지 주장은 전혀 사실과 다른 것이었다. 한번 정도의 허위의 주장이라면 착오로 볼 수도 있지만 이것이 세 번 정도라면 고의성을 배제할 수 없을 것이다.

　　또 그는 본인이 자기의 글을 잘못 이해하고 남을 비판했다고 도합 네 번이나 주장하였다. 사실과 다른 말을 이렇게 여러 번 하였을 뿐만 아니라 거기에다 또 짧은 지면에 무려 세 번씩이나 '잘못'이라는 용어를 사용하면서 본인을 비판하였는데 이러한 태도는 학문과는 거리가 먼 것이다. 나는 아직까지 이러한 유의 평을 본 일이 없다. 진정 이렇게 해도 되는지 모르겠다. 그의 네 번에 걸친 거짓 주장과 세 번에 걸친 '잘못'이라는 평을 아래에 적기한다.

> ① 이는 최재석이 다른 사람의 논문을 잘못 이해하고는 그것을 비판하는 예를 보여준다(219쪽).
> ② 이러한 내용을 최재석은 잘못 이해하고 있다(220쪽).
> ③ (최재석은) 기존 견해를 잘못 이해한 사실이 적지 않은 것도 알게 되었다(221쪽).
> ④ 다른 사람의 논문을 옳게 이해하지도 못하는 잘못을 저지르는 사태(226쪽).

4)

　　다음에 우리는 『삼국사기』 유리왕 9년조 기사의 사료적 가치에 대한 본인과 이종욱씨의 견해를 알아보자. 유리왕 9년조의 기사에 대한 본인의 견해의 차이일 수는 있으나 본인의 이해의 잘못은 아니다. 또 유리왕 9년의 기사가 사실이 아니라고 가정하더라도 본인이 이 기사를 사실기사로 인정한다고 하여 본인이 『삼국사기』의 초기 기록을 무비판적으로 이용하고 있다는 비판을 가하는 것은 확대 해석이고 논리의 비약이다.

증거를 제시하지 않은 채 추측으로 유리왕 9년조의 기사를 조작(추기)으로 모는 사람이 증거를 제시하고 그 유리왕 9년조의 기사는 역사적 사실이라고 말한 본인의 견해를 "무비판적으로 사료를 이용한다"든가 또는 '잘못'이라고 평하는 것은 이미 학문을 떠난 평이다. 본인을 평하고 싶었다면 본인이 제시한 그 증거에 대하여 논했어야 했을 것이다. 그가 본인에 대하여 가한 비판은 다음과 같다.

> A-1. 기록들을 전적으로 믿고 이용하고 있다(217쪽).
> A-2. 유리왕 9년의 設官 記錄을 모두 그대로 인정하고 그것을 근거로 주장된 골품제 성립에 대한 그의 견해는 처음부터 문제가 있음을 생각하기 어렵지 않다(217쪽).
> A-3. 최재석은 『삼국사기』의 초기기록을 거의 무비판적으로 이용하고 있다(222쪽).
> A-4. 그 예로 (중략) 유리왕 9년에 17등의 설관을 했다는 기록을 그대로 믿고 논리를 펴는 것을 들 수 있다(222쪽). (강조는 필자)

유리왕 9년의 기록은 ⓐ 육부개명·賜姓에 관한 것과 ⓑ 17관등을 마련하였다는 것과 ⓒ 육부의 여자들을 두 패로 나누어 길쌈을 하게 하였다는 嘉俳에 관한 것이다. 그런데 본인은 이미 골품과 관등이 밀접한 관계에 놓여 있는 이상 유리왕 9년의 17관등 제정 기사와 신라 초기의 구체적인 17관등과 인명의 존재는 골품제의 존재를 증명하는 것이라고 다음과 같이 말한 바 있다.

> 첫째, 같은 해인 유리 9년의 17관등 제정 기사도 이 해에 골품이 제정되었다는 것을 강력히 시사해주는 것이라 하겠다. 지금까지 거의 모든 골품 연구자가 시인하고 있듯이 관등과 골품은 밀접한 관계에 놓여 있다. 신라 후기에 있어서는 골품의 등급과 17관등이 불가분의 관계와 상응하는 관계에 놓여 있지만 신라 초기나 또는 법흥왕대 이전은 골품과 관등은 불가분의 관계에 있지 않은 상태이고 또한 서로 상응하는 관계에 있지 않은 상태에서 관등이 수여·임명되었다고는 결코 생각할 수 없기 때문이다. 이렇게 볼 때 유리 9년

〈표 1〉 구체적인 官等任命

3대 儒理	9년 17관등 제정
	伊伐飡, 伊尺飡, 迊飡, 波珍飡, 大阿飡, 阿飡, 造位
4대 脫解	伊伐飡(11년), 角干(17년), 阿飡(21년), 波珍飡(21년)
5대 婆娑	伊飡(5년), 波珍飡(5년), 阿飡(6년), 伊飡(14년), 波珍飡(14년), 阿飡(15년), 伊飡(23년)
6대 祗摩	伊飡(元年), 伊飡(2년), 波珍飡(2년), 一吉飡(2년), 級飡(2년), 伊飡(10년), 波珍飡(10년), 阿飡(10년), 伊飡(11년), 伊飡(18년), 波珍飡(18년), 伊飡(18년)
7대 逸聖	伊飡(3년), 一吉飡(3년), 伊飡(9년), 沙飡(16년), 奈麻(16년), 伊飡(18년), 伊飡(18년)
8대 阿達羅	伊飡(元年), 一吉飡(2년), 阿飡(12년), 一吉飡(14년), 伊飡(15년), 伊飡(15년), 波珍飡(19년), 一吉飡(19년)
9대 伐休	波珍飡(2년), 一吉飡(2년), 波珍飡(5년), 阿飡(9년), 一吉飡(9년)
10대 奈解	一吉飡(10년), 伊伐飡(12년), 伊伐飡(13년), 伊伐飡(14년), 伊飡(16년), 一吉飡(16년), 伊伐飡(19년), 伊伐飡(25년), 伊伐飡(25년), 伊伐飡(27년), 伊伐飡(27년), 伊伐飡(29년), 伊伐飡(32년), 伊飡(32년)
11대 助賁	伊飡(元年), 伊飡(2년), 伊飡(4년), 伊飡(15년), 舒弗邯(15년)
12대 沾解	伊飡(2년), 舒弗邯(2년), 舒弗邯(3년), 一伐飡(9년)
13대 味鄒	伊飡(2년), 舒弗邯(2년), 一吉飡(5년), 波珍飡(17년), 伊部(20년), 一吉飡(20년), 沙飡(20년), 一吉飡(22년)
14대 儒禮	伊飡(2년), 舒弗邯(2년), 伊伐飡(8년), 一吉飡(9년), 舒弗邯(12년), 伊飡(14년), 一吉飡(14년), 沙飡(14년)
15대 基臨	伊飡(元年), 伊飡(2년)
16대 訖解	舒弗邯(元年), 阿飡(2년), 阿飡(3년), 阿飡(5년), 伊飡(5년), 伊伐飡(36년), 伊伐飡(37년)
17대 奈解	伊飡(37년)
18대 實聖	舒弗邯(2년), 舒弗邯(7년)
19대 訥祗	奈麻(2년), 舒弗邯(17년)
20대 慈悲	舒弗邯(4년), 阿飡(16년), 級飡(16년)
21대 炤知	舒弗邯(元年), 伊伐飡(元年), 伊伐飡(6년), 伊飡(8년), 伊飡(8년), 伊伐飡(15년)
22대 知證	伊飡(元年), 伊飡(13년)
23대 法興	7년 율령반포
	伊飡(9년), 大阿飡(12년), 伊飡(18년), 角干(19년)

출전: 최재석, 위의 논문, 84쪽.

의 17관등 제정 자체가 골품제의 제도화를 전제하지 않고서는 행해질 수 없는 것이다.

둘째, 유리왕 9년의 17관등 제도의 기사가 허위가 아니라는 것은 그 후에 계속되어 있는 구체적인 인명과 관등의 기사에 의해서도 증명된다. 구체적인 17관등과 인명은 바로 골품제의 존재를 증명하는 것이 될 것이다. 골품제의 기초 위에서만 구체적인 인물의 관등의 임명이 가능하기 때문이다. 지금 4대 탈해부터 23대 법흥까지의 구체적인 관등을 제시하면 전계한 <표 1>과 같다. 편의상 인명을 약한다(최재석, 「신라의 골품제」, 83~85쪽).

이종욱씨는 법흥왕의 율령반포시에 성골, 진골, 6두품~1두품이 만들어졌다고 한다. 그러나 이 법흥왕시의 율령의 내용을 알 수 없고 또 성골·진골에 관한 규정이 있는지의 여부도 알 수 없다. 따라서 구체적인 관직 내지 관등이 신분에 따라 정해졌다는 것을 인정하는 이상 그리고 법흥왕 이전에 존재하는 구체적인 관등과 그러한 관등을 가진 수많은 사람의 존재를 사실로 인정하는 이상 법흥왕 이전에 골품제가 존재하였다는 것을 인정하지 않을 수 없을 것이다.

그런데 이종욱씨는 구체적인 증거의 제시도 없이 또 법흥왕의 율령의 내용도 모르면서 단지 추측으로만 유리왕 9년의 17관등의 기사는 일부만이 사실이고 나머지는 추기 또는 허구로 보고 있다. 유리왕 9년에 설관이 모두 이루어진 것이 아니라는 말은 설관의 일부는 후세의 추기 또는 조작이라는 것을 뜻한다. 그는 또한 증거의 제시도 없이 유리왕 9년에는 17관등의 "시초가 열렸다" 혹은 유리왕 9년의 설관이 "모두 이루어진 것이 아니다"라고 다음과 같이 주장하고 있다.

B-1. 유리왕 9년에 17등의 설관이 모두 되었다고는 보지 않으며 … 유리왕 9년에는 그와 같은 설관의 시초가 열린 것으로 믿어진다(217쪽).
B-2. 유리왕 9년에 17등의 설관이 모두 이루어진 것도 아니고 당시 그것을 골품제와 연결시키기도 어렵다(220쪽).
B-3. 신라 초기의 신분제는 … 법흥왕이 율령을 반포할 때 골품제로 법제

화되었다고 보아야 할 것이다(220쪽). (강조는 필자)

증거의 제시 없이 "설관의 시초가 열렸다" 또는 유리왕 9년에 "설관이 모두 이루어진 것은 아니다"라는 말로서는 올바른 역사 연구가 이룩될 수는 없다. 만약에 유리왕 9년에 제정된 17관등이 모두 그 당시에 이루어진 것이 아니라고 한다면 구체적인 증거의 제시 속에 그 당시에 설관된 것은 무엇이고 후세에 추기, 혹은 조작된 것은 무엇인지 또한 후세란 구체적으로 어느 시기를 의미하는지에 대하여 밝혀야만 할 것이다.

요컨대 필자는 위에서 제시한 것처럼 구체적인 근거를 제시하고 유리왕 9년의 17관등의 설관에 대한 기사는 사실이라고 본 데 대하여 이종욱씨는 마땅히 본인이 제시한 구체적인 증거 제시에 대하여도 비판을 가해야 함에도 불구하고 여기에 대하여는 일언반구도 언급함이 없이 단지 최재석은 『삼국사기』의 초기 기록을 무비판적으로 이용하였다고 비판하며, 사료를 통한 구체적인 증거의 제시도 없이 다만 추측에 의해서 유리왕 9년의 기사가 일부만 사실이고 일부는 후세에 추기·조작된 것이라 단정한 뒤 이러한 그의 독단적인 주장만이 올바른 사료의 해석인 것처럼 사실을 오도하고 있다.

이미 언급한 바와 같이 유리왕 9년의 기사는 ⓐ 육부 개명·사성에 관한 기록; ⓑ 17관등 설관에 관한 기록; ⓒ 가배(六部內女子分朋造黨績麻)에 관한 세 가지 기록으로 구성되어 있다. 이 가운데 이종욱씨는 두 번째, 즉 ⓑ의 17관등 설관에 관한 기록이 조작되었다고 주장하고 있다.

그가 ⓑ항목만이 조작되었다고 주장하더라도 이 주장은 문자 그대로 그 한 가지 항목만이 조작되었다는 것을 나타내는 것은 아니고 나머지 두 항목의 기록도 조작되었을 가능성을 배제하는 것은 아니다. 이렇게 되면 이 주장은 유리왕 9년의 전체 기사가 조작되고 나아가서는 유리왕대의 기사가, 그리고 더욱 나아가서는 신라 시대의 초기 기록은 조작되었다는 주장과 통하게 된다. 다시 말하면 추측으로 유리왕 9년조의 기사를 조작으로 보는 견해는『삼국사기』초기 기록이 조작되었다는 견해와 관련이 있는 것이다.『삼국사기』의 초기 기록이 조작되었다는 의식이 없이는 증거 없이 역사적 기록을 조작으로 몰 수는 없을 것이다.

이리하여 그는 본인이 유리왕 9년조의 기사를, 증거를 제시하고 사실로 인정하여 글을 쓴 데 대하여『삼국사기』의 초기 기록을 무비판적으로(222쪽), 전적으로 믿고(217쪽), 기록을 그대로 믿고(217·222쪽) 논리를 폈다고 평하고, 조작된『삼국사기』의 기록을 그대로 믿고 글을 썼으니 그 연구 결과가 어떤 것인가 하는가는 물어보지 않아도 자명한 것이 아니냐는 식으로 다음과 같이 본인 비판의 결론을 내리고 있다.

> 그(최재석)는『삼국사기』초기 기록에 대한 비판 없이 그대로 인정하고 논리를 편 것도 보았다. 따라서 최재석의 견해가 한국고대사연구에 어떠한 작용을 할 것인지는 쉽게 짐작할 수 있게 되었다(221쪽).

5)

이미 언급한 바와 같이 본인은 앞의 글에서 지난 60년 동안에 발표된 총 57편의 골품제에 관한 논저를 8가지 범주로 구분하고 이것을 다시 각기 연대순으로 정리한 뒤 학자들의 견해가 어떻게 일치 혹은 불일치하는가를 알아보았다. 그 과정에서 동일인의 것이라 하더라도 모순된 주장을 한 것이나 또는 서로 다른 견해를 발표하고 있다는 것을 알게 되었다. 물론 이러한 작업 속에 이종욱씨의 견해도 포함되었다. 그의 견해를 여기서 다시 한 번 제시해 보자.

(가) 같은 신라인이고 그리고 더군다나 같은 범주에 속하는 신분이라면 동일한 지위 계승의 원리가 작용하여야 함에도 불구하고 이종욱씨는

같은 범주의 신분이라도 그 계승 원리는 서로 상이하다고 다음과 같이 말한다. 즉 6두품은 부계 계승 원리가 작용하고 4두품은 코그내틱(cognatic)의 원리가 작용하고 5두품은 그 중간 형태의 원리가 작용한다고 하였다(이종욱, 1986, 「신라 시대의 두품신분」 『동아연구』 10, 61쪽). 그리고 또 그는 6두품~4두품에도 族降 현상이 일어난다고 하였으니(이종욱, 앞의 논문, 55쪽), 이렇게 되면 족강 현상이 일어나는 순간에 부계 계승 원리가 다른 계승 원리(코그내틱 등)로 변한다는 것인데 지위 계승 원리는 족강 현상과는 달리 순간적으로 바뀔 수 있는 것이 아니고 오랜 시일을 두고 변하는 것이다. 또 그는 부계와 코그내틱의 중간 형태의 원리라 하였으나 그러한 중간 형태의 계승 원리는 어떠한 것인지 아직 듣지 못하였다. 이렇게 어느 시각에서나 그의 주장은 성립되지 않는다.

(나) 그는 어떤 때는 6두품·5두품·4두품만을 두품 신분이라 하고 또 어떤 때에는 6두품~1두품 모두를 두품 신분이라 하기도 한다. 더욱 이 동일한 논문에서 모순되는 두 가지 주장을 하니 그의 견해를 정리한다는 것은 많은 어려움이 있었다. 그의 주장을 정리하여 보면 다음과 같다.

C-1. 6두품·5두품·4두품으로 이루어진 두품 신분은 성골·진골의 골신분과 평인(백성)인 일반민의 중간에 위치한 신분 집단을 가리킨다(이종욱, 1986, 「신라시대의 두품신분」, 44쪽).
C-2. 두품 신분은 신라 최고의 신분이었던 골신분과 일반민이었던 평인(백성) 신분 사이에서 위치하고 있던 중간 지배 신분층이었다(위의 논문, 44쪽).

D-l. 당시 골품제는 성골·진골의 골신분과 6두품에서 1두품까지의 두품 신분으로 짜여져 있었다(위의 논문, 43쪽).
D-2. 6두품에서 1두품까지가 두품 신분이다(이종욱, 1985, 「신라 골품제 연구의 동향」 『한국 고대의 국가와 사회』, 203·210쪽).

(다) 이종욱씨는 어느 때에는 6두품 · 5두품 · 4두품을 같은 신분으로 보고 또 어떤 때에는 6두품 · 5두품만을 같은 신분으로 보되 4두품을 떼어내어 평민과 같은 신분으로 본다. 그의 견해는 다음과 같다.

E-1. 6두품 · 5두품 · 4두품으로 이루어진 두품 신분은 성골 · 진골의 골신분과 평인의 일반민 중간에 위치한 신분 집단이다(이종욱, 1986, 「신라시대의 두품신분」, 44쪽).

E-2. 골품에 따른 일상생활에 대한 규정을 보면 크게 진골과 육두품 · 오두품 그리고 사두품 · 평민의 셋으로 구분되었던 것을 알 수 있었다(이종욱, 1974, 「남산신성비를 통하여 본 신라의 지방통치체제」 『역사학보』 64, 69쪽).

(라) 이종욱씨는 한편에서는 기원전 2세기에 신분 제도가 생겨났다고 하면서(이종욱, 1985, 「신라 골품제 연구의 동향」, 214·219쪽) 또 한편으로는 법흥왕이 율령을 반포할 때 성골 · 진골 · 6두품~1두품이 만들어졌다고 주장한다(앞의 논문, 214쪽). 그렇게 되면 기원전 2세기부터 법흥왕 7년 (A.D. 520년)까지의 약 700년 동안은 신분제는 존재하되 성골 · 진골 · 두품 등은 존재하지 않았다는 결론에 이르게 된다. 설사 법흥왕 7년에 성골 · 진골 등의 신분이 법제화되었다고 주장하더라도 이 기간 중 구체적인 관직 · 관등이 존재하고 있음을 감안한다면 700년 동안이나 법제화되지 않은 신분이 있었다는 것은 도저히 납득할 수 없는 것이다. 그의 주장은 다음과 같다.

F-1. 신라의 국가 형성 시기는 기원전 2세기 말이며 신분 제도는 국가 형성 과정에서 생겨났다(이종욱, 1985, 「신라 골품제 연구의 동향」, 214·219쪽).

F-2. 법흥왕이 율령을 반포할 때 성골 · 진골 · 6두품~1두품의 골품제가 만들어졌다(위의 논문, 214쪽).

이와 같이 골품제 연구의 문헌을 정리하는 과정에서 이종욱씨의 논고 또한 정리되었는데 이를 이종욱씨는 "부정적인 것에 더 많은 관심을 두었다" "기존 연구를 잘못 이해했다" "잘못을 저질렀다"는 등의 다음과 같은 비판을 본인에게 가해온 것이다.

G-1. 기존 연구 성과의 긍정적인 면을 밝히기보다는 그 부정에 더 많은 관심을 기울였다(221쪽).
G-2. 기존 견해를 잘못 이해한 사실이 적지 않은 것도 알게 되었다(221쪽).
G-3. 폐쇄적이고 부정적인 면만을 강조하였다(226쪽).
G-4. 앞에서 언급한 바와 같이 일부 연구자들처럼 기존 연구성과의 비판에만 급급하여 옳은 대안을 제시하지도 못하거나, 다른 사람의 논문을 옳게 이해하지도 못하는 잘못을 저지르는 사태는 사라져야 할 것이다(226쪽).

6)

그는 이 밖에 ⓐ 신라의 왕위 계승; ⓑ 신라 시대의 부계 혈연 집단(씨족·종족·리니지)의 존부 문제에 대하여도 이견을 제시하였다.

본인은 이미 신라 시대의 왕위 계승에 대하여 논고를 발표한 바 있다. 이 논고는 신라의 평화적인 왕위 계승의 원리에 대한 논고였다. 이에 관한 본인의 논고를 진정으로 비판하고자 한다면 독립된 논문이나 또는 좀 더 많은 지면을 할애하여야 할 것이나, 골품제 연구의 비판 논문에서 불과 몇 줄의 글로 그것도 그 용어가 의미하는 바마저 분명치 않은 '표면적 현상' '정상적인 상태가 아니다' '특수한 현상'이라는 비판을 가하고 있다. 본인이 여러 번 정상적인 왕위 계승의 원리라고 강조한 사실에 대해 애매한 용어를 사용하여 독단적인 비판을 가한 이종욱씨의 주장은 다음과 같다.

H-1. 왕위 계승은 왕의 자·녀·婿·친손·외손 5종의 친족에게 이루어
졌다는 그의 견해는 … 일반적인 왕위계승원리와는 동떨어진 표면
적인 현상에 불과하다(218쪽).

H-2. 신라의 왕위 계승을 보면 왕의 자 이외에 여·婿·친손·외손이 계
승하는 수가 있기도 하나 그것은 정상적인 상태에서 왕위 계승이 이
루어진 것이 아니다(218쪽).

H-3. 따라서 그러한 특수한 현상을 일반화시켜 왕위계승의 원리로 볼 수
도 없고, 나아가 친족구조의 원리 및 성골집단의 구성원으로 보는
견해는 처음부터 성립할 수 없다(218쪽).

H-4. (최재석은) … 왕위계승에 나타나는 표면적인 현상만을 가지고 왕위
계승, 친족집단, 신분제도 등에 대한 견해를 발표한 것을 알 수 있었
다(221쪽). (강조 필자)

7)

본인은 이미 두 개의 논문(「신라 왕실의 친족 구조」, 「신라시대의 씨
족·리니지의 존부 문제」)에서 22개의 증거를 제시하여 신라시대에는
부계혈연집단이 존재할 수 없다는 견해를 발표한 바 있다. 이에 대하여
이종욱씨는 전항들에서 보여준 바처럼 골품제 연구의 비판 논문에서 구
체적인 증거의 제시 없이 본인의 두 편의 논고에 대해 단지 몇 줄의 글
로 비판을 가하고 부계의 혈연집단이 존재했었다고 주장하고 있다. 본인
은 다음에서 이종욱씨의 본인에 대한 비판만을 간략히 소개하고자 하며
신라의 왕위계승과 신라시대의 씨족·리니지의 존부 문제에 대하여는
본인이 제시한 각종의 구체적인 증거와 그에 따른 결론에 관해 독립 논
문의 형식으로 반론을 제기할 때까지 그 답을 미루어두고자 한다.

I-1. 최재석은 신라시대에는 부계혈연집단(씨족·家族·lineage)이 존재하
지 않았고, 직계·방계 사상도 없었다고 하였다. 이같은 견해는, …
성립될 수 없는 그만의 추측이다(219쪽).

I-2. 신라의 왕실, 왕족 또는 지배세력은 부계제의 씨족·가계조직을 갖고
있었다(219쪽).

3. 맺는말

지금까지 보아온 바와 같이 이종욱씨는 지난 1984~1986년간의 연구
성과를 정리하는 자리에서 한국 고대사 내지 골품제 연구를 한층 발전시
키기 위하여 글을 쓴 것이 아니라 자기 개인의 연구 결과(1986년 말 현
재 그는 골품제에 관하여 7편의 글을 썼다)에 비추어 상위하면 증거 없
는 허위의 말로 무조건 공격하는 글을 썼다. 거기에다 자신이 분명히 한
말을 하지 않았다고 하거나 오히려 본인이 지어내어 그러한 말을 하였다
고 비판하기까지 하였다. 지난 1984년 『역사학보』 104집에서 1979~
1983년 사이의 한국 사학계의 연구 성과에 대한 회고와 전망에서 고대
사를 집필한 이기동씨나 고려사의 연구 성과에 대한 집필을 담당한 김당
택씨가 본인에게 가한 비판과 조금도 다를 바 없는 추론과 구체적 증거
를 결한 독단적인 리뷰가 계속하여 이종욱씨에 의해서도 이루어지고 있
다는 것은 장차 한국 사학계의 건전한 발전을 위하여 우려되는 바가 있
다. 이번의 글을 계기로 하여 학계의 건전한 연구 풍토가 정립되길 기원
한다.

<후 기>

본고는 1988년 4월 『역사학보』 117집에의 게재를 희망하여 역사학회에 제출하
였으나 본 학회로부터 1988년 5월 24일에 반송되었다. 본인에 대한 비판의 글을
게재한 잡지라면 의당 그에 대한 본인의 반론의 글을 실어줄 줄 알았는데 그러지를
못하였다.

제3장
조선전기의 가족제도

1. 머리말

조선 전기의 가족제도 예를 들면 가족의 형태, 家産相續, 嫡庶의 구별의식, 同姓婚, 婿留婦家의 기간, 결혼형태, 이혼제도 등을 살펴보고 조선전기에 동족(집성)부락이 형성될 수 있는지 살펴보고자 한다.

2. 조선전기 가족형태의 추정

임란 이전 조선전기 가족의 형태와 구성을 추정할 수 있는 자료로서현재 남아 있는 것은 인조 8년(1630)의 『山陰帳籍』1책뿐이다. 이 자료는 인조 8년의 것으로서 총 64장으로 되어 있으며 파손되어 알 수 없는가족과 사망자[故], 이주자, 도망자 등의 가족을 제외하면 685가족이 포함되어 있다. 이제 이 685가족의 분석을 통해 나타난 조선전기 가족의형태와 구성을 살펴보기로 한다.[1]

가족의 구성을 보면 전체적으로 가족원만으로 이루어진 가구가 약72%이며 가족원 이외에 노비도 포함하는 가구는 약 28%이다. 노비의소유율은 천민이 14%, 상민이 18%, 양반이 64%로서 양반에 이를수록그 비율이 증대하고 있으며, 양반의 경우에도 관직을 가진 가족(약 70%)이 그렇지 않은 가족(약 58%)보다 노비의 소유율이 높다.

결합범위로 본 가족의 형태는 부부가족이 전체의 약 65%를 차지하고

---

1) 최재석, 1974, 「조선전기의 가족형태」『진단학보』38, 133~159쪽.

있다. 직계가족의 문화에 있어서도 시간의 한 시점에 있어서는 부부가족의 비율이 많다는 것을 나타낸다. 직계가족과 방계가족은 이 양자를 합하여도 10%에 미달한다. 또한 班常의 신분 간에는 직계가족과 방계가족의 차이가 거의 없으나 1인 가족에 있어서는 신분간의 차이가 현저하여 양반은 15%, 상민은 27%, 천민은 33%에 이르고 있다.

가족의 형태는 양반과 상민이 비슷한데 이 계층에서 가장 많은 비율을 차지하는 유형은 가구주부부 이외에 그의 직계친이 없는 유형과 가구주 이외에 그의 직계친도 배우자도 없는 유형 및 가구주부부와 그의 3인 이내의 자녀로 구성되는 유형이다. 그러나 천민의 경우에는 가족형태의 종류가 양반이나 상민보다 적으며 대체로 가구주 이외에 그의 직계친도 배우자도 없는 유형과 가구주부부 이외에 그의 직계친이 없는 유형에 집중되고 있다. 그러나 어느 신분을 막론하고 가구주의 직계친과 장차 가계를 계승할 직계비속의 배우자로 구성되는 유형의 가족이 절대다수를 차지하고 있고 방계친을 포함하는 가족유형은 매우 적다.

가구주의 성격은 男戶主가 89.1%이며 女戶主는 10.9%이다. 가구주의 배우자 유무를 보면 신분이 높을수록 배우자가 있는 경우가 증가하며, 연령은 신분 간에 뚜렷한 차이는 없지만 50대 이상의 장노년층은 신분이 높을수록 증가하는 경향이 있고 20, 30대의 청년층은 신분이 낮을수록 증가하는 경향이 있다.

한편 부자간의 연령차는 신분 간에 차이가 없으며, 부부간의 연령차는 어느 신분에 있어서나 남편연상 부부가 지배적이다. 그러나 신분별로 세분해보면 남편연상형은 신분이 높을수록 증가하는 경향이 있고 처연상형은 신분이 낮을수록 증가하는 경향이 있는데 이것은 조선후기의 전형적 班村에서의 반상간의 차이와는 퍽 대조적인 현상이다.

가족원의 종류는 전체적으로 배우자, 子, 자의 배우자, 孫, 손의 배우자, 부, 모, 형제, 자매, 형제의 배우자, 姪 등 11종에 달한다. 이 시대에는 벌써 고려시대와는 달리 기혼女息과 婿가 보이지 않는다.

　이상에서 언급된 내용은 전술한 바와 같이 인조 8년(1630)의 산음지방의 장적을 분석한 결과이다. 따라서 이 결과가 조선전기 가족의 형태를 대표한다고 단정할 수는 없다. 이 조사결과는 1600년대 초의 것이라 하더라도 그러나 현재까지는 또 다른 자료를 접할 수 없는 관계로 이 조사결과에 의하여 조선초기 가족형태를 추정하는 도리밖에는 없다.

3. 조선시대의 가산상속

　조선시대의 가산상속을 분석하는 데 이용된 자료는 상속인으로 嫡子女 2인 이상을 포함하는 가족의 분재기 82통이 있다. 이제 이 자료에 의해 조선 전기의 가산상속을 재산상속과 제사상속의 두 가지 측면에서 고찰하기로 한다.[2]

　우선 재산상속의 대상을 보면 1600년대 중엽까지는 분재기에 외가 측에서 母가 결혼 시 가져온 재산과 부계로 전래되어 온 재산이 구분되어 기재되고 있으며, 分財의 대상도 노비, 田, 畓, 家舍뿐만 아니라 그 당시의 일상생활의 거의 모든 家財가 포함되고 있다. 그러나 1600년대 중엽 이후의 분재기에는 부계의 재산으로만 기재되고 있다.

　적자녀에 대한 재산상속방법은 노비나 토지를 막론하고 1600년대 중엽까지는 남녀 및 長次의 구별 없이 대체로 균분제가 실시되었으며, 이후부터 1700년대 중엽까지는 균분제가 우세하지만 장남우대 내지 여자차별의 상속제가 출현 증가하기 시작하였고, 1700년대 중엽 이후부터는 균분제가 거의 사라지고 장남우대 내지 여자차별의 상속제가 지배적으로 되었다.

---

　2) 최재석, 1972, 「조선시대의 상속제에 관한 연구―분재기의 분석에 의한 접근―」 『역사학보』제53·54합집, 99~150쪽.

이러한 시대적 경향을 제사상속에서도 동일하게 나타나고 있다. 즉 1600년대 중엽까지는 대체로 제사상속의 방법이 장자봉사와 자녀윤회 봉사의 두 가지 형태를 취하고 있으며, 그 후부터 1700년대 초까지는 자녀윤회에서 장자봉사로, 1700년대 초 이후부터는 대체로 장자봉사로 고정되고 있다. 따라서 1600년대 중엽은 가산상속의 획기적인 전환점이라고 할 수 있다.

한편 庶子女에 대한 재산상속은 전연 재산을 분급하지 않는 것에서부터 적자녀보다도 많은 재산을 물려주는 것까지의 다양한 형태를 취하고 있다. 그러나 대체로 볼 때에는 서자녀에 대한 상속이 적자녀에 대한 상속분의 40% 미만을 차지하고 있으며, 상속의 내용은 노비의 경우 후기로 내려오면서 분급율이 감소하는 반면 토지는 다소 상승하는 경향을 나타내고 있다.

이상은 필자가 접할 수 있던 조선시대 분재기 123통 중 상속인이 적자녀 2인 이상이 포함되어 있는 82통을 분석한 결과이다. 따라서 이 결과에는 어떤 한계점이 있을 수도 있겠지만 이러한 것은 앞으로의 보다 많은 분재기나 그밖에 자료에 대한 연구를 통해 보완되어야 할 것이다.

4. 가족의 권력구조

가족의 권력구조는 가족 내에서의 부부의 권력관계를 의미하는 것으로서 구체적으로는 여자의 결정권에의 참여정도로 나타난다. 조선 초기 가족의 권력구조에 대해서는 기존의 연구결과가 거의 없기 때문에 그 당시의 가족제도와 사회적 환경을 살펴봄으로써 대략의 윤곽만을 추정할 수 있을 뿐이다.

조선시대의 가족제도를 통해 볼 때 초기의 여성의 지위와 권력은 중기나 후기에 비해 상당히 높았던 것으로 생각된다. 이것은 전술한 바와 같이 조선초기의 가산상속이 균분제로 실시되고 있었고, 분재기에도 母가 결혼 시에 가져온 재산을 부계의 재산과는 구별하여 기입했을 뿐만 아니라 남편이 사망하면 장남이 아니라 미망인인 처가 財主가 되는 점에서도 그러하고, 제사상속이 장자봉사와 자녀윤회봉사의 두 가지 형태를 취하고 있었으며, 서류부가의 기간이 아직도 상당히 길었다는 것으로 미루어 볼 때도 그러하다. 또한 조선 초기에는 남자의 권력을 여자의 권력보다도 강조하는 유교사상의 민중침투 정도가 조선 중기나 후기에 비해 낮았을 것이라는 점에 비추어 가족결정권에 대한 여자의 참여정도는 조선 중기 이후보다도 높았다고 할 수 있다. 그러나 이러한 추정은 앞으로의 보다 많은 연구를 통해 명확하게 밝혀져야 할 것이다.

5. 적서차별과 부계존중

조선사회의 가족성격은 嫡庶의 차별의식과 부계존중의 두 가지 면으로 大別하여 고찰해 보고자 한다. 그러면 이 두 가지 특징이 조선전기에는 어떠하였는지를 살펴보기로 하자.

먼저 庶孼을 천대하는 관념은 일찍이 고려조 이래로 귀족계급의 특권적인 지위를 옹호하기 위한 요망에서 나온 것으로 유교사상의 형식적 禮敎論이 주요 정책으로 등장한 조선시대에는 더욱 강화되었다. 즉 조선조에 들어와서는 이러한 관념이 가계 문벌을 숭상하는 나머지 嫡貴庶賤의 관념에로 발전하였으며 드디어는 '庶孼禁錮法'까지 제정되어 일반민중에도 침투되었다. 따라서 서얼은 관직에의 등용뿐만 아니라 가산의 분급에 있어서나 제사 및 혼사에 있어서도 적자와 차별대우를 받게 되었는데 이와 같은 서얼의 천대의식은 조선후기를 거쳐 오늘날에 이르기까지 잔존하고 있다.[3]

부계의 존중사상을 보면 고려조의 오복제도에는 조부모나 외조부모를 다 같이 齊衰服親으로 간주하였다. 그러나 조선시대에 들어와서는 1461년의 경국대전이나 1844년의 四禮便覽에서 조부모는 齊衰親으로 간주하지만 외조부모에 대해서는 이보다 2계급이 떨어진 小功親으로 算入하고 있다. 이러한 것으로 미루어 보아 조선전기에는 부계친과 모계친의 구별의식이 미약했지만 조선후기에 내려올수록 이에 대한 구별의식이 점차 강해지기 시작하였음을 알 수 있는데 이와 같은 부계친 내지 남자에 대한 존중도는 양자나 가산분급에서도 나타나고 있다.[4] 부계의 존중은 문중의 형성과도 관계가 있으므로 이에 관한 연구가 아쉽다.

6. 결혼형태와 이혼

고려 말에 금지된 동성혼은 조선시대에 들어와서는 大明律의 원용에 의해 더욱 유지 강화되었다. 대명률에 의하면 동성혼을 한 자는 杖 60을 가하고 離異한다고 되어 있으며,[5] 그 후 현종 10년(1669) 續大典에서는 同姓同貫은 물론이고 同姓異貫에 이르기까지 혼인을 금하였다. 그러나 실제에 있어서는 동성이라고 하더라고 本貫을 달리하면 일반이 통혼하고 있었으며, 동성―이성, 동관―이관에 관계없이 동일 조상에서 유래하였다고 의식하여 결혼하지 않는 경향은 조선중기 이후에 확립된 것으로 생각된다.[6] 이에 대해서는 앞으로 더 많은 연구가 있어야 할 것이다.

서류부가의 婚俗은 고구려에서 고려를 거쳐 조선시대까지 내려온 우리나라 고유의 혼속이다. 유교의 영향을 받은 조선조에서는 전래의 서류

---

3) 최재석, 1970, 「한국가족제도사」 『한국문화사대계』 Ⅳ, 고려대학교민족문화연구소, 504~507쪽.

4) 위의 책, 509쪽.

5) 『대명률』 호율(戶律) 권6, 「혼인」.

6) 최재석, 「한국가족제도사」, 앞의 책, 471쪽 ; 정범석, 1965, 「우리나라 동성혼 및 근친혼에 관한 연구」 『학술지』 제6집, 건국학술연구원, 116~117쪽.

부가의 풍습이 다소 수정되어 왕가에서는 세종 때부터 親迎의 의식을
일시 사용하기 시작하였지만 사대부가를 비롯하여 일반 민간에서는 유
교의 영향에도 불구하고 서류부가의 혼속이 그대로 남아 있었다. 그러나
조선후기에 내려올수록 처가체류의 기간은 단축되기 시작하여 1년 또는
2, 3년의 짧은 기간으로 변하기 시작하였다.[7)]

조선시대의 결혼형태는 엄격한 계급내혼제로 특징되는데 이것은 신
라와 고려왕실에서 성행하였던 것으로 조선시대에는 널리 일반에게까지
영향을 미치게 되었다. 양반과 천민의 금혼제도는 태종실록에서도 나타
나고 있으며,[8)] 전술한 산음장적의 분석 결과에서도 계급내혼이 거의 대
부분을 차지하고 있는 것으로 밝혀지고 있는데[9)] 이로 미루어 볼 때 조
선 초기에도 계급내혼제는 이미 일반민중 사이에 보급되고 있었음을 알
수 있다.

일부다처(첩)혼은 조선시대에 들어와 처첩의 구별을 법률로써 정하고
일부다처의 혼속을 법률에 의해 絕禁하려 하여 중종 때에는 공식적으로
없어졌다.[10)] 그러나 조선 초기의 가족상태로서는 특수한 婢妾 · 妓妾 외
에는 처첩의 구분이 분명치 않고 이처 · 삼처의 사실이 허다하였다.[11)]
그런데 이 당시 蓄妾制만이 새로운 의미로서 합리화된 것은 여말 이래
로 강화되어 온 중국 예교화운동의 진전과 동시에 적서의 分이 엄하게
되어 다처제가 유지되기 어렵기 때문에 기인한 것이다. 또한 첩제를 예

---

7) 최재석, 「한국가족제도사」, 위의 책, 479~481쪽 ; 박병호, 1962, 「우리나라 솔서
   혼속에 유래된 친족과 금혼범위」『법학』 4-1.
8) 『태종실록』 권10, 5년 9월 갑인조, 17면 표 초행.
9) 최재석, 「조선전기의 가족형태」, 앞의 책, 152~153쪽.
10) 今村 鞆, 1938, 「朝鮮に於ける一夫多妻の存在期に就いて」『滿鮮史論叢』 ; 최재
    석, 「한국가족제도사」, 앞의 책, 476쪽.
11) 이상백, 1947,『조선문화사연구논고』, 을유문화사, 175쪽 ; 이현희, 1971, 「여말선
    초의 여성생활에 관하여-처첩문제를 중심으로-」『아세아여성연구』 10, 숙명여
    자대학교아세아여성문제연구소, 275~296쪽.

법 공히 공인하게 된 것은 繼嗣의 존속을 존중하기 때문이며, 따라서 특권계급에 廢치 못할 제도로서 첩제가 생겨난 것이다.[12)

데릴사위혼(率婿婚)은 고려시대와 그 이전에는 사위養子가 존재한 것으로 미루어 보아 동성불혼과 異姓不養의 제도가 강화된 조선시대에 발생한 것으로 추측된다.[13) 豫婿制는 기록상으로는 고려시대부터지만 그 이전에도 존재했던 것으로서 조선 초에도 일부에서 행해졌다.[14) 그리고 婿養子는 여손봉사, 즉 외손으로 繼後를 삼든가 이성으로 양자를 삼은 예가 일반적으로 행해졌던 려말까지 존재한 것으로 생각된다. 조선조에 들어와서는 유교문화의 영향으로 점차 異姓收養의 금지, 외손봉사의 쇄신 등이 일어나게 되었다.[15) 서류부가혼, 솔서혼, 豫婿婚, 서양자를 혼동해서는 아니 된다.

재가금지가 조선시대에 입법으로 제정된 것은 성종 16년(1485)에 校訂頒布된 경국대전의 「再嫁女所生子禁錮法」부터이다.[16) 그러나 이 법은 재가 그 자체를 막는 것이 아니라 그 자손을 禁錮하는 것이므로 문벌을 중시하는 사대부급인 지식계급에서는 큰 영향을 미쳤으리라고 생각되지만 서인계급에서는 어느 정도 영향을 미쳤는지 의심스럽다고 할 수 있다. 특히 재가금지에 관한 심각한 논란이 그 후에도 계속되었다는 사실은 그 당시 일반 민중에 있어서는 재가금지가 제대로 시행되고 있지 않았음을 반영하는 것이라고 볼 수 있을 것이다.[17) 掠寡婚은 재가금지가 철저하게 행해진 시대 이후의 혼인제도의 하나라고 보아야 할 것이다.

---

12) 김두헌, 1949, 『조선가족제도연구』, 을유문화사, 578~583쪽.
13) 최재석, 「한국가족제도사」, 앞의 책, 477쪽.
14) 위의 책, 478쪽.
15) 위의 책, 515쪽.
16) 이상백, 앞의 책, 208쪽.
17) 최재석, 「한국가족제도사」, 앞의 책, 489~490쪽.

한편 이혼제도는 경국대전에서는 분명히 나타나고 있지는 않지만 중국의 七出 三不去의 예교를 중심원리로 하고 있었다. 따라서 조선의 혼인은 칠출에 해당하는 사유가 있을 때에 한하여 이혼 내지 棄妻를 인정하였는데 이것도 삼불거에 해당하는 사유가 있을 때에는 이혼을 허락하지 않았으며 심지어는 이유 없이 기처하는 자는 처벌하였다. 이렇게 볼 때 조선시대에는 위정당국이 이혼을 가능한 한 제한하였음을 알 수 있다.[18] 조선전기의 이혼제도도 더욱 조직적으로 연구되어야 할 과제의 하나이다.

7. 동성자의 조직체의 출현

한국사회의 구조를 구명하는 데 큰 비중을 차지하는 것의 하나로는 동족집단을 들 수 있다. 동족집단은 사회구조의 기초를 이루는 각종의 집단 중에서도 가장 특색 있는 혈연집단이라고 할 수 있을 것이다. 1930년 국세조사에서는 우리나라에 14,672개의 동족부락(동족부락의 기준이 애매하다)이 존재하고 있는 것으로 나타나 있다.[19] 그러면 이러한 동족부락이 조선 초기에도 존재하였는지의 여부를 살펴보기로 하자.

전술한 인조 8년(1630) 산음장적의 분석을 통해 보면[20] 소재가 명확한 12개의 부락 중 한 부락에 존재하는 양반의 同姓戶數는 그 수가 매우 적은 것으로 나타나고 있다. 즉 이 분석결과에 의하면 산음지방에서는 어느 부락을 막론하고 현재의 각성부락과 그 양상이 매우 유사한 것으로 밝혀지고 있다. 그러나 현재 이들의 부락을 포함하는 지역의 동성동본의 호수를 조사해보면 호수 100호 이상을 차지하는 동족이 14개나 되

18) 위의 책, 495쪽.
19) 朝鮮總督府, 『朝鮮の 聚落(後篇)』, 507쪽.
20) 최재석, 「조선전기의 가족형태」, 앞의 책, 143~144쪽.

고 있다. 따라서 1630년에는 이 지방에 동성부락도 형성되지 않은 것으로 보아 동족부락은 적어도 중기 이후에 형성되었다고 보는 것이 타당할 것이다.

물론 이상의 결과는 자료의 입수가 가능했던 산음지방에 국한된 분석결과이다. 따라서 조선초기의 동족부락 형성여부를 단정하는 것은 이에 관한 더 많은 연구가 있은 연후에야 가능할 것이다. 그러나 조사가 가능했던 이 지방의 분석결과에 의해 볼 때 1630년까지는 동족부락이 형성되지 않은 것으로 본다. 이러한 논의를 뒷받침하는 근거는 아직까지는 대체로 가설로써 남아 있기는 하지만 대규모의 다양한 족보를 발간하기 시작한 시기와 동성동본에 派와 항렬이 시작된 시기, 문중재산이 형성된 시기, 차등상속이 시행된 시기 및 족내혼이 사라지고 족외혼(異姓婚)이 일반화한 시기가 임란 이후일 것이라는 점에 비추어 볼 때 그러하다. 따라서 앞으로 이러한 각종 측면에 대한 보다 명확한 구명이 이루어짐으로써 조선시대의 동족부락이 언제부터 형성되기 시작하였는가를 밝힐 수 있을 것이다.

제4장
조선시대의 동족부락(집성촌)

1. 동족부락의 형성

한국의 전통적 가족윤리는 가계계승을 지상의 가치로 인정해 왔고, 따라서 조상숭배와 자손번영을 중요시해 왔다. 이러한 가족의식은 조상과 혈통이 같은 동족까지 확대되어 강력한 결합의식과 동족 특유의 조직 및 기능을 형성하게 한다.

동족집단의 일부 또는 전체를 지칭하는 용어로는 本宗, 一族, 一門, 一家, 親族, 親戚, 大小家, 本族, 宗親, 집안, 氏族, 族譜的 씨족, 姓氏族, 姓族, 同姓族, 同宗, 門中, 宗中, 同性同本의 血族, 男系血族, 父系血族 등 대단히 많지만 각 용어의 의미에는 다소 차이가 있다.

일반적으로 동족집단은 '父系의 친족집단이며, 형식적으로는 同祖意識을 가지는 동성동본의 남계친족집단'이라고 할 수 있다. 물론 동성동본에도 동족의 기능이 없는 異族이 있고, 또 同姓異本이나 異姓同本에도 동족인 경우가 있다.

동족부락은 '동조의식을 가진 동성동본의 남계친족이 집단적으로 거주하는 부락'이라고 말할 수 있지만 엄밀히 말하자면 이것은 정의로서 충분하지 않다. 한 부락에 동성동본의 사람들이 집단적으로 거주한다는 사실만 가지고 그 부락을 동족부락이라 규정할 수는 없다. 어느 부락이 동족부락이 되기 위해서는 동족이 그 부락의 사회생활에 지배적인 영향을 주느냐 하는 질적인 조건과 함께 그 부락에 얼마나 많은 동족이 모여 사느냐 하는 양적인 조건도 충족해야 할 것이기 때문이다.

동족부락의 형성에 대해서는 대체로 두 가지 경우로 나누어 설명한다. 첫째는 이미 다른 주민이 부락을 형성한 곳에 새로운 동족이 입주하여 그 부락의 지배적 동족으로 발전하는 경우이고, 둘째는 한 동족이 새로 개척한 땅에 거주지를 정하여 동족부락으로 발전하는 경우다.[1] 그러나 이 두 가지 외에 여러 성씨가 모여 사는 各姓部落에서 한 동족이 성장·발전하여 지배적인 위치를 차지하는 경우를 생각할 수 있다. 우리나라 동족부락의 상당수는 이 세 번째로 말한 과정을 거쳐서 형성된 것이 아닌가 추측한다.

그러면 이와 같은 과정을 거쳐서 형성되는 동족부락은 언제 우리 사회에 보편화했는가? 이를 구명하는 것은 과거 우리 선조의 생활과 사회 구조를 이해하는 데 많은 도움을 주기에 사회사적으로 매우 중요한 의미가 있다.

동족부락의 형성에 관심을 두는 많은 학자들은 그 발생 시기를 멀게는 삼국시대에서 고려 사이라고 주장하지만, 필자의 견해로는 17세기 초, 혹은 그보다 훨씬 후대에 보편화한 것이 아닌가 한다.

이 가설을 뒷받침하는 자료는 규장각에 소장된 경상도 『山陰帳籍』이다.[2] 이 『산음장적』은 알려진 바와 같이 선조 39년(1606) 『산음장적』 1책과 인조 8년(1630) 『산음장적』 1책 등 2책만이 남아 있는데, 현재 남아 있는 帳籍 가운데 가장 오래된 것이다. 이 장적은 비록 落張이 많긴 하지만 1600년대 초기의 것이기 때문에 조선 전기의 가족이나 동족의 양상을 파악하려면 이 자료를 이용하지 않을 수 없다. 1630년의 장적을 분석해 보면 한 가족의 구성원 전부를 알 수 있는 가족은 710가족이다. 그중 사망자, 이주자, 도망자 25가족과 신분을 알 수 없는 25가족을 제외하고 나머지 660가족의 부락별 분포와 신분구성을 살펴보면 대체로 <표 1>과 같다.

---

1) 善生永助, 1935, 『朝鮮の聚落(後篇)』, 朝鮮總督府, 219쪽.
2) 이 자료에 대해서 좀 더 자세히 알고자 한다면 崔在錫, 1974,　　119쪽을 참조.

〈표 1〉 부락별 양반, 상민, 노비의 거주상황

부락명	전체 호수	양반A	양반B	상민	천민
불명	13	·	2	5	6
山陰 北面 月音里	49	2	8	23	16
山陰 西面 今勿石里	95	14	9	53	19
山陰 東面 水多谷里	47	4	2	37	4
山陰 南面 智谷里	21	·	1	5	15
山陰 北面 車衣峴里	52	8	4	23	17
山陰 北面 黃山里	98	4	10	75	9
山陰 北面 釜谷里	27	2	·	24	1
山陰 北面 梧耳谷里	40	14	9	14	3
山陰 北面 生林里	19	3	5	11	·
山陰 北面 草谷里	61	4	10	43	4
山陰 西面 古邑內里	56	10	10	30	6
山陰 西面 毛好山里	64	8	6	39	11
山陰 西面 村里	18	·	·	10	8
계	660	73	76	392	119

여기서 신분을 양반A, 양반B, 상민, 천민으로 구분하였는데, 그 기준
은 다음과 같다.

① 신분을 양반, 상민(평민), 천민(노비)의 3범주로 구분하고 양반을 다시
   양반A와 양반B로 구분하였다.
② 양반A는 位階도 없고 관직도 없으며 단순히 양반신분에 속하는 진사,
   생원, 幼學, 학생 및 과부를 포함한다.
③ 양반 B는 위계, 관직이 기재된 자인데, 순수한 양반 외에도 양반인지
   아니면 상민인지 구분하기 곤란한 자를 다수 포함한다.[3]
④ 상민의 구분은 현재 두루 쓰는 분류기준[4]을 따랐다.

---

3) 대체로 四方博의 '제2류 신분계급'에서 '제6류 신분계급'까지의 자들로(四方博,
   1938, 「李朝人口に關する身分階級的 觀察」『朝鮮經濟の硏究 (3)』), 여기에는 김
   용섭 교수가 말하는 양반A의 일부와 대다수의 양반B가 모두 포함되어 있다(金容
   燮, 1963, 「朝鮮後期에 있어서의 身分制의 動搖와 農地占有」『史學硏究』15).
4) 四方博, 위의 책과 金容燮, 위의 책 참조.

⑤ 천민은 거의 전부 노비다.

이러한 기준에 따라 분류한 <표 1>을 보면, 대체로 양반, 상민, 천민이 부락마다 골고루 공존했음을 알 수 있다. 자료에 파손된 곳이 있어 확실하게는 말할 수 없지만, 적어도 이 자료에서는 한 부락(오이곡리)만 양반이 전체 부락민의 과반수를 차지하고, 나머지는 대체적으로 상민의 수가 많다.

이제 이 부락들의 양반은 대체로 어떻게 구성되어 있는지 동족별로 살펴보자.

〈표 2-1〉 부락별 同姓戶의 수(양반A)

부락명	양반A의 호수	姓別 호수
불명	·	
月音里	2	金 1, 李 1.
今勿石里	14	吳 5, 韓 2, 許 2, 金 1, 閔 1, 李 1, 사망 2.
水多谷里	4	鄭 2, 閔 1, 사망 1.
智谷里	·	
車衣峴里	8	李 2, 金 2, 鄭 1, 梁 1, 사망 2.
黃山里	4	金 2, 梁 1, 吳 1.
釜谷里	2	洪 2.
梧耳谷里	14	閔 7, 文 1, 尹 1, 禹 1, 사망 4.
生林里	3	林 1, 權 1, 사망 1.
草谷里	4	宋 1, 金 1, 呂 1, 사망 1.
古邑內里	10	閔 2, 鄭 2, 林 2, 金 1, 朴 1, 사망 2.
毛好山里	8	裵 2, 閔 1, 鄭 1, 宋 1, 사망 3.
村里	·	
계	73	

〈표 2-2〉 부락별 同姓戶의 수(양반B)

부락명	양반B의 호수	성별(姓別) 호수
불명	2	吳 1, 洪 1.
月音里	8	林 1, 鄭 1, 崔 1, 陳 1, 李 1, 朴 1, 魚 1, 金 1.
今勿石里	9	李 1, 鄭 1, 林 1, 金 1, 朴 1, 申 1, 吳 1, 黃 1, 閔 1.
水多谷里	2	李 1, 鄭 1.
智谷里	1	林 1.
車衣峴里	4	金 2, 卞 1, 姜 1.
黃山里	10	金 4, 李 2, 文 1, 吳 1, 白 1, 梁 1.
釜谷里	·	
梧耳谷里	9	閔 6, 林 1, 朴 1, 鄭 1.
生林里	5	李 3, 權 1, 朴 1.
草谷里	10	朴 4, 裵 3, 宋 2, 金 1.
古邑內里	10	李 3, 裵 3, 金 2, 鄭 2.
毛好山里	6	金 3, 崔 1, 曹 1, 趙 1.
村里	·	
계	76	

〈표 2-3〉 부락별 同姓戶의 수(양반A+B)

부락명	양반의 호수	성별(姓別) 호수
불명	2	吳 1, 洪 1.
月音里	10	李 2, 金 2, 林 1, 鄭 1, 崔 1, 陳 1, 朴 1, 魚 1.
今勿石里	23	吳 6, 李 2, 金 2, 閔 2, 韓 2, 許 2, 鄭 1, 林 1, 朴 1, 申 1, 黃 1, 사망 2.
水多谷里	6	鄭 3, 李 1, 閔 1, 사망 1.
智谷里	1	林 1.
車衣峴里	12	金 4, 李 2, 卞 1, 姜 1, 鄭 1, 梁 1, 사망 2.
黃山里	14	金 6, 李 2, 吳 2, 梁 2, 文 1, 白 1.
釜谷里	2	洪 2.
梧耳谷里	23	閔 13, 林 1, 文 1, 尹 1, 朴 1, 鄭 1, 禹 1, 사망 4.
生林里	8	李 3, 權 2, 朴 1, 林 1, 사망 1.
草谷里	14	朴 4, 裵 3, 宋 3, 金 2, 呂 1, 사망 1.
古邑內里	20	鄭 4, 李 3, 金 3, 裵 3, 閔 2, 林 2, 朴 1, 사망 2.
毛好山里	14	金 3, 裵 2, 閔 1, 鄭 1, 宋 1, 崔 1, 曹 1, 趙 1, 사망 3.
村里	·	
계	149	

우리는 <표 2-1>, <표 2-2>, <표 2-3>을 통하여 한 부락에 거주하는 양반의 同姓戶는 그 수가 매우 적다는 것을 알 수 있다. 어느 부락을 막론하고 현재의 각성부락과 그 양상이 매우 유사하다. 양반A와 양반B 각각의 동성호 숫자도 그러하고, 이 양자를 합하여 살핀 바도 그러하다. 동성호의 수가 이러하니 이를 다시 동성동본으로 나누어 분석하면 그 집단의 수는 이보다 적을 것이다. 단지 오이곡리만 40호 중 13호가 閔씨로 외관상으로는 동족부락과 유사할 뿐이다. 이렇게 볼 때 적어도 산음지방에서는 이 시기에 아직 동족부락이 형성되지 않았다고 보는 것이 타당하다고 생각한다.

이들 부락이 있던 장소를 포함하는 산청면, 금서면, 차황면, 오부면, 생초면 지역(1962년 10월 현재)에서 동성동본의 호수가 100호 이상인 동족을 열거하면 대체로 다음과 같다.[5]

용궁 김씨(龍宮 金氏)	김해 배씨(金海 裵氏)	야로 송씨(冶爐 宋氏)
나주 임씨(羅州 林氏)	함양 오씨(咸陽 吳氏)	순흥 안씨(順興 安氏)
거창 유씨(居昌 劉氏)	인동 장씨(仁同 張氏)	남양 홍씨(南陽 洪氏)
달성 서씨(達成 徐氏)	경주 최씨(慶州 崔氏)	여흥 민씨(驪興 閔氏)
진양 강씨(晋陽 姜氏)	속초 정씨(束草 鄭氏)	

이러한 사정을 고려하면 산음지방의 동족부락은 1630년대가 아니라 그보다 훨씬 뒤에 형성된 것으로 보아야 할 것이다.

이와 같은 가설은 『大邱戶籍』의 분석을 통해서도 입증된다.[6] 1690년대에 동족이 집단적으로 거주했다고 볼 수 있는 부락은 성서면 갈산리(김해 허씨)와 화원면 설화리(김해 김씨)뿐이다. 1700년대 초엽까지도 동족부락이라고 말할 수 있는 부락이 거의 눈에 띄지 않지만, 1800년대 중

---

5) 慶尙南道誌編纂委員會, 1963, 『慶尙南道誌(下)』의 459쪽 이하.
6) 四方博, 앞의 책.

엽에 와서 집단적으로 거주하는 동족이 갑자기 증가하여 조사 당시인 1930년경에는 대다수의 부락이 동족부락의 양상을 보인다.

〈표 3〉 부락별 同姓戸의 수(『대구호적』)

1937년의 면리 명칭	옛 면명(面名)	동족집단	1690	1729~32	1858	1930
多斯面 防川里	河東面	文化柳氏	16	19	31	56
多斯面 朴谷里	河東面	東萊鄭氏	0	7	18	65
多斯面 鋤齋里	河東面	星州都氏	10	23	37	46
多斯面 鋤齋里	河東面	慶州李氏	10	14	24	49
多斯面 世川里	河東面	綾州具氏	0	0	16	66
多斯面 釜谷里	河南面	全義李氏	1	3	6	21
河濱面 妙洞里	河西面	順天朴氏	9	14	30	26
河濱面 各里	河北面	全義李氏	1	8	14	21
城西面 葛山里	甘勿川面	金海許氏	34	47	15	29
城西面 本里	甘勿川面	金海金氏	16	13	6	45
城西面 本里	甘勿川面	密陽朴氏	2	6	17	45
花園面 大谷里	仁興面	安東權氏	0	0	3	21
花園面 舌化里	花縣內面	羅州林氏	20	37	85	72
花園面 舌化里	花縣內面	金海金氏	32	62	62	60

　동족집단은 가계계승을 중요시하는 전통적 가족의식의 강화와 함께 출현한 것이며, 同祖意識에 바탕을 둔 혈연집단이다. 따라서 동족집단은 가족제도, 특히 상속이나 제사와 밀접한 관련이 있다. 조상숭배는 제사를 강조하는 형태로 나타나고 남계친족집단의 강화는 상속에서 남녀차별과 長·次의 구분을 촉진하였을 것이다. 이러한 면에서 상속제도나 제사양식의 변천을 살피는 것은 동족집단의 형성·발전을 이해하는 데 대단히 중요하다. 동족집단의 형성 시기는 조상숭배 강조(제사 중시), 남계친족집단의 강화(차등상속)와 때를 같이하리라는 것을 짐작할 수 있다.
　조선시대의 분재기에서 제사대상의 범위와 그 변동을 살펴보면 대체로 <표 4>와 같다.[7]

<표 4> 제사의 대상자(직계친)

명칭	1500~1659	1660~1749	1750~1880
奉祀	21	20	3
祭祀	·	2	·
承重	1	2	·
祀位	1	·	·
本宗奉祀	·	1	·
父母奉祀(祭位)	·	4	5
祖父母·父母奉祀	·	2	1
曾·祖·父母	·	·	2
高·曾·祖·父母	·	·	1
祖父母·祖上祭祀	·	1	·
父母·先世奉祀	·	1	·
七代位土	·	·	1
元奉祀·新奉祀	·	1	·
祖上祭需·父母忌祭·外祖父母	1	·	·
外家祭祀	·	1	·
本宗·妻邊父母	·	1	·
外家祭祀·承重	1	·	·
불명	2	·	·
계	27	36	13

<표 4>에서 다음과 같은 경향을 알 수 있다.

① 조선 초기부터 1600년대 중엽까지는 제사대상자를 구체적으로 밝히지 않고 전부가 '奉祀條'로만 표기한다. 또 이 봉사가 부계조상에 대한 것인지 또는 모계조상에 대한 것인지 애매하다.

② 1600년대 중엽부터 1700년대 중엽까지도 여전히 '봉사조'로 표기하기는 하나, '부모봉사', '조부모봉사' 등으로 제사대상자를 구체적으로 밝히는 사례가 나타난다.

③ 그러나 1700년대 중엽부터는 대체로 부모, 조부모, 증조부모 등 제사의 대상자를 구체적으로 밝히는 경향이 지배적으로 나타난다.

7) 崔在錫, 1972, 「朝鮮時代의 相續制에 關한 硏究: 분재기의 분석에 의한 접근」 『歷史學報』 53·54 합집.

④ 조선 초기에 봉사는 대개 부모, 조부모 등 1대, 2대 조상을 대상으로
삼았는데, 후기로 갈수록 범위가 넓어져 2, 3대, 또는 3, 4대 조상까지
도 대상으로 삼은 흔적이 보인다.

이와 같은 여러 가지 경향을 감안한다면 조선중기를 거쳐 후기로 내
려오면서 조상제사에 대한 관심이 점점 높아지지 않았나 생각한다.

또 1600년대 중엽까지는 장자, 차남, 女息이 輪番으로 돌아가며 제사
를 지내는 輪回였고, 그로부터 1700년대 초엽까지는 이 윤회제도가 장
자봉사로 옮아가는 과도적인 시기였으며, 그 후 윤회봉사는 사라져 완전
히 장자봉사 일색이 된다.

윤회제도가 장자봉사제도로 바뀐 가장 큰 요인은 윤회를 하다 보니
지리적 조건이나 그 밖의 조건으로 인하여 조상제사를 소홀히 하게 되기
때문이다.

이와 같이 제사대상을 구체적으로 표기하게 되고 제사대상의 범위가
확대되며, 봉사자가 장자로 고정되고, 봉사조 재산이 증가하는 변화가
일어난 점을 보아도, 조선 초기보다는 후기에 제사가 점차 강화되었음을
알 수 있다.

한편 <표 4>를 보면 1700년대 중엽까지는 외가봉사가 4사례에 불과
하나마 보이지만 그 이후에는 보이지 않는다. 사례가 적기 때문에 분명
히 알 수는 없으나 대체로 1700년대 중엽 이후는 조상제사가 강화됨과
동시에 남계친족의 결속도 강화된 시기인 것으로 짐작할 수 있다.

이것은 재산상속 경향에서 더욱 뚜렷이 나타난다. 즉 1600년대 중엽
까지는 노비와 토지의 상속이 남녀, 장·차의 구별 없이 철저한 균분제
를 취하나, 1600년대 중엽부터는 남자균분·여자차별, 장남우대·여자
차별 또는 장남우대·기타균분과 같이 신분에 따른 차등상속사례가 급
격히 증가하고, 1700년대 중엽부터는 이 경향이 더욱 뚜렷해져 일반화
한다.[8] 1900년대 초에 조사한 상속실태를 보면 장·차나 남녀 차이가

엄격한 것이 일반적인 것으로 미루어 보아, 장남우대·여자차별의 상속 사례는 1600년대 중엽부터 점차 증가하여 시간이 흐르면서 일반화한 것이라 볼 수 있다. 이리하여 1800년대 중엽 내지 말엽에는 대개의 가족은 이와 같은 경향을 따라 상속한 것으로 짐작한다.

요컨대 1600년대 중엽부터 조상제사에 더 많은 관심을 기울이게 되었고 남자우위, 장남우위의 상속제가 증가하기 시작하여 1700년대 중엽부터 일반화하면서, 필연적으로 동조의식과 더불어 동족집단의 결속이 강화되고 동족부락이 급격히 증가했을 것으로 짐작한다.

동족의 결합·강화는 일면으로는 족보의 간행으로 나타날 것이다. 서울대학교 규장각에 소장되어 있는 족보의 발간 연대를 살펴보면(연대미상인 것은 제외), 1600년대 중엽부터 족보간행이 활발해지고, 1700년대 중엽부터는 더욱 활발해지는 사실을 알 수 있다.[9] 족보 발행이 활발해진 사실은 실질적으로 동족의식이 강화된 것을 나타내므로, 동족부락도 이와 같은 시기에 급격히 증가하였다고 보는 것이 타당하리라 생각한다.

〈표 5〉 연대별 족보발간 횟수(규장각 소장본)

기간	연대	족보발간 횟수
150년	1500~1649	4
100년	1650~1749	41
100년	1750~1849	67
50년	1850~1899	50
10년	1900~1910	101

이상에서 여러 가지 자료를 통하여 동족부락이 17세기 혹은 그 이후에(그 전에는 형성되었다고 하더라도 희소할 것이다) 형성되었다는 가설

---

8) 위의 논문.
9) 위의 논문.

을 입증했다. 1630년의『山陰帳籍』에 동족부락을 형성한 흔적이 보이지
않을 뿐만 아니라, 조상숭배를 강조하고(제사 중시) 남계친족의식(남자
우대현상)이 나타난 것도 17세기 중엽 이후이며 18세기 중엽 이후에 일
반화하였다. 또 동족의식이나 동족결합의 구체적 표현인 족보가 대량 출
현한 것도 17세기 중엽 이후이며,『大邱戸籍』을 분석한 결과도 집단적
으로 거주하는 동족은 18세기 중엽 이후 혹은 19세기에 들어와서 급격
히 증가한 것으로 나타났다. 이러한 여러 사실들을 통해서 볼 때 동족부
락의 형성 시기는 적어도 17세기 이후이며, 일반화한 것은 18세기 이후
가 아닌가 한다.

　그러나 어떤 사람은 동족부락의 형성시기를 이보다 훨씬 이른 시기라
고 생각한다. 善生永助의『朝鮮の聚落(後篇)』에서는 "동족부락 성립의
연혁을 조사해 보면, 멀게는 삼국시대부터 계속된 것도 있고, 혹은 신라
시대 혹은 고려시대에 당시의 名族이 한 지방에 정착하여 그 자손이 점
차 번식・증가함으로써 부락의 발달을 이룬 것도 있다. 동족부락은 비
교적 조선시대에 들어와서 새로이 성립된 것이 많다"고 지적하고, 1930
년대 조선의 동족부락 총수 15,000개 가운데 양반, 유생 등이 정착한 著
名 동족부락 1,685개의 발생 연대를 조사하여 <표 6>과 같은 자료를
제시하였다.[10]

---

10) 善生永助, 1935, 앞의 책, 216~218쪽.

<표 6> 著名 동족부락 발생 연대별 표

도명	500년 이상	300~500년	100~300년	100년 미만	기록 없음	계
경기도	27	85	70	2	51	235
충북	10	43	31	2	48	134
충남	12	35	20	3	61	131
전북	15	26	22	·	29	92
전남	31	101	52	1	53	238
경북	36	110	44	4	52	246
경남	8	53	17	2	55	135
황해	24	53	31	1	34	143
평남	14	49	26	3	20	112
평북	7	25	9	·	7	48
강원	12	25	14	1	27	79
함북	11	29	4	1	18	63
함남	·	12	11	3	3	29
계	207	646	351	23	458	1,685

　　그러나 우리는 삼국시대 혹은 신라시대에 이미 동족부락이 형성되었다는 주장에는 의문을 제기하지 않을 수 없다. 삼국시대나 신라시대뿐만 아니라 고려시대에도 姓을 사용한 사람들은 극히 일부이고, 동성혼, 심지어는 근친혼까지 성행한 사실을 상기한다면, 동족의식을 바탕으로 강하게 결속한 남계친족집단인 동족집단이 형성되었으리라고 추측할 수 없으며, 동족부락의 형성은 더더욱 상상하기 힘들다.

　　그러면 <표 6>과 같은 조사결과는 어떻게 해석해야 할 것인가? 다음에서 이 자료의 문제점을 몇 가지 지적함으로써 답을 대신하고자 한다.

　　첫째, 양반, 유생 등이 정착한 저명 동족부락이 1,685개라고 하는데, 이 자료가 과연 무엇에 근거를 둔 것인지 의심스럽다. 이 자료에서 말하는 저명 동족부락이란 양반, 유생이 定着始祖인 동족부락을 말하는지, 아니면 저명한 양반, 유생이 배출된 동족부락이라는 것을 의미하는지, 혹은 과거 그 동족의 성원 중에 저명한 양반, 유생이 있어 그 후손이 형성한 부락이라는 것인지 분명하지 않다. 또 조사 당시 해당 부락에 저명한 양반, 유생이 거주했는지도 의문이다. 이 가운데서 어느 것을 기준으로 산출하는지에 따라서 저명 동족부락의 수효는 대폭 달라질 수 있다.

두 번째로, 이 자료는 조사방법에 문제가 많다. 즉 전문 학자가 직접 조사한다 하더라도 관점에 따라 큰 차이가 생길 수 있는데, 각 道 행정 관서에 의뢰하여 조사한 자료를 얼마나 믿을 수 있을지 의문이다. 이러한 방법을 이용한 조사는 때로 조사하는 목적과 의도를 전적으로 상실하는 무의미한 조사가 되기 쉽다. 도에서는 면서기 또는 동리 古老로 하여금 부락의 발생 연대를 조사하게 하였을 것으로 생각하는데, 이들은 그 연대를 정확히 알지 못한다.

세 번째로, 조사자는 잘못된 조사방법으로 인해서 부락의 발생 연대와 조사 당시 거주한 저명 동족의 동족부락 형성시기를 혼동하지는 않았나 생각한다. 앞서 『山陰帳籍』과 『大邱戶籍』을 분석하고서 지적하기도 했지만, 이를 뒷받침하는 제사, 상속, 족보발간 등등을 분석하여 동족부락이 형성된 것은 17세기 이후이고 일반화한 것은 18세기 이후라고 추정하는 것이 가능하다면, 저명 동족부락의 반수가, 기록이 없는 것을 제외하면 3분의 2에 해당하는 부락이 300년 전(1630년 이전)에 형성되었다는 사실은 믿기 어렵다.

특히 500년 이상 된(1430년 이전에 형성된) 동족부락이 200여 개나 된다는 것은 부락의 발생 연대와 거주 동족의 동족부락 형성 연대를 혼동한 증거일 것이다.

조사자는 또 A동족이 쇠퇴하고 새로 B동족이 발전하여 동족부락을 형성한 경우와 각성부락에서 하나의 동족이 지배적인 역할을 담당하여 동족부락을 형성한 경우, 이 양자의 형성 연대를 혼동하였을 것이다.

이와 같은 여러 가지 이유로 지금까지 많은 사람들이 수긍하던 <표 6>의 조사자료는 동족부락의 형성시기에 관한 논거로서는 신뢰하기 어럽다.

결론적으로 한국의 동족부락은 17세기 이후에 형성된 것이며, 18세기 이후에 일반화한 것이 아닌가 한다. 그 이전에 동족부락의 양상을 띤 부락이 있었다고 해도 극소수에 지나지 않을 것이다.

2. 동족부락의 조직

동족은 그 내부의 친화도와 결합의 강약에 따라서 집단적 성질을 달리하는 여러 가지 크고 작은 집단이 생겨나고, 각 집단에는 그 집단을 유지하고 그 집단 고유의 기능을 수행하기 위한 조직이 형성된다. 동족 성원은 크고 작은 여러 동족집단에 동시에 속한다. 동족은 그 내부의 결합범위에 따라 다음 여섯 가지 유형으로 구분할 수 있다.[11]

① 부모를 공동 조상으로 하는 분가한 형제로 이루어지는 동족
② 高祖를 공동 조상으로 하는 동족
③ 부락을 범위로 하는 동족
④ 여러 부락 혹은 郡 일원을 범위로 하는 동족
⑤ 派祖를 중심으로 하는 동족
⑥ 姓과 本을 같이하는 동족

부모를 공동 조상으로 하는 동족은 큰집과 작은집을 단위로 하며 가족적 성격이 가장 강한 집단이다. 이 집단은 경제적, 정신적으로 강한 상호의존적 관계에 놓이기 때문에 가족으로 보아야 할지 동족으로 보아야 할지 매우 애매하다. 이보다 더 큰 집단을 동족이라 한다면 이 집단은 동족집단의 萌芽的 존재라고 할 수 있다. 이러한 집단은 고대부터 존

---

11) 崔在錫, 1960, 「동족집단의 결합범위」 『이대문화논총』 1(『한국농촌사회연구』, 일지사, 1975 수록).

재했을 것이다.

高祖를 중심으로 한 동족은 4代 奉祀와 관련하여 忌祭를 함께 지내는 최대 단위의 동족으로 8촌 이내의 本宗有服親의 범위에 해당한다. 이 집단은 동족조직 중에서도 특수한 집단성을 지니고 하나의 중요한 핵심을 형성하며, 이 집단을 대표한다고 할 수 있는 門長이 통솔하는 경우가 많다. 이 집단을 흔히 堂內, 집안이라 부르기도 한다. 또 큰집, 작은집이라는 말도 이 범위 내에서 사용할 뿐만 아니라 촌수도 여기에서 가장 명백하게 적용한다. 일상생활에서 상호 협조하는 것으로는 품앗이, 농기구 대여 등이 있기는 하나 그다지 활발하지는 못하였고, 단지 혼·장례 시에는 다른 당내나 동족이 의례적인 방문에 그치는 데 반해서, 당내만은 자기 집 일처럼 협조한다. 이 집단 성원들은 상시 빈번히 왕래하고 질병이나 재난 등이 발생했을 때 상의하고 협조한다.

부락을 범위로 하는 동족은 부락 내의 몇 개의 당내집단으로 구성되며, 당내와 같이 견고하지는 못하지만 그와 유사한 결합성을 갖고, 결합의 구심으로서 宗家가 있다. 당내를 門中, 宗中이라고 부르기도 하지만, 보통 부락을 범위로 하는 동족에 문중 혹은 종중이라고 부르는 조직이 있다. 이 범위의 동족이 동족부락을 형성한다. 동족부락에서는 그 동족의 직계손인 宗孫과, 항렬과 연령, 학덕이 높아 門長으로 추대된 자가 동족결합의 중심인물이 되어 구성원을 통솔하고 규제한다. 제사의 공동과 혼·장례 시에 이 범위의 동족이 협조하는 일이 있기는 하지만 당내만큼 활발하지 못하고, 他姓에 대한 행동이나 비도덕적인 행위에 대한 규제 등에서 강한 동족의식을 나타낸다.

여러 부락 또는 郡 일원을 범위로 하는 동족은 그 지방에 처음 이주해 온 정착시조가 결합의 중심이다. 이 범위 동족의 가장 큰 기능은 공동 선조의 제사[時享] 때에 묘소에 집합하여 차례를 지낸 후에 묘 관리와 제사에 관한 일을 의논하고 동족의식을 강하게 하는 것이다. 이 집단은 당내나 부락을 범위로 하는 동족에 비하여 동족의 집단성은 희박하지만, 제사를 공동으로 하는 집단으로서 부락을 범위로 하는 동족 위에 위치하는 집단이라고 간주하여도 무방할 것이다. 대개의 경우 이 유형의 집단원은 일시적으로만 접촉하거나 혹은 서로 전연 알지 못하는 경우가 많아 지역집단의 성질이 희박한 혈연집단이라 할 수 있다.

派祖를 중심으로 하는 동족은 부락 또는 군 일원의 동족 대표가 파조의 享祀 때 그의 묘 소재지에 모여 제사를 지내는 집단을 말한다. 이 집단은 시조 이래의 중요 인물을 중심으로 그의 자손들이 구성원이 되며, '○○公派', '○○君派', '○○將軍派' 등의 공식적인 명칭을 가지고 족보, 항렬을 같이하는 경우가 많다.

姓과 本을 같이하는 동족은 조상이 같고 같은 혈족이라는 의식을 지닌 동족집단으로 동족집단 중 규모가 가장 크다. 이 집단의 특수한 기능은 族外婚의 단위가 된다는 점이다. 이들은 족보, 항렬을 같이하는 수도 있지만 시조의 제사를 같이 지낸다는 점에서 동족의식을 강화한다.

이상에서 살펴본 바와 같이 동족집단은 그 결합범위의 차이에 따라서 6단계로 나누어 볼 수 있는데, 이 분류는 모든 동족에 다 적용할 수 있는 것은 아니다. 어떤 동족에는 이 6가지 외에 집단성이 명확한 집단이 더 있을 수도 있으며, 또 어떤 동족에는 이 가운데 하나 또는 그 이상의 집단이 없을 수도 있다.

일반적으로 高祖를 공동 조상으로 하는 집단과 부락을 중심으로 하는 집단, 이 두 집단이 우리나라 동족집단 중에서 가장 中核的인 집단일 것이다.

이와 같이 동족이 집단의식을 가지고 집단생활을 영위하는 경우에 이들 동족에는 대개 하나의 조직체가 구성된다. 이 조직체를 門中 또는 宗中이라 한다. 종중은 공동 조상의 제사에 의해서 맺어진 자손의 집단이라는 점에서 자연적인 집단이라 하겠지만, 일정한 범위의 동족이 의식적으로 구성하기 때문에 일종의 인위적 집단이다. 다시 말하면 종중이나 문중은 동족이 한 부락에 모여 산다고 해서 반드시 구성되는 것이 아니고 그들이 집단의식을 가지고 의도적으로 구성하는 것이다.

문중에는 대개 宗規─成文인 것도 있으나 불문율인 것이 많다─가 있어서 동족의 단결과 조상제사를 위하여 동족성원에게 여러 가지 통제를 가한다. 종규는 그 동족의 유지·발전을 위해 만든 것이기 때문에 모든 구성원은 이 종규를 존중하지 않으면 안 된다. 친척이라 할지라도 동성동본이 아니라면 동족 활동에 참여할 수 없는 것이다.

문중은 대개 종손, 문장, 有司 등이 운영한다. 전통적인 가족제도에서는 일가의 직계 존속친이 생존하는 동안 장남은 분가하지 않고 동거하면서 효도의 의무를 다하지 않으면 안 되었다. 그러므로 한 가족 내에 여러 세대가 동거하는 대가족(직계가족) 형태를 취한 것이다. 이 경우 차남, 삼남은 어느 세대든지 분가하여 가급적이면 장남의 집(종가) 근처에서 생활해왔다. 이와 같이 가까운 조상의 자손들은 동일 지역 혹은 인근 지역에 거주하게 되고, 이 경우 종손의 지위는 대단히 중요시된다.

종손은 해당 범위의 동족 중 가장 높은 조상의 가계를 상속한 자를 말한다. 따라서 이론적으로는 분가한 자가 아니면 모두 종손이기 때문에 부친 때 분가하면 1대 종손, 조부 때 분가하면 2대 종손, 10대 조부 때 분가하면 10대 종손이 될 수 있다. 그러나 현실적으로는 어느 정도 규모가 있고 결합성도 뚜렷한 동족의 적장자만을 종손이라 한다. 예를 들어 동족부락에서 가장 높은 조상의 가계를 계승한 大宗孫과 거기에서 갈려 나온 派宗孫 또는 支宗孫만이 뚜렷하고 그 밖에는 뚜렷한 종손이 없다. 종손 중에서도 대종손이 가장 권위가 높으며 또한 동족원의 존중을 받는다. 그러나 다 같은 종손이라 하더라도 문중재산과 문중조직이 있는 동족의 종손과 그렇지 못한 동족의 종손은 권위의 차이가 크다.

종손은 가계를 계승하고 가묘를 지키고 제사를 주재한다. 그러므로

종손은 동족결속의 중핵이 되며 문중이나 동족집단의 기록문서, 조상의
文集 등을 보관한다. 동족집단의 가장 중요한 기능 가운데 하나인 제사
도 初獻은 일반적으로 종손이 행하며, 명절 제사도 반드시 종가에서 먼
저 마친 후가 아니면 支家에서 행할 수 없다.

종손의 집은 宗家라고 하는데, 종가는 조상의 영혼이 깃든 곳으로 인
식되어 일족의 尊崇의 대상이 된다. 또한 종가를 문중의 상징으로 인식
하여 종가가 빈곤하면 일족이 합심하여 도와 문중의 체면을 유지하게끔
한다. 타 동족원에게는 경제적 원조를 하지 않으면서 유독 종손만은 문
중재산으로 원조하는 점을 보면 동족집단이 종손을 얼마나 존중하는지
알 수 있다.

그러나 한국동족은 일본동족만큼 종가와 지가 사이에 엄격한 상하관
계가 성립하지는 않는다. 일본의 경우 본가의 절대적인 권위 아래 동족
이 결합하지만, 한국동족에서는 支孫이 종손을 존중하기는 하지만 절대
로 上下의 주종관계에 입각한 예속적인 지위에 놓이지는 않았다.[12]

문중의 중추적인 인물에는 종손 외에도 門長(長老, 宗長)이 있다. 문
장은 문중에서 연령이 높고 학덕이 있는 자로서 동족원에게 가장 존경을
받으며 대외적으로 문중을 대표한다. 문장은 동족 통제의 중심인물인 동
시에 종손을 중심으로 동족을 유지하고 발전하게 하기 위해서 후원자 노
릇을 한다. 많은 경우 문장은 공식적으로 선출하지도 않고 또 공식적인
명칭이 있는 것도 아니지만, 자연발생적으로 문장 대우를 받으며 종신직
이 되는 것이 통례다.

문중의 일을 능률적으로 수행하기 위해서 문장 밑에 대개 有司를 한
명 혹은 수 명 두게 되는데, 유사는 문장이나 종손을 보좌하여 실질적으
로 종중 일을 처리하는 사무집행기관이라 할 수 있다. 유사는 어느 정도

---

12) 崔在錫, 1964, 「한·중·일 동양삼국의 동족비교」『한국사회학』1(『한국농촌사
회연구』수록).

문중 일에 밝으면서 활동적인 사람이 맡게 되는데, 문중재산을 관리하며 묘제를 운영하고 山直, 墓直, 庫直을 감독하는 것이 그의 중요한 역할이다.

유사는 명목상으로는 宗會(門會)에서 선출한다고 하지만, 실질적으로는 '종손, 문장 및 종중 어른들'이 지명하는 것이 보통이다.

宗中 어른은 공식적인 기관은 아니지만 문중 운영에 지대한 영향을 미치는 원로급 인사의 집단이다. 종중 어른이란 대체로 문중에서 연령, 학식, 덕망이 높은 사람들이며, 문중 일에 대한 諮問에 응하는 상담역 내지는 압력집단이라 볼 수 있다. 이들은 대체로 문장의 교우집단의 중심인물들로, 종손이나 문장은 이들과 상의하여 문중 일을 처리한다.

종손, 문장, 유사, 종중 어른들과 같은 동족집단의 중추인물들이 운영하는 문중조직은 중요한 일을 처리하기 위해서 宗會라고 하는 회의를 개최한다. 종회는 문중의 의결기관이라고도 할 수 있다. 즉 문장이 문중일을 처리할 때 중요한 것은 종회를 열어서 결정한다.

종회는 보통 중심 조상의 墓祭日, 즉 문중 사람들이 가장 많이 모이는 때에 개최하지만, 문중에 긴급한 사항이 있을 때는 문장이 임시로 소집한다. 보통 종손, 문장, 종중 어른들이 진행하는 종회에서는 유사가 한 해의 결산을 보고하고, 묘제 거행, 묘지 수축, 문중재산 관리 및 동족의 활동에 관한 계획을 논의한다. 유사도 보통 이때 선출한다.

여기서 잠깐 종중재산에 대해 언급하고자 한다. 종중재산은 종중의 공동사업을 수행해 나가는 데 필요한 재산을 공동으로 마련한 것이다. 주로 제사 경비의 기본이 되는 논밭, 묘지가 있는 임야, 그리고 택지 등이 있는데, 이른바 宗中畓, 宗位土, 門中畓, 祭田, 墓田, 墓位土, 祭位土, 宗山, 先塋, 祠堂, 祭閣 등이 그것이며 노비도 포함이 되었다.[13] 부동산이 아니라 금전을 기본 재산으로 하여 저축한 문중도 있고, 종중재산이

---

13) 金斗憲, 1969, 『한국가족제도연구』, 서울대학교출판부, 95쪽.

位土뿐인 부유하지 못한 문중도 있다. 이 종중재산은 종중이 서로 존중하여서 이를 매매하거나 양도하기 위해서는 문장 및 종손을 위시하여 종중의 협의를 거쳐야만 된다.

그러면 이러한 종중재산은 어떠한 경로를 거쳐 설립되었는가? 두 가지 경로를 생각해 볼 수 있다. 첫째는 동족원들이 醵出하여 종중재산을 설립한 경우다. 4대까지의 忌祭는 대개 종손이 비용을 부담하여 제사를 지내게 되지만, 5대 이상의 조상은 墓祭를 지내므로 이때에 그 자손들이 갹출하여 묘제를 지내기 위한 기본 재산인 위토를 마련함으로써 종중재산을 설립한다. 둘째는 부유한 동족원이 사유재산을 종중에 기부하여 종중재산이 되는 경우다. 경제적으로 여유 있는 동족일수록 종중재산은 기부를 통해 설립한 경우가 많다.

그런데 위토를 관할하는 주체는 반드시 일정한 것은 아니다. 神主의 4대손이 모두 사망하여 묘사에 이전할 때는 祭田은 祭主인 종가에서 주재할 것은 물론이지만, 支孫 중에 아직 親盡하지 않은 사람이 있을 때에 제전을 신주와 함께 最長房에게 이관할 것인가 하는 것은 문제다. 『經國大典註解』에는 宗子 소유로 두되 제사용 家舍田民은 移給하지 말고 신주만 移奉하라는 법규가 있다.[14] 그러나 실제로는 그 운용에 여러 가지 유형이 있던 것 같다.[15]

3. 동족부락의 기능

한국의 동족집단은 崇祖思想을 바탕으로 형성된 것이다. 동족집단에서는 조상을 중심으로 한 후손들의 친목, 번영, 결속을 중요한 이념으로 인식하며, 이를 통해서 자기 동족이 타 동족에 비하여 우월하다는 점을

---

14) 『經國大典註解』 禮典 奉祀條.
15) 金斗憲, 앞의 책, 97~98쪽.

나타내고자 노력한다.

이러한 점에서 제사집단이자, 생활집단이며, 사회적 위세집단인 동족의 기능에 특히 관심을 두지 않을 수 없다.

1) 제사

제사는 忌祭, 茶禮, 墓祭의 세 가지로 나눌 수 있다. 기제의 대상은 4대조까지이며, 조상이 사망한 날 새벽에 사망자의 아들 또는 손자(아들이 없을 때)의 집에서 행한다. 물론 신분이 낮은 상민들에게는 4대 봉사가 허락되지 않고 1대 혹은 2대 봉사만 허용되었다. 기제사를 지낼 때는 집에 祀堂을 세우고 신주를 안치하는 것이 이상적이지만, 경제적 이유로 방 안에 신주를 모시거나 紙榜으로 대신하는 것이 일반적이다.

종손이 4대가 넘으면 4대 이내의 자손 중 최장자에게 제사가 옮아가게 되는데 이것을 祭遷이라 한다. 이때는 신주와 함께 위토까지 제주에게 이전하는 것이 통례이지만, 앞서 지적한 바와 같이 반드시 그렇게 한 것은 아닌 것 같다.

4대손에 해당하는 사람이 모두 사망하게 되면 묘제로 옮아가게 되는데, 가문에 따라서는 제천을 생략하고 종손이 4대를 넘으면 바로 묘제로 옮기기도 한다.

차례는 舊正, 정월대보름, 한식, 단오, 추석, 冬至 등 연 6회에 걸쳐 행하는 제사를 말한다. 동족에 따라서 몇 개는 생략하기도 하지만 구정과 추석 제사를 결하는 예는 없다. 차례는 낮에 지내며 祝文은 없다. 차례 순서는 제사대상자의 위계에 따라서 윗대 조상을 모시는 집안부터 먼저 지낸다. 기제와 마찬가지로 차례도 4대 조상까지 지내며 당내라면 방계친의 차례에도 참여한다. 不遷位의 조상이 있으면 代數에 관계없이 4대조와 마찬가지로 기제와 차례를 지낸다.

묘제는 5대조 이상의 조상에게 지내는 제사로 연 1회(보통 음력 10월)

조상의 묘지에서 낮에 지낸다. 묘제의 비용은 위토에서 충당하거나 종중 재산에서 갹출한다. 때로는 門中契를 형성하여(극히 후기에 속하는 일이라 추측하지만) 특정 조상의 제사 비용을 충당하기도 한다. 묘제는 기제나 차례와는 달리 직계자손이 아니면 참석하지 않는 것이 일반적이다.

제사의 체제가 이와 같이 정착된 것은 아마도 조선후기인 것 같다. 앞서 <표 4>에서 1600년대 중엽까지는 제사대상자를 구체적으로 밝히지 않았고, 그 이후 부모, 조부모 등으로 제사대상을 밝혔으며, 1700년대 중엽부터는 증조, 고조까지 명시한 사실을 볼 때, 1600년대 중엽 이후에 제사를 더욱 중시하게 되었으며 제사대상의 범위가 4대까지 확대된 것이 아닌가 한다. 물론 한정된 자료로 분석한 것을 일반화할 수는 없지만, 이 자료가 보여주는 것은 1600년대 중엽 이전에도 4대 봉사를 행했다면 그것은 일부 사대부 집안에 한정된 것이고, 4대 봉사가 일반화된 것은 그 이후라는 것을 보여준다. 또 제사대상자 중에 외가의 조상과 자매도 포함되었을 뿐만 아니라 특히 미혼 자녀가 제사대상이 된 것은 특이한 일이다.[16]

1700년대 이전의 봉사형태에는 종손이 제사를 전담하는 일반적인 형태 외에도 여러 가지 형태가 있었다. 자녀가 돌아가며 봉사하는 윤회가 있었고, 장자가 전담하는 장자봉사도 있었으며, 일부는 윤회하고 일부는 남자가 혹은 종가에서 봉사하는 복합적 형태도 있었다. 윤회의 형태에도 여러 자녀가 매년 돌아가며 봉사하는 방법, 제사대상자에 따라 나누어 봉사하는 형태(이를테면 부모제사는 장남, 조부모제사는 차남 식으로), 그리고 구정제사는 누구, 한식제사는 누구 식으로 제사시기에 따라 나누어 봉사하는 형태의 세 가지가 있었다.

분재기를 분석한 결과는 제사봉사의 형태에 다음과 같은 경향이 있음을 보여준다.[17]

---

16) 崔在錫, 1972, 앞의 논문.

첫째, 이미 말한 바와 같이 조선초기부터 1700년대 초엽까지는 윤회 봉사가 지배적은 아니지만 상당수 가정에서 윤회제사를 행했음이 명백하다. 그리하여 이 시기는 장남봉사와 윤회봉사가 공존한 시기라고 할 수 있다.

둘째, 1600년대 중엽부터 1700년대 초까지는 윤회봉사에서 장남봉사로 이행하는 과도기로 볼 수 있다.

셋째, 1700년대 초엽 이후 장남봉사가 지배적으로 나타나 조선후기에 이르기까지 지속된다.

봉사형태의 이러한 변화는 재산상속에서 남녀와 장·차에 따른 차이가 나타난 시기 및 동족집단의 형성시기와 때를 같이함을 알 수 있는바, 17세기 말 혹은 18세기 초는 조선시대의 사회생활, 특히 친족조직의 변동에 중요한 계기가 된 시기로 볼 수 있다.

2) 경제적 협동

한국의 동족은 생활집단으로서 경제적 협동을 하는 측면은 희박하다. 즉 동족원 간의 생활의 공동이나 상호 扶助는 그리 뚜렷하게 나타나지 않는다. 한국 농업의 특성에 비추어 볼 때 많은 협동이 필요하지만 동족원만의 공동작업조직은 거의 찾아볼 수가 없다. 농번기에 공동작업을 하는 형식으로 이른바 '품앗이'가 있기는 하지만, 이것은 동족원만이 아니라 他姓과도 가능한 것이다. 동족, 비동족에 관계없이 지리적 조건이나 노동력의 조건에 따라 누구와도 노동교환조직인 품앗이를 형성하고 있다. 부유한 동족은 품앗이를 하기보다는 품삯을 주고 비동족원의 노동력을 사는 일이 더 많은 것 같다. 품앗이와 같이 농업생산을 위한 동족(특히 부락 범위의 동족) 간의 협동조직은 거의 보이지 않는다.

---

17) 위의 논문.

생산을 위한 협동조직은 거의 없지만, 일상생활에서 공동으로 하는 일, 이를테면 혼인이나 장례 시에는 어느 정도 협력하는 것이 나타난다. 이러한 협동도 가장 좁은 범위의 동족이라고 할 수 있는 분가한 형제 간에 가장 뚜렷이 나타나고 그 다음은 당내 간이다. 이들 간에는 내왕이 잦고 婚喪이나 생일에 서로 돕고 축하하는 정도가 타 동족에 비길 바가 아니다. 농기구나 農牛를 자유롭게 빌려 쓸 수 있는 것도 바로 이 범위의 동족 간이다. 이와 같이 생활협동 면에서 어느 정도 강한 결합을 보이는 것은 형제집단과 당내집단이고, 그 범위를 벗어난 동족에서는 거의 찾아볼 수 없다.

동족이 종중재산이 많아도 그것은 조상제사와 관련된 일 혹은 그 동족의 威勢를 외부에 과시할 수 있는 사업에 사용할 뿐, 빈곤한 동족을 원조하기 위해 쓰는 일은 거의 없다. 빈곤한 동족원이 부유한 동족원의 건물이나 婚具, 葬具 등을 이용함으로써 간접적인 도움을 받는 예는 있어도 종중재산이나 동족원 전체의 조직적인 갹출을 통해 도움을 받는 일은 거의 없다. 다만 종손이 貧寒할 경우에는 종중재산으로, 또는 동족원이 갹출하여 도와주는 일이 흔히 있다. 그러나 이것은 동족집단이 동족원을 도와주는 경제적 협동의 하나로 보기보다는, 종손은 그 동족집단의 중심인물이고 종가가 빈곤하면 동족 전체의 수치라고 여기기 때문에 동족집단의 체면을 유지하기 위해 종가에서 제사를 奉行하는 데 필요한 경비를 원조하였다고 보는 것이 옳을 듯하다.

다시 말하면 우리나라의 동족집단은 물론 생산집단은 아니지만 일상생활의 협동이나 상호 부조의 기능도 뚜렷하지는 못하다. 어느 정도 뚜렷하다고 볼 수 있는 것은 분가한 형제 간이나 당내까지의 범위에 한정된다.

그런데 지금까지는 동족의 경제적 협동에 관한 측면을 상당히 높게 평가해왔다. 동족부락을 同族地緣共同體로 보는 데는 부락을 범위로 하

는 동족의 경제적 협동기능을 강조하는 견해가 들어 있는 것이다.[18]

3) 사회적 위세의 표시

앞서 지적한 바와 같이 한국의 동족은 생활집단으로서 동족원 간에 상호 협동하는 일은 적지만, 가장 중요한 제사기능과 함께 또 하나의 기능, 즉 조상의 사회적 지위를 세습한다는 것을 무시할 수 없다. 조상 중에 大學者나 高官大爵을 지낸 자가 있으면 그 자손들은 주위 사람들에게 특별한 지위와 위세를 인정받게 되고, 자손들은 훌륭한 조상의 후손이라는 것을 항상 과시한다. 동족의 개념에 현존의 동족원뿐만 아니라 과거의 수많은 조상(시조 포함)까지 포함하는 것이 타당한지 모르겠다. 동족은 주로 과거 조상에 관한 기록과 이를 뒷받침하는 物的 시설, 그리고 그들의 행동으로써 그들의 사회적 위세를 높이려고 한다.

동족의 사회적 위세를 표시하는 기록으로 대표적인 것은 族譜와 文集이다. 족보에는 그들의 사회적 지위를 높여줄 수 있는 조상들의 관직명이 모두 기록되어 있을 뿐만 아니라, 그 조상이 베푼 善政, 왕에게서 받은 포상 등이 자세하게 기록되어 있다. 동족의 사회적 위세는 족보에 기록되어 있는 조상의 관직 크기와 수에 따라서 결정되며, 자손들은 조상들의 행적과 학문의 정도에 따라 대우를 받는 것이다. 그러므로 이러한 기능을 담당하는 족보를 편찬하고 보관하는 데 지대한 관심을 기울이는 것이다. 동족은 사회적 위세를 과시하기 위하여 반드시 가장 높은 관직을 지낸 조상을 그 동족의 중심인물로 내세운다. 이 조상은 또 하나의 派를 형성하는 계기가 되기도 한다.

족보의 명칭에는 다음과 같은 것들이 있다.

---

18) 일본인 선생영조는 농업생산을 위한 동족만의 협동조직의 존재를 강조하지만, 이것은 사실과는 다르다(崔在錫, 1966,「동족집단의 조직과 기능」『민족문화연구』 2).

〈표 7〉 족보의 명칭과 사용 빈도

족보 명칭	숫자	족보 명칭	숫자
① 세보(世譜)	1,031	㉝ 삭원보(朔源譜)	2
② 족보(族譜)	493	㉞ 연보(年譜)	1
③ 파보(派譜)	473	㉟ 완의문(完議文)	1
④ 가승(家乘)	41	㊱ 전보(全譜)	1
⑤ 세계(世系)	32	㊲ 지보록(支譜錄)	1
⑥ 속보(續譜)	31	㊳ 세헌록(世獻錄)	1
⑦ 대동보(大同譜)	31	㊴ 대종보(大宗譜)	1
⑧ 가보(家譜)	29	㊵ 파록(派錄)	1
⑨ 가승보(家乘譜)	24	㊶ 세기(世紀)	1
⑩ 계보(系譜)	23	㊷ 대동종보(大同宗譜)	1
⑪ 보(譜)	7	㊸ 세승(世乘)	1
⑫ 자손보(子孫譜)	6	㊹ 세가(世家)	1
⑬ 대보(大譜)	6	㊺ 외보(外譜)	1
⑭ 세적보(世蹟譜)	6	㊻ 경편보(輕便譜)	1
⑮ 종안(宗案)	5	㊼ 세첩(世牒)	1
⑯ 세덕록(世德錄)	5	㊽ 구보(舊譜)	1
⑰ 소보(小譜)	5	㊾ 삼응보(三應譜)	1
⑱ 지장록(誌狀錄)	5	㊿ 보계(譜系)	1
⑲ 선원보(璿源譜)	3	(51) 세고(世稿)	1
⑳ 수보(修譜)	3	(52) 종표(宗表)	1
㉑ 약보(略譜)	3	(53) 가장보(家藏譜)	1
㉒ 문헌록(文獻錄)	3	(54) 일통보(一統譜)	1
㉓ 실기(實記)	3	(55) 파첩(派牒)	1
㉔ 가사(家史)	3	(56) 실록(實錄)	1
㉕ 총보(總譜)	3	(57) 외계(外系)	1
㉖ 선보(璿譜)	2	(58) 세감(世鑑)	1
㉗ 연원보(淵源譜)	2	(59) 회중보(懷中譜)	1
㉘ 화수보(花樹譜)	2	(60) 파별록(派別錄)	1
㉙ 녹권(錄卷)	2	(61) 분가보(分家譜)	1
㉚ 분파지도(分派之圖)	2	(62) 세적(世蹟)	1
㉛ 통보(通譜)	2	(63) 기타	6
㉜ 가첩(家牒)	2		

자료) 최재석, 1962, 「日帝下의 族譜와 同族集團」(본서에 부론으로 수록함; 자세한 내용은 부론 참조).

이상에서 보는 바와 같이 족보의 명칭을 정리하여 보니 世譜라는 명칭이 가장 많다. 다음이 族譜, 派譜의 순서인데, 이 3자의 합계가 전체의 8할 이상을 차지한다. 중국에서 족보의 명칭으로 많이 쓰이는 宗譜가 보이지 않으며, 월남과 琉球에서 가장 많이 사용하는 家譜라는 명칭이 거의 30번이나 나왔다는 것은 주목할 만하다.

이렇게 정리한 족보의 명칭과 그 속에 담긴 동족의 범위에 어떤 관계가 있는지 고찰해 보면 다음과 같다.

(1) 대개 거의 같은 뜻으로 사용하는 大同譜, 大宗譜, 大同世譜, 大同宗譜, 大譜는 보통 派譜보다는 포괄적인 의미로 사용한다. 그러나 실제로는 파보를 의미하기도 한다(예:『車柳大同譜』,『朴氏大同譜』,『沃川陸氏大同譜』,『全州崔氏文英公大同譜』,『北關淸州韓氏大同譜』).

(2) 族譜 또는 世譜라는 명칭의 족보 중에는 동성동본인 자를 모두 포함하는 족보도 있고, 동성동본 가운데 어느 한 갈래의 사람들만을 포함한 족보도 상당수다. 특히 大姓의 경우 거의 전부 그러하다. 예를 들면『全州崔氏世譜』라는 명의의 족보가 불과 15년 사이에 5회나 발간되었는데(1925, 1928, 1935, 1937, 1940년), 각기 編者도 發刊地도 다르며 또한 그 속에 포함된 동족성원도 다르다. 다시 말하면 명칭은 세보이지만 실제로는 파보인 것이다.

(3) 派譜의 경우 다음과 같은 형식으로 나타난다.
   ① 단지 대동보라는 명칭을 붙인 것(예:『金海金氏大同譜』).
   ② 단지 족보, 세보라는 명칭을 붙인 것(예:『全州崔氏世譜』).
   ③ 대동보라는 명칭 외에 派名을 附記한 것(예:『全州崔氏文英公大同譜』).
   ④ 족보, 세보라는 명칭 이외에 파명을 부기한 것(예:『海州吳氏關北派世譜』,『全州金氏世譜[長派]』,『順興安氏第三派世譜』).
   ⑤ 파보라는 명칭을 붙인 것.
      ㉠ 단지 파보라는 명칭만 붙인 것(예:『全州崔氏派譜』).
      ㉡ 파명을 倂記하되 이것이 地名인 것(예:『廣州安氏金海派譜』,『水原白氏[馬山]派譜』,『安邊淸州韓氏派譜』).
      ㉢ 파명을 병기하되 이것이 장·차의 구별인 것(예:『長水黃氏長派譜』).

㉣ 파명을 병기하되 이것이 派祖의 관직명 또는 號名인 것(예:『順
興安氏參判公派譜』,『安東權氏別獎公派譜』).19)

이상에서 족보의 명칭을 살펴보았으며, 다음으로 족보의 體制를 살펴
보기로 한다. 족보의 내용이나 조직은 그것의 종류나 大小에 따라 차이
가 있기는 하지만 編輯과 述作은 일정한 원칙과 방식을 따르며, 기록의
상세한 정도에는 차이가 있지만 공통의 원리에 따라 기록된다. 이제 족
보의 내용을 대략 기록의 순서에 따라 구성요소로 분석하여 설명하고자
한다.

어느 족보에나 족보 일반의 의의와 일족의 淵源, 내력, 편성 차례 등
을 기술하는 '序'가 있고, 다음으로 편찬 경위를 좀 더 자세히 기록하는
'跋'이 있으며, 崇祖敬宗의 念을 敦厚케 하려는 의도로 始祖 또는 中始
祖의 史傳을 기재하는 '記' 또는 '誌'가 있다. 그 밖에 시조의 墳墓圖,
시조 발상지에 해당하는 鄕里의 지도, 宗祠의 약도 등을 기록한 도표가
있는데, 오히려 여기에 꼭 있어야 할 선조의 畵像 같은 것은 별로 없다.
또 족보에는 대개 족보의 편수자인 유사의 이름을 기록하는데, 이는 편
수의 업적을 기념하고 그 명예를 표창함으로써 그 기록의 정확을 기하려
는 것이었다. 또 편수기록의 차례를 명시하는 범례가 있다.

지금까지 설명한 것들은 몇 권에 이르는 전체 족보의 일부분일 뿐이
다. 족보의 중심을 이루는 系譜表는 다음과 같다.

우선 시조에서 시작하여 세대순으로 縱系를 이루고, 그 지면의 段이
끝나면 다음 면으로 옮기며, 매 면에 『千字文』의 한 자씩을 순차로 기입
하여 대조의 필요에 따라 그 철자로 표시하였다. 한 사람씩 그의 이름,
字號, 시호(諡), 生卒年月日, 관직, 封號, 科榜, 勳業, 덕행, 충효, 旌表, 文

---

19) 崔在錫, 1962,「일제하의 족보와 동족집단」『아세아연구』 12-4(본서에 부론으로
수록).

銜, 저술 등 신분관계 일체를 기입하였다. 특히 이름을 기입할 때는 冠名을 기입하였다. 그리고 世系와 排行을 기록할 때는 종횡으로 일정한 원칙을 지켜 기록했다. 世系를 기록할 때는 干支, 五行, 仁義禮智信, 卦名, 山川名, 數 등등의 순으로 기록하는데, 이때 문자 그대로 사용하지 않고 劃, 形音, 偏, 意 등으로 의미를 표시하는 경우도 있다. 이러한 字順을 되풀이하는 일도 있으나 조상의 字諱와 동일 문자를 사용하는 것을 피하여 항렬 즉 배행을 기록할 때는 직계의 순으로 취한 글자를 사용하고, 같은 원칙에 따라 횡으로 배열한 동일 세대인 것을 표시한다. 또 수록하는 가족 내지 친족의 범위는 대체로 配室의 성씨와 本貫, 배실의 父祖와 증조 이상의 顯祖, 外祖, 자녀, 사위, 외손, 외증손에 이르고, 자녀에 관한 기록은 특히 後系의 유무, 出系 또는 입양, 적서 구별, 남녀 구별 등을 명백히 하며, 특히 王后 또는 駙馬가 된 경우에는 이를 명기하고, 분묘와 그것의 소재지, 墓誌, 비문 등을 표시하고, 시조의 묘지는 先塋 또는 先山이라 칭했는데 그 기록의 詳略은 똑같지 않다.

이상 족보의 체제를 개관하였고 다음으로 족보의 편집절차를 살펴보겠다. 족보를 간행할 때는 그 有志가 종회를 열어 이를 의결하고 유사를 몇 명 선정하여 사무를 시작한다. 그 임원에는 대개 收單有司, 校正有司, 收錢有司, 掌財有司 등 몇 사람이 있는데 대개는 그 종족의 識者들이다. 이들은 적당한 장소에 宗約所를 설치한다. 유사는 동족 각 파의 가족 상황에 관한 기록을 수집한다. 이것을 單子라 하며, 수집한 단자는 다시 史傳을 참조하여 正否를 명확히 한 후 출판업무에 들어가게 된다. 이 일에 드는 경비는 동족이 모아서 내는데 빈부에 따라 많이 내기도 하고 조금 내기도 한다. 다 만든 족보는 종손에 해당하는 집에서 반포하는 것이 일반적이며, 특히 한 집 단독으로 족보를 받으려 할 때는 얼마간의 금액을 내게 한다. 이와 같이 족보 편찬에는 적지 않은 경비와 노력이 필요한데, 그 기록이나 編作에는 신뢰할 수 없는 것이 적지 않음을 간과

해서는 안 된다.[20]

족보 외에 동족의 사회적 지위를 높여 주는 기록은 조상의 文集이다. 문집은 조상의 학덕을 과시하는 것으로서 때로는 書院 등에 보관하여 많은 사람들에게 보여서 그들 동족의 위세를 인정받고자 하는 경우도 있다. 이 외에 敎旨도 소중히 보관하는 문서 중 하나다. 대체로 한국 사람이 金錢에 관한 기록은 소중히 보관하지 않으면서 족보, 문집, 교지 등의 문서를 소중히 하는 것은 이것들을 통해서 동족의 사회적 위세를 높이려 하는 욕구가 강하게 작용하기 때문이다.

사회적 위세를 과시하는 물적 시설은 묘지, 열녀비, 효자비, 旌閭, 神道碑, 齋室, 사당 등등 대단히 많다. 동족의 중심인물이나 효자, 열녀, 충신 등의 권위는 단지 기록뿐만 아니라 물적인 시설을 통해 과시함으로써 더욱 확실히 보장받게 되는 것이다. 열녀비, 효자비, 신도비, 정려 등을 왕래가 빈번한 곳에 설립하는 것은 이 때문이다.

동족 전용 공동묘지나 묘지의 규모의 거대함 등에서도 동족 위세의 일면을 엿볼 수 있다. 재실을 크게 건축하고 조상의 履歷을 자세하게 기록하여 현판으로 걸어두는 것도 신도비의 경우와 비슷하다.

서원 및 향교 역시 동족의 사회적 위세를 높이는 데 매우 큰 역할을 담당한다. 조상이 서원이나 향교에 主享된 경우에 그 후손은 지역사회 儒林들에게 특별히 우대받게 되는 것이다. 이러한 연유로 동족마다 서원이나 향교에 자기 동족의 조상을 모시기 위해서 부단히 노력하고, 또 자기 동족의 조상이 配享된 서원, 향교를 거대하게 건축하거나 수축하는 데 거액의 종중재산을 기부한 것이다.

그러나 조상에게서 이어받은 자손의 사회적 위세를 보장하는 것은 단지 기록이나 물적인 시설만으로는 부족하고 유교적인 행동양식이 뒷받침되어야 한다. 동족집단에 反儒教的인 행위를 한 자가 있는 경우 가문

---

20) 金斗憲, 앞의 책, 78~83쪽.

의 수치로 여기고, 또 양반으로 행세할 수도 없다고 생각하는 것이다. 그러므로 동족원 중에 빈곤한 사람이 있을 경우에는 관심을 기울이지 않으면서도 반유교적 행동을 한 동족원에게는 가차 없이 제약을 가한 것이다. 예컨대 동족원 중에 조상제사에 태만하다거나, 손윗사람을 존경하지 않는다거나, 남녀 간에 사회적 격리현상을 잘 지키지 않는다거나, 언사가 난잡하다거나, 노름에 몰두한다거나, 사치를 부리거나, 그 밖에 동족의 위신을 떨어뜨리는 짓을 하는 자가 있으면, 문장이나 종중 어른들은 이들을 결코 내버려두지 않았다. 이 중에서도 불효가 가장 큰 비난을 받는 것은 물론이다.

동족 내부에서 항렬이나 연령의 권위를 중요시하는 것도 사회적 지위를 높이는 행위다.

조상제사나 장례식을 대규모로 거행하여 타 동족에 과시하는 것은 동족의 위세에 관계된다. 뿐만 아니라 儒學에 조예가 깊은 자가 유림에 많이 참여하게 되면 동족의 사회적 위세가 높아진다고 인식한다.

동족의 사회적 위세를 높이는 행동은 혼인관습에서도 찾아볼 수 있다. 자기 동족보다 사회적 지위가 낮은 집안과 사돈을 맺으면 落婚이라 하여 동족의 위세가 손상된다고 생각한다. 그러므로 되도록 자기보다 지위가 높은 집안과 혼인하려고 노력할 뿐 아니라, 혼례를 힘에 겨울 만큼 성대히 치러서 자신의 사회적 위세를 과시하려고 한다.

요컨대 한국동족의 중심적 기능은 일상생활에서 서로 돕는 데 있는 것이 아니라 조상제사를 지내고 사회적 위세를 과시하는 데 있다고 하겠다. 후기로 갈수록 특히 사회적 위세를 과시하는 기능이 가장 중심적이 된 것이 아닌가 한다. 제사를 성대히 거행하는 데는 그들의 사회적 위세를 과시하고자 하는 의도가 다분히 작용하기 때문이다. 이는 경남 함양군 개평리의 河東 鄭씨 동족부락의 문중에서 보관하고 있는 宗契의 문서를 분석하여 증명한 사실이기도 하다.[21]

이상에서 살펴본 동족의 조직이나 기능 등은 동족집단 전체에 확대하여 적용할 수 있는 사실들이다. 동족집단 중에서도 분가한 형제나 당내집단, 그리고 동일 부락의 동족집단 즉 동족부락을 범위로 하는 동족이 가장 중심적인 것들이기 때문에, 동족부락의 조직이나 기능도 동족의 그것과 같을 뿐만 아니라 오히려 동족부락에서 더욱 뚜렷이 나타난다고 생각한다.

21) 崔在錫, 1966, 「동족집단의 조직과 기능」 『민족문화연구』 2.

제5장
한국인의 친족생활

1. 머리말

지금까지 어느 정도 조사연구가 이루어진 한국인의 친족의 개념, 친족제도의 변천, 동족(씨족)집단, 친족관계, 친족호칭, 제주도의 친족생활에 대하여 살펴보고자 한다. 종합적 정리의 의미도 있다고 하겠다.

2. 친족의 개념

親族이라는 용어는 사회학이나 인류학뿐만 아니라 가정학·법학 등에서 두루 사용되고 있지만 그것이 의미하는 내용은 사용자에 따라서 다소의 차이를 보이고 있다. 부계친에 한정하여 사용하는 이도 있고, 외가와 처가의 근친자들까지 포함하는 용어로 사용하는 이도 있다. 이러한 용어의 혼란은 일상생활에서 사용되는 '친족'의 의미와 학술적인 개념어로 사용되는 '친족'의 의미가 일치하지 않은 데에서 연유한 것으로 보인다. 일상생활에서는 친족이라는 용어를 대체로 부계친에 한정하여 사용하는 경향이 있다. 조선중기 이후 부계를 중심으로 친족집단의 결속을 강화시켜온 역사적 전통이 반영된 것이라 할 수 있다. 그러나 사회학이나 인류학에서는 영어의 'kin' 혹은 'kinship'에 대응하는 개념어로 '친족'이라는 용어를 사용하고 있다. kin(kinship)은 '혈연관계나 혼인관계에 의해서 결합된 사람들 또는 그들의 관계'를 의미한다. 그러므로 이러한 입장에서 '친족'이라는 용어를 사용하는 사람들은 부계친뿐만 아니라 외가와 처가의 근친자들까지 포함하는 개념으로 사용하고 있다.

생활용어로서의 친족의 개념은 우선 국어사전에서 찾아볼 수 있다. 국어사전에는 친족을 '촌수가 가까운 일가'(신기철·신용철 편저, 『우리말 큰사전』) 또는 '촌수가 가까운 겨레붙이'(『동아 새국어사전』)로 규정하고 있다. '일가'란 '성과 본을 같이하는 겨레붙이'를 의미하고, '겨레붙이'란 '같은 조상을 받드는 자손들의 무리'를 의미하므로 전형적인 父系單系體系를 취하는 한국사회에서는 부계친만을 지칭하는 개념으로 해석될 수 있다.

李光奎도 일상생활에서 사용되고 있는 '친족'의 의미를 중시하는 입장을 취하고 있다. 그는 우리말의 '親族'과 '親戚'을 개념상 구분하여 '친족'은 부계친만을 지칭하는 용어로 한정하고, '친척'을 외척과 처족을 포함하는 용어로 규정하였다.

> "우리나라의 친족제도를 말할 때 흔히 1族2黨制라 한다. 이것은 친척을 분류함에 부계친인 친족, 모계친인 외척 그리고 처계친인 인척으로 구분하기 때문이다. 이것을 黨으로 표시하여 父黨·母黨·妻黨이라 하기도 하고, 族자를 사용하여 宗族·母族·妻族이라 하기도 하며, 宗族·母黨·妻黨을 1族2黨制라 하기도 한다. 우리나라 고유의 族黨制에서 친족이란 부계친족만을 말하고, 넓은 의미로 3족을 포괄하는 용어로는 친척이 있다. 친척과 친족을 엄격히 구별한다면 영어의 kinship은 친척에 해당하며 부계친 또는 남계친만이 친족에 해당한다."[1]

그러나 金斗憲은 일찍이 친족의 개념을 부계친과 외척 및 처족을 포함하는 보다 넓은 의미로 규정한 바 있다.

> "친족의 종류를 나누매, 『爾雅釋親』에는 宗族, 母族, 妻族의 3족에 혼인을 더하여 4류로 하였다. 이밖에 혈통 또는 姓의 관계로 宗族과 異姓(母黨, 妻黨)

---

1) 이광규, 1984, 『사회구조론』, 일조각, 5쪽.

또는 內親과 外親으로 하고, 혼인관계로 婚族과 姻族 또는 夫族과 妻族으로 하고, 喪服의 관계로 有服親과 無服親으로 하는 등 여러 가지로 행하여지고 있으나, 이를 요컨대 宗族, 母黨, 妻黨의 一族二黨組織 이외의 것은 아니다. 중국에 있어서의 이러한 관례는 그대로 한국에서 답습되었다. 즉 부계적 혈연 집단으로서의 종족이 본간이 되고 異姓의 諸族은 제이차적인 친족관계를 구성한 것이었다."[2]

李文雄도 kinship의 개념에 충실하여 친족을 혈족(부계친과 외척)과 인척까지 포함하는 개념으로 규정하고 다음과 같이 기술하고 있다.

"친족은 혈연관계와 인척관계에 의해서 결합된 사람들을 말한다. 대체로 우리가 하나의 사회집단으로서의 친족을 말할 때에는 혈족을 주축으로 하여 인척 중에서 긴밀한 접촉관계를 유지하고 있는 사람들을 포함한 집단을 가리킨다. 우리의 친족제도가 부계의 연속성을 강조하고 있어서 우리는 일상생활에서 어머니 쪽의 사람들보다 아버지 쪽의 혈족들과 더 많은 접촉을 하며 긴밀한 관계를 유지하고 있다. 이런 문화에 익숙한 우리는 흔히 친족을 바로 혈족과 동일시하는 경향이 있지만, 이미 앞에서 지적한 대로 인척도 친족에 포함된다."[3]

한편 민법에서 규정하는 친족은 법률행위의 특수성으로 인하여 그 범위가 구체적으로 한정되어 있지만 역시 부계친과 외척 및 처족을 포함하고 있다. 즉 1989년에 개정되기 이전의 민법(777조)에는 친족의 범위를 ⅰ) 8촌 이내의 부계혈족, ⅱ) 4촌 이내의 모계혈족, ⅲ) 남편의 8촌 이내의 부계혈족, ⅳ) 남편의 4촌 이내의 모계혈족, ⅴ) 처의 부모, ⅵ) 배우자로 규정하였다. 이러한 친족의 범위는 전통적인 가부장제 가족제도를 반영한 것으로서 친가와 외가, 시가와 처가의 친족의 범위에 현격한 차별이 있는 것이었다. 이에 1989년 개정 민법에서는 ⅰ) 8촌 이내의 혈

2) 김두헌, 1969, 『한국가족제도연구』, 서울대출판부, 137쪽.
3) 이문웅 외, 1985, 『문화인류학』, 서울대출판부, 138쪽.

족(친가 및 외가), ii) 4촌 이내의 인척(시가 및 처가), iii) 배우자를 친족
의 범위로 규정하였다. 외가의 친족 범위가 친가와 마찬가지로 8촌까지
확대되고, 처가의 친족범위도 4촌까지로 확대되었으나 시가의 친족범위
는 4촌으로 축소되었다.

이와 같이 친족의 개념은 일상생활어, 법률용어, 학술적 개념어 사이
에 상당한 차이가 있고, 학자들 사이에서도 생활어를 중시하는 입장과
보편적 개념에 충실하려는 입장에 따라 차이가 나타나고 있다. 그러나
이 논고에서는 kin 혹은 kinship에 대응하는 개념어로서 '혈연관계나 혼
인관계에 의해 결합된 사람들 또는 그들의 관계'를 의미하는 용어로 사
용하고자 한다. 따라서 부계친뿐만 아니라 의미 있는 상호작용을 교환하
는 외가와 처가 및 시가의 근친자들까지 포함한다. 이러한 친족의 개념
은 사회학이나 인류학에서 보편적 학술어로 사용하는 친족의 개념과 일
치할 뿐만 아니라 뒤에서 살펴보는 바와 같이 조선 중기 이전에 族・一
族・門族・親族 등의 용어가 부계친뿐만 아니라 외가, 처가의 근친자들
까지 포함하는 용어로 두루 사용되었던 우리의 역사적 전통과도 상통하
고 있다.

3. 친족제도의 변천

1) 조선후기 한국가족제도의 기본적 특징

오늘날 우리가 흔히 한국의 전통가족으로 인식하고 있는 모습은 고대
로부터 연면히 이어져 온 것이 아니라 대체로 조선중기 이후에 우리 사
회에 정착된 것이다. 그러므로 우리나라 친족제도의 역사적 변천과정을
이해하기 위해서는 먼저 조선중기 이후 우리 사회에 정착된 가족 및 친
족제도의 특징을 살펴볼 필요가 있다.

서구의 핵가족과는 달리 장남이 부모 가족과 동거하는 한국의 전통적인 가족에서는 가족의 형성·확대·축소·소멸의 단계가 분명하지 않고 가족주기가 매우 복잡하다. 한국가족은 결혼에 의해 一家를 창설한다고 하더라도, 자녀의 출산에 따라 가족이 확대되는 과정까지는 서구의 핵가족과 유사하지만, 자녀가 결혼하면서부터는 서구의 핵가족과 상이한 과정을 거치게 된다. 차남 이하는 모두 결혼하여 분가하더라도 장남은 부모 가족에 잔류함으로써 일단 창설된 가족은 결코 해체되지 아니하고 장남에서 장남으로 이어지면서 영구히 존속한다. 분가 독립하여 하나의 가족을 창설한 차남 이하의 경우에도 일가의 창설은 그 자신의 당대에만 한정될 뿐, 자녀가 결혼하게 되면 가계계승의 원칙에 의해 장남 가족과 마찬가지로 영구히 이어지게 된다. 이런 점에서 한국의 집은 "먼 조상에서부터 자손만대에 이르는 부계의 초시간적인 제도체"[4]라 규정할 수 있다.

일단 창설된 가족이 결코 해체되지 아니하고 출생과 사망에 의해 성원만 끊임없이 교체하면서 영구히 존속되기 때문에 한국의 가족은 가계의 계승을 至上의 가치로 의식하고, 가계의 계승을 위하여 최선을 다해 노력할 도덕적 의무를 지닌다. 한국가족에서의 가계계승은 父系·直系·長男의 원리에 의해 수행되며, 이러한 가계계승의 원리가 가족관계, 가족제도 및 친족제도를 규정하는 기본원리가 된다. 이러한 원리에 배치되는 이념, 가치, 의식, 행위는 한국가족에서는 철저히 배격되는 것이다. 여기에서 한국가족의 특징적인 모습이 나타난다.

한국의 가족이 가계의 계승을 중요시하고 직계가족의 형태를 취하고 있기 때문에 한국인들은 이러한 가족의 구성원리에 맞도록 그들의 생활을 적절하게 조직해 나간다. 한국인들의 가족생활 및 친족생활에서 나타나는 중요한 특징들을 정리해 보면 대체로 다음과 같다.[5]

---

4) 최재석, 1982, 『한국가족연구』(개정판), 일지사, 541쪽.

1. 집[家]은 사회의 단위이며 개인에 우선하는 제도체이다. 그러므로 대외적 관계에서 개인은 어느 집의 일원으로서만 인정을 받으며, 개인의 자율적 활동은 가계의 계승과 유지 발전을 위하여 엄격히 통제된다. 개인의 이해와 집의 이해가 상충될 때는 개인의 이익을 포기하지 않으면 안 된다.

2. 집에는 반드시 강력한 권위를 가진 가장이 존재하여 가족원을 통제한다. 가장은 현실적으로 가계를 계승한 자이며, 앞으로 가계계승의 막중한 임무를 수행할 역할 담당자이기 때문에 가족원들로부터 특별히 우대되고 가족원은 여기에 예속된다. 가장은 집 발전의 중심인물인 동시에 외부사회에 대하여는 집을 대표한다.

3. 가계계승에 직접적으로 참여하는 남자가 우대되고 상대적으로 부녀자의 지위는 현저히 낮다. 남존여비의 관행은 여기에서 비롯된다. 그러나 한국의 전통사회에서 부녀자의 지위가 남자에 비해서 낮았던 것은 사실이지만 결코 남성에게 예속되어 있었던 것은 아니었던 것으로 보인다. 한말과 일제시대를 거치면서 과장된 면이 없지 않다.

4. 아들 중에서도 일차적 가계계승권자인 장남이 특별히 우대된다. 부모의 기대나 양육과정에서의 배려에 차이가 있고, 재산상속과 가족 및 친족생활의 역할분담에서 장남은 다른 아들들보다 우월한 지위를 갖는다.

5. 혼인이나 부부관계에서 가계계승을 위한 아들의 획득이 대단히 중요한 의미를 지니기 때문에 친자관계가 부부관계보다 우위에 선다. 이와 같이 한국의 가족에는 가계계승의 원리에 따라 가족성원간에 신분상 하의 차이가 엄존한다.

6. 이러한 가족구조는 세대 간의 갈등, 형제간의 갈등, 개인과 가족집단 간의 갈등, 부부간의 애정부재, 고부간의 갈등, 시누이-올케 사이의 불화 등을 심화시키기도 한다.

7. 그러나 다른 한편으로 한국가족은 가장의 권위를 중심으로 가족 성원들이 잘 통합되어 있고, 역할의 분화가 명확하게 이루어지는 일면도 있다. 가족 내에서 이루어지는 역할분담의 내용을 살펴보면 대체로 부세대는 권위적 기능을 담당하고 자세대는 도구적 기능을 담당한다. 남녀 성별에 따라서는 남자가 바깥일을, 여자가 집안일을 담당하는 것으로 규범화되어 있다. 그리고 아버지는 규범적 사회화의 기능을 수행하고 어머니는 정서적 사회화의 기능을 맡아 함으로써 자녀교육에 양

---

5) 위의 책, 541~551쪽.

측면을 적절하게 조화시키고 있다.

8. 가계계승의식은 과거의 조상을 중시하는 조상숭배의식을 낳는다. 죽은 조상은 자손의 길흉화복에 영향을 미치는 신으로서의 위치를 점유하며, 자손들은 제사와 묘소관리를 신성한 과업으로 간주하고, 조상과 관련된 비석의 건립, 재실의 건축, 문집발간 등에 정성을 다한다.

9. 조상을 공동으로 하는 부계의 친족들이 결합하여 동족집단을 형성하고, 문중조직을 발달시킨다. 개별가족은 동족집단으로부터 분화되지 못한다. 동족집단이나 친족집단을 보다 큰 가족으로 의식하여 가족의 구성원리를 여기에까지 확대시킴으로써 개별가족은 직접 간접으로 그 영향을 받으며, 독립성이 매우 미약하다.

10. 친족(특히 근친)간의 유대와 결속을 강조하고, 일상생활에서 가까운 친족에 대한 의례적 행위를 규범적으로 강제하여 의무화시킨다. 혈연의 원근(촌수)과 위계(항렬)에 따라 관계의 밀도 및 행위양식(언어, 호칭, 부조관행, 상복제 등)이 상이하여 친족생활에 긴장을 증가시킨다. 친족 간의 강한 의존성은 기대수준을 상승시켜 갈등의 요인이 되기도 한다.

11. 혼인을 통해서 친족관계가 확대되지만 처족, 외척, 사돈댁과의 관계는 부계친에 비해 긴밀하지 못하고 결속력이 매우 약하다.

한국의 전통사회에서 나타난 이러한 가족 및 친족제도의 특징은 한마디로 철저한 부계중심의 가계계승과 부계친족집단의 조직화로 요약할 수 있다.

2) 조선중기 이전의 한국친족제도

지금까지 우리가 전통적인 한국가족의 특성으로 간주하고 논의해 온 내용들은 대체로 조선후기에 와서 우리 사회에 정착되었다는 것이 학계의 일반적인 견해이다. 삼국시대나 통일신라시대는 말할 것도 없고 고려시대나 조선시대 초기까지도 우리 사회에는 부계혈연의식이 그렇게 강하지 못하였으며, 부계친족집단이 조직화되지 못하였다. 조선중기(17세기 중엽) 이전에 부계친족집단의 결속이 강하지 못하였다는 것은 여러

가지 자료를 통해서 뒷받침되고 있다.[6]

1. 族·門族·親族·一族·本族·氏族·族人 등 '族'의 개념이 조선후
   기에는 주로 부계친족만을 지칭하는 것으로 사용되고 있으나, 고려시
   대나 조선초기(17세기 초)까지는 부계친, 외척, 인척을 구분하지 않고
   두루 사용되고 있음이 여러 문헌에 나타나고 있다. 부계친족의식이 강
   하게 형성되지 않았음을 나타내는 중요한 증거라 할 것이다.

2. 동성동본이나 근친 간의 혼인이 신라시대나 고려시대에는 광범위하게
   행해졌고, 조선시대 초기까지도 적지 않게 행해졌던 것으로 보인다. 신
   라 왕실에서는 異姓 간의 혼인보다 同姓 간의 혼인이 더 많이 행해졌
   으며, 3·4·5·6촌 등 근친 간의 혼인도 빈번하였다. 이러한 근친혼이나
   동성혼은 고려시대에도 지속되었다. 특히 고려초기의 왕실에서는 이복
   여동생을 왕비나 왕실남자(王父·王弟·王子)의 부인으로 맞이한 예가
   10사례나 발견될 정도였으며,[7] 4·5·6촌 등의 근친혼은 왕실뿐만 아니
   라 민간에서도 많이 행해졌던 것으로 보인다. 4·5·6촌 등의 大小功親
   사이에 혼인하지 말라는 왕명이 고려중기 이후 여러 차례에 걸쳐 발표
   되고 있는 것은 왕명에도 불구하고 쉽게 근절되지 않았음을 보여주는
   것이다. 후대로 내려오면서 근친혼은 점차 줄어들고 있지만 동성혼의
   경향은 고려 말을 거쳐 조선조 초기까지 완전히 근절되지 못하였을 것
   으로 짐작된다. 동성동본혼이나 근친혼이 허용되고 성행되면 부계친족
   만의 강한 결속은 불가능하게 된다.

3. 남자가 결혼하여 신부집(妻家)에서 장기간 체류하는 婿留婦家婚의 혼속
   은 고구려의 婿屋制에서부터 최근의 전통혼례에까지 그 맥이 이어지고
   있는 우리나라 고유의 혼인 풍습이다.[8] 고려시대는 물론 조선시대에도
   남자가 혼인하여 처가에 거주하는 서류부가의 기간이 매우 길게 나타
   나고 있다. 수년에서부터 십 수 년, 경우에 따라서는 이십 년이 훨씬 넘
   는 긴 세월 동안 처가에 거주하면서 자녀를 출산하고 양육한다. 이러한
   서류부가혼은 딸들도 아들과 함께 재산을 상속받는 상속제도와 밀접하
   게 관련되어 있지만 서류부가의 기간이 이처럼 길었다는 것은 처가와
   의 관계가 매우 긴밀했다는 것을 반영하는 것이며, 부계친족만의 강한

6) 최재석, 1983, 『한국가족제도사 연구』 일지사.
7) 이광규, 1977, 『한국가족의 사적연구』, 일지사, 55~57쪽.
8) 박혜인, 1988, 『한국의 전통혼례연구』, 고려대민족문화연구소, 145~177쪽.

결속이 이루어지지 못하였음을 나타내는 증거이다.

4. 17세기 중엽 이전까지의 재산상속(分衿이라 하였다)의 형태를 살펴보면 조상제사를 위한 奉祀條 재산을 별도로 설정해 놓고, 일반 상속재산은 남녀나 장남·차남의 구분 없이 모든 자녀들에게 꼭 같이 재산을 분급하는 균분상속에 매우 철저하였다. 이러한 균분상속의 관행은 고려시대와 조선시대 중기까지 이어져 왔으나 17세기 중엽부터 점차 쇠퇴하기 시작하여 18세기 중엽 이후에는 장남을 우대하고 여자를 제외시키는 차등상속의 형태로 완전히 바뀌게 된다. 이러한 재산상속의 변화는 조상숭배의식이 강화되고, 조상제사를 중시하며, 제사가 장남에게 고정되는 일련의 변화와 밀접히 관련되어 있으며, 부계·직계·장남의 원리에 입각한 가계계승원칙을 확립하는 핵심적 요소가 된다.

5. 17세기 중엽까지는 조상제사를 장남이 전담하는 가정도 많이 존재하지만, 여러 자녀들이 조상제사를 나누어 맡거나 해마다 돌아가며 윤번제로 봉행하는 輪回奉祀를 봉제사의 원칙으로 삼아 양반 사대부가에서 널리 행하고 있었다. 조상제사를 윤회할 경우에 그 조상을 위한 봉사조 재산의 관리권은 제사를 담당하는 자손에게 귀속된다. 이 윤회봉사는 17세기 중엽부터 점차 장남봉사로 바뀌기 시작하여 18세기 이후에는 완전히 장남봉사로 굳어지게 된다. 제사가 장남에게 고정됨으로써 봉사조 재산도 장남에게 고정되고, 점차 봉사조 재산과 상속재산의 구분이 모호해져 장남이 많은 재산을 상속받는 것으로 고착되었다. 제사가 이처럼 장남에게 고정되는 것은 제사를 결하거나 소홀히 하는 일 없이 안정적으로 봉행하기 위한 것으로서 조상제사를 중시하는 의식이 반영된 것이다.

6. 조상제사를 중시하는 의식의 변화는 제사의 대상이 되는 조상의 범위가 확대되는 경향에서도 찾아볼 수 있다. 조선 초기의 법전인 『經國大典』(1485)에는 문무관 6품 이상은 3대, 7품 이하는 2대, 서인은 부모만 봉사하도록 규정하고 있다.[9] 분재기에 나타난 기록에서도 대체로 조선 초기에는 제사의 대상이 부모와 조부모의 2대에 한정되었던 것으로 보이며, 外孫奉祀의 사례도 많이 나타나고 있다. 그러나 후기에 내려올수록 제사의 대상이 4대(高祖父母)까지 확대되고, 양자가 증가함에 따라 외손봉사도 거의 사라지게 된다.

7. 族譜의 출현시기와 체제는 부계친족의식과 부계친족집단의 조직화 양

---

9) 文武官七品以上祭三代 七品以下祭二代 庶人則只祭考妣(「경국대전」 예전 봉사조).

상을 엿볼 수 있는 중요한 자료이다. 우리나라에 족보가 처음 등장한 것은 1423년 文化柳氏「永樂譜」로 알려져 있으며, 南陽洪氏(1454)나, 安東權氏(1476, 成化譜), 全義李氏(1476), 驪興閔氏(1478), 昌寧成氏(1493) 등이 1400년대에 족보를 간행한 것으로 전하고 있다. 그러나 1400년대에 간행된 이러한 족보들은 대체로 圖譜였을 가능성이 높은 것으로 보고 있다. 체제를 제대로 갖춘 족보는 16세기(1500년대)에 처음 간행된 것으로 보이며, 현존하는 족보 중에서 가장 오래된 것은 1562년에 간행된「文化柳氏嘉靖譜」이다.[10] 16세기부터 등장하기 시작한 이러한 족보는 점차 증가하기 시작하여 18세기 이후에 발간이 급증한다. 그런데 초기에 발간된 족보에는 外孫을 빠짐없이 수록하여 특정 조상의 모든 자손을 등재하고 있었다. 그 대표적인 사례가 1562년에 간행된「문화류씨가정보」이다.「문화류씨가정보」이외에도 15세기, 16세기에 발간된 족보들은 대체로 내외손을 모두 수록하였을 것으로 보인다. 그러나 17세기 이후 외손의 수록범위가 점차 축소되어 3대 혹은 2대만 수록하다가 조선 말기 이후에는 사위만 등재하고 그 자손들은 전혀 기록하지 않는다. 후기에 오면서 족보발간이 급격하게 증가하고 족보에서 외손을 제외시키는 현상은 부계친족의 결속이 강화되고 있음을 나타내는 중요한 단서가 된다.

8. 行列의 사용범위가 후기에 올수록 확대되고 있다. 항렬은 동일한 조상의 공동자손이며 같은 세대에 속한다는 것을 명확하게 확인하는 표상으로서 부계친족의 횡적 결속을 다지는 중요한 기능을 갖는 것이다.

9. 고려시대에는 養子가 거의 보이지 않는다. 조선시대에도『繼後謄錄』이나『國朝榜目』의 기록을 보면 1500년 이전에는 양자가 거의 보이지 않는다. 그러나 1500년 이후에 양자가 점차 증가하기 시작하여 1500~1650년에 과거급제자의 5% 미만이던 양자가 1750년 이후에는 10% 이상으로 증가하고 있다. 후기로 올수록 양자가 급증하는 양상을 보이고 있는 것이다. 양자는 부계의 가계계승을 중요시하는 의식이 반영된 것이다. 그리고 조선중기(1700)까지는 양자를 결정할 때 母邊親族代表(양모의 친정 문중대표)가 父邊親族代表와 동등한 자격으로 양자결정에 참여하는 특징을 보였으나, 1700년 이후에는 모변친족대표의 관여가 배제되고 부변친족이 일방적으로 결정하고 있다. 가계계승에 외척이나 처족의 영향력이 소멸된 것이다.

---

10) 한때 안동권씨의「成化譜」(1476)가 최초의 족보로 알려졌으나 圖譜임이 확인되었다.

이와 같이 조선 중기 이전의 우리나라 친족제도는 조선후기에 우리가 관찰할 수 있었던 모습과는 사뭇 다른 양상을 보이고 있었다. 철저하게 부계·직계·장남의 원리에 입각해서 가계가 계승되고 부계친족집단이 강력한 조직력을 가지게 된 것은 대체로 조선중기 이후의 일이다.

4. 동족집단

1) 동족집단의 구성원리

1934년 젠쇼 에이스께(善生永助)가 同族部落이라는 용어를 처음 사용한 이래[11] 대부분의 학자들이 한국의 부계혈연집단을 同族 또는 同族集團이라 불렀다. 이 용어는 일본의 '도조쿠(同族)'를 원용한 용어로서 한국의 부계혈연집단을 일본의 '도조쿠'와 동일시한 데서 연유하였다. 그러나 한국의 부계혈연집단과 일본의 '도조쿠'는 기본 성격이 매우 상이하기 때문에 용어상 양자를 구별하여 한국의 부계혈연집단을 氏族集團,[12] 同姓集團,[13] 宗族集團[14] 등으로 지칭하자는 의견이 제시되었다. 필자들도 한국의 부계혈연집단을 동족으로 지칭하는 것이 적절하지 못하다는 의견에 공감한다. 그러나 이러한 논의는 아직 종결된 것이 아니고 여전히 진행 중에 있기 때문에 일단 이 자리에서는 잠정적으로 종래의 용례에 따라 동족 또는 동족집단이라는 용어를 사용하기로 한다.

한국의 동족집단은 부계의 친족집단으로서, 동조의식을 가지고 조직적인 활동을 전개하는 남계친족집단이라 할 수 있다.[15] 이러한 동족집

---

11) 善生永助, 1934,「著名なる同族部落」『朝鮮總督府調査月報』 5-1.
12) 김택규, 1979,『씨족부락의 구조연구』, 일조각.
13) 김택규, 1981,「한일양국의 이른바 동족부락에 관한 비교 시고」『한일관계연구소 기요』 10·11합집, 영남대학교.
14) 김일철 외, 1999,『종족마을의 전통과 변화』, 백산서당; 이광규, 1990,『한국의 가족과 종족』, 민음사.

단이 조직화되고, 그 활동이 활성화되기 위해서는 크게 두 가지 요건이 충족되어야 한다. 첫째는 동족성원들이 '우리'라는 공동체의식 즉 同族意識을 가지고 강하게 결합하여야 하며, 둘째는 그들이 조직을 구성하고 활동을 왕성하게 전개하기 위한 현실적인 조건들이 갖추어져야 한다.16)

(1) 동족의식의 구체적 내용

일정범위의 부계친족성원들이 그 집단에 소속감을 느끼고, 그 집단을 자기 자신과 동일시하면서, 성원 상호간에 일체감이 형성될 때 우리는 이것을 동족의식이라 부를 수 있다. 그러므로 동족의식은 동족집단의 성원들을 심리적으로 결속시키는 힘이며, 그들을 조직화하고 그들의 활동을 활성화시키는 정신적 바탕이 되는 것이다.

동족의식을 부계친족성원들 상호간에 형성되는 공동체적 일체감이라 정의한다면 排他的 族結合意識이 동족의식의 중심적인 내용이 될 것이다. 그러나 동족의식은 배타적 족결합의식만을 의미하지는 않는다. 동족집단이 내집단으로서의 준거점을 조상의 공유에 두고 있기 때문에 동족의식 내지 배타적 족결합의식은 同祖意識과 조상숭배의식[崇祖意識]을 내포하고 있으며, 이러한 의식의 배후에는 철저한 부계중심의 가계계승의식이 기초가 되고 있다.

① 가계계승의식

동족집단은 분가한 개별 가족들이 공고한 결합력을 가지고 계통적으로 조직화된 보다 규모가 큰 부계의 혈연집단이다. 그러므로 한국의 가족과 동족집단은 서로 분화되지 못한 채 가족의 구성원리가 동족집단에까지 확대되고 동족집단의 질서와 조직성은 개별가족을 규제한다. 이런 점에서 동족의식은 '가계의 계승과 유지 발전을 지상의 가치'로 인식하

---

15) 최재석, 1975, 『한국농촌사회연구』, 일지사, 196쪽.
16) 이창기, 1991, 「한국동족집단의 구성원리」『농촌사회』창간호, 한국농촌사회학회.

는 전통적 가족의식 즉 가계계승의식이 확대된 것이라 할 수 있으며, 이러한 가계계승의식은 과거로 소급하여 조상숭배의식을 낳고, 조상을 공동으로 하는 자들의 결속을 강조하며, 미래의 자손들의 번영을 도모하여 동족집단을 형성하는 정신적 기초가 되는 것이다.

가계계승을 중요시하는 가족의식은 가계계승에 직접 참여하는 아들을 중시하고, 일차적 가계계승권자인 장남을 우대하며, 현실적으로 가계계승의 막중한 임무를 담당하고 있는 가장이 권위를 갖는 등 가족관계 및 가족생활에서 여러 가지 특징적인 모습으로 나타난다. 이러한 의식은 현실의 가족생활에서 '孝'로 표현되며, 이 '효'가 과거로 소급하여 이미 가계계승의 위업을 성공적으로 완수하고 오늘의 '나'를 있게 한 조상을 숭배하고 경모하는 崇祖意識을 낳게 한다.

② 조상숭배의식

가계의 계승과 집의 영속은 세대의 연속에 의해서 유지되기 때문에 생존해 있는 동족성원들의 일상생활에서 세대의 권위가 강조될 뿐만 아니라, 사망 후에는 그 권위가 더욱 강화되어 한국가족에서의 조상은 단순히 가계를 계승하고 먼저 살다 간 '先祖'의 의미를 넘어서 신격화되고 자손의 길흉화복을 주재하는 조상신으로서 숭배의 대상이 된다. 이러한 점에서 조상숭배의식은 효의 연장이며, 가계계승의식의 과거지향적 표현이다.

조상을 신앙의 차원으로까지 승화시켜 경배의 대상으로 삼는 한국인의 조상숭배의식은 제사를 중시하는 데서 잘 나타나고 있지만 조상제사 이외에도 묘지의 수축과 관리, 재실이나 비석의 건립, 족보나 문집의 발간 등 매우 다양한 내용으로 전개된다. 이와 같이 조상숭배의식은 가계계승의식의 과거지향적 표현으로서 '나'와 직계 조상을 종적으로 연결시키며 조상과 나를 동일시하여 동족집단을 구성하는 중요한 모티브가

된다.

③ 同祖意識

동족집단은 조상의 혈통을 계승하였다는 가계계승의식이나 조상과 나를 동일시하고 종적으로 연결시키는 조상숭배의식만으로는 견고한 결합력을 가질 수 없다. 가계계승의식이나 조상숭배의식은 직계의 원리에 의해 나와 직계조상의 단선적인 종적결합을 강화시키기 때문에 현존하는 수많은 방계친과의 횡적인 결합을 이루는 힘으로 작용할 수는 없다. 직계원리에 입각한 철저한 조상숭배의식은 혈연의 원근에 따른 친소구분의식을 자극하여 방계친과의 결합을 촉진시키기보다는 오히려 단절과 분파를 강화하는 방향으로 작용할 수도 있는 것이다. 지리적으로 멀리 떨어져 있으며, 일상생활에서 상호접촉이 거의 없는 수많은 방계친들을 횡적으로 강하게 결합시키기 위해서는 그들이 같은 조상에서 유래되었다는 同祖意識이 형성되지 않으면 안 된다. 그러나 동조의식은 같은 조상에서 유래되었다는 혈통의 공유의식만을 의미하지는 않는다. 같은 조상에서 유래되었을 뿐만 아니라 그 조상이 이룩한 높은 사회적 지위를 계승하였다고 하는 신분의 공유의식과 조상의 명예와 유지를 함께 물려받았음을 자랑스럽게 생각하는 문화의 공유의식까지를 포함한다. 그러므로 동조의식은 위세가 강한 조상을 공유하였을 때 더욱 강화될 수 있는 것이다.

④ 배타적 족결합의식

같은 조상의 혈통을 물려받고 그들의 사회적 지위와 문화적 전통을 계승하였다는 감정적 유대 즉 동조의식은 신분적 우월감과 혈연적 배타성을 기본 속성으로 하는 배타적 족결합의식으로 표현된다. 동조의식이 있다고 해서 동족성원들의 결합이 강화되는 것은 아니다. 동조의식을 통해서 자기 동족의 신분에 대한 정체감을 확인할 수 있을 때 강한 족결합을 이루게 된다. 다시 말하면 조상을 공동으로 하는 자들이 그들의 조상을 통해서 자기 동족집단이 다른 동족집단에 비해 신분적으로 우월하다는 사실을 확인하게 될 때 족결합이 강화되는 것이다.

동조의식과 신분적 우월감을 바탕으로 하는 족결합의식은 혈연적으로 철저한 배타성을 갖는 특징을 지닌다. 한국의 가족이나 동족이 일본이나 중국에 비해 부계혈연성을 가장 엄격하게 적용한다는 것은 여러 학자들이 공통으로 지적하고 있는 바이지만 한국의 동족집단에서는 비혈연자는 절대 성원권을 갖지 못하도록 철저하게 배제된다. 성원권을 인정하지 않을 뿐만 아니라 나아가서는 타성을 배척하고 그들의 신분적 지위가 자기 동족과 비슷하다고 느낄 때는 그들과의 경쟁의식이 강화되고 대립과 갈등이 심화된다. 이러한 대립과 갈등은 타동족과의 관계에서만 나타나는 것이 아니라 자기 동족집단 내부에서도 조상을 달리하는 계파들 사이에서 표출되기도 한다.[17)

이와 같이 배타적 족결합의식은 동조의식을 바탕으로 형성되지만 그 내면에는 신분적 우월감과 혈연적 배타성을 구체적인 내용으로 담고 있으며, 조상의 위세와 깊이 관련되어 있다.

(2) 동족조직의 형성조건

동족집단을 구성하는 정신적 힘이라 할 수 있는 동족의식이 형성되었다고 해서 곧 동족집단이 조직화되고 그들의 활동이 활성화되는 것은 아니다. 동족성원들이 구체적인 집단을 형성하고 조직적인 활동을 왕성하게 전개하기 위해서는 조상의 위세, 성원의 수와 밀도, 동족성원의 사회경제적 지위, 문중재산 등 현실적인 조건들이 갖추어져야 한다.

---

17) 여영부, 1970, 「한국동족집단갈등에 관한 사회학적 연구」, 고려대 석사학위논문.

① 조상의 위세

동족집단은 조상의 혈통을 계승한 혈연집단일 뿐만 아니라 조상의 사회적 지위를 세습한 집단이라는 성격이 강하기 때문에 동족집단의 격은 일차적으로 조상의 위세에 의해 결정되고, 개인이나 개별 가족의 격은 동족집단의 격에 의해 크게 영향을 받는다. 그러므로 위세가 강하고 저명한 인물을 공동조상으로 하는 후손들은 숭조의식과 동조의식이 매우 강할 뿐만 아니라 저명 조상의 사회적 지위를 계승하였다고 하는 신분적 우월감도 강하여 족결합을 더욱 강화시키게 된다.

조상을 경배하는 의식이 강한 한국인이지만 조상의 위세에 따라 숭조의 정도에 차이가 있고, 성원들 사이에 형성되는 동족의식의 강약도 다르게 나타난다. 저명한 조상의 제사는 그렇지 못한 조상의 제사에 비해 규모가 크고 참여 제관 수도 많으며, 그러한 인물을 중심으로 하여 독립된 파를 형성하는 등의 현상은 동족집단의 구성에 조상의 위세가 중요한 영향을 미치고 있다는 좋은 증거가 될 것이다. 숭조의식, 동조의식, 신분적 우월감 등은 조상의 위세에 의해 크게 강화되는 것이다.

조상의 위세는 크게 나누어 관직의 크기와 높낮이로 상징되는 정치적 권력, 문묘나 서원에 배향되는 등의 학문적 성취, 충신·효자·열녀 등의 도덕적 품격에 의해서 평가된다.

조상의 위세를 과시하고 신분적 우월감을 강화시키는 방법으로는 족보의 발간·문집의 간행·교지의 자랑 등 기록문서에 의한 방법과 대규모 분묘의 축조·재실이나 비석의 건립 등 물적 시설에 의한 방법, 봉제사의 범절·충절·효행·정절·일상생활에서의 유교적 규범에 철저한 행동 등 다양한 방법들이 동원된다.[18]

---

18) 최재석, 1965, 「동족집단」『농촌사회학』, 한국농촌사회연구회 편, 진명출판사, 109~114쪽.

② 동족성원의 수와 밀도

동족집단의 조직활동이 활발하게 이루어지기 위해서는 현존 동족성
원들의 수와 거주의 집단성이 현실적으로 대단히 중요한 요건이 된다.
성원의 수가 많은 동족에서는 동족집단 내부에 수많은 파가 형성되어서
각기 활발한 활동을 전개하고 있는 반면에 성원의 수가 매우 적은 동족
에서는 저명한 조상이 있더라도 분파가 활발하게 이루어지지 않는 모습
을 볼 수 있다.

특정 조상의 자손들이 수 개 마을 혹은 군 일원에 분포되어 있는 지역
단위의 동족집단에서는 성원의 수와 밀도가 보다 직접적인 요인으로 작
용하고 있다. 정착시조가 위세 있는 저명 인물이라고 하더라도 그 자손
의 수가 매우 적거나 너무 넓은 지역에 흩어져 거주하고 있는 경우에는
동족집단이 조직화되기가 어렵고, 조직화 되더라도 활발한 활동을 전개
하기가 힘들다.

최근 이촌이 격심하게 일어나면서 마을 단위의 동족활동이나 수 개
마을 혹은 군 일원에 걸친 동족집단의 활동이 크게 약화되고 있는 현상
은 성원의 수와 밀도가 동족집단의 구성과 조직의 활성화에 중요한 요인
임을 나타내는 증거일 것이다.[19]

③ 동족성원의 사회경제적 지위

동직집단이 조상의 사회적 지위를 세습한 집단이라는 성격이 강하기
때문에 조상의 위세가 조상숭배의식과 동조의식을 강화시키고 신분적
우월감을 고취시켜서 배타적 족결합의식을 촉진시킨다는 것은 이미 앞
에서 지적하였지만, 현존하는 동족성원들의 사회경제적 지위도 동족집
단의 활동에 중요한 사회적 요건이 된다. 대개의 동족집단은 문중활동에

---

19) 이창기, 1977, 「동족집단의 기능변화에 관한 연구」『한국사회학』 11; 이창기,
    1980, 「동족조직의 변화에 관한 연구」『한국학보』 21.

열성적인 일부 동족원들이 저명한 동족원들과 결합하여 조직을 결성하고 이들을 중심으로 활동해 나간다.[20] 이들은 경제적으로 여유가 있고 비교적 높은 사회적 지위를 확보하고 있기 때문에 동족활동의 재정적인 뒷받침이 되어주기도 하고, 또 일반 동족성원들에게는 이들을 통해서 신분적 우월감을 대리 충족시킬 뿐만 아니라 더 나아가서는 자신의 사회적 활동에 도움을 받거나 자신의 사회적 지위를 향상시킬 수 있는 기회로 활용하고자 시도하기도 한다. 각종 선거를 앞두고 문중 집회가 빈번하게 개최된다거나 선거 시에 문중의 지지기반이 중시되는 이유도 바로 여기에 있는 것이다. 呂重哲은 이런 점에 주목하여 동족집단의 주요 기능으로서 정치적 기능을 지적하기도 하였다.[21] 동족성원들의 사회경제적 지위를 향상시키고 이를 통해서 동족집단의 위세를 과시하고자 하는 의식이 다음 세대의 동족활동을 이끌어 갈 후손들의 성장에 관심을 가질 때 청년회의 육성과 장학사업으로 나타나기도 한다.

산업화되고 이촌이 증가하면서 농촌지역의 동족활동 특히 당내집단이나 마을 단위의 동족활동이 전반적으로 침체되고 있는 가운데 오히려 도시를 중심으로 해서 일부의 동족활동(예컨대 종친회, 화수회 등)이 활성화되고 있는 것[22]은 현존 동족성원들의 사회경제적인 지위가 뒷받침되고 있기 때문인 것으로 보인다.

④ 문중재산

어느 집단이나 조직을 막론하고 왕성한 활동력을 가지기 위해서는 경제적인 기반이 튼튼하지 않으면 안 된다. 동족집단도 그들의 공동관심이나 공동목표를 달성하기 위해서는 많은 재정적 뒷받침이 필요하다. 한국의 동족집단이 조상의 위세를 통해서 그들의 신분적 우월성을 인정받고

---

20) 최재석, 1968, 「동족집단조직체의 형성에 관한 연구」 『대동문화연구』 5.
21) 여중철, 1974, 「동족집단의 제기능」 『한국문화인류학』 6.
22) 이광규, 1980, 「도시친족조직의 연구」 『학술원논문집(인문·사회과학편)』 19.

자 하기 때문에 조상을 위한 각종 사업에 많은 재정을 투입하고 있다.
조상제사를 성대하게 봉행해야 하고, 묘소·비석·재실 등 조상을 위한
시설물을 웅장하게 건립해야 하며, 족보와 문집 등 조상의 위업을 널리
알리기 위한 각종 기록물도 간행해야 한다. 현존 동족성원들의 활동을
활성화하고 참여율을 높이기 위한 여러 가지 활동에도 많은 경비가 소요
된다.

이러한 사업에 소요되는 경비는 동족원들이 공동으로 부담하는 회비
로 충당하거나 유력한 동족원의 찬조에 의존하기도 하지만 이것들은 경
비의 일부분에 지나지 않거나 일시적 도움에 그치기 때문에 사업의 지속
성을 보장할 수가 없다. 그래서 각 동족집단에서는 문중의 공유재산을
확보하기 위해서 많은 노력을 기울여 왔으며, 실제 저명한 동족집단에서
는 과거로부터 막대한 토지의 문중재산을 소유하여 각종 활동에 충당하
고 자신들의 사회적 위세를 과시하였던 것이다.

농지개혁 이후 토지의 형태로 보유하고 있던 많은 문중재산을 잃고
동족활동이 극히 침체된 동족집단의 경우나 반대로 도시 근교의 한미한
문중이 소유하고 있던 약간의 문중 위토가 도시구획정리사업에 편입됨
에 따라 그 보상금을 문중재산으로 활용하여 동족활동이 활발하게 이루
어지게 된 사례23) 등은 문중재산이 동족결합이나 동족활동에 얼마나 직
접적으로 영향을 미치는가 하는 것을 보여준다.

2) 동족집단의 결합범위

동족집단은 그 내부의 친화도와 결합의 강약에 따라 크고 작은 여러
단계의 집단이 동심원적으로 중첩되어 형성된다. 한국의 동족집단에서
발견되는 의미 있는 결합의 범위는 대체로 분가한 형제의 집단, 고조를

---

23) 조강희, 1988, 「도시화과정의 동성집단연구」『민족문화연구』6, 영남대민족문화
   연구소.

중심 조상으로 하는 당내집단, 입촌조를 중심 조상으로 하는 마을 단위
의 동족집단, 수 개 마을 또는 군 일원을 범역으로 하는 정착시조 중심
의 동족집단, 파조를 중심 조상으로 하는 동족집단, 성과 본을 같이 하는
동성동본 집단 등 여섯 단계로 나누어 볼 수 있다.[24]

(1) 분가한 형제의 집단

분가한 형제들의 소위 '큰집' '작은집'으로 구성된 이 집단은 동족집
단으로 간주하기에 주저되는 바가 없지 않으나 이것이 확대되어 고조를
공동조상으로 하는 당내집단으로 성장하게 되므로 동족집단의 萌芽的
단계로 간주할 수 있을 것이다. 이들은 경제적으로나 정신적으로 강한
상호의존관계에 있어서 분가하기 전의 가족적 관계가 강하게 남아있다.

(2) 高祖를 공동조상으로 하는 범위 (堂內集團)

누구를 기준으로 세대수를 산정하느냐에 따라 다소의 차이가 있기는
하지만 대체로 4대조인 고조를 공동조상으로 하는 동족집단이다. 4대까
지 기제사를 모시는 제사관행과 밀접하게 관련되어 형성된 집단이며, 8
촌 이내의 전통적인 本宗有服親의 범위에 해당한다.

이 집단은 동족집단 중에서도 협동친화관계가 가장 긴밀하여 '하나의
가족'이라는 의식이 강하며, 이 범위에 한정하여 '집안' 또는 '당내'라는
호칭이 사용되기 때문에 흔히 '堂內集團'이라 부르기도 한다. 가구주의
宗支에 따라 '큰집' '작은집'이라 부르는 호칭도 이 범위에서 일상적으
로 통용되며 혈연의 원근을 나타내는 '촌수'도 이 당내에서 명백하게 적
용된다.

당내의 집단성을 가장 뚜렷하게 보여주는 것은 기제사와 차례를 함께
지낸다는 것이다. 묘제에는 직계자손들만이 참여하는 데 비해 기제사와

---

24) 최재석, 1960, 「동족집단의 결합범위」『이대문화논총』1(1975, 『한국농촌사회연
구』, 일지사 수록).

차례에는 직계와 방계를 구별하지 않고 집단내의 모든 성원들이 다 함께 참여하여 제사음식을 준비하거나(주로 부녀자들), 제관으로서 제사의례를 진행(주로 성인 남자들)한다. 제사뿐만 아니라 혼인·장례·회갑 등의 길흉사 시나 화재·수해·질병 등의 각종 재난 시에도 의례적인 방문이나 위로를 넘어서서 자기 집의 일처럼 협조하여 하나의 가족이라는 의식을 강하게 보여주고 있다.

또한 항렬과 연령이 높은 문장격의 사람이 있어서 외부인사의 방문시 당내를 대표하여 그들을 접견하기도 하고, 부모 없는 동족원의 혼인 시에 사주단자를 문장 명의로 송부하거나 상객으로 참여함으로써 혼주의 역할을 대신하기도 한다. 장기 출타 후 귀향했을 때는 당일로 당내를 '回家'하여 인사하는 것이 관례가 되어 있으며, 신부의 親迎禮에서도 당내 어른들에게까지 인사를 올리는 것이 관습이 되어 있다. 이러한 사례들은 당내의 집단성과 통일성을 보여주는 좋은 예가 될 것이다.

(3) 마을을 범위로 하는 동족집단

이 집단은 마을 내에 거주하는 여러 개의 당내집단으로 구성되며, 마을에 처음 정착한 입촌조를 중심으로 결합된 동족집단이다. 당내집단에 비해서 결합력은 떨어지지만 한 마을에 오랫동안 거주하여 일상생활 과정에서 긴밀한 접촉이 가능하였기 때문에 당내집단에 버금가는 결합성을 가진다. 이들은 입촌조의 제사 시에 활동이 顯在化되며, 제사를 운행하기 위한 구체적인 조직과 문중재산을 갖추어 공식적인 문중활동을 전개한다. 따라서 문장과 종손 유사 등의 존재가 비교적 뚜렷하게 부각되고 있으며, 특히 비도덕적인 행동의 규제 시에 강한 동족의식을 보여준다. 입촌조를 기리는 재실을 소유하여 문중활동과 동족결합의 구심으로 삼는 경우가 많다.

이 집단이 마을 내에서 지배적인 위치를 점유하고 있을 때 우리는 이 마을을 '同族部落' 또는 '집성촌'이라 부른다. 동족마을의 역사가 길고, 입촌조의 자손들이 인근 지역에 널리 분포되어 있으면 이 집단은 마을의 범위를 넘어서는 보다 큰 범위의 동족집단의 구심적 역할을 담당하게 된다.

(4) 수 개 마을 또는 군 일원을 범위로 하는 동족집단

일정 지역에 정착한 조상의 자손들이 수적으로 증가하여 인근 지역에 널리 분포하게 되면 마을의 범위를 넘어서서 정착시조를 중심으로 하는 보다 넓은 범위의 동족집단이 형성된다. 이들은 정착시조의 제사나 정착시조를 위한 특별한 행사가 있을 때 일시적으로 현재화된다. 그러나 이러한 행사에는 정착시조의 모든 자손들이 다 참여하는 것은 아니고 마을 단위의 동족집단을 대표하는 대표자들이 모여서 행사를 치르기 때문에 일반 동족원들은 평상시에 면접적 접촉이나 생활의 협동이 이루어지기 어렵다. 이로 인해서 당내집단이나 마을 단위의 동족집단에 비해 이 집단의 결합력은 현저하게 약화되는 모습을 보여준다. 그러나 조상의 위세에 따라 그 자손들에 대한 지역사회의 신분적 평가가 달라지기 때문에 조상을 기리는 숭모사업에 동족성원들이 적극적으로 참여한다.

동족성원들이 많이 분포되어 있는 지역에서는 각종 선거 시에 문중표를 의식하여 정치적으로 이용하는 모습도 볼 수 있다. 각 후보들이 비중이 큰 문중표를 확보하기 위해 경쟁적으로 노력할 뿐만 아니라 동족원을 당선시키기 위해 성원들이 정치적 행동에 공동보조를 취하는 경우도 흔히 나타난다.

(5) 派祖를 중심으로 하는 동족집단

동족집단의 역사가 길고, 자손의 수가 많고, 자손들이 넓은 지역에 분포하게 되면 전국적인 범위의 동족집단은 대개 여러 개의 派로 나뉘어져 '○○파'라는 공식 명칭을 가지고 독자적인 활동을 전개한다.

파의 분화는 직계조상 중에서 높은 관직을 역임하였거나 유명한 학자, 충신 등으로 이름을 떨친 인물이 배출되었을 때 촉진된다. 유명한 조상[顯祖]의 직계 자손들이 신분적 우월감을 가지고 다른 동족성원들과 자신들을 차별화하기 위하여 그 조상을 파조로 해서 새로운 파를 형성하는 것이다. 이 경우에는 파조의 관직명이나 號, 君號, 諡號 등을 공식적인 파명으로 하는 경향이 짙다. 특정 조상이 다른 동족집단과 멀리 떨어져 정착하여 오랜 세월이 흐르는 동안 자손들이 증가하게 되면 비록 그 정착시조가 저명한 인물이 아니더라도 정착시조를 파조로 해서 새로운 파를 형성하기도 한다. 이 경우에는 정착시조의 연고지나 동족집단의 세거지의 지명을 파명으로 하기도 한다.

파조를 중심으로 하는 동족집단은 한정된 지역에 거주하는 동족집단이 아니기 때문에 지연성은 매우 희박하여 거주지보다는 혈연의 계보를 중심으로 결합한다. 이들은 상호 면식이 없거나 있더라도 일시적이고 일면적인 접촉에 지나지 않는다. 그러므로 수 개 마을 또는 군 일원을 범위로 하는 동족집단과 마찬가지로 일상생활에서의 협동친화관계는 거의 없다고 하여도 과언이 아니다. 그러나 이들은 파조의 제사나 숭모사업이 있을 때 일시적으로 현재화되며, 독립된 족보[派譜]를 간행하고 통일된 항렬자를 사용함으로써 일체감을 형성하고 있다는 데 특징이 있다.

역사가 오래고 자손의 수가 많을 때에는 파 밑에 다시 파가 분화되어 파의 중첩상을 보이기도 하지만 동족성원의 수가 극히 적을 경우에는 분파가 이루어지지 아니하고 단일 파를 유지하기도 한다.

(6) 동성동본 집단

동족집단의 최대 범위이며, 시조의 모든 자손들로 구성된다. 姓과 本을 같이 함으로써 동일한 조상의 자손이라는 사실을 명시적으로 밝히고 있으며, 조선조 이래 동성동본끼리는 서로 혼인을 하지 않는 外婚의 단

위로 삼고 있어서 한국인의 사회생활에 매우 중요한 의미를 지니는 동족
집단이다.25) 동성동본집단은 외혼의 단위로서 기능하는 이외에 시조 이
래 모든 자손을 망라하는 족보[大同譜]의 발간과 시조의 제사 및 숭모사
업을 중요한 사업으로 하고 있다.

최근에는 동족성원들의 결속과 사회적 성장을 위해서 지역단위의 종
친회(화수회라고도 한다)를 조직하여 종보의 발행, 조상의 유적지 순례,
장학사업 등 다양한 사업을 전개하고 있다. 종친회의 활동은 산업화가
진전되고 인구가 도시로 집중되면서 1970년대 이후 대도시를 중심으로
활발하게 전개되고 있다.26)

이상에서 우리는 우리나라 동족집단에서 내부의 친화도와 결합의 강
도에 따라 나타나는 결합의 범위를 여섯 단계의 범주로 나누어 살펴보았
다. 그러나 이러한 결합의 범위는 모든 동족집단에서 동일하게 나타나는
것은 아니다. 어떤 동족집단은 그 중 몇 개의 범주가 겹쳐져서 단계가
이보다 훨씬 축소될 수도 있을 것이며, 또 어떤 동족집단에서는 여섯 단
계의 사이사이에 몇 개의 단계가 더 형성될 수도 있을 것이다.

그런데 해방 이후 특히 1960년대 이후 급격한 이촌으로 인해서 결합
력이 가장 견고했던 당내집단이 빠른 속도로 붕괴되고 있다. 마을 내에
거주하던 당내친들이 전국 각지로 흩어지면서 기제사나 차례를 함께 할
수 없게 되었고, 일상생활에서의 협동도 불가능하게 되었다. 이촌으로
인한 당내집단의 붕괴는 더 나아가서 마을 단위의 동족집단의 활동도 약

---

25) 동성동본 간의 혼인은 관습뿐만 아니라 민법(809조)에서도 금지하여 법적 뒷받침
을 받고 있었으나, 1997년 7월 16일 헌법재판소가 헌법불합치 판정을 내림으로서
8촌 이내의 혈족을 친족으로 규정한 민법 제777조에 의거 앞으로는 9촌 이상의
동성동본 혼인이 법적으로 허용될 것으로 보인다. 그러나 이것은 어디까지나 법
적 요건일 뿐 사회관습은 여전히 동성동본 불혼율을 상당 기간 지속할 것으로 전
망된다.
26) 이광규, 1980, 앞의 논문.

화시키는 결과를 가져온다. 당내집단이나 마을 내의 동족성원들과 비교
적 긴밀하게 교유하던 친화관계도 동족 여부를 가리지 않고 마을 내의
비동족원들에게까지 확산되어 점차 동족마을로서의 특성을 상실해 가고
있다. 다만 원지에 거주하더라도 결혼식이나 장례식에 참석함으로써 의
례적인 관계만을 유지하고 있는 정도이다.[27]

3) 동족집단의 조직

(1) 문중 (종중) · 문회 (종회) · 종계 (문계)

동족이 하나의 마을을 형성하거나 수 개 마을 내지 한 지역에 집합하
여 집단생활을 영위하는 경우에 이들 동족에는 대개 하나의 조직체가 구
성된다. 이 조직체를 門中 또는 宗中이라 한다. 이 문중에는 동족성원의
친화단결과 조상제사를 비롯한 각종 숭조사업을 전개하기 위하여 공통
된 宗規(성문율을 갖춘 동족도 있지만 불문율인 경우도 많다)가 있어서
동족성원들을 규제한다.

문중은 宗法[28]에 준하여 구성되는 까닭에 종의 대소에 따라서 필연적
으로 다수의 분파를 낳고 대종 하에는 여러 소종이 예속된다. 세대가 바

---

27) 이창기, 1976, 「동족집단의 변화에 관한 연구」, 고려대 석사학위논문.
28) 종법이란 '대종소종지법' 혹은 '종자법'을 약칭하는 말로서 고대 중국에서 비롯된
    친족집단 혹은 제사 및 가계상속의 전통에 대해 후대 사람들이 붙인 명칭이다.
    따라서 이것은 일종의 사회적 관습에서 유래된 것이며 처음부터 형식을 갖추어
    인위적으로 제정한 이른바 '법'이나 '제도'는 아니었다. 종법은 B.C.12세기 이전
    은대의 종묘제사와 주대의 친족조직에 기원을 둔 것으로 알려져 있다. 그것이 오
    랜 세월을 지나면서 시대에 따라 내용이 풍부해지고 성격이 변화하기도 하면서
    예제화되고 법령의 일부로 제정되기도 하였다(이영춘, 1995, 「종법의 원리와 한
    국사회에서의 전통」 『가족과 법제의 사회사』, 한국사회사학회 논문집 제46집,
    11~12쪽). 우리나라에서 종법이 행해지게 된 것은 보통 고려말 성리학의 도입과
    함께 「가례(家禮)」가 전래되면서부터로 인식되고 있다(지두환, 1984, 「조선전기
    의 종법제도 이해과정」 『태동고전연구』 창간호, 66쪽).

꿤에 따라 본파의 종중은 점차로 확대되고, 분파의 종중은 무수하게 된다. 이리하여 百世不遷의 대종은 동족집단의 최대범위인 동성동본에까지 확대된다.

문중은 일정한 혈족 사이에 의식적으로 구성되는 사회집단이기 때문에 동성동본의 혈족이라고 해서 거기에 반드시 문중이 형성되는 것은 아니다. 저명한 조상이 있고, 문중재산이나 동족성원의 수와 밀도 등 현실적 조건이 갖추어질 때 구성될 수 있는 것이다. 그러므로 문중은 특정 범위에 한정되어 조직적인 활동을 전개하는 동족집단의 구체적인 조직체라 할 수 있다.

문회(종회)는 문중의 중요한 업무를 처리하기 위하여 개최되는 총회이며, 문중의 최고의결기관이라 할 수 있다. 문회는 문중 성원들이 가장 많이 모일 수 있는 때를 택하여 개최되기 때문에 不遷位29)를 모신 저명 동족의 경우에는 중심 조상의 제사를 전후하여 개최하는 사례가 많고, 동족마을을 구성하고 있는 경우에는 구정을 전후하여 개최하기도 한다. 그러나 최근에는 별도로 특정일을 택하여 개최하기도 한다. 특별한 사안이 있을 때에는 종손이나 문장이 소집하여 수시로 문회가 개최되기도 한다.

문회는 대개 종손·문장·문중어른들을 중심으로 진행되며 有司로부터 1년간의 결산보고를 듣고 묘제의 거행·묘지의 수축·문중재산의 관리 및 앞으로의 문중활동에 관한 계획이 논의된다. 임기가 끝난 유사도 여기에서 개선된다.

종손이 4대를 넘어서게 되면(이것을 代盡이라 하는데 동족에 따라서는 지손까지 포함하여 세대수를 산정하는 경우도 있다) 기제사를 그만두고 묘제를 지내게 된다. 기제사는 대개 종가의 재산으로 경비를 충당하

---

29) 불천위란 4대봉사의 원칙에 구애됨이 없이 자손이 4대가 지나더라도 묘사에 올리지 아니하고 영구히 忌祭祀를 모시도록 지정된 조상을 말한다.

고 종손이 제수의 준비와 제사의례의 진행을 주도하기 때문에 별도의 위
토나 제사를 봉행하기 위한 조직이 별로 필요하지 않지만 묘제는 직계자
손들의 공동 행사이기 때문에 종가의 재산과는 별도로 묘제를 위한 위토
를 조성하고 이를 관리하기 위한 조직이 필요다. 이 때 위토를 관리하
고 묘제를 거행하기 위한 조직이 형성된다. 이를 흔히 宗契 또는 門契라
고 한다. 그런 점에서 종계(문계)는 문중의 체계를 갖추기 이전 단계의
과도적 임시조직이라 할 수 있다. 이 종계가 발전하여 조직적 체계를 갖
추면 문중으로 발전한다. 말하자면 종계는 경제적 기반만 갖춘 것이고,
문중은 경제적 기반 위에 조직적 체계까지 갖춘 것이라 할 수 있다.[30]

그런데 동족에 따라서는 문중(종중)이라는 용어와 문회(종회) 또는 종
계(문계)라는 용어를 구분하지 않고 혼용하는 경우도 많다. 동족집단의
구체적인 조직체를 문회(종회) 또는 종계(문계)라 칭하는 경우가 흔히 발
견된다. 契 또는 會라는 용어가 원래 집단이나 조직을 의미하는 용어로
널리 사용되었던 전통에서 기인하기도 하겠지만 구성원의 범주가 일치
하고 기능이 유사하기 때문에 양자를 동일시한 데서 연유하는 것으로 보
인다.

(2) 宗孫과 宗家

종손은 해당 동족의 가장 높은 조상의 가계를 계승한 자를 말한다.
이론적으로는 장남이면 모두 종손이라 할 수 있지만 일반적으로 종손이
라는 용어는 적어도 4대 이상 가계를 계승한 경우에 사용되고 있으며,
동족집단이 집단적인 활동을 전개하는 의미 있는 범주로서 부각되었을
때(예컨대 당내집단이나 마을 단위의 동족집단에서처럼) 그 존재가 보다
뚜렷해진다.

종손은 가장 높은 조상의 가계를 상속받은 자이기 때문에 일족의 존

---

30) 이광규, 1990, 『한국의 가족과 종족』, 민음사, 210쪽.

중의 대상이 되며 동족결속의 일차적인 중심인물이 된다. 家廟를 지키고 제사를 주재하며, 문중의 각종 기록문서나 조상의 유품을 보관한다. 종회나 문중의 대소사에서 발언권도 매우 강하다. 그러나 종손이 연소하거나, 지적 수준이 낮거나, 경제적으로 빈곤할 경우에는 종손의 발언권이 상대적으로 약화되고 그 대신 문장의 영향력이 증대된다.

종손의 집을 宗家라 한다. 종가는 조상의 영혼이 깃든 곳으로 인식하여 일족의 尊崇의 대상이 되며, 대외적으로 문중의 위세를 과시하는 상징으로 간주하여 종가의 유지 존속에 각별히 노력한다. 종손에게 가계를 계승할 아들이 없으면 지가의 장자를 우선적으로 입양하며, 종손이 빈곤하거나 종가가 퇴락하면 문중 성원들이 합심하여 부조하거나 문중재산으로 지원하기도 한다. 일반 동족 성원들 중에서 몹시 빈곤하거나 재난을 당한 자가 있다고 하더라도 문중재산으로 지원하는 사례가 거의 없는데도 불구하고 종손과 종가에 대해서만은 이처럼 지원하는 것은 崇祖補宗 관념의 구체적 표현이라 할 수 있다.

(3) 門長

문중의 중추적 인물로는 종손 이외에 문장이 있다. 문장은 문중에서 항렬과 연령이 가장 높고 '知事德高'한 사람으로서 문중의 총의에 의해 추대된다. 그러므로 문장은 동족성원들로부터 가장 존경을 받는 인물이 되며, 공식적인 선출과정을 거치는 것은 아니지만 일단 문장으로 추대된 자는 종신토록 그 자리를 지키는 것이 통례가 되어 있다.

문장은 대외적으로 문중을 대표하여 각종 행사에 참여하거나 종손을 대신하여 내빈을 접대하기도 하고, 대내적으로는 동족원들의 반윤리적 행동에 대하여 직접 간접으로 제재를 가하는 동족통제의 중심인물이 된다.

문장은 종손을 중심으로 하는 동족의 유지 발전을 위해서 후견인 역할을 담당하지만 종손이 지도력을 발휘하지 못하게 되면 종손을 대신해서 문중활동의 중추적 역할을 수행하게 된다. 그런 점에서 한국의 동족집단은 결합의 중심이 종손과 문장으로 이원화되어 있다고 할 수 있다.

(4) 有司

문중의 일을 능률적으로 수행하기 위해서 각 문중에는 종손과 문장 밑에 실무 집행기관으로서 수 명의 유사를 둔다. 유사는 문중일을 어느 정도 잘 알고 활동적인 인물이 담당하는데 형식적으로는 문중의 총회인 종회에서 선출한다. 그러나 실제로는 종손이나 문장의 추천에 의해 지명되는 경우가 많으며, 문중 내의 각 파별로 안배하는 경우에는 각 파의 추천에 의해 선출한다.

유사는 종손과 문장의 지휘를 받아 문중재산을 관리하고, 조상제사(주로 묘제)를 운행하며, 山直이나 墓直을 관리하는 것이 그들의 주요 역할이다. 관리해야 할 문중재산이 많거나, 묘소·재실·정자 등 조상과 관련된 門所가 여러 곳에 흩어져 있을 때에는 각 문소마다 별도의 유사를 선임해야 하기 때문에 자연히 유사의 수가 증가하게 된다. 이런 경우에는 많은 유사를 총괄하는 都有司가 선임되기도 한다.

(5) 문중재산

대개 문중에는 다소의 문중재산을 마련하여 문중의 공동사업을 수행한다. 문중재산은 형태와 사용 목적에 따라 여러 가지 종류로 나누어진다. 문중이 소유하고 있는 산림은 문중산·종중산·종산이라 하며, 전답은 종답·종전·위토·종토 등으로 부른다. 제사비용을 충당하기 위해 마련한 것은 제전·제위답, 묘지 및 묘각의 관리를 위해서 마련한 것은 묘전·묘답이라 부른다.

종래 문중재산은 주로 토지인 경우가 많았다. 저명한 동족집단의 경우에는 수 백 두락의 전답을 문중재산으로 소유한 경우도 적지 않았다.

그러나 최근 도시지역에서는 건물을 소유하거나 현금의 형태로 저축하여 운용하는 경우도 늘어나고 있다.

문중재산은 동족성원들로부터 갹출하여 조성하기도 하고, 부유한 동족원의 기부에 의해서 마련하기도 한다. 경제적으로 여유가 있는 동족일수록 기부에 의해 조성하는 경우가 많다. 이러한 문중재산은 동족성원들의 공유재산이기 때문에 문중 총회의 결의를 거쳐 처분할 수 있는 것이지만 종손이 임의로 처분하거나 공동으로 등기한 명의자의 자손들이 사적 소유권을 주장하는 등 문중재산을 둘러싸고 적지 않은 분쟁이 발생하기도 하였다.

문중재산은 동족활동을 위한 물적토대로서 문중조직의 활성화에 결정적인 영향을 미칠 수 있는 것이지만 일제하의 조선토지조사사업과 해방 후의 농지개혁을 거치면서 많은 문중들이 토지의 형태로 소유했던 문중재산을 상실하고 동족활동이 크게 위축되기도 하였다.

4) 동족집단의 기능

동족집단의 기능은 여러 각도에서 고찰 할 수 있을 것이다. 김두헌은 宗契와 동족집단의 문화적 배경에 주목하여 경제적 협동과 예교의 숭상을 동족집단의 중요한 기능으로 들고 있으며[31], 여중철은 정치적 기능·사회경제적 기능·교육적 기능·제사의 기능으로 나누어 고찰하고 있다.[32]

한국의 동족집단은 조상의 제사와 숭조의식을 바탕으로 형성된 것이다. 그리고 조상을 중심으로 한 후손들의 친목·번영·결속을 중요한 이념으로 의식하고 있으며, 이를 통해서 조상의 사회적 지위를 세습하고 자신의 신분적 지위를 과시하고자 노력한다. 이런 점에서 조상제사의 기

---

31) 김두헌, 1969, 앞의 책, 116~124쪽.
32) 여중철, 1974, 앞의 논문.

능·생활협동의 기능·사회적 위세 과시의 기능에 주목하지 않을 수 없다.[33]

(1) 조상제사의 기능

한국의 동족집단이 조상숭배의식과 동조의식을 바탕으로 형성되기 때문에 조상제사를 받드는 것은 동족집단의 가장 기본적인 기능이 되고 있다. 저명한 동족집단은 말할 것도 없고 한미하고 규모가 작은 동족집단이라도 조상제사를 배제하는 동족집단은 존재하지 않는다. 동족집단이 거행하는 조상제사는 크게 忌祭祀·茶禮·墓祭로 대별할 수 있다.

기제사는 4대 이내의 조상을 대상으로 하여 忌日에 봉사자인 종손집에서 지내는 제사를 말한다. 묘제에는 직계자손들만이 참여하지만 기제사에는 방계자손(예컨대 조카나 종손자 등)이라 하더라도 함께 참여하는 것이 특징이다. 남자들은 제관으로, 부녀자들은 제사음식의 준비에 자기 집의 일처럼 참여하는 것이다. 최근 도시지역에서는 협소한 주거조건과 참여 제관의 직장 출근 때문에 기일 초저녁에 지내는 경우도 늘어나고 있다.

기제사의 경비는 종손이 부담한다. 조선중기 이후 보편화된 장남우대 재산상속이 노후부양·접빈객·봉제사를 전제로 한 것이기 때문이다. 장남이 제사를 모시더라도 상속인은 상속과정에서 자기 부부와 윗대 조상의 제사를 위한 위토를 지정해 두기도 하지만 그렇지 않은 경우가 더 많은 것 같다. 위토가 미리 정해지지 않은 경우에는 기제사를 종료하고 묘제로 옮길 때를 전후하여 위토를 마련하게 된다.

봉사손인 종손이 4대가 다하여 더 이상 제사를 모실 수 없게 되면 4대 이내의 지손 중에서 연장자가 제사를 모셔가거나 묘제로 옮기게 된

---

33) 최재석, 1966,「동족집단의 조직과 기능」『민족문화연구』2, 고려대민족문화연구소(1975,『한국농촌사회연구』, 일지사 수록).

다. 이것을 祭遷이라 한다. 제천을 할 때에는 제사와 더불어 제사를 위한 위토도 함께 옮겨간다.

기제사를 모시는 집에는 祠堂(가묘라고도 한다)을 세워서 신주를 안치하여 두고 제사 때뿐만 아니라 평상시에도 숭모하는 것이 이상적이지만 경제적 사정 등으로 불천위를 모시는 집이 아니면 가묘를 건립하는 일은 매우 드문 일이다. 사당을 건립하지 않은 가정에서는 집안(안방이나 대청)의 한 구석에 조그만 龕室(이것을 壁龕이라 한다)을 설치하여 신주를 안치하기도 하지만 대개의 가정에서는 일회용 신주라 할 수 있는 紙榜으로 대신하고 있다.

차례는 중요 절기에 지내는 제사를 말한다. 설·한식·단오·유두·추석·중구에 지내는 節祭와 춘분·하지·추분·동지에 지내는 季祭로 그 종류가 매우 많았지만 오늘날 실제로 행하고 있는 차례는 설과 추석이 일반적이다.

차례는 명절날 주간에 봉사자의 집에서 봉행하는데 기제사에 비해서 의식이 다소 간소화되어 있다. 獻酒를 單獻으로 하고 祝文도 사용하지 않는다. 설에는 떡국, 추석에는 송편, 한식에는 약과, 유두에는 국수, 동지에는 팥죽 등과 같이 명절에 따라서 제사에 올리는 주된 제수의 종류를 달리하는 문중도 있다.

차례의 운행방식은 일정치가 않다. 기제사와 마찬가지로 당내친들이 모여 조상의 서열에 따라 봉사자의 집을 함께 순회하면서 차례를 모심으로써 방계조상의 제사에도 참여하는 경우가 있는가 하면, 어떤 집안에서는 제일 윗 조상의 차례를 함께 모신 후에 계보별로 흩어져서 조상의 순위에 따라 차례를 모심으로써 직계조상의 차례에만 참여하는 경우도 있다. 하회동이나 제주도에서와 같이 자기 집의 차례를 먼저 모시고 차상위 직계조상의 차례에 참여하여 최후에 당내친들이 모두 모여서 제일 윗 조상의 차례를 모시는 경우도 있다.[34)]

묘제는 5대조 이상의 조상에 대한 제사이다. 대개 음력 10월 중 일정한 날을 정하여 묘전에서 '행한다. 제주도에서는 음력 3월 중에 묘제를 지내고 있다. 기제사와 차례가 종손의 재산으로 경비를 충당하는 데 비해 묘제는 문중의 공동경비로 충당하는 것이 특징이다. 조상마다 별도의 위토를 마련하거나 몇몇 조상을 묶어서 위토를 마련하기도 한다. 위토가 없는 경우에는 해당 동족원들로부터 갹출하여 충당한다. 묘제를 위한 위토의 형성은 문중조직이 구체화되는 중요한 계기가 된다. 묘제 때에는 대개 직계조상의 제사에만 참례한다.

이와 같이 한국의 동족집단은 조상의 제사를 가장 기본적인 기능으로 하고 있으며, 제사를 통해서 성원을 결속시키고 있다.

(2) 생활협동의 기능

한국의 동족집단을 연구한 학자들 중에는 동족의 생활협동 특히 경제적 협동기능을 높게 평가하는 경우가 있었다. 김두헌은 동족집단을 조상제사, 친목, 경제적 협동, 자위자강 등의 기능을 다하기 위하여 지연을 바탕으로 집합적 행동을 취하는 생활공동체라 하여 생활협동기능을 강조하였다.[35] 그러나 사례조사를 통해서 동족집단의 기능을 분석한 여러 조사보고서에 의하면 제사기능에 비해 생활의 협동기능은 매우 취약한 것임을 지적하고 있다.[36]

한국 농업의 특수성에 비추어 볼 때 품앗이와 같은 노동의 협동이 절실하게 요구되지만 동족원 사이에서 품앗이가 특별히 잘 이루어지는 것은 아니다. 품앗이는 일대일의 노동교환조직으로서 일차적으로 지리적

---

34) 김택규, 1979, 『씨족부락의 구조연구』, 일조각, 167~168쪽; 최재석, 1979, 『제주도의 친족조직』, 일지사, 275쪽.

35) 김두헌, 1969, 앞의 책, 107쪽.

36) 고황경 외, 1963, 『한국농촌가족의 연구』, 서울대출판부, 188쪽; 김택규, 1979, 앞의 책, 169·177쪽 ; 최재석, 1966, 앞의 논문.

조건이나 노동력의 조건에 의하여 결합한다. 그러므로 거리가 가깝고 노
동력이 비슷하면 동족원이냐 비동족원이냐 하는 혈연성에 구애받지 않
고 결합하는 것이다. 조건 없이 농기구를 대여하거나 이자 없이 금전을
대차하는 것도 형제나 숙질간을 벗어나면 찾아보기 어렵다. 형제간이나
숙질간은 동족관계라기보다는 가족관계의 연장이라 보아야 할 것이다.

동족이 많은 공유재산을 소유하고 있는 경우에도 생활이 어려운 동족
성원을 지원하는 사례를 찾아보기 어렵다. 조상의 제사나 숭모사업에 많
은 재정을 투입하고, 타 동족집단의 행사에 적지 않은 부조를 하면서도
빈곤한 동족의 구제에는 거의 사용치 않는 것은 동족집단에서 생활의 협
동기능이 매우 취약함을 보여주는 것이라 하겠다.

그러나 종손이나 종가에 대해서는 사정이 다르다. 종가가 퇴락하면
문중재산으로 가옥을 수축하거나 신축해 주기도 하며, 빈곤한 종손에게
는 적지 않은 토지를 마련해 주기도 한다. 일반 동족원의 길흉사에는 문
중의 공금으로 부조하는 일이 전혀 없으면서 종가의 길흉사에는 공금으
로 부조하는 경우가 많은 것도 종손에 대한 특별 예우이다. 종손과 종가
에 대한 이러한 특별지원은 동족집단의 협동기능이라기 보다는 동족집
단의 체면을 유지하기 위한 사회적 위세 표시 기능의 일면으로 해석해야
할 것이다.

생산을 위한 경제적 협동이나 생활이 어려운 동족원에 대한 지원은
뚜렷하게 나타나지 않지만 당내집단에서는 길흉사 시의 협동이 매우 긴
밀하게 이루어진다. 장례나 제사, 혼인, 회갑 등의 대사가 있을 때 당내
의 동족원들은 자기 집의 일처럼 노동을 제공하고 타인에 비해서 보다
많은 부조를 하는 것이 관례가 되어 있다.

(3) 사회적 위세 과시의 기능

한국의 동족집단은 조상의 사회적 지위를 세습한 집단이라 할 수 있

다. 조상의 사회적 지위를 세습하였다고 하는 것은 곧 자손의 사회적 위세가 조상의 사회적 지위에 의해 평가된다는 것을 의미한다. 저명한 인물을 직계조상으로 하는 사람들은 조상과 자기 자신을 동일시함으로써 자신들이 타인들에 비해 우월하다고 하는 신분적 정체감을 확인하고, 조상의 업적이나 지위를 통해서 타인으로부터 차별적 우대를 받아왔던 것이다. 한국인들이 초면인사 시에 성과 본관을 확인하고, 저명한 조상과의 관계를 즐겨 밝히는 것은 바로 조상을 통해서 자신의 신분적 우월감을 과시하고자 하는 의식의 표현이다.

동족집단의 사회적 위세는 조상과 관련된 기록문서에 의해서 표시된다. 조상의 이력이 소상하게 기록된 족보는 혈통의 계보를 밝혀주는 기능뿐만 아니라 조상이 역임한 관직의 크기와 수를 통해서 그들의 사회적 위세를 뒷받침해 주는 좋은 근거가 된다. 한국인이 족보의 간행과 보관에 특히 심혈을 기울이는 것은 이 때문이다. 왕으로부터 받은 教旨도 조상의 관직을 증빙하는 중요한 자료이다. 조상의 문집도 학문적 성취의 수준을 과시할 수 있는 중요한 기록문서이기 때문에 문집의 간행과 배포를 동족집단의 중요한 사업으로 추진한다.

저명 조상의 사회적 위세는 기록문서에 의해서만 표시되는 것은 아니다. 많은 사람들이 쉽게 관찰할 수 있는 물적 시설을 건립함으로써 더욱 효과적으로 과시할 수 있다. 조상의 분묘를 웅장하고 호화롭게 축조하는 것이라든지, 많은 사람들이 왕래하는 장소에 조상의 神道碑를 거대하게 건립하는 것도 조상을 통해서 동족집단의 위세를 과시하는 중요한 방법이다. 조상제사와 문중의 집회소로 활용되는 재실, 충신·효자·열녀를 위한 旌閭, 조상이 배향되어 있는 향교나 서원 등도 사회적 위세를 표현하는 중요한 시설들이다.

조상으로부터 물려받은 사회적 지위와 위세는 현존 동족성원들의 유교적 행동양식에 의해서 뒷받침됨으로써 더욱 강화되고 지속시켜 나갈

수 있다. 충신·효행·정절은 물론이고 일상생활에서의 언어나 행동이
유교적 범절에 충실하여야 한다. 조상의 제사를 성대하고도 엄숙하게 거
행할 뿐만 아니라 타 문중의 길흉사에 축의와 조의를 정중하게 표시하는
것도 동족의 사회적 위세와 깊이 관련된다. 특히 사회적 위세가 높은 문
중과 사돈관계를 맺는 것도 동족의 사회적 위신을 높이는 중요한 방법으
로 의식하기 때문에 혼인 시에는 반드시 婚班을 따지게 된다. 행동양식
을 통해서 사회적 위세를 강화하고 지속하고자 하는 이러한 의식은 형식
적이고 번거로운 의례를 확대재생산하여 繁文縟禮를 낳게 된다.

이와 같이 기록문서, 물적 시설, 행위양식에 의해서 그들의 사회적 위
세를 과시하고자 하는 것이 동족집단의 중요한 기능이 되고 있다. 과거
의 문중기록을 통해서 문중재산의 경비지출을 분석한 사례 조사에서도
동족집단의 가장 기본적 기능인 제사비용에 못지않은 많은 재정을 사회
적 지위를 유지하고 대외적으로 과시하기 위한 사업에 사용하고 있었
다.[37] 더구나 제사를 성대하게 모시는 그 자체를 동족집단의 위신과 체
통에 관련된다고 의식한다는 점에서 사회적 위세의 과시는 한국 동족집
단의 가장 핵심적인 기능이라 할 수 있을 것이다.

5) 한국 동족집단의 특징(한·중·일 삼국의 비교)

종래 동양사회는 서구사회와 대치된 사회로 규정되었고 동양사회의
특질을 들어 말할 경우에도 대개는 중국사회나 일본사회를 논의의 대상
으로 삼았다. 한국사회의 성격이 거의 중국사회의 성격과 같다는 편견
때문이었는지 또는 한국사회의 연구가 아직도 중국과 일본사회의 연구
에 비해서 매우 미진하기 때문인지는 알 수 없으나, 여하튼 동양사회의
이론을 문제시할 때도 한국사회에 관한 것은 빼버리고 주로 위의 두 나

---

37) 최재석, 1966, 위의 논문.

라의 자료나 이론만을 존중해 왔던 것이 사실이다. 동양사회의 올바른
이해를 위해서는 응당 한국사회의 이론도 함께 다루어야 함은 두말할 나
위가 없다.

같은 동양사회라 하더라도 한국과 중국과 일본 사이에는 비슷한 점도
있으나 차이가 큰 점도 많으므로 여기서 동양사회를 이루는 가장 기초적
집단의 하나인 동족에 관하여 세 나라를 비교 고찰해 보고자 한다.[38]

(1) 동족의 구성

한국과 중국에서는 다 같이 집[家]에 있는 비혈연자는 절대로 동족집
단의 일원이 될 수 없으나, 일본에서는 한 집에 있는 비혈연자도 동족계
보의 성격을 갖고 오랜 봉사 끝에 분가하여 동족집단의 일분자가 될 수
있는 점이 가장 큰 차이의 하나다. 일본의 고용인은 오랫동안 주인집의
비친족적 구성원으로 살다가 분가분여를 받고 친족관계가 있는 생가가
아니라 주인집을 本家로 하여 한 집[分家]을 새로 만드는 것이므로, 일
본에서의 분가는 본가 가장과 친족관계를 반드시 필요로 하지 않는다.
따라서 이런 경우 동족의 규정에도 혈연의 관념은 없다.[39] 즉, 중국과
한국은 혈연의 원리가 다른 사회적 · 지리적 조건에 우선하는 데 반해,
일본의 동족은 사회적 · 경제적 · 지리적 조건이 혈연의 원리에 앞선다
고 하겠다. 이와 같은 점에서 3국 모두 다 같이 동족이라고 칭하지만,
한국과 중국의 것은 일종의 클랜(clan) 또는 리니지(lineage)라 할 수 있는
데 비하여 일본의 것은 클랜(clan)이 아니다.

그리고 일본에서는 일반적으로 사위를 양자로 들여 분가시키거나 다
른 가계를 잇게 하여 동족집단의 일분자로 삼고 있다. 그런데 중국에서
는 한국에서처럼 異姓不養의 원칙이 있는데도 그리 흔하지는 않지만 일

38) 최재석, 1964, 「한 · 중 · 일 동양삼국의 동족비교」『한국사회학』 1(1975, 『한국농
촌사회연구』 수록).
39) 中野 卓, 1956, 「同族團研究の起點と課題」『林惠海教授還曆記念論文集』, 有裵閣.

본처럼 데릴사위[招婿]도 동족집단에 넣는 일이 있다. 이렇게 볼 때 3국 중 한국의 동족이 가장 현저한 남계원리에 지배되고 일본이 가장 약하다고 할 것이다. 한국에서는 남계혈족만이 동족집단의 성원이 될 수 있기 때문에 사위와 딸 사이에 난 아이는 동족원이 될 수 없는데, 중국과 일본에서는 여계혈족도 동족성원이 될 수 있기 때문에 사위와 딸 사이에 난 아이도 딸의 부계친족 말하자면 친정의 동족원이 될 수 있다.[40] 한편 일본의 동족은 남계나 여계의 혈통 이외에 비혈연자의 분가창립에 의해서도 구성되고 있는 것이다. 이렇게 보면 일본의 동족집단에서 성원의 귀속이 가장 인위적이라 할 수 있다. 일본은 동족성원의 가입이 개방적이고 인위적이기 때문에 동거 비혈연 봉사인의 분가 이외에도 入村來住者의 義理에 의해서도 동족관계가 성립된다. 뿐만 아니라 그가 속해 있는 동족의 본가가 絶家退轉하게 되면 또 다른 유력한 동족집단과 이와 같은 관계를 새로 맺을 수 있는 것이다.[41] 그러나 한국의 동족은 철저하게 남자의 혈통관계만으로 일관되어 있기 때문에 동족집단의 귀속은 이미 날 때부터의 운명적인 것이라고 하겠다.

일본의 동족은 혈연신이 아닌 계보의 가장 높은 조상을 동족신으로 받들어 모시고, '親作'·'子作' 관계의 경영체로서 한곳에 사는 인연으로 맺어져 사실상 생활협동체로서의 성격을 가지고 있다. 그러므로 동족신은 원래는 氏神이지만 사실상은 産土神[부락신]의 성격을 갖고 있는 것이다. 즉, 동족신은 동족집단의 면에서는 씨신으로 나타나지만 지연집단의 면에서는 산토신으로 나타난다.[42] 중국이나 한국에서는 조상신과 토지신이 분리되어 존재하는 데 비해, 일본의 동족에서는 완전히 하나로 통일되어 있다. 한국이나 중국의 동족은 타족에 대하여 배타적이며 이들

---

40) 有賀喜左衞門, 1949,「親族呼稱の本質に關する一考察」『戶田貞三博士還曆祝賀記念論文集』, 弘文堂.
41) 松島靜雄・中野卓, 1958,『日本社會要論』, 東京大學 出版會.
42) 竹田聽洲, 1961,『祖先崇拜』, 平樂寺書店.

의 동족신은 동족의 한계를 넘지 못하는 데 반하여 일본의 동족은 개방적이며 동족의 한계를 넘어 촌락적 결합에까지 확대되는 것이 크게 다르다.[43)]

동조의식을 가진 동성의 집단을 한국과 중국의 동족이라고 규정한다 하더라도 한국의 동족과 중국의 동족 사이에는 그 규모나 조직면에서 차이가 있다. 중국에서는 보통 한 마을이나 몇 개 마을에 사는 정도의 테두리 안에서만 그 집단성이 어느 정도 두드러지게 나타나 있지만 한국은 수개 면 또는 수개 군, 때로는 전국적인 규모의 동족에도 그 조직성이 뚜렷이 나타나고 있다. 전국의 동족원을 망라하는 조직을 결성하고 족보를 편찬하는가 하면, 수시로 친목을 도모하는 화수회를 개최하기도 한다. 혈연의 거리[寸數]에 관계없이 동성동본은 절대로 혼인할 수 없다고 하는 사회적 관습이 아직도 강하게 뿌리박고 있다. 이런 데서도 한국의 동족이 중국의 동족보다 동족의식이 강하다는 것을 알 수 있다.

일본은 동족 귀속이 인위적인 데 대하여 한국은 그것이 운명적이다. 그러므로 한국에서는 어떤 경우에도 姓을 바꿀 수 없다. 사위도 며느리도 일생동안 자기의 성을 가지고 산다. 성의 불가변의 원칙이다. 그러나 일본에서는 물론, 중국에서도 성은 바꿀 수 있다. 일본에서 데릴사위가 처가의 성으로 바꾸거나 결혼한 여자가 남편의 성으로 바꾸는 것은 다 아는 사실이지만, 중국에서도 시집온 여자는 자기의 성에다 남편의 성을 덧씌우는 冠姓의 관습이 있다.[44)]

일본에서는 동족의 공유재산은 없고 본가의 가산을 가지고 동족활동의 재원으로 삼고 있는데, 중국에서는 따로 族産을 소유하여 이것을 동족집단의 유지 발전을 위해 쓰고 있다. 그러나 한국에서는 5대조 이상의

43) 福武 直, 1949, 「中國の農村と日本の農村」, 『戶田貞三博士還曆祝賀記念論文集』, 弘文堂.

44) Hsiao-Tung Fei, 1939, *Peasant Life in China*, London: G. Routledge and Sons; Arthur H. Smith, 1899, *Village Life in China*, New York: Fleming H. Revell Co.

조상제사(묘제)의 비용은 동족의 공유재산으로 충당하지만 4대조인 고조 이하의 제사(기제사와 차례) 비용은 종가의 가산으로 부담하고 있다. 또 중국의 동족재산[義田·祭田]은 종래 주로 친족의 비용으로 쓰이고 제사의 비용은 이보다 적게 썼는데[45] 한국의 동족재산은 주로 조상제사의 비용으로 썼던 점이 다르다. 그리고 한국에 있어서는 경제적 여유가 있을 경우라도 빈곤한 동족원의 구제에 돈을 쓰기보다는 그 동족의 사회적 지위를 과시하는 데 더 많이 썼다.

(2) 결합의 중심

一子單獨相續을 원칙으로 하는 일본의 동족은 원줄기가 누구냐를 중요시하는 이른바 상호인지의 계보관계에 있기 때문에 결합의 중심은 本家에 있다. 그러나 중국의 동족은, 宗子가 존중되는 지방도 있기는 하지만, 대개는 본가중심주의를 갖지 않고, 종자가 그다지 중시되지 않는다. 또 족보가 없기 때문에 농촌의 웬만한 동족들 사이에는 本支의 구별도 뚜렷하지가 않다. 따라서 결합의 중심은 배행과 연령으로 천거하는 族長에 있는 것이다.[46]

그런데 한국의 경우에는 동족결합의 중심이 종손과 문장의 양쪽에 나뉘어 있다는 점이 주목된다. 즉, 한국에서는 어느 정도 장자상속의 직계원칙에 따라 종가를 존중하면서도 배행과 연령에 따라 추대하는 문장이 존재하여 동족결합의 또 하나의 중심을 이루고 있다. 종손과 문장이 동족집단의 두 개의 중심을 이루고 있는 것이다. 그러나 좀 더 자세히 살펴보면 그 일차적 중심은 문장보다 오히려 종손에게 있는 것 같다. 한국의 문장은 종가를 중심으로 한 동족집단의 유지 발전을 위하여 후견인 역할을 담당하며, 종손의 지도력이 취약할 때 이를 보완하는 것이다.

45) 清水盛光, 1949, 『中國族産制度攷』, 岩波書店.
46) 福武 直, 1946, 『中國農村社會の 構造』, 大雅堂.

종가는 장자 위주의 직계주의에 따르기 때문에 비교적 안정되어 있는데, 세대주의와 연령주의에 의한 중국의 족장은 한 집에 고정되어 있지 않고 이집 저집으로 바뀌기 때문에 매우 유동적이고 상대적으로 불안정한 특성을 지닌다.

(3) 종가의 권위

3국의 동족 중에서 종가[本家]의 권위가 가장 강한 일본의 경우, 본가는 보통 전래의 가옥에 살면서 가명을 이어받고 재산도 단독으로 상속하며, 부모를 자가에 속하게 하여 조상제사권을 비롯한 일상생활에서 여러 가지 특전을 누린다.[47] 즉 본가는 정치적·경제적으로 우위를 점하여 분가를 권위적으로 통제하는 상하관계를 이루고 있다.[48]

그러나 한국의 支家는 종가를 존중하는 감정은 지니고 있을지라도 절대로 예속적인 상하관계에 놓여있는 것은 아니다. 한국의 宗家는 한 가문의 최고조상의 가계계승자로서 가묘를 지키고 제사를 주재하며 동족성원으로부터 존숭을 받고, 생활이 어려울 때는 문중이 힘을 합해 도왔다. 또 宗宅은 조상의 영혼이 머무는 곳으로서 일족이 이를 숭앙하여 대대로 종가의 소유로 하였으며, 조상제사를 위한 위토[祭田·墓田]도 대개 종손이 소유하였고, 문중재산도-가문에 따라 차이가 있기는 하지만 - 대체로 종가가 관리했다. 제사 때에는 종손이 가장 앞자리에 서서 언제나 初獻을 담당하며, 종손 집에서 종회가 개최되고 문중의 기록문서도 종가 집에 보관한다. 종손이 고관대작을 지낸 조상의 후손이거나 경제적으로 부유한 경우에는 종손의 지위가 더욱 높아진다. 한국의 동족마을은 대체로 종가를 중심으로 발전하였다. 일본의 분가가 본가의 통제를 받는 예속된 집단인 데 비해, 한국의 동족집단에서는 예속이 아니라 종가와

---

47) 中野 卓, 1956, 앞의 논문.
48) 喜多野淸一, 1953, 「同族組織と封建遺制」 『封建遺制』, 日本人文科學會 編, 有裴閣.

지가가 평등관계를 유지하면서도 종가를 존중하는 집단이라 할 수 있을
것이다.[49]

그러나 이와는 달리 중국의 경우에는 분가할 때 가산을 꼭 같이 나누
어 형제간에 힘의 균형을 이루고 있기 때문에 서열을 따질 만한 층화관
계가 성립되기 어렵다.[50] 분가 당초의 경제적 조건뿐만 아니라 종족집
단을 이루는 각 가호가 家格이나 신분상으로 대등하여 거기엔 문헌상으
로 전해 오는 大宗도 小宗도 존재할 수 없다. 이렇게 볼 때 3국 중 중국
이 종가의 권위가 가장 약하다고 할 것이다.

(4) 문장(족장)의 권위

종가의 경우와는 달리 문장(족장)의 권위는 일반적으로 한국보다 중
국이 좀 더 강한 것 같다. 중국의 족장의 역할 중에서 가장 중요한 것은
조상제사의 영도이다. 족장은 조상의 제사 때 반드시 선두에 서는 게 상
례이며 족보도 족장이 보관하는 일이 있다.[51] 또한 族産의 관리도 주로
족장에게 맡기고 있다. 그러나 한국의 문장은 문중을 대표하고, 종회를
소집하는 권한을 가질지라도 문중재산에 대하여는 어떤 권한도 갖지 않
는다. 한국의 문장의 역할은 종손을 중심으로 한 동족의 유지 발전을 위
해 후견인의 역할을 담당한다고 해도 좋을 것이다. 문장의 역할은 근친
보다는 어느 정도 원친의 동족원에 대하여, 조상제사에 관한 역할보다는
동족원의 반유교적인 행동의 제재 시에, 그리고 동족 안에 있어서보다는
오히려 외부집단에 대하여 동족을 대표할 때에 뚜렷해지는 경향이 있다.

---

49) 최재석, 1969,「한국의 친족집단과 유구의 친족집단」『高麗大學校論文集』15, 人
     文社會科學篇, 58쪽.
50) 仁井田陞, 1954, 『中國の農村家族』, 東京大學出版會, 5쪽.
51) Olga Lang, 1950, *Chinese Family and Society*, Yale University Press.

5. 친족관계

1) 친족의 범위

우리나라에서는 親族, 親戚, 親屬, 親類 등 친족과 관련된 용어의 개념이 명확하게 정립되지 못하여 그 의미가 아주 애매하거나 불분명하게 사용되는 경우가 많다. 그래서 우리는 친족을 '혈연관계나 혼인관계에 의해 결합된 사람들 또는 그들의 관계'를 의미하는 용어로서 부계친뿐만 아니라 의미 있는 상호작용을 교환하는 외가와 처가 및 시가의 근친자들까지 포함하는 개념으로 규정하였다. 이러한 친족의 개념에 바탕을 두고 우리나라의 친족을 편의상 다음과 같이 네 가지 종류로 나누어 친족의 범위를 살펴보고자 한다.[52]

　① 아버지를 통해서 맺어진 친족(부변친족)
　② 어머니를 통해서 맺어진 친족(모변친족)
　③ 남편을 통해서 맺어진 친족(시가친족)
　④ 아내를 통해서 맺어진 친족(처가친족)[53]

친족의 범위는 민족에 따라, 시대에 따라 차이가 있다. 또 같은 민족

---

52) 최재석, 1982, 『한국가족연구』(개정판), 일지사, 483~503쪽.
53) 종래 아버지를 통해 맺어진 친족을 父系親, 어머니를 통해서 맺어진 친족을 母系親이라 불렀다. 그러나 부계 혹은 모계라는 용어는 학술적으로 보다 엄밀한 개념 규정이 필요한 용어이다. 어머니를 통해서 맺어진 외가친족을 흔히 모계친이라 부르고 있으나 정확하게 표현하자면 외가친족은 어머니의 부계친인 것이다. 부계 단계체계를 취하고 있는 우리나라에서 아버지를 통해서 맺어진 친족은 대체로 부계친이라 표현해도 크게 무리는 없을 것이지만 이 경우에 있어서도 예컨대 고모부나 고종사촌을 부계친이라 부를 수는 없는 것이다. 그래서 이 자리에서는 아버지를 통해서 맺어진 친족을 '父邊親族', 어머니를 통해서 맺어진 친족을 '母邊親族'이라 부르고자 한다. 같은 맥락에서 남편을 통해서 맺어진 친족은 '媤家親族', 아내를 통해서 맺어진 친족은 '妻家親族'이라 부르기로 한다.

같은 시대에 있어서도 여러 요인에 따라 상당한 차이를 나타낸다. 가문
의 역사가 길거나 상류계층에 속하는 집은 그렇지 못한 집에 비하여 친
족의 유대가 강하고 그 범위가 넓은 것이 일반적이며, 도시보다는 농촌
에서 친족의 상호관계가 훨씬 더 긴밀하다. 또한 연로하거나 전통적인
가족주의 사상을 많이 가진 사람들이 친족에 대해서 더 많은 관심을 가
진다. 그러나 친족의 범위는 일반적으로 특정의 집 또는 개인을 중심으
로 하여 혈연관계의 멀고 가까움에 따라 결정되는 것이다.

이와 같이 친족의 범위는 가문이나 사는 지역, 거주지의 거리, 나이와
계층, 전통적인 가족주의 사상의 보유도, 사회적 지위, 성별 등의 조건에
따라 달라지는데, 산업화와 도시화의 영향을 받기 이전인 1950년대의 6
개 농촌 지방을 대상으로 전통사회의 친족의 범위를 살펴보고자 한다.[54]

(1) 父邊親族

부변친족은 대체로 8촌까지의 범위에 해당되는 자들이지만 ego가 남
자인 경우를 구체적으로 열거하면 다음과 같다.

父・母・祖父・祖母・曾祖父・曾祖母・高祖父・高祖母・子・女・
婿・子婦・孫・孫女・孫婿・孫婦・曾孫・曾孫女・曾孫婦・玄孫・玄孫
女・兄・弟・姉・妹・兄嫂・弟嫂・姉兄・妹夫・姪・姪女・姪婦・姪婿・
從孫・從孫女・從孫婦・從曾孫・從曾孫女・從曾孫婦・伯父・叔父・伯
母・叔母・姑母・姑母夫・從兄・從弟・從兄嫂・從弟嫂・從姉・從妹・從
姪・從姪女・從姪婦・再從孫・再從孫婦・再從孫女・從祖父・從祖母・大

---

54) 1957년 7~8월과 1958년 7~8월에 행해진 이 조사의 대상은 도시에서 멀리 떨어
진 농촌지역의 중류 또는 상류 가문에 속하는 40세 이상의 가구주로서 구체적인
조사대상 지역과 가문은 다음과 같다.
① 충남 아산군 신창면 신달리 김해김씨, ② 충남 부여군 부여면 저석리 경주이
씨, ③ 경기도 광주군 구천면 하일리 광주이씨, ④ 강원도 원성군 지정면 간현리
한산이씨, ⑤ 경북 문경군 문경면 고요리 전주이씨, ⑥ 경북 경산군 용성면 곡란
동 영천최씨.

姑母・大姑母夫・從叔・從叔母・從姑母・再從兄・再從弟・再從姉・再從妹・再從兄嫂・再從弟嫂・再從姪・再從姪婦・再從姪女・從曾祖父・從曾祖母・曾大姑母・再從祖父・再從祖母・再從大姑母・再從叔・再從叔母・再從姑・三從兄・三從弟・三從姉・三從妹・三從兄嫂・三從弟嫂・外孫・外孫女・外孫婦・甥姪・甥姪女・甥姪婦・內從兄(姑從兄)・內從弟(姑從弟)・內從兄嫂(姑從兄嫂)・內從弟嫂(姑從弟嫂)・內從姉(姑從姉)・內從妹(姑從妹)・曾孫婿・妻

(ego가 여자인 경우에는 子・女・婿・子婦・孫・孫女・孫婿・孫婦・曾孫・曾孫女・曾孫婦・玄孫・玄孫女와 外孫・外孫女・外孫婦 그리고 妻는 제외된다)

(2) 母邊親族

모변친족은 대체로 외가 6촌까지의 범위인데 구체적으로 열거하면 다음과 같다.

外祖父・外祖母・外叔・外叔母・姨母・姨母夫・外從兄・外從弟・外從姉・外從妹・姨從兄・姨從弟・姨從姉・姨從妹・外從兄嫂・外從弟嫂・外從姪・外從姪女・外從祖父・外從祖母・外從叔・外從叔母・外再從兄・外再從弟・外再從姉・外再從妹・外曾祖父・外曾祖母・從姨母

(3) 媤家親族

시집온 여성의 시가쪽 친족은 대체로 남편의 부변 8촌까지를 범위로 하고 있다.

男便・媤父・媤母・媤祖父・媤祖母・媤曾祖父・媤曾祖母・媤高祖父・媤高祖母・子・女・婿・子婦・孫・孫女・孫婿・孫婦・曾孫・曾孫女・曾孫婦・玄孫・玄孫女・媤叔・媤同生・시누이(남편의 누나)・시누이(남편의 여동생)・同媤(시숙의 처)・同媤(시동생의 처)・媤妹夫(남편의 누나의 남편)・媤妹夫(남편의 여동생의 남편)・姪・姪女・姪婦・姪婿・從孫・從孫女・從孫婦・從曾孫・從曾孫女・從曾孫婦・媤伯父・媤三寸・媤伯母・媤

叔母・媤姑母・媤姑母夫・從媤叔・從媤同生・從同媤(종시숙의　처)・從同媤(종시동생의 처)・從시누이(남편의 종누나)・從시누이(남편의 종여동생)・從姪・從姪女・從姪婦・再從孫・再從孫婦・再從孫女・媤從祖父・媤從祖母・媤大姑母・媤大姑母夫・媤從叔・媤從叔母・媤從媤姑母・再從媤叔・再從媤同生・再從시누이(남편의 재종누나)・再從시누이(남편의 재종여동생)・再從同媤(재종시숙의 처)・再從同媤(재종시동생의 처)・再從姪・再從姪婦・再從姪女・媤從曾祖父・媤從曾祖母・媤曾大姑母・媤再從祖父・媤再從祖母・媤再從大姑母・媤再從叔・媤再從叔母・媤再從姑母・三從媤叔・三從媤同生・三從시누이(남편의 삼종누나)・三從시누이(남편의 삼종여동생)・三從同媤(삼종시숙의　처)・三從同媤(삼종시동생의　처)・外孫・外孫女・外孫婦・甥姪・甥姪女・甥姪婦・姑從媤叔(남편의　내종형)・姑從媤同生(남편의 내종제)・姑從同媤(고종시숙의 처)・姑從同媤(고종시동생의 처)・姑從시누이(남편의 내종누나)・姑從시누이(남편의 내종여동생)・曾孫婿

(4) 妻家親族

처가친족은 대체로 처의 3촌[숙・질]까지를 범위로 하고 있다.

丈人・丈母・妻祖父・妻祖母・妻男(처의 오빠)・妻男(처의 남동생)・妻男宅(처남의　처)・妻兄・妻弟・同婚(처형의　남편)・同婚(처제의　남편)・妻姪・妻姪女・妻伯父・妻叔父・妻伯母・妻叔母・妻姑母

이상과 같이 친족의 범위를 부변친족・모변친족・시가친족 그리고 처가친족의 네 종류로 나누어 살펴본 결과 부계중심의 우리나라 친족제도의 특성이 그대로 반영되고 있다.

즉 부변친족은 대체로 8촌을 범위로 하는 데 비해서 모변친족은 6촌을 범위로 하고 있어서 모변친족의 범위가 부변친족에 비해서 축소되어 있으며, 특히 처가친족은 3촌의 범위를 벗어나지 못하고 있다. 혼인으로 맺어진 인척보다는 혈연으로 맺어진 혈족의 범위가 훨씬 넓고, 혈족 중에서도 모변친족보다는 부변친족의 범위가 더 넓게 설정되어 있는 것이다.

위에서 살펴본 부변친족은 ego가 남성인 경우를 중심으로 한 것이다. 남성과 여성은 사교나 협동친화의 범위가 다를 수 있기 때문에 여성을 중심으로 한다면 조사 내용과 다소 차이가 있지 않을까 한다. 특히 우리나라의 여성들은 夫處制를 취하고 있는 혼인제도로 인해서 결혼 후 친정 쪽 친족과의 왕래가 줄어드는 것이 일반적이기 때문에 기혼여성을 중심으로 부변친족의 범위를 조사한다면 그 범위가 상당히 줄어들 것으로 추측된다.

우리는 며느리의 친정 부모와 딸의 시부모 즉 사돈을 친족의 범위에서 제외시켰지만 이 점은 좀 더 검토해볼 필요가 있을 것이다. 사돈 간은 평소 빈번하게 내왕하면서 문병이나 문상, 길흉사 시의 물질적 부조 등 친척 못지않게 친밀한 관계를 유지하고 있으므로 당연히 친족의 범주에 포함되어야 하지 않을까 한다.

부변친족에 대한 감정과 모변친족이나 처가친족에 대한 감정 사이에 커다란 차이가 있다는 점도 유념할 필요가 있다. 즉, 부변친족에 대한 감정에는 '친화'의 의식도 있지만 그보다는 '존중'의 측면이 보다 더 강조되고 있는 데 비해서 모변친족이나 처가친족에 대해서는 '존중'의 의식보다는 '친화'의 의식이 주가 된다는 점이다. 친화의 의식이 자연발생적인 정서에 바탕을 두고 있다면 존중의 의식은 규범적 강제성을 갖는 일종의 의무인 것이다. 우리나라 사람들은 주로 부변친족에 대한 존중의 의식만을 중히 여기기 때문에 모변친족이나 처가친족에 대한 친근의 감정이 위축되기가 일쑤여서 이들과는 친밀히 지내면서도 근친자로는 인정하지 않는 경우도 있다.

앞으로 남녀평등사상이 보편화된다면 부변친족이나 시가친족의 범위는 점차 줄어들고 반면에 모변친족이나 처가친족의 범위는 좀 더 확대되지 않을까 한다. 이러한 변화추세를 반영하여 1989년의 개정 민법(777

조)에서는 모변친족의 범위를 외가 8촌까지 확대하고, 처가친족의 범위
도 처가 4촌까지로 확대한 바 있다. 그러나 시가친족의 범위는 4촌까지
로 축소되었다.

2) 친족의 기능

전통적인 농촌사회에서 친족관계가 구체적으로 어떠한 기능을 담당
하고 있는가? 농촌사회의 친족의 기능을 알려면 친족원을 가구주를 중
심으로 부변친족·모변친족·처가친족으로 나누고, 또 주민을 ① 마을
안에 부변친족만 거주하는 경우, ② 마을 안에 부변친족·모변친족 또
는 처가친족이 함께 사는 경우, ③ 마을 안에 모변친족 또는 처가친족만
이 있는 경우, ④ 마을 안에는 부변친족도 모변친족(처가친족)도 없는 경
우의 4범주로 나누어 살펴보는 것이 편리할 것이다. 친족의 기능도 사교
관계·생산활동의 협조·가사협조·의례적 관계 그리고 상호접촉이 없
는 것 등의 다섯 범주로 나누었다.

연구대상이 된 3개 마을의 225호 중 마을 안에 부변친족만 사는 가족
이 187호, 부변친족·모변친족(처가친족)이 함께 어울려 사는 가족이 5
호, 모변친족 또는 처가친족만 사는 가족이 9호, 마을 안에 부변친족도
모변친족도 없는 가족이 24호였다.[55] 적어도 3개 마을의 조사에 의하면,
우리나라 농촌 사람들은 부변친족들과 마을 생활을 영위하고 있었고 모
변친족이나 처가친족과 같은 마을에서 함께 사는 경우는 얼마 되지 않
았다.

대체로 마을 안에 부변친족과 모변친족(처가친족)이 공존하는 경우나
모변친족(처가친족)만이 사는 경우는 생계유지를 위해서 처가를 의지하

---

55) 1974년 7~8월에 행해진 이 연구의 조사 대상지역은 다음과 같다.
    경북 군위군 부계면 C마을 40호, 전남 해남군 산이면 N마을 123호, 전남 해남군
    산이면 K마을 62호(최재석, 1975, 『한국농촌사회연구』, 일지사, 293~312쪽).

여 정착했거나 또는 남편이 죽은 후 친정마을로 이주한 데서 생겨난 것
으로 보인다. 같은 마을 사람끼리 결혼한 경우도 생활이 넉넉하지 못한
하층에 속하는 가족들이다. 부변친족도 모변친족도 없는 경우는 머슴살
이를 하다가 그곳에 정착한 사람들이 대부분이고, 일단 도시에 나갔다가
농지가격이 싼 마을을 찾아오거나 농업 아닌 직업을 가지고 이사 온 사
람들이다. 이 가운데는 한국전쟁 때 가족을 잃고 외롭게 사는 사람들도
있다.

(1) 마을 안에 부변친족만 있는 경우

마을 안에 부변친족만이 있는 경우에는 모변친족·처가친족에 대한
관계는 있을 수 없고, 사교·생산·가사협조·의례적 관계 등 모든 기
능을 부변친족이 맡는다. 의례적 관계의 기능이 제일 활발하지만 혈연의
원근의 요인이 작용하고 있다.

농촌사회와는 달리 도시의 아파트에 거주하는 가족에서는 어느 친족
에서나 사교의 기능이 제일 강하고, 그 다음이 의례적 기능(제사참여 제
외)이고, 제일 낮은 것이 가사협조의 기능이었다. 사교·가사협조 등의
일생생활과 관련되는 면에서는 시가 쪽 친족보다는 친정 쪽 친족과 강하
고, 제사에 있어서는 시가 쪽 친족과의 관계가 강하였다.[56]

(2) 마을 안에 부변친족·모변친족·처가친족이 함께 거주하는 경우

마을 안에 부변친족과 모변친족 또는 처가친족이 함께 어울려 사는
경우에는 부변친족 못지않게 모변친족이나 처가친족에 대해서도 친족관
계가 강화되고 현실생활에 대한 기능도 활발하다. 마을 외의 친족에 대
해서는 병문안·설날인사·결혼·장례인사·방문 등의 의례적 관계를

---

56) 최재석, 1975, 「도시 아파트 가족의 친족관계」『인문논집』 20(1982, 『현대가족연
구』, 일지사 수록).

유지하고 있으나 혈연의 친소와 세대의 상하 요인이 작용하고 있다.

(3) 마을 안에 모변친족과 처가친족만 있는 경우

마을 안에 모변친족 또는 처가친족만이 사는 경우는, 마을 안에 부변친족만이 사는 경우처럼 모든 기능을 모변친족 또는 처가친족이 맡고 있다. 마을 외부 사회에 부변친족·모변친족이 있다 하더라도 마을 안에 거주하는 모변친족이나 처가친족에 비하면 비교가 되지 않을 정도로 그 관계나 기능이 약화되고 있어서 거의 접촉이 없거나 주로 의례적 관계만을 유지하고 있다.

(4) 마을 안에 부변친족과 모변친족이 다 없는 경우

일반적으로 처가친족보다 부변친족의 영향력이 가족집단에 강력히 미치고 있다고 하나,[57] 마을 안에 부변친족도 모변친족(처가친족)도 없는 경우는 마을 외부 사회에 사는 친족과 의례적 관계를 맺고 있을 뿐이다. 사교·생산·가사협조의 기능은, 강하지는 못하지만, 같은 마을 사람들과의 관계에서 이를 보충하고 있다.

전체적으로 볼 때는 마을 안에서 부변친족만이 사는 경우가 대다수이기 때문에 친족의 현실생활에 대한 기능, 즉 일상생활에서 서로 돕고 서로 부조하는 등의 일은 부변친족이 맡는다고 할 수 있을 것이다.

또 마을 안에 부변친족만이 사는 경우는 이들 부변친족과 마을 밖에서 온 모변친족이나 처가친족 사이에는 일종의 격리현상이 나타난다. 혼례나 장례시에 찾아온 모변친족이나 처가친족은 어디까지나 손님으로서 비교적 정중한 대접을 받지만 부변친족들처럼 혼례나 장례 일을 돕는 일은 없다. 이들은 가능한 한 당일로 되돌아가거나 불가피하게 묵을 경우라도 사랑방 등 별실에서 하루 정도 머물게 된다.

---

57) 김영모, 1967, 『농촌지역사회조직론』, 민조사, 73쪽.

6. 친족호칭

1) 친족호칭의 체계

사람은 서로 친밀한 감정과 존중의 의식이 강한 친족을 다른 사람들과 구별하기 위하여 특별한 대인호칭, 즉 친족호칭을 사용하게 된다. 그러므로 친족호칭은 친족의 구조·범위·기능을 연구하는 중요한 자료가 된다.

친족호칭은 친족끼리 서로 마주하며 부르는 직접면접호칭(terms of adress)과 제삼자에게 자기의 친척을 가리킬 때 쓰는 관계지시호칭(terms of reference)으로 구분된다.[58] 이 두 가지는 그 성격이 서로 다르다. 일반적으로 특정 친족원에 대한 직접면접호칭은 몇 개 안 되는 데 비하여 관계지시호칭은 그 종류가 매우 많다. 예를 들면 '아버지'에 대한 직접면접호칭은 '아버지'·'아빠' 뿐인데 관계지시호칭은 父·家親·嚴親·家君·家嚴·大人·家大人·父親·집의 어른·家君父·老親·先親·先考·先人·尊堂·椿丈·堂丈·父主·椿府丈·大庭·椿堂·椿府大人·尊大人·椿庭·令尊어른·어르신네·先大人·先丈·先考丈·先府君·先長 등 무수히 많다. 그리고 직접면접호칭은 관계지시호칭으로 사용될 수 있지만 관계지시호칭은 대체로 직접면접호칭으로 사용되지 않는다.

친족호칭의 체계는 종족에 따라 매우 다양하지만 크게 하와이형(Hawaiian), 이로코이형(Iroquois), 에스키모형(Eskimo), 수단형(Sudanese)의 네 유형으로 분류할 수 있다.[59]

---

58) 이광규는 'terms of address'를 '친족호칭'으로, 'terms of reference'를 '친족명칭'으로 번역하고 있다(이광규, 1984, 『사회구조론』, 일조각, 185쪽).

59) G. P. Murdock, 1965, *Social Structure*, Free Press, 223~224쪽.
 Murdock은 네 가지 유형 이외에 Omaha형과 Crow형을 더하여 여섯 가지 유형으

하와이형은 직계와 방계, 부계와 모계를 구분하지 않고 세대와 성별로만 구분하여 아버지의 형제와 어머니의 형제를 아버지와 같이 부르고, 아버지의 자매와 어머니의 자매를 어머니와 같이 부른다. 하와이 토착민들이 따르는 체계로서 친족호칭체계 중에서 가장 단순한 형태이다.

하와이형 친족호칭

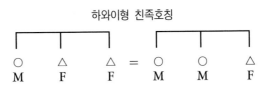

이로코이형은 직계와 방계는 구분하지 않고, 부계와 모계를 구분하여 아버지와 아버지의 형제를 같이 부르고, 어머니와 어머니의 자매는 같이 부른다. 그러나 아버지의 자매는 어머니와 다르고, 어머니의 형제는 아버지와 달리 부른다.

이로코이형 친족호칭

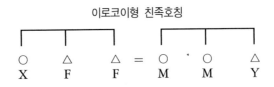

에스키모형은 직계와 방계를 구분하여 아버지는 아버지의 형제와 구분해서 부르고, 어머니는 어머니의 자매와 구분해서 독립적인 호칭을 갖는다. 그러나 부계와 모계는 구분하지 않아 아버지의 형제와 어머니의 형제를 같이 부르고, 아버지의 자매와 어머니의 자매도 같이 부른다. 아버지 이외의 동세대 남성을 'uncle'이라 부르고, 어머니 이외의 동세대

로 분류하였으나, 이 자리에서는 기본이 되는 네 가지 유형만 소개한다.

여성을 'aunt'라 부르는 서구 문화권이 대표적인 예이다.

에스키모형 친족호칭

수단형은 직계와 방계, 부계와 모계를 모두 구분하여 각기 특정적인 호칭을 부여하는 가장 복잡한 체계이다. 아버지·아버지의 형제·어머니의 형제를 각기 다르게 부르며, 어머니·어머니의 자매·아버지의 자매를 각기 다르게 부른다. 부계체계가 발달한 사회에서 흔히 볼 수 있는 호칭체계로서 우리나라가 가장 대표적인 예이다.

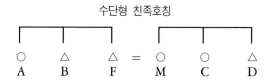

수단형 친족호칭

2) 우리나라의 친족호칭체계

우리나라의 친족호칭은 옛날부터 중국의 호칭을 그대로 쓰고 있는 것이 많고, 우리나라 고유의 호칭도 한자화한 것이 많아서 우리나라 친족호칭의 고유한 진상을 파악하기가 매우 어렵다. 우리나라 친족호칭을 중국의 호칭과 관련해서 살펴보면 다음과 같은 여러 종류의 형태가 있다.[60]

---

60) 김두헌, 1969, 앞의 책, 194쪽.

> 우리나라 고유의 호칭으로서 오늘날까지 쓰이는 것 … 아버지, 어머니 등.
> 우리나라 고유의 호칭을 한자화한 것 … 마누라 → 妻, 시숙 → 媤叔 등.
> 중국호칭, 특히 『爾雅釋親』 그대로인 것 … 兄·弟·祖·孫 등.
> 중국에서 이미 시대에 따라 변천한 것 … 堂姪(명청율)·丈人(명율 오복도) 등.
> 중국호칭을 우리나라식으로 고친 것 … 姬 → 同婿, 자매의 아들 → 甥姪 등.
> 중국호칭과 우리나라 호칭을 섞어 쓰는 것 … 曾祖할아버지·大姑할머니 등.

우리나라의 친족호칭은 여러 호칭체계들 중에서 가장 복잡한 유형에 속한다. 친족호칭의 체계가 복잡하다는 것은 친족호칭에 적용하는 원칙들이 매우 다양하다는 것을 의미한다. 관계지시호칭을 중심으로 우리나라의 친족호칭에 적용되는 중요한 원칙들을 열거하면 다음과 같다[61]. 이해의 편의를 위해서 영어문화권의 호칭체계와 비교하면서 살펴보기로 한다.

(1) 직계친과 방계친의 구분

우리나라 친족호칭은 직계친과 방계친을 엄격하게 구분한다. 아버지와 백숙부, 어머니와 이모, 자녀와 조카를 구분해서 부르는 것은 직계와 방계를 구분하는 원칙이 적용된 것이다. 소수의 사회를 제외한다면 대부분의 사회에서 이러한 원칙이 적용된다.

(2) 母邊親族員의 구분

아버지 쪽의 친족원과 어머니 쪽의 친족원을 구분한다. '외할아버지', '외할머니', '외삼촌', '외숙모', '외사촌누나' 등과 같이 외가 쪽의 친족원들에게는 '외(外)-'라는 접두어를 붙여 외척임을 분명히 한다. 부계집단이나 모계집단과 같은 출계의 개념이 중시되지 않는 영어문화권에서

---

61) 이문웅 외, 1985, 앞의 책, 165~166쪽.

는 이러한 원칙이 적용되지 않는다.

(3) 姻戚의 구분

자기가 소속된 부계친족집단의 사람들과 혼인으로 맺어진 처가와 시 댁의 친족원을 호칭상으로 구분한다. 대개 처가의 친족원을 지칭할 때는 접두어 '妻-'를 붙이고, 시댁의 친족원을 지칭할 때는 접두어 '媤-'를 붙인다. 영어문화권에서 친족호칭 뒤에 '-in-law'를 덧붙이는 것도 같은 원 칙이다.

(4) 世代의 원칙

우리나라의 친족호칭에는 상이한 세대의 친족원을 같은 호칭으로 부 르는 예가 없고, 모든 친족호칭이 어느 세대의 친족원을 가리키는지 분 명히 밝혀주고 있다. 친족호칭 속에 '형·제·자·매'가 삽입되어 있으 면 자기와 같은 세대에 속하는 친족원을 가리키는 것이며, 자기보다 한 세대 위의 친족원에게는 '아재비 叔'자가, 한 세대 아래의 친족원에게는 '조카 姪'자가 첨가된다.

(5) 친족원의 연령

연령이 친족호칭에 반영되어 자기와 같은 세대의 친족원 중에도 형과 동생, 누나와 누이로 연령의 차이를 밝히고 있다. 아버지 세대에도 백부 와 숙부 등으로 아버지와의 연령 차이가 호칭에 반영되어 있다. 영어문 화권에서는 세대의 구분 원칙은 있으나 친족원의 연령은 고려되지 않 는다.

(6) 관계 짓는 사람의 연령

혼인을 통해 맺어진 혈족의 배우자는 나와 관계를 맺어주는 혈족의 연령에 따라 호칭이 달라진다. 형의 배우자는 형수, 동생의 배우자는 제

수로 호칭된다. 백모와 숙모의 경우도 같은 원칙이 적용된다. 친족원의
연령이 중시되지 않는 사회에서는 관계 짓는 사람의 연령도 친족호칭의
중요한 기준이 되지 않는다.

(7) 친족원의 性

우리나라의 친족호칭은 형과 누나, 숙부와 고모, 아들과 딸, 조카와
질녀 등과 같이 대부분 친족원의 성을 분명히 밝히고 있다. 대부분의 사
회에서 친족원의 성은 친족호칭의 중요한 기준이 되고 있다.

(8) 말하는 사람의 性

말하는 사람이 남자냐 여자냐에 따라 호칭이 달라진다. 동일한 사람
을 가리키면서도 남자가 부를 때는 '형'이라 하고 여자가 부를 때는 '오
빠'라 한다. '누나'와 '언니'도 같은 원칙이 적용된 것이다. 영어문화권
에서는 말하는 사람의 성에 관계없이 대상 친족원이 남자이면 'brother',
여자이면 'sister'라고만 부른다.

(9) 관계 짓는 사람의 性

아버지의 형제자매인 백숙부와 고모의 자녀들은 나와 관계를 맺어주
는 백숙부와 고모의 성에 따라 친사촌과 고종사촌으로 구분된다. 외사촌
과 이종사촌의 경우도 마찬가지이다. 역시 영어문화권에서는 이러한 원
칙이 적용되지 않는다.

(10) 혈연의 거리

우리나라에서는 삼촌, 사촌형님, 오촌아저씨, 육촌누나 등과 같이 혈
연관계의 멀고 가까움을 수적으로 표시하는 '寸數'가 친족호칭으로 사용
되기도 한다. 이러한 計寸 관습은 세계 어느 사회에서도 찾아보기 어려
운 것으로서 계보가 확인 가능하다면 얼마든지 넓게 따질 수 있지만 대

체로 고조부를 공동으로 하는 8촌의 범위 안에서 일상적으로 사용되고
있다.

우리나라의 친족호칭은 이러한 열 가지의 기본원칙 이외에도 친족호
칭을 사용하는 구체적인 상황에 따라서 다양한 변화를 보이고 있다[62].
자기의 친족원을 직접 부르는 경우에도 면전에서 마주하여 직접 부르
는 경우와 서신 등에서 부르는 경우, 그리고 돌아가신 후 紙榜이나 祝文
등에서 부르는 경우가 서로 다른 것이다. '아버지'의 경우를 예를 들어
보면 직접 호칭할 때는 '아버지'라 부르지만 서신에서는 '아버님' 혹은
'父主'로, 지방이나 축문에서는 '顯考'라 쓴다. 지방이나 축문에 사용되
는 호칭은 성격상 제사대상자에 한정된다.
자기 자신을 自稱하는 경우에도 면전에서 자칭하는 경우와 편지 등에
서 자칭하는 경우, 그리고 관계친족원의 사후 축문이나 지방 등에서 그
관계자에 대하여 자칭하는 경우로 구별된다. 영어권에서는 상대친족원
의 연령·세대·종류에 관계없이 항상 자기를 'I'라 자칭하는데, 우리
나라에 있어서는 그 친족원이 자기보다 세대가 높거나 같은 세대일지라
도 연령이 높을 때는 '제' 또는 '저'라 하고, 이와 반대인 경우에는 '내'
또는 '나'라고 칭한다. 편지에서 자칭하는 경우에는 면전에서 자칭하는
용어를 그대로 쓰는 이외에 그 친족원과의 관계지시호칭을 사용한다. 지
방이나 축문에서는 '孤子' '哀子' '孝子' 등의 용어를 사용한다[63].
우리나라 친족호칭에서 또 하나 특징적인 것은 존경어와 겸손어가 구
분되어 있다는 점이다. 대체로 자기의 친족원을 남에게 말할 때는 되도
록 낮추어 부르고, 다른 사람의 관계자를 부를 때는 가능한 한 높인 호

---

62) 최재석, 1963, 「한국인의 친족호칭과 친족조직」『아세아연구』6-2(1982, 『한국가
　　족연구』, 일지사 수록).
63) 孤子는 아버지의 사후, 哀子는 어머니의 사후 기제사 이전까지의 축문에서 사용
　　되는 호칭이며, 효자는 기제 시의 축문에서 사용되는 호칭이다.

칭을 쓰고 있다. 자기의 아버지를 남에게 지칭할 때는 '아버지' '家親' 등으로 칭하지만 타인의 아버지는 존대의 뜻을 더하여 '椿府丈' '尊堂' '어르신네' 등으로 지칭하는 것이다. 특히 자기의 비속친이나 아내를 남에게 지칭할 때는 아주 낮추어 부른다. 타인의 아들을 '아드님·令息, 令胤'이라 하면서 자기의 아들은 '아이놈·우리집놈·자식놈·愚息·家豚·豚兒·愚豚'이라 부르거나, 타인의 아내를 '마나님·夫人·令夫人'으로 칭하면서 자기의 아내에 대해서는 '內子·계집·부엌데기·여편네·집사람' 등으로 부르는 것이다. 그러나 자기의 손윗사람을 타인에게 지칭할 때는 심하게 낮추어진 호칭을 쓰지는 않는다.

동일한 사람을 지칭하더라도 자기보다 손윗사람에게 얘기할 때와 손아랫사람에게 얘기할 때는 기준을 달리한다. 자기의 동생을 손윗사람에게 얘기할 때는 이름을 부르거나 자기와의 관계를 중심으로 '동생'이라 칭하지만, 손아랫사람 예컨대 자식에게 얘기할 때는 상대방과의 관계를 중심으로 '작은 아버지'라 하는 것이다.

이와 같이 우리나라의 친족호칭은 매우 다양한 기준들이 복합적으로 적용되어 친족원들마다 개별적으로 각기 다른 칭호를 부여하고 있을 뿐만 아니라 동일한 친족원에 대해서도 상황에 따라 호칭을 달리하고 있는 것이다.

3) 친족호칭과 친족관계

친족호칭은 혈연관계와 혼인관계로 맺어진 일정 범위의 친족성원들이 오랜 세월 동안 함께 생활해 오는 과정에서 형성된 것이기 때문에 친족호칭에는 그 사회의 친족제도의 특징과 친족성원들의 상호관계가 반영되어 있다. 이 자리에서는 우리나라 친족호칭에서 나타나는 친족관계의 몇 가지 특징을 살펴보기로 한다.

(1) 상하신분질서와 친족호칭

슈나이더(Schneider)와 호만스(Homans)는 친족호칭의 기능을 두 가지의 측면으로 구분하였다[64]. 하나는 질서나 분류의 기능이고 다른 하나는 역할이나 관계 표시의 기능이다. 예컨대 영어문화권에서 '아버지'를 'father · papa · pa · dad · daddy'라고 호칭하는데, 이 일련의 호칭은 질서나 분류의 측면에서는 아무런 차이가 없다. 모두 자기를 낳아준 '아버지'를 지시하는 것이고, 아버지의 형제나 어머니의 형제와 구분되는 것이다. '어머니'에 대한 'mother · ma · mom · mammy · mama' 등의 일련의 호칭도 마찬가지이다. 이와 같은 많은 호칭은 질서나 분류의 측면에서는 모두 같은 인물을 지시하는 것이다. 그러나 이러한 호칭을 역할이나 관계 표시의 측면에서 본다면 서로 다른 역할이나 관계를 표시하고 있다. 'father'를 사용하는 사람은 아버지가 지나치게 평등한 입장으로 비쳐질까 염려하여 'pop'이나 'pa'를 쓰지 않는 것이며, 'pop'이나 'pa'를 쓰는 사람은 그의 아버지가 엄격한 권위의 소유자가 아니라 너무나 친밀한 대상이기 때문에 'father'라 부르지 않고 'pop'이나 'pa'를 사용한다. 'father'라는 호칭은 공식적이고 권위와 존경의 뜻을 내포하고 있는데 반하여 'pop'이나 'pa'는 비공식적이고 친밀한 의미를 포함하고 있어서 권위와 존경의 면은 그다지 중요한 관심사가 아닌 것이다. 그러나 누구든지 어느 경우에나 모두 사용하는 'dad'의 호칭은 공식성과 친밀성의 두 가지 역할을 겸하고 있다.

그러나 우리나라에 있어서는 이와 같은 사정이 좀 달라진다. 부자관계가 친밀하든 엄격하든 간에 자식은 '아버지'를 직접 부를 때 언제나 '아버지'라는 유일의 호칭을 쓸 따름이고, 그밖에 다른 호칭은 쓰지 않

---

64) David M. Schneider and George C. Homans, 1955, "Kinship Terminology and the American Kinship System", *American Anthropologist* Dec. 1955.

는다. 이것은 우리나라에서 직접면접호칭이 질서나 분류의 기능을 하는 것은 영어권과 같지만 역할이나 관계를 표시하는 기능의 측면에서는 영어권의 예와는 달리 권위나 존경의 기능으로만 고정되어 표시되기 때문이다. 친밀한 의미를 담은 직접호칭이 발달되지 않은 것이다.

우리나라에서는 세대·연령·성이 친족호칭을 결정하는 데 중요한 요소로 작용하여 친족으로서의 권리와 의무가 강조된다. 여기에 비해서 서구 영어문화권에서는 친족원 상호 간의 친밀도나 관심의 정도가 친족호칭 선택의 중요 결정요인이 되고 있다. 예컨대 영어문화권에서 'uncle'[65] 을 부를 때 친밀하고 평등적인 관계를 유지하는 사이라면 'first name'으로 부르고, 감정이 반은 적극적이고 반은 소극적인 uncle에 대하여는 'uncle + first name'으로 부른다. 그러나 우리나라에서는 부변과 모변, 혈족과 인척을 분명하게 구분하여 각기 '큰아버지·작은아버지', '외삼촌', '고모부', '이모부' 등 매우 공식적인 호칭으로만 부른다.

결국 영어문화권에서 직접호칭이 다양한 것은 역할이나 관계 표시의 기능이 반영된 것이며, 그 호칭의 중요한 역할로서는 공식성·권위·존경의 측면과 더불어 친밀성(familiarity)·동료감(companionship), 그리고 평등주의의 면을 들 수 있다. 우리나라의 친족호칭도 분류의 측면과 역할 표시의 측면으로 구분할 수 있는 것은 물론이지만, 그의 주요한 역할로서는 공식성과 권위와 존경만을 들 수 있을 따름이고, 서구의 경우와 같은 친밀감이나 동료감이나 평등주의적인 면은 찾아보기 어렵다.

서구의 문화는 날 때부터 가지고 있는 귀속적 지위(ascribed status)보다는 노력과 능력에 의해 획득된 업적적 지위(achieved status)에 가치를 부여하고 있다. 그러나 한국사회에서는 업적적 지위보다는 날 때부터 타고난 귀속적 지위를 중요시한다. 한국의 친족호칭에서 친밀감이나 평등

---

65) 영어의 'uncle'은 아버지의 형제(백부와 숙부), 어머니의 형제(외삼촌), 아버지의 자매의 남편(고모부), 어머니의 자매의 남편(이모부)을 모두 통칭한다.

적인 측면을 찾아보기 어렵고 공식성과 권위와 존경의 측면이 강조되고 있는 것은 세대나 연령이나 성에 따라 형성되는 신분상하의 계층질서를 존중하는 한국문화의 특징이 반영된 것이라 할 수 있다.

(2) 남녀의 사회적 격리의식 [內外思想]

우리나라의 친족호칭을 자세히 관찰해 보면 일상생활에서 밀접한 관계에 있는 일부 가까운 친족을 연령기준에 따라 서로 다르게 호칭하고 있음을 발견할 수 있다. 이러한 현상은 남녀의 사회적 격리의식과 관련이 있는 것으로 보인다.

예를 들면 아내의 형제는 아내보다 나이가 많든 적든 간에 '처남'이라 지칭하면서 아내의 자매에 대해서는 연령의 상하를 따져 아내보다 나이가 많을 때는 '처형'이라 하고, 아내보다 나이가 적을 때는 '처제'라 한다. 그러나 처형이나 처제의 배우자에 대해서는 처남의 경우와 마찬가지로 아내의 나이와 상관없이 보통 '同婿'라는 호칭을 사용한다. 동서와 처남의 호칭은 모두 아내의 나이와는 관계없이 쓰이는데 유독 아내의 자매만은 처형과 처제로 구별해서 사용하는 까닭은 종래 처제와 형부가 사회적으로 격리되어 '내외'하며 살아온 때문이었던 것으로 보인다. 격리의 대상인 처제는 호칭상으로도 구분해야 할 필요성이 강하였던 것이다.

이러한 남녀의 사회적 격리의식은 시숙과 제수의 호칭에서도 나타난다. 남편의 자매는 남편의 나이와 상관없이 보통 다같이 '시누이'라고 부르면서 남편의 형제는 나이를 엄격히 따져 남편보다 나이가 많을 때는 '媤叔', 남편보다 나이가 적을 때는 '시동생'이라 한다. 그러나 그들의 배우자는 나이에 관계없이 보통 '同媤' 또는 '同壻'라고만 한다. 이것도 형부와 처제의 예와 같이 '시숙'과 '제수'사이의 사회적 격리의식이 반영된 것으로 설명할 수 있을 것이다. 더욱이 남편의 형을 '媤兄'이라 하지 않고 부의 세대에만 쓰는 '叔'자를 가져와 '媤叔'이라고 하는 것은 양자가 無服親의 관계에 있고 남녀의 성별을 엄하게 하여 가정 안에서 서로 격리되지 않으면 안 되는 위치에 있으므로 특별히 경청의 뜻이 있는 '叔'자를 쓴다고 하였다.[66] 시숙이 제수에게 깍듯한 존경어를 사용하는 것도 양자 간의 사회적 격리의식이 강하게 작용한 때문이라고 볼 수 있다.

(3) 부계(남계)편중 사상

여자의 형제를 나이에 따라 구별하여 자기보다 연상이면 '오빠', 연하이면 '남동생'이라고 부르면서 이들의 배우자는 나이를 구별하지 않고 다같이 '올케'라 지칭한다. 이것은 사회적 격리의식의 반영이 아니라 부계(남계)를 존중하는 현상의 하나라고 해석된다. 또한 '아버지'의 형제에 대해서는 '아버지'의 연령을 기준으로 하여 '큰아버지(伯父)·작은아버지(叔父)'로 구분해서 호칭하고, 이들의 배우자를 각기 '큰어머니(伯母)·작은어머니(叔母)'로 호칭을 달리하면서 '아버지'의 자매나 '어머니'의 형제·자매에 대해서는 연령에 관계없이 '고모·외삼촌(外叔)·이모'로 호칭하는 것도 부계(남계)편중 현상의 반영이라 할 수 있다.

친족호칭에서 부계(남계)를 존중하는 모습은 다음과 같은 현상에서도 나타나고 있다.

'아버지'의 형제와 '어머니'의 형제 중에서 '아버지'의 형제에 대해서만 '-아버지'라는 칭호를 사용한다. 이것은 '아버지'의 형제가 '어머니'의 형제와는 달리 부모로서의 역할을 대행하는 기능을 담당하고 있기 때문일 것이다.

'아버지'의 자매와 '어머니'의 자매는 자기와 혈연관계가 있음에도 불구하고 이들에게는 '-어머니'라는 호칭을 사용하지 않으면서, '아버지'의 형제의 배우자는 자기와 아무런 혈연관계가 없는데도 '-어머니'라 칭한

---

66) 김두헌, 1969, 앞의 책, 210쪽.

다. '아버지'의 자매와 '어머니'의 자매는 다른 부계친족집단의 유지 발전에 기여하는 데 반하여, '아버지'의 형제의 배우자는 '어머니'와 함께 자기의 부계친족집단에 끝까지 남아서 친족의 유지 발전에 참여하며, 부모로서의 역할을 대행할 수 있는 위치에 있기 때문일 것이다.

'아버지'의 형제에 대한 호칭과 '어머니'의 형제에 대한 호칭이 다르고, 또 '아버지'의 자매에 대한 호칭과 '어머니'의 자매에 대한 호칭이 다른 것은 물론이지만, 이들의 자녀에 대한 호칭도 각기 다르다. '아버지'의 형제의 자녀들은 '사촌'이라 하면서 '아버지'의 자매나 '어머니'의 형제·자매의 자녀들은 각각 '고종사촌·외사촌·이종사촌'이라 하여 부계친인 '친사촌'과 구별하고 있는 것이다. 출계관념이 희박한 일본이나 영어문화권에서는 이들을 구분하지 않고 여러 종류의 사촌을 모두 '이토코(itoko)'·'cousin'으로 부르고 있다.

이러한 현상은 모두 부계·남계 편중사상의 반영인 것이다. 사실 우리나라는 오랜 동안 남자를 통하여 가계가 이어졌고, 강력한 가장권의 소유자도 남자였던 까닭에 부계·남계존중의 이데올로기가 역력히 나타나 일반적으로 모변친족보다는 부변친족을, 그리고 같은 부변친족이나 모변친족 중에서도 여자보다는 남자를 존중하는 의식이 강하였던 것이다.

(4) 집 중심 사상

자기의 친족원을 남에게 말을 할 때 흔히 친족호칭에다 '우리'라는 말을 붙여 부른다. 말하는 사람이 한 사람인데도 '나의'라는 단수 소유격을 쓰지 않고 '우리 아버지·우리 어머니·우리 언니·우리집' 등과 같이 '우리'라는 복수 소유격을 즐겨 사용하는 것은 개인보다 집을 우선시하는 집 중심 사상이 반영된 것이라 생각된다. '우리'라는 말 이외에 '우리집 주인·우리집 아이·우리집 손자' 등과 같이 '우리집'이라는 말을 덧붙여 쓰기도 하고, 집의 뜻이 들어 있는 '家'나 '舍'를 덧붙여 '家親·

家嚴·舍兄·舍弟' 등과 같이 부르기도 한다. '나의 아무개'라 하여 자기 개인과의 친족관계만을 지적하면 충분할 경우에도 반드시 가족 전원을 그 성원으로 하는 '집'까지 대화 속에 인용한다는 것은 가족원 개개인보다는 '집[家]'을 중요시하고, 사회구성의 단위가 개인이 아니라 '집'이라는 것을 반영하는 현상으로 보인다. '우리 아버지·우리집 주인·우리집 며느리' 등은 말하는 사람과 그 친족원과의 개인적 관계를 밝히는 것이 아니라 사회구성의 단위가 되는 '집'이라는 집단에서 그 친족원이 차지하고 있는 지위와 역할을 뜻하는 말이다.

(5) 친자중심의 가족의식

우리나라 사람들은 친족원들 앞에서 자기의 남편이나 아내의 호칭을 분명하게 부르기를 꺼리는 경향이 있다. 남편·서방·주인·내자·마누라·계집·아내·안사람·색시·처·여편네 등 남편이나 아내를 지칭하는 관계지시호칭이 여러 가지가 있음에도 불구하고 친족원들 앞에서는 이러한 호칭을 잘 사용하지 않는다. 남편이나 아내에 관해서 이야기할 필요가 있을 때에는 상대친족원의 입장에서 본 친족호칭을 쓰거나 아니면 친족 내의 또 다른 친족원과의 관계에 비추어 호칭하는 것이다. 여기에는 부부관계보다 친자관계를 중시하는 우리나라의 가족의식이 강하게 반영되어 있다. 가족결합에 있어서 부부관계가 중요하다 할지라도 호칭에 의하여 이 부부관계를 강조하게 되면 부부 이외의 친족을 무시하거나 배척하는 결과를 가져오는 것으로 의식하기 때문이다. 부부관계가 우선하는 사회에서는 가족 성원 개개인의 인격과 자유가 중시되기 때문에 가족집단이나 친족집단의 범위가 좁아지며 그 유대도 약해진다. 이와 반대로 친자관계가 우선되는 사회에서는 개인보다 친족이나 가족의 유지 발전을 더 소중하게 여기므로 가족이나 친족집단의 범위도 훨씬 넓어질 뿐만 아니라 성원들 사이의 유대도 강해진다. 그런데 가족이나 친족

간의 대화에서 감정적 융화와 봉쇄적 성격을 농후하게 지니고 있는 자기의 남편이나 아내에 관한 친족호칭을 뚜렷하고도 빈번하게 사용한다는 것은 결국 친족집단 안에서 자기 부부관계만을 따로 분리시키는 결과가 된다. 이것은 결국 부계친족집단의 결속과 유지발전을 중시하는 우리나라의 친족의식에 어긋나는 행위가 되는 것이다. 그러나 남편이나 아내를 자기의 입장에서 호칭하지 않고 상대친족원이나 제3의 친족원의 입장에서 호칭한다면 친족으로서의 친밀감을 주게 되어 친족에 대한 관심의 정도를 강하게 하는 것이 된다. 우리나라에서는 결국 개인의 자유나 부부의 결합이 이미 말한 가족집단(집)이나 친족집단의 유지 발전 때문에 후퇴해 있는 것이다.

7. 제주도의 친족생활

지금까지 우리는 한반도를 중심으로 우리나라의 전통적인 친족제도를 살펴보았으나 이 자리에서는 한반도와 멀리 떨어져 독립된 생활권을 이루고 있는 제주도의 친족제도를 알아보고자 한다.

제주도의 친족제도는 한국의 전통적인 친족제도와 매우 상이할 뿐만 아니라 조선 중기 이전의 모습을 간직하고 있는 부분이 많아서 친족제도의 지역적 차이와 역사적 변천을 탐구하는 데 대단히 중요한 의미를 갖는다[67].

---

67) 제주도의 가족생활 및 친족제도에 관한 보다 자세한 내용은 다음을 참조할 것. 최재석, 1979, 『제주도의 친족조직』, 일지사; 이창기, 1999, 『제주도의 인구와 가족』, 영남대출판부; 김혜숙, 1999, 『제주도의 가족과 궨당』, 제주대출판부.

1) 분가와 상속

(1) 장남분가

조선중기 이후 이념적인 전형으로서 보편화된 한국의 전통가족은 가계계승과 부계친족집단의 결속을 매우 중시하였기 때문에 장남은 반드시 부모와 동거함으로써 가족의 창설과 확대·축소·해체의 과정이 분명하지 않고, 장남에서 장남으로 이어지는 직계가족의 형태를 취하게 된다. 부계·직계·장남에 의해 계승되는 한국가족의 구성원리는 현실의 가족생활 속에서 개인에 대한 집의 우위성, 가장의 권위확립, 부계친족집단의 조직화, 재산상속에서의 장남우대와 조상제사의 장남봉사, 부녀자의 낮은 지위, 정조관념의 강화와 이혼·재혼에 대한 금기의식 등의 특성으로 나타난다.

그러나 제주도의 가족은 이러한 한국의 전통가족과 매우 상이한 특성을 지니고 있다. 그 중에서도 가장 두드러진 특성은 장남이 결혼한 후 부모가족과 동거하지 아니하고 분가하여 독립된 생활을 영위한다는 점이다. 제주도에서는 차남 이하는 말할 것도 없고 장남까지도 결혼하면 특별한 사유가 없는 한 거의 분가를 하게 된다. 자녀를 모두 성출시킨 부모는 '몸을 움직일 수 있는 한' 자녀의 부양을 받지 아니하고 독립해서 생활한다. 그러므로 부모가족과 아들가족이 단일가구를 형성하는 경우는 매우 드물다.

결혼한 자식이 분가할 때는 대개 주거를 분리하여 독립된 가옥을 새로 마련하지만 독립된 가옥을 새로 마련할 형편이 못 되거나, 넓은 주거공간이 필요치 않은 홀어머니만 있는 경우에는 가끔 부모가족과 아들가족이 한 울타리 안에서 분가하기도 한다. 이런 경우에도 두 가족은 대개 '안커리(안채)'와 '밖커리(바깥채)'로 주거를 분리하고, 경작지를 나누어 따로 농사를 지으며, 취사와 세탁 등 일상생활을 각기 독립적으로 영위해 나간다. 가족을 '家計를 공동으로 하는 친족집단'[68]으로 이해한다면 이들은 분명 별개의 독립된 가족으로 간주할 수 있다. 그러나 실제에 있어서는 이들을 분별하는 데 상당한 어려움이 따른다. 이들은 흔히 동리 명부나 주민등록부에 하나의 가족으로 등재되는 일이 많고, 부역이나 공과금의 할당에 두 집단을 하나의 가족으로 간주하는 경우가 많으며, 그들 스스로 하나의 가족으로 의식하면서 어느 한 사람(부 또는 자)이 대외적으로 두 집단을 대표하는 경우가 많기 때문에 가족연구에 많은 혼란을 야기시키는 것이다.

아들이 결혼하면 분가시키는 것을 원칙으로 하는 제주도에서도 혼인한 아들과 부모가 동거하면서 한 살림을 하는 경우가 전혀 없는 것은 아니다. 그러나 이 경우는 아들이 결혼하여 분가할 때까지 일시적으로 동거하는 경우이거나, 부모(대개는 홀어머니)가 노동력을 완전히 상실하여 독립된 생활을 영위할 능력이 없을 때에 한한다. '몸을 움직일 수 있는 한 따로 사는 것'을 당연하게 생각할 뿐만 아니라 오히려 노동력이 있는 데도 자식에게 의지하는 것을 커다란 수치로까지 인식하고 있는 것이다.

제주도의 분가방식 중에서 또 하나 특이한 현상은 부모가 미혼 자녀를 거느리고 이사를 나가는 경우가 적지 않다는 점이다. 이것은 조상의 영혼이 깃든 전래의 가옥과 토지 및 중요 가재도구(제사상이나 제기 등)는 장남에게 물려주어야 한다는 의식이 반영된 것으로 보인다. 이러한 원칙이 차남 이하에게까지 연장되면 부모는 아들의 수만큼 이사를 다녀야 하는 번거로움을 겪게 된다. 그래서 현실적으로는 아들 내외가 이사를 나가는 경우가 많지만 장남의 분가시에는 이 원칙을 지키려고 하는 경향이 강하다.

제주도의 장남분가 관행이 언제부터 형성된 것인지에 대해서는 현재

---

68) 최재석, 1982, 『한국가족연구』(개정판), 일지사, 29쪽.

로서 분명하게 밝히기가 대단히 어렵다. 그러나 제주도가족에 대한 조사
보고가 발표되기 시작하는 1970년 전후에 70대 이상의 고령층에 속했던
노인들이 장남분가를 제주도의 전통으로 증언하고 있고, 또 19세기 말의
戶籍中草에 이미 장남분가가 널리 행해진 흔적이 있는 것으로 보아[69]
제주도의 장남분가 전통은 그 역사가 매우 오랜 것으로 짐작된다.

이러한 장남분가의 관행은 재산상속, 제사상속, 가족관계, 부부관계,
가족의식, 가구규모 등 가족생활의 모든 영역에 영향을 미쳐서 제주도
특유의 가족제도를 형성하게 된다.

(2) 재산상속

철저한 분가주의를 원칙으로 삼고 있는 제주도에서는 재산상속에 있
어서도 諸子均分의 경향을 강하게 보이고 있다. 장남우대 차등상속이나
장남단독상속이 적지 않게 발견되지만 주민들의 의식 속에 모든 아들들
에게 재산을 꼭 같이 나누어주어야 한다는 균분의식이 강하게 자리 잡고
있고, 또 실제 사례조사에서도 모든 아들들에게 재산을 비슷하게 나누어
주는 경우가 매우 많은 것으로 미루어 봐서 균분상속제도가 바탕을 이루
고 있다고 보는 것이 타당할 것 같다.

이러한 제주도의 상속 관행은 조선시대의 균분상속 전통을 계승하고
있는 것으로 보인다. 지금까지 제주도에서 발견된 분재기의 기록들을 살
펴보면 대체로 1800년을 전후한 시기까지 봉사조 재산을 별도로 마련해
놓고 상속재산은 아들과 딸, 장남과 차남을 차별하지 아니하고 모든 자
녀들에게 꼭같이 나누어 주는 균분상속에 매우 충실하였던 것이다.[70]

제주도의 재산상속이 균분상속의 경향이 강하다고 하더라도 딸들에
게는 결혼시에 혼수를 장만해 주는 외에 별도의 재산을 상속해 주지는

---

69) 이창기, 1999, 251~254쪽.
70) 위의 책, 323~324쪽.

않는다. 다만 아들들에게 모두 재산을 분배하고서도 재산에 여유가 있거나 재산분급 후 상당한 재산의 증식이 있을 경우에는 딸들에게도 別給의 형태로 증여하기도 한다. 이때는 물론 딸뿐만 아니라 아들, 손자, 외손자 등도 별급의 대상에 포함될 수 있다.

딸들이 재산상속에서 소외되기 시작한 것은 19세기 중엽 이후의 일인 것 같다. 그러나 19세기 중엽 이후에도 딸들이 재산상속에서 완전히 배제되지 아니하고 소량이나마 분급받고 있었다. 이러한 사실은 오늘날의 제주도 상속제도를 이해하는 데 대단히 중요한 의미를 지닌다. 양의 많고 적음을 떠나서 딸들에게도 재산을 나누어주던 관행의 흔적이 오늘날의 제주도에 여러 형태로 남아있기 때문이다. 시집올 때 가지고 온 재산은 반드시 딸에게 물려주어야 한다는 일부 지역의 관행은 딸들에게 재산을 상속했었던 과거의 흔적으로 볼 수 있지 않을까 한다. 또 친정 부모가 사망했을 때 출가한 딸이 日晡祭(장례 전일 저녁에 지내는 제)의 제물을 차린다거나,[71] 장례 당일의 조반 또는 점심을 딸이 담당하는 관례[72]도 딸들이 재산을 분급받았던 과거의 전통과 밀접히 관련된 것으로 보인다.

자식들에게 재산을 나누어 줄 때에는 자신들의 노후 생활을 위해서 반드시 재산의 일부를 남겨 두었다가 자녀들을 모두 분가시킨 뒤 노부부만의 생활자원으로 삼는다. 남편이 사망하고 부인만 생존해 있다고 하더라도 노동력이 있는 동안은 자식의 부양을 받지 아니하고 이 재산을 가지고 독립된 생활을 영위해 나간다. 그러다가 너무 늙어서 노동력을 상실하고 취사, 세탁 등 일상생활을 독립적으로 꾸려나갈 수가 없게 되면 비로소 이 재산을 아들에게 맡기고 부양을 받게 된다. 이 재산은 부부가 모두 사망한 후 그들의 제사와 묘소관리를 위한 掃墳田 또는 祭越田이

---

71) 김영돈, 1973, 「통과의례」『제주도 문화재 및 유적 종합조사보고서』, 제주도.
72) 최재석, 1979, 『제주도의 친족조직』, 319~321쪽.

된다.

(3) 제사분할

제주도에는 장남이 조상의 제사를 전담하는 장남봉사뿐만 아니라 직계자손들이 조상의 제사를 나누어 봉행하는 제사분할의 관행이 널리 분포되어 있다. 북제주군 구좌읍에서 성산읍·표선면·남원읍·서귀포시를 거쳐 안덕면의 일부 지역에 이르는 제주도의 동·남지역에는 장남봉사가 보편화되어 있으며, 북제주군 조천면 함덕리에서 제주시와 애월·한림을 거쳐 모슬포에 이르는 섬의 서·북지역에서는 제사분할이 하나의 사회적 관행으로서 널리 행해지고 있었다.[73]

장남봉사가 보편화되어 있는 지역에서는 장남이 결혼하여 분가하면 제사도 장남에게 이양하는 것을 원칙으로 삼고 있다. 그러나 장남의 분가와 더불어 일시에 제사를 장남에게 물려주는 경우도 있지만, 장남이 분가한 직후에는 아직 장남의 생활이 안정되지 못하였기 때문에 당분간 부모가 제사를 차리다가 장남의 살림이 점차 안정되어 감에 따라 단계적으로 조상제사를 물려주는 경우가 많다.

제사를 이양할 때에는 반드시 그 제사에 딸린 소분전(제월전)도 함께 물려주어야 한다. 소분전이 없는 제사는 이양과정에 여러 가지 어려움에 봉착되기도 한다. 장남이 제사권을 계승하는 경우는 소분전도 장남에게로 이양되기 때문에 상속재산이 균분되었다고 하더라도 장남우대 상속으로 비춰지기가 쉽다. 실제로 이 소분전은 대개 종손 명의로 등기를 하고, 종손의 생활이 어려워지게 되면 임의로 처분하는 예가 흔히 있기 때문에 장남의 사유재산처럼 운용되는 경우도 많다.

제주도의 서·북지역에는, 장남봉사의 원칙을 지켜오는 집안이나 마을도 많이 존재하지만, 조상제사를 직계자손들이 나누어 봉행하는 제사

---

73) 이창기, 1999, 앞의 책, 187~227쪽.

분할의 관행도 광범위하게 분포되어 있다. 그 중에서도 제주시의 서부에서부터 애월·한림에 이르는 지역에 제사분할의 관행이 집중적으로 분포되어 있고, 가장 전형적인 사례도 이 지역에서 발견되고 있다.

제사분할의 관행은 전남 진도군, 경남 통영군, 강원도 삼척군 등지에서도 행해지는 것으로 보고되어 있지만 제사를 분할하는 양식과 분할된 제사를 계승해 가는 방식은 제주도와 다소 상이한 모습을 보여주고 있다.

전남 진도나 강원도 삼척지방에서는 아버지의 제사는 장남이, 어머니의 제사는 차남이 모시는 것이 원칙이라고 하지만[74] 제주도에서는 이와 같은 정형화된 규칙이 존재하지 않는다. 누가 어느 조상의 제사를 담당할 것인가 하는 문제는 조상의 수와 직계 남자 자손의 수, 그리고 자손들의 사회경제적 상황에 의해 결정된다. 그리고 진도나 삼척 지방에서는 기제사만 분할의 대상이 되고 있으나 제주도에서는 기제사뿐만 아니라 차례까지도 분할의 대상이 되고 있다. 그러므로 기제사와 차례의 봉사자가 상이한 경우가 흔히 있는 것이다.

조상제사를 직계자손들이 분할하면서 적절하게 분배하기 어렵거나, 고르게 분배하고도 남는 제사가 있을 경우에는 몇몇 자손들이 돌아가면서 그 제사를 모시는 수가 있다. 이러한 제사를 제주도에서는 '돌림제사'라 부른다. 조선중기까지 사대부가에서 널리 행해졌던 '輪回奉祀'의 전형적인 모습이 오늘날 제주도에 '돌림제사'의 형태로 남아있는 것이라 생각된다.

제주도의 제사분할은 균분상속을 경제적인 기반으로 하여 성립된 것으로 보인다. 제사분할의 역사가 오래되었거나 분할이 보다 철저하게 이루어지는 가문에서는 재산을 균분상속하는 경향이 강하게 나타나기 때

---

74) 伊藤亞人, 1973, 「韓國農村社會の 一面」, 中根千枝 編『韓國農村の 家族と 祭儀』, 東京大出版會, 153쪽; 전경수, 1977, 「진도 하사미의 의례생활」『인류학논집』 3, 서울대 인류학연구회; 竹田旦, 1984, 「韓國における 祖先祭祀の 分割について」『民俗學評論』 24, 大塚民俗學會.

문이다. 그러나 장남우대상속 혹은 장남단독상속이 이루어졌는데도 제사를 분할하는 경우도 흔히 발견되고 있다. 이러한 경우는 대개 제사분할의 역사가 오래지 못하고 근대에 와서 제사를 분할하게 된 가문인 경우가 많다.

제주도에 현존하는 제사분할은 조선시대의 윤회봉사를 계승한 것과 장남봉사를 시행해 오다가 근대에 와서 새로이 제사를 분할하게 된 것으로 크게 나눌 수 있다. 그러나 전자가 수효는 매우 적다고 하더라도 제사분할의 전형적 모습을 보여주고 있고, 새로운 제사분할의 준거틀이 되고 있다는 점에서 제주도 제사양식의 원형으로 간주될 수 있다.

2) 혼인과 친족생활

(1) 혼인의례

제주도는 혼인의례에서도 한국의 전통적인 혼인절차와 매우 상이한 모습을 보여주고 있다.

제주도의 혼인의례에서 나타나는 가장 두드러진 특징은 婿留婦家婚의 흔적이 보이지 않는다는 점이다. 전통적인 한국사회의 혼인의례는 신랑이 혼례일에 신부집으로 가서(이것을 初行이라 한다) 奠雁禮·交拜禮·合巹禮 등으로 이루어지는 大禮(이것을 흔히 醮禮라 한다)를 거행하고 신부집에 신방을 차리게 된다. 그 후 신랑은 신부댁에 거주하거나 수시로 신부댁을 왕래하다가 상당한 기간이 경과한 연후에 신부를 데리고 와서(이것을 新行이라 한다) 시부모를 알현하는 見舅姑禮의 의식을 치르게 된다. 이러한 혼속을 婿留婦家婚이라 한다.

그러나 제주도에서는 혼례 당일 신랑이 신부댁으로 가서 신부를 바로 맞이해 옴으로써 서류부가혼의 흔적을 찾을 수 없고 흡사 중국의 親迎禮에 가까운 모습을 보이고 있다. 그리고 이 과정에서 신부와 신랑의 상견례라 할 수 있는 대례의식이나 신부가 시부모에게 첫인사를 올리는 현구고례의 의식도 보이지 않는다.

제주도의 혼인의례에서 볼 수 있는 또 하나의 특징적인 모습은 四柱單子와 擇日單子를 보내는 주체가 한국의 전통적인 혼인의례와 상반된다는 점이다. 한국의 전통혼례에서는 청혼서와 함께 신랑집에서 신부집으로 사주단자를 보내고, 신부집에서 궁합을 본 후 택일을 하여 택일단자(涓吉單子라고도 한다)를 신랑집으로 보내게 된다. 그러나 제주도에서는 신부집에서 신랑집으로 사주단자를 보내고, 신랑집에서 궁합을 보고 택일을 하여 연길단자(제주도에서는 이를 '막편지'라고 한다)를 신부집으로 보내게 된다. 사주단자의 전달을 공식적인 청혼으로 보고, 연길단자의 전달을 공식적인 허혼으로 이해한다면 육지와 제주도는 청혼과 허혼, 궁합과 택일의 주체가 서로 바뀌어 있고, 전달의 방향이 반대가 되는 셈이다.[75]

이점을 어떻게 해석해야 할 것인가 하는 것은 제주도의 혼인의례 연구에 중요한 과제가 되겠지만 서류부가의 전통이 없고 친영의 형식을 취하는 혼인과정과 관련이 깊은 듯하다. 한국의 전통적인 혼인의례에서는 신랑이 신부댁으로 장가들어 신부댁에서 대례를 치르고 첫날밤을 맞이하게 된다. 그러므로 혼인날의 택일은 신부댁이 주체가 될 수밖에 없다. 그러나 제주도에서는 혼례 당일 신랑이 신부를 바로 데리고 와서 신랑댁에 신방을 차리게 된다. 혼례의 중심이 되는 신랑 신부가 신랑댁에서 첫날밤을 맞이하기 때문에 택일의 주체도 신랑댁이 되어야 자연스러운 것이다. 신랑댁에서 택일을 하기 위해서는 신부댁에서 사주단자를 신랑댁으로 보내지 않을 수 없는 것이다.

---

75) 최재석, 1979, 앞의 책, 110~116쪽; 김혜숙, 앞의 책, 179~182쪽.

(2) 이혼과 재혼

이혼율과 재혼율이 대단히 높고, 이혼과 재혼을 기피하는 사회적 의식이 매우 약한 것도 제주도의 혼인제도에서 나타나는 중요한 특징이다.

배우관계별 인구통계가 집계되기 시작한 1966년 이후의 국세조사 자료에 나타난 15세 이상 인구 1,000명당 이혼자(이혼 후 재혼하지 않고 무배우자로 남아있는 자)의 비율을 살펴보면 1975년까지 제주도의 이혼자 비율은 전국 평균의 3배가 넘는 높은 수치를 보이고 있고, 1980년대 중반까지도 약 2배를 기록하고 있다. 1990년 이후에는 우리 사회 전반에 이혼율이 증가하여 전국적인 경향과 제주도 사이의 편차가 많이 줄어들었지만 여전히 제주도가 높은 비율을 보이고 있다.[76] 제주도의 이혼율이 매우 높다는 사실은 이혼신고를 집계한 인구동태통계나 법률혼의 해소를 다루는 재판기록을 통해서도 확인되고 있다.[77]

1970년대 중반 제주도 동부지역의 한 마을을 조사한 崔在錫은 남자 기혼자의 17.7%, 여자 기혼자의 24.1%가 이혼에 의해 초혼상태가 해체되고 있음을 보고한 바가 있다.[78] 金惠淑도 1980년대 중반 서부지역의 한 마을을 조사하여 기혼남자의 9.5%, 기혼여자의 17.9%가 이혼에 의해 초혼상태가 해체되고 있음을 보고하였고, 1990년대 초반에는 서부지역의 또 다른 마을을 조사하여 남자의 11.5%, 여자의 22.2%가 이혼에 이르고 있음을 보고하였다.[79] 이러한 통계를 제주도 전체에 일반화시킬 수는 없다고 하더라도 제주도의 이혼율이 매우 높다는 것을 밝히는 유용한 자료가 될 것이다.

---

76) 각 연도 『인구센서스보고서』(이창기, 앞의 책, 314쪽).
77) 한삼인, 1985, 「이혼에 관한 연구(Ⅱ)」 『사회발전연구』 창간호, 제주대 사회발전연구소; 권귀숙, 1998, 「제주도 이혼의 구조적 원인분석」 『가족과 문화』 10-1, 한국가족학회.
78) 최재석, 앞의 책, 171~177쪽.
79) 김혜숙, 앞의 책, 287쪽.

제주도에서 이혼율이 이처럼 높은 원인은 어디에 있는 것일까? 지금까지 보고된 학자들의 견해는 1) 여성의 활동력과 경제능력, 2) 핵가족적 전통, 3) 이혼과 재혼에 대한 사회적 규제의 약화, 4) 인구의 유동성과 성비불균형 등 크게 네 가지로 요약된다.

이혼율은 재혼의 가능성과 밀접히 관련되어 있다. 만약 재혼을 엄격하게 통제하는 사회라면 재가금지율 자체가 이혼을 억제하는 강력한 통제수단으로서 작용하게 될 것이며, 재혼이 폭넓게 허용되는 사회라면 이혼에 대한 억제력도 그만큼 약화될 것이기 때문이다. 그러므로 높은 이혼율은 자유로운 재혼이 전제되어 있는 것이라 할 수 있다. 이런 점에서 제주도도 예외는 아니다. 이혼에 대한 사회적 규제가 강하지 못하고 이혼율이 매우 높게 나타나는 제주도에서는 재혼을 꺼리는 사회적 관념도 대단히 미약하고 재혼하는 비율도 대단히 높게 나타난다. 특히 사별자들보다도 이혼자들의 재혼율이 두드러지게 높다. 농촌지역을 대상으로 조사한 경험적 자료에 의하면 이혼자는 남녀를 불문하고 거의 대부분 재혼하는 것으로 나타났다.[80] 이혼여성 중에는 이혼 후 첩이된 경우가 더러 있으나 첩도 사실혼 관계를 지속한다는 점에서 재혼의 범주에 포함시켜도 무방하리라 본다.

(3) 死後婚

제주도의 혼인의례에서 또 하나 특징적인 모습으로 지적할 수 있는 것은 死後婚이 많이 행해진다는 것이다.[81] 장성한 아들(대체로 15~16

---

80) 남성은 고령자가 아닌 한 사별자든 이혼자든 대부분 재혼한다. 그러나 여성의 경우에는 이혼자는 대부분 재혼하지만 사별자는 이혼자에 비해 재혼율이 현저히 낮다. 사별자의 재혼율이 낮은 이유는 크게 네 가지로 요약할 수 있다. ① 남편이 남긴 경제적 기반으로 안정적인 생활이 가능하다는 점, ② 자녀가 재혼에 장애요인이 된다는 점, ③ 사후 제사를 지내줄 아들이 있다는 점, ④ 이혼자에 비해 고령자가 많다는 점 등이다. 이혼여성들이 대부분 재혼하는 것은 이러한 요인들을 갖추지 못했기 때문이라 할 수 있다.

세 이상)이 미혼으로 사망하거나, 결혼을 하였더라도 후사 없이 이혼한 후 사망한 경우에는 적당한 배우자를 물색하여 영혼끼리 혼인을 시키는 사후혼의 사례가 드물지 않게 발견된다. 이 때 배우자가 되는 여성은 미혼으로 사망한 여성이 대부분이지만 때로는 이혼여성이나 사별여성인 경우도 있으며, 드문 예이기는 하지만 생존 여성이 사망한 남성과 사후혼을 하는 경우도 있다.

사후혼을 행하는 주된 목적은 '무적귀신'이 되어 떠도는 불행한 영혼을 위로하기 위한 것과 후사를 입양하여 제사를 지낼 수 있게 하기 위한 것으로 요약할 수 있다. 육지의 농촌지역에서도 미혼으로 사망한 남녀의 영혼결혼이 가끔 행해지긴 하지만 육지에서 발견되는 영혼결혼은 대개 망자의 영혼을 위로하기 위한 무속적 의례로 그치고 있지만 제주도의 사후혼은 제사를 담당할 후사를 입양하고 양가 간에 사돈으로서의 관계가 정상적인 결혼과 다름없이 형성된다는 점에서 차이가 있다. 제사를 중시하는 제주인의 의식구조가 여기에도 강하게 반영되고 있는 것이다.

(4) 촌락내혼

제주도에서는 같은 마을 안에서 혼인하는 비율이 매우 높다. 촌락내혼은 육지의 농촌지방에도 존재하지만 고립된 어촌마을이나 도서지방과 같은 특수한 지역에서 비교적 높은 비율을 보이고 있다. 그러나 제주의 마을들은 고립성이 보이지 않는 데도 많은 마을에서 촌락내혼의 비율이 높게 나타나서 제주도 혼인양식의 한 특징으로 지적되고 있다.

촌락내혼의 비율은 마을의 규모·동족구성·고립의 정도·인근마을과의 거리 등 마을의 입지조건에 따라 상당한 차이가 있지만 지금까지 보고된 바에 의하면 제주도에서는 촌락내혼율이 적어도 30%는 넘어서고 있다.

---

81) 최재석, 앞의 책, 219~244쪽; 김혜숙, 앞의 책, 221~249쪽.

동일촌락이나 인접촌락 사이에서 혼인하는 비율이 높다는 것은 부계친과 외가친족 및 처가친족이 가까이에서 함께 사는 비율이 높다는 것을 의미하며, 이들과의 사회관계가 매우 긴밀하게 이루어질 수 있음을 뜻한다. 마을 안에 외척이나 처족이 함께 거주하고 있는 가정들의 친족관계를 실증적으로 분석한 최재석의 보고에 의하면 제사와 관련된 사항을 제외하고는 일상생활의 사교관계나 가사협조, 생산과정의 협동, 결혼이나 장례시의 의례적 관계 등에서 부계친과 외척 및 처족 사이에 기능상의 차이를 발견할 수 없을 만큼 상호 긴밀하게 협동하며 생활하고 있음을 보여주고 있다.[82] 다수의 외척이나 처족이 한 마을에 함께 거주하면서 긴밀한 사회관계를 유지한다면 부계친만의 강한 결속력은 상대적으로 그만큼 약화될 수밖에 없을 것이다. 이런 점에서 촌락내혼은 제주도에서 문중조직이 발달하지 못한 중요한 요인의 하나가 되고 있는 것이다.

3) 가족생활 및 친족관계

(1) 가족생활

직계가족의 형태를 취하는 전통적 한국가족과는 달리 제주도에서는 장남까지도 분가시키고 노동력을 상실할 때까지 독립해서 생활하고자 하기 때문에 부부와 미혼자녀들로 구성되는 부부가족 혹은 핵가족의 형태를 이루게 된다.

부부를 중심으로 하는 제주도의 가족은 개별가족의 독자성이 강하다. 부모가족과 장남가족이 한마을에서 이웃해 살거나 때로는 한울타리 안에서 살고 있는 경우라 하더라도, 이들 사이에 남들보다 더욱 긴밀한 협동이 이루어지기는 하겠지만, 기본적으로는 생산활동과 소비활동은 물론 일상생활의 가사업무에 이르기까지 상호 의존하지 아니하고 독립해

---

82) 최재석, 앞의 책, 150~162쪽.

서 생활해 간다. 제주도의 노인들은 노동력이 있는데도 불구하고 자식의 부양을 받는 것을 오히려 수치로까지 의식하고 있는 것이다.

부모가족으로부터 독립성을 확보하고 있는 부부 중심의 제주도 가족은 가족의 범위를 넘어서는 친족집단으로부터도 독립된다. 촌락내혼으로 인해 부계친과 외가친족 및 처가친족이 같은 마을에 함께 거주하면서 이들과 긴밀한 관계를 유지하기 때문에 부계친족만의 결속이 강화되지 못하고, 부부를 중심으로 독립해서 생활하고자 하는 의욕이 강하기 때문에 친족집단이 개별가족에게 강한 영향력을 행사할 수가 없는 것이다.

부부중심의 독립된 생활은 자연히 며느리에 대한 시어머니의 통제력을 약화시키고, 시누이와 올케 사이의 마찰 기회가 그만큼 줄어든다. 그래서 한국의 전통가족에서 흔히 심각한 문제로 지적되고 있는 고부갈등이나 시누이·올케 사이의 불화도 제주도 가족에서는 그렇게 큰 문제가 되지 않는다. 제주도의 부인들이 시어머니의 뜻에 크게 관계치 않고 비교적 자유롭게 친정을 드나들 수 있는 것이나, 시동생과 시누이에게 경어를 사용하지 않고 친동생에게처럼 평등어를 사용하는 것 등은 며느리의 지위를 엿볼 수 있는 좋은 예이다.83)

부부중심의 가족생활은 부인의 자율성과 역할참여의 증대를 가져오고, 부녀자의 사회적 지위를 높이는 데 기여한다. 집안의 중요한 일은 주로 남편이 결정하는 육지의 전통적 가족과 비교할 때 제주도의 가족에서는 남편의 결정권이 상대적으로 약하고 부부가 서로 의논해서 결정하는 일치형이나 자율형 가족의 비율이 비교적 높게 나타나고 있다.84)

제주도에서도 가사활동은 주로 여성의 역할영역으로 간주되고 있으며, 밭농사를 주로 하는 농업의 특수성 때문에 농사일에 여성의 노동투하가 특히 많다. 그러나 중요한 일의 결정이나 힘든 농사일은 여전히 남

---

83) 최재석, 앞의 책, 149쪽.
84) 김혜숙, 앞의 책, 3~47쪽.

성의 역할로 간주되고 있다. 흔히 제주도 가족을 母性中心이라거나 妻優
位型이라 표현하는 것은 여성의 사회적 지위가 비교적 높고, 가사활동
및 농업노동에 여성의 역할참여가 매우 많다는 사실을 특별히 강조한 표
현이라 생각된다.

  제주도 가족에서는 개인의 자주성과 독립성을 인정하고 존중하는 측
면이 매우 강하다. 부인이 시집올 때 지참하고 온 재산이나 스스로 벌어
서 마련한 가축 등을 부인의 몫으로 인정하고 있으며, 자녀들이 벌어들
인 품삯을 가계에 통합하지 않고 자녀들 몫으로 따로 관리하는 모습을
흔히 발견할 수 있다. 미혼의 아들이나 아직 분가하지 않은 아들 부부에
게 토지의 일부를 잠정적으로 할애하여 그 수확으로 아들이나 아들 가족
의 잡비를 충당하도록 하기도 한다. 길흉사 시의 부조 특히 결혼시의 부
조가 가족을 단위로 하지 않고 개인단위로 주고받는 것은 개인의 자주성
과 독립성이 강조되는, 따라서 개인주의가 발달되어 있음을 나타내는 좋
은 증거가 될 것이다.

  개인주의가 발달되어 있고 부부를 중심으로 가족생활을 영위하는 제
주도에서도 부모와 자식 간의 생활협동은 매우 긴밀하게 이루어진다. 분
가했다고는 하나 이웃이나 한마을에 가까이 살고 있기 때문에 일상생활
과정에서 빈번하게 상호 왕래하면서 집안 대소사를 의논하고 금전이나
농기구를 상호 차용하기도 하며, 특히 힘든 농사일에 조건 없는 지원이
나 협조를 아끼지 않는다. 부모가 노동력이 있고 자식이 분가한 지 얼마
되지 않았을 때는 부모가 자식을 돕는 일이 적지 않으며, 자식의 살림이
점차 안정되고 부모가 연로해짐에 따라 자식이 부모를 돕는 일이 증가하
게 된다. 사회적 가치관으로 형성되어 있는 강한 독립생활의지와 함께
이러한 부자 양가의 생활유통이 노부부나 연로한 사별 여성이 심리적·
경제적 어려움을 이겨가면서 독립된 생활을 지속할 수 있는 힘이 되는
것이다.

또한 촌락사회에서 자생적으로 생겨난 '附加戶制度'도 이들의 생활을 보호하기 위한 사회적 장치로서 의미가 있다. 핵가족의 형태를 취하는 사회는 필연적으로 노부부만의 가족이나 연로한 여성이 혼자 생활하는 가족이 증가하게 마련이다. 이들은 노동력이 없거나 경제적으로 빈곤한 경우가 많기 때문에 이들에게 사회복지적 혜택을 주기 위하여 부역이나 里稅를 면제해 주는 제도가 부가호제도이다.[85]

이러한 제주도의 가족생활은 빠른 속도로 산업화·도시화되고 있는 우리 사회의 가족이 앞으로 나아갈 방향을 모색하는 데 많은 참고가 될 수 있으리라 생각한다.

(2) 부계친족조직의 약화

장남분가, 부부중심의 가족생활, 촌락내혼, 균분상속과 제사분할의 전통 등을 특징으로 하는 제주도의 가족제도는 전통적인 한국가족에 비해 부계친족의 결합성과 조직력이 매우 취약한 모습을 보여주고 있다.

일반적으로 한국의 동족집단에서는 결합범위에 따라 대소의 동족조직이 중첩적으로 결성되어 다양한 문중활동을 왕성하게 전개한다. 그러나 제주도에서는 특정 조상의 묘지 수축이나 비석 건립 및 족보의 발간 등 특별한 사업이 있을 때 일시적으로 동족조직이 현재화되는 경우는 더러 있더라도 문중조직이 항시적으로 존재하면서 지속적인 문중활동을 전개하는 예는 두드러지게 나타나지 않는다.

제주도에서 부계친족집단이 조직화되지 못했다는 것은 宗孫과 門長 및 有司의 존재가 뚜렷하게 부각되지 못하고 있다는 점에서도 찾아 볼 수 있다. 한국의 동족집단은 종손과 문장을 중심으로 집단활동을 전개해 나가기 때문에 이들을 특별히 우대하고 존중한다. 그러나 제주도에서는 대외적으로 문중을 대표하고 대내적으로 동족성원을 통제하는 문장의

---

85) 최재석, 앞의 책, 84~90쪽.

존재가 매우 희미하고, 문중일을 처리하는 데 종손이 특별히 우대되지도 않는다. 종가나 종손을 도와주어야 한다는 補宗觀念도 거의 찾아 볼 수 없다. 다만 장남봉사의 전통을 가진 지역이나 가문에서는 조상제사를 종손이 전담하고, 소분전이 종손에게 귀속되며, 제사의례시에 항상 초헌을 담당하는 등 제사와 관련해서 종손의식이 다소 선명하게 나타날 뿐이다. 지속적인 문중활동이 없기 때문에 동족집단의 실무 담당자인 유사의 존재도 공식화되지 못한다.

동족집단 중에서 가장 강한 결합성을 보이는 堂內集團과 마을단위의 동족집단도 뚜렷한 집단의식이나 결합성을 보이지 않는다. 당내집단은 기제사를 함께 지내고 길흉사시의 부조를 남들보다 다소 많이 하는 정도로 관계의 친밀성을 표출하고 있으며, 마을단위의 동족집단은 중심 조상[入村祖]의 분묘 벌초나 묘사시에 일시적으로 현재화될 뿐 여타의 조직적 활동은 거의 찾아보기 힘들다.

이렇게 본다면 제주도의 부계친족집단은 조상제사나 벌초 등 조상숭배의식을 바탕으로 하는 비조직적인 의례활동을 통해서 어느 정도의 결합성을 보이고 있을 뿐 동족집단의 조직화나 그 조직을 바탕으로 한 지속적인 문중활동은 매우 약화되어 있다고 하겠다.[86]

동족집단이 조직화되고 활발한 활동을 전개하기 위해서는 조상의 위세, 종족성원의 수와 밀도, 종족성원의 사회경제적 지위, 문중재산 등 현실적인 조건들이 뒷받침되어야 한다.[87] 그러나 제주도에서는 오랫동안 중앙정계에 진출할 수 있는 길이 극히 제한되어 있어서 위세 있는 조상을 많이 배출하지도 못하였고, 열악한 환경으로 인해 성원의 사회경제적 지위확보나 많은 문중재산의 형성이 힘들었을 것이다. 많은 경비를 소모하고 번잡한 의례절차를 통해 자신들의 사회적 위세를 과시하는 문중활

---

86) 최재석, 앞의 책, 162~168쪽.
87) 이창기, 1991, 「한국동족집단의 구성원리」『농촌사회』창간호, 한국농촌사회학회.

동은 합리적이고 실질적인 것을 추구하는 제주민들의 의식구조에 접맥
되기도 어려웠을 것이다. 또한 외척이나 처족들이 같은 마을에서 함께
생활하면서 긴밀하게 협동하는 촌락내혼의 관습이 부계친들만의 강한
결속을 제약하는 중요한 조건이 되었을 것이다. 제주도에 문중조직이 발
달하지 못한 데는 이러한 여러 가지 조건들이 복합적으로 작용하고 있는
것으로 보인다.

(3) 외가친족 및 처가친족과의 긴밀한 관계

촌락 내에서 혼인을 많이 하는 제주도에서는 부계친족집단의 결속이
매우 약하고 조직화되지 못한 반면에 외가친족이나 처가친족과의 관계
는 육지의 전통적인 가족에 비해 훨씬 긴밀하다. 제사를 제외한 사교관
계, 의례적 관계, 생산활동의 협조, 가사활동의 협조 등 생활의 전 영역
에서 부계친과 외척 및 처족의 차이를 발견할 수 없을 정도로 거의 동등
하게 긴밀한 협동이 이루어지고 있다.[88]

외가친족과의 긴밀한 관계는 결혼시의 上客 구성에서 잘 나타난다.
상객은 혼주보다는 손아래이고 당사자보다는 손위인 남자 2명으로 구성
되는데 이 중 1명은 반드시 외가 쪽 친족원이 맡는다. 보통 숙부와 형
중에서 1명, 외숙 중에서 1명이 선택된다. 남자 상객과 함께 신부를 수
행하기 위해 여자도 상객으로 참여하는데, 여자 상객이 2명일 경우에는
그 중 1명은 반드시 외가친족이 맡는다. 보통 숙모와 외숙모가 담당하는
것이 전형적이다.[89]

부모의 임종을 맞게 되면 장남이 맏상주로서 상례의 전 과정을 주관
하지만 장례의 경비는 여러 상주들이 적절하게 분담하게 된다. 여기에는
아들뿐만 아니라 출가한 딸이나 딸의 시댁에서도 적절한 역할을 분담하

---

88) 최재석, 앞의 책, 150~154쪽.
89) 최재석, 앞의 책, 155쪽; 김혜숙, 앞의 책, 194·203쪽.

여 참여하게 된다. 특히 딸의 시댁에서 장례일의 조반이나 점심식사를
담당하는 것이 관례화되어 있다는 것이 주목된다. 마을 안에 거주하는
딸의 시댁에서 장례일의 조반을 준비하게 되면 상두꾼과 일보던 집안 친
척 등 모든 사람들이 딸의 시댁으로 가서 식사를 하게 된다. 만약 장례
일의 점심을 맡게 된다면 딸의 시댁 식구들이 음식을 준비하여 장지로
운반해 와서 상두꾼들과 문상객들을 대접한다. 이때의 음식준비와 접대
등 일체의 업무를 딸의 시댁 식구들이 담당하고 상갓집 사람들은 거들지
아니한다90). 또 발인 전날에 행하는 日哺祭에는 출가한 맏딸이 제물을
차리도록 관례화되어 있다고 한다. 그래서 제주도에서는 첫딸을 낳으면
'일포제감 낳았다'고 한다.91) 임종 후부터 성복 때까지 상주는 4촌 범위
의 가까운 친족들이 쑤어 오는 죽을 먹어야 하는데, 특히 망인의 사돈은
반드시 죽을 한 허벅 쑤어 오도록 관례화되어 있다.92) 장례과정에서 나
타나는 이러한 역할분담은 혼인으로 맺어진 친족과 긴밀하게 협동하는
제주도 친족제도의 한 단면을 보여주는 것이다.

　제주도 서부지역에서는 장례시에 상두꾼들을 대접할 떡을 가까운 친
족들이 의무적으로 만들어 오도록 하는 '고적'이라는 관행이 있다.93) 사
촌까지는 쌀 두 말분의 떡을 해 와야만 하고, 5촌부터 8촌까지는 쌀 한
말분의 떡을 해 오도록 관습화되어 있다. 외사촌, 고종사촌, 이종사촌도
친사촌과 마찬가지로 쌀 두 말분의 떡을 해 오도록 되어 있다. 고종사촌
과 이종사촌에게는 강제성이 다소 완화되어 있다고 하지만 부계친 이외
의 친족과도 부계친 못지않게 긴밀하게 결합되어 있음을 보여주고 있다.

---

90) 최재석, 앞의 책, 319~321쪽.
91) 김영돈, 1973, 앞의 논문.
92) 현용준, 1977, 「濟州島の 喪祭」『民族學硏究』42-3, 日本民族學會; 최재석, 앞의
　　책, 307쪽.
93) 현용준, 1973, 「가족」『제주도문화재 및 유적 종합조사보고서』, 제주도; 현용준,
　　1977, 「濟州島の 喪祭」『民族學硏究』42-3, 日本民族學會.

이와 같이 제주도에서는 육지의 전통적인 한국가족에 비해 부계친족의 결합성이 매우 약한 반면 부계친 이외의 친족, 즉 외가친족이나 처가친족 및 인척과의 관계가 긴밀한 특징을 보여주고 있다.

4) 제주도 친족제도의 형성배경

이상에서 살펴본 바와 같이 제주도의 친족제도는 조선후기 이후 우리 사회의 전통적 친족제도와는 여러 가지 면에서 매우 상이한 모습을 지니고 있다. 장남분가와 재산의 균분상속 경향, 제사의 분할, 이혼과 재혼에 대한 사회적 규제의 약화, 촌락내혼, 문중조직의 약화, 외가친족 및 처가친족과의 긴밀한 협동 등은 부계의 원리를 강조하는 한국의 전통적인 친족제도와는 공존하기 어려운 비부계적 요소들이다.

그러나 다른 한편으로는 한국친족제도의 특징으로 지적되고 있는 부계적 요소도 동시에 지니고 있다. 조상제사를 중시하고, 제사를 담당할 아들을 선호하며, 後嗣를 얻기 위한 축첩, 양자제도 등이 제주도에서 광범하게 행해지고 있다. 제주도 친족제도의 특징으로 알려진 사후혼의 관행도 봉사손을 입양하기 위한 장치로 해석된다.

이와 같이 제주도는 오랫동안 한반도의 문화권에 속해 있었으면서도 가족제도와 친족제도에 관한 한 전통적인 한국의 친족제도와 맥을 같이 하는 부분이 있는가 하면 전혀 원리를 달리하는 부분도 동시에 지니고 있다. 다시 말하면 부계적 요소를 지니고 있으면서도 동시에 비부계적 특성도 강하게 지니고 있는 것이다. 일견 양립하기 어려운 것으로 보이는 두 가지 원리(부계적 요소와 비부계적 요소)가 공존하고 있는 이 현상을 어떻게 설명할 수 있겠는가?

문화전파론적 입장에 서는 사람들은 제주도의 지리적 입지를 고려하여 여러 경로를 통해서 유입된 문화가 혼재하는 문화적 이중구조로 설명할는지 모른다. 제주문화를 한국문화의 하위문화로 보는 사람들은 문화의 중심부와 주변부 사이에서 나타나는 문화격차로 설명할는지 모른다. 이러한 설명이 부분적으로는 매우 유용한 설명이 될 수 있음에 틀림이 없다. 그러나 필자는 친족제도나 가족생활의 양식도 문화의 일부분으로서 일차적으로는 그를 둘러싸고 있는 환경조건과의 상호작용을 통해서 형성된다고 보고, 제주도의 가족제도와 친족제도에서 공존하고 있는 상반된 두 가지 원리는 열악한 환경에 대응하여 스스로의 삶을 영위해 가고자 하는 두 가지 생존전략 즉 '적응의 메카니즘'과 '초월의 메카니즘'으로 설명하고자 한다.[94]

한국의 전통적 친족제도와 상이한, 그래서 보다 더 제주도적이라 인식되어 온 소위 비부계적 특성들은 열악한 환경에 합리적으로 적응하기 위한 제주인의 생존전략 즉 '적응의 메카니즘'으로 이해될 수 있다. 빈약한 자원과 매우 열악한 기후풍토 속에서 가족노동을 효율적으로 조직화하여 최대한으로 투입하기 위해서는 가족구조가 단순하지 않으면 안 된다. 현대 산업사회는 물론 자원이 극히 빈약한 사회에서 핵가족이 많이 발견되는 것은 환경에 대한 합리적 적응의 소산인 것이다. 한국의 전통사회에서도 삶의 여건이 열악한 지역이나 신분계층에서 핵가족적인 전통을 유지하고 있었음은 이를 반증하는 것이다. 특히 제주도는 田作農業과 裸潛漁業에 여성이 중심적인 역할을 수행하고 있기 때문에 가족성원의 수가 많고 구성이 복잡한 친자 중심의 가부장적 직계가족보다는 남녀의 지위가 비교적 평등한 부부중심의 핵가족적 형태를 유지하기가 더욱 쉬운 것이다. 제주도의 장남분가와 핵가족화도 근본적으로는 이런 관점에서 설명되어야 한다.

합리적 적응이 강조되는 사회에서는 형식과 명분을 중시하기보다는 능률과 실질을 추구하게 된다. 따라서 규범체계도 형식적 의례에 충실하기보다는 실질과 능률을 쫓아 형성되게 마련이며, 주민들의 사회관계도

---

94) 이창기, 앞의 책, 281~296쪽.

부계친만의 폐쇄적인 결속을 고집하는 것이 아니라 친가, 외가, 처가를 구분하지 않고 다양한 사람들과 긴밀히 협동하고 결합한다. 이와 같이 실질과 능률을 추구하고 합리적 적응을 강조하지 않을 수 없는 제주인의 생활여건이 의식구조에 있어서는 합리주의·실용주의·개인주의를, 생활태도에 있어서는 소박하고 근검절약하는 태도를 형성시키게 하였으며, 친족제도에 있어서도 전통적인 한국친족과 상이한 소위 비부계적 특성들을 유지하게 된 것으로 보인다.

그러면 전통적인 한국친족과 매우 흡사한, 어떤 점에서는 오히려 더욱 강화된 모습으로 존재하고 있는 소위 부계적 특성들은 어떻게 설명할 수 있는가? 필자는 인간의 힘으로 극복할 수 없는 거대한 자연의 힘 앞에서 무력한 인간의 한계를 절감하고 초자연적인 힘에 의존하여 현실을 극복하고자 하는 '초월의 메카니즘'으로 해석하고자 한다.

초자연적인 힘에 의존하고자 하는 인간의 의지는 신앙의 형태로 표출된다. 자원이 빈약하고, 토질이 척박하며, 기후의 변화가 매우 심한 제주도의 환경조건은 인간으로 하여금 적응의 한계를 절감케 하였을 뿐만 아니라 삶의 고통을 한층 가중시키게 한다. 제주도가 안고 있는 이러한 환경조건은 한편으로는 합리적인 적응을 강요하는 조건이 되면서 다른 한편으로는 절대자에 의탁하여 현실의 고통으로부터 벗어나고자 하는 원초적 동기를 자극시키게 된다. 제주도에 각종 민간신앙이나 무속이 성행하는 것은 바로 이러한 인간의지가 바탕이 되는 것이며, 조상신을 숭경하고 제사를 중시하는 것도 같은 맥락에서 이해될 수 있다. 조상은 단순히 '먼저 살다간 자'가 아니라 자손의 길흉화복을 주재할 수 있는 절대자로서 신격화된다. 명당을 찾아 조상을 안장하고 후히 제사지냄으로써 조상의 음덕이 자손의 현실생활에까지 미치기를 간절히 바라는 것이다. 그러므로 조상제사를 담당할 아들의 획득이 중요시되지 않을 수 없고, 그를 위한 축첩·양자·사후혼 등의 관행이 널리 행해지게 되었다. 그

럼에도 봉사손을 확보하지 못했을 때는 '외손봉사'나 '까마귀 모른 식개'[95]를 통해서라도 제사를 거르지 않으려고 노력한다.

조상을 숭배하고 제사를 중시하는 관행은 한국사회의 공통적인 문화현상으로 볼 수도 있다. 그러나 한국의 전통가족에서 행해지는 조상제사가 부계의 가계계승의지를 핵심원리로 하는 것이라면 제주도의 조상제사는 초자연적인 힘에 의존하고자 하는 동기가 핵심을 이루고 있다는 점에서 구별될 수 있다. 통과의례 중에서 출생과 관련된 돌·생일·회갑 등이 별로 중요시되지 않고 혼인의례가 매우 간소화되어 있는 데 비해 유독 장례와 제사만이 중시되고 있는 것도 그 때문이며, 형식적인 유교문화가 쉽게 수용되지 않으면서도 장례나 제례의 의례절차에 있어서만은 유교적인 형식이 쉽게 수용될 수 있었던 것도 이런 맥락에서 해석해 줄 수 있는 것이다.

이런 점에서 제주도 가족제도에서 나타나는 두 가지 상이한 원리는 열악한 환경에 대한 인간의 두 가지 대응양식 ─ '적응의 메카니즘'과 '초월의 메카니즘' ─ 으로 설명할 수 있다. 그것은 모순된 원리의 양립이 아니라 상호보완적인 두 가지 원리의 공존인 것이다. 그것이 모순으로 비춰지는 것은 부계의 가계계승을 핵심원리로 하는 한국의 전통가족을 보는 시각으로 제주도 가족을 이해하려고 하기 때문이다.

---

95) 미혼사망자에 대한 제사나 외손봉사와 같이 정식으로 모실 수 없는 제사를 남모르게 간단히 지내는 제사를 이르는 제주도 말이다.

제6장
한국에 있어서의 공동체 연구의 전개

1. 머리말

한국에서는 종래 'Gemeinde' 뿐만 아니라, 영어의 'Community', 독일어의 'Gemeinschaft'의 번역어로서 '공동체'라는 말을 사용하는 이도 있고, 독일에서는 영어의 'Community'의 번역어로서 'Gemeinde'를 사용하고 또 미국에서는 독일의 'Gemeinschaft'를 'Community'로 번역하는 사람도 있어, 한마디로 공동체라 하더라도 – 각각 그 내용은 다르다 – 어느 것을 의미하는지 불명확하다. 그래서 우선 우리가 여기서 문제 삼으려 하는 '공동체' 또는 '촌락공동체'라는 용어는 독일어의 'Gemeinde' 또는 'Dorfgemeinde'의 번역어임을 밝혀둔다. 물론 이 공동체라는 말이 본래 한국어는 아니었다 하더라도 여러 사람이 여기에 부여하는 개념은 각양각색이었다. 우리가 여기서 다루고자 하는 것은 공동체의 어원을 따지자는 것이 아니며, 한국에서 공동체 또는 촌락공동체라는 말에 어떠한 의미를 부여하고 있는가 하는 문제이다. 이러한 각양각색의 공동체의 개념은 특히 한국사회에 있어서의 공동체를 문제 삼을 때 더욱 심한 것 같았다. 그런데 이러한 종래의 여러 공동체의 개념에 관한 규정을 음미 내지 반성하지 않고 공동체의 개념을 규정한다면 또 하나의 혼란을 더욱 가져올 것이다. 그런 점에서 이 논고는 우선 한국에서 사회학자, 경제학자, 역사학자 등의 공동체에 관한 개념구성을 살펴보고 앞으로 예를 들면 사회학계에 있어서만이라도 하나의 통일된 개념을 모색하는 데 기여코자 한다. 각 분야에서 앞으로 더욱 공동체에 관한 많은 연구가 이루어진 연후에 개념의 비교 내지 통일이 모색되는 것이 타당하리라 생각될지

모르나 학계 또는 학자 간에 더 많은 不連絡 내지 혼란이 심해지기 전에
이 문제를 다루는 것이 더욱 유의미할 것이다.

2. 일본에 있어서의 공동체 연구의 경향

공동체에 관한 연구는 독일, 일본, 한국의 線으로 도입되었다. 바꾸어
말하면 한국에 있어서의 공동체 연구는 미국이나 영국이 아니라 독일의
학문의 영향을 받은 일본의 영향을 많이 받았다. 그러므로 한국에 있어
서의 공동체 연구경향을 살펴보기 전에 일본의 그것을 간단하게 살펴보
고자 한다. 주로 사회학자의 그것에 한정할까 한다.

전후 일본학계의 거의 모든 사람은 직접적이든 간접적이든 경제학자
인 오츠카 히사오(大塚久雄) 교수가 K. Marx(1955)의 유고인 『자본제생
산에 선행하는 제형태』를 정리, 해설한 『공동체의 기초이론』에 의거하
여 공동체를 설명하고 있기 때문에 1955년 이후부터 공동체 연구가 활
발해 졌다고 할 수 있을 것이다. M. Weber의 공동체이론도 연구되기는
하였으나, Marx에 비하면 활발하지 못하였다.

공동소유와 공동노동이 생산의 전 과정을 지배하는 원초적인 생산조
직인 'Urgemeinschaft'(많은 경우 원시공동체로 번역하고 있다)에서, 생
산력의 상승과 더불어 생산물의 잉여가 생기고, 사적 소유가 확충되어
가는 제2의 단계인 고대적 생산조직이 구성된다고 한다. 이 고대적 생산
조직은 정원을 제외한 일체의 토지를 공동체가 소유하는 아세아적 형태
와 사유지와 공유지로 양분되는 고전고대적 형태, 그리고 공동체적 소유
는 얼마 되지 않고 거의 모두 사유지로 되는 겔만적 형태의 세 가지 형
태로 나누어진다고 하는 것이 그의 저서의 주요 골자이다.

이미 말한 바와 같이 Marx의 고대의 공동체 이론의 연구 이외에 M.
Weber의 Dorfgemeinde(촌락공동체) 이론도 소개되었지만 이러한 독일

의 공동체 이론의 도입, 연구 이외에 일본사회의 촌락공동체의 연구도
활발해졌다는 것이 주목할 만하다.

전자본주의 시대의 지배적인 존재인 촌락공동체가 공동체의 대표적
인 것이라고 하는 사람도 있으나[1] 공동체와 촌락공동체의 차이에 대해
서 반드시 일치된 의견에 도달된 것은 아니었다. 그러나 경제학자나 사
회학자가 때로는 실지 현지조사를 통하여 일본의 촌락공동체를 구명하
고자 하는 태도를 높이 평가할 만하다고 하겠다. 이러한 결과, 나온 성과
의 대표적인 것의 하나는 촌락사회연구회 편, 『촌락공동체의 구조분석』
(1956)과 나카무라 기치지(中村吉治) 교수의 저서 『일본의 촌락공동체』
(1957)를 들 수 있을 것이다.

대체로 경제학자는 일본의 공동체를 생산조직 또는 생산관계로 보는
데 대하여 사회학자는 공동체를 생산=생활조직으로 보고 있는 듯하다.
이러한 사회학자의 견해는 Sanderson의 촌락발전단계에 관한 제이론에
서 암시를 얻은 것이 아닌가 한다. 즉 Sanderson 자신이 의식하였는지의
여부는 모르지만 일본인 학자는 그의 촌락발전의 5단계 즉 Primitive
Agricultural Village(원시농업촌락), Village Community(촌락공동체),[2]
Modern Agricultural Village(근대농업촌락), Modern Rural Community(근
대농촌지역사회), Large Estate Farm(거대농장)을 생산조직과 생활조직의
두 가지 측면에서 본 구분으로 보았던 것이다. 사실 생산조직의 면에서
의 구분인 Marx의 아세아적, 고전고대적 및 겔만적의 세 가지 형태의
공동체와는 달리, 이 구분은 생산과 생활의 종합적인 측면에서 본 구분
이었던 것이다. 그러나 Sanderson의 이론은 너무나 조잡하고 산만하여

---

1) 中村吉治, 1957, 『日本의 村落共同體』, 4쪽.
2) Village Community를 모두 촌락공동체로 번역하고 있지만, 독어의 Dorfgemeinde
   와 다르며, 또 MacIver의 Village Community와도 그 내용이 다르다. 그러므로 한
   국이나 일본에 있어서 촌락공동체라 하면 어느 나라의, 또 누구의 용어의 번역인
   가를 잘 살펴야 한다.

실제로 사용할 수 없는 것이 아닌가 생각한다. 이 점에 관하여 일본인은 다음과 같이 비판하고 있다.

(1) 고대의 촌락과 중세의 촌락을 일괄하여 고찰하였다.
(2) 노예제 대농장과 자본주의적 대농장을 일괄하였다.
(3) 고대 중세를 통하여 혈연적 촌락이 일반적이라 하지만 그것은 반드시 타당한 견해는 아니다. 원시적인 定住 이전의 취락에 있어서도 이미 혈연 이외의 요소가 들어 있다고 생각된다. 특수한 예를 제외하고는 혈연촌락은 고대 중세에는 거의 볼 수 없었다.
(4) 정주이전의 촌락에서 곧 고대, 중세의 촌락으로 비약적으로 생각하는 것은 무리이다. 생산조직의 전개에 따라서 원시적 촌락, 고대적 촌락, 중세적 촌락의 3단계로 생각하여야 될 것이다.
(5) 제3, 제4의 형태는 역사적인 단계 차이가 아니고, 정주하는 경우의 조건의 상위로 말미암아 생긴 촌락의 형태적인 차에 불과하다. 제3의 형의 촌락에 있어서도 상업적, 문화적인 중심과의 결부는 제4의 형과 같은 것으로 생각되며, 촌락공동체의 해체 후는 集村이냐, 散村이냐 하는 것은 단지 형태적인 문제에 불과하다. 제3과 제4의 상위는 촌락의 성질의 차이가 아니라, 농가 간에 나타나는 사회관계를 지적하는 것이 제3의 촌락이며, 농가와 시가지와의 관계를 지적하는 것이 제4의 촌락이다.[3]

본래 경제학자들은 원시시대의 공동체에 관심이 있었고 특히 전후 농지개혁 후는 일본농업이 반봉건적 구조를 이해하는데 불가결의 시각을 제공하는 것으로써 촌락공동체가 연구되었다. 여기에 반하여 사회학자 측은 농촌사회학의 학문적 성격, 나아가서는 사회학의 이론체계에 관련되는 극히 원리적 문제와 농촌사회학의 '촌락구조론'에서 '공동체'를 어떻게 포괄할 수 있는가 하는 것보다도 구체적인 연구대상의 문제로서 공동체가 문제되었던 것이다.[4]

---

3) 福武 直 외(편), 1957, 『家族·村落·都市』 講座社會學 卷4, 東京大學出版會, 127~128쪽.

현재 대체로 일본 경제학자들은 역사적 관점에서 자본주의사회 이전의 기본적인 사회관계, 환언하면 자본주의가 성립하여 전개되면 원칙적으로 해체, 소멸되는 사회관계를 촌락공동체로 정의하고 일본의 촌락공동체를 연구하고 있는 데 대하여, 사회학자들은 반드시 그렇지 못하다. 여기에 그 대표적인 후쿠다케 타다시(福武 直) 교수와 아리가 키자에몬(有賀喜左衛門) 교수 2인의 이론을 요약할까 한다.

후쿠다케씨[5]는 공동체를 Community(지역사회)와 동류의 것이 아니며, 농촌지역사회의 역사적 특수형태이며, 생산＝생활의 공동조직이라 말하고 공동체 성립의 본질적 계기는 상호 의존하지 않으면 생산할 수 없는 공동사회성(Gemeinschaft)과 공동체의 외부에 대한 봉쇄성(Geschlossenheit)이라고 한다. Marx 및 오츠카씨가 말하는 결정적 계기인 토지의 공동적 점취는 단지 공동체를 강화하는 일요인이며, 가령 공동체적 점취의 형태가 보이더라도 그것은 前記 두 가지 본질적 계기로 환원되는 것으로 이해하고 있다. 여기에 대하여 아리가씨의 공동체[6]는 부락에 있어서 家와 家와의 생활공동관계를 의미한다. 그에 의하면 가와 가의 공동관계는 일본 사회에서 하나의 생활단위로서의 특수역할을 담당하는 가가 다른 가와 생활상의 여러 계기에 대하여 결합하고 있는 공동관계인데 토지의 공동점유와는 무관하다고 하겠다.

위의 예에서도 나타나 있는 바와 같이 일본의 사회학자, 경제학자 간에는 각기 제멋대로 공동체를 연구해 왔으며 또 제멋대로 개념구성을 해 왔고, 그 간에 연락도 없기 때문에 그들 간의 공동체의 개념이나 또 그

---

4) 島崎 稔, 1959, 「村落共同體의 系譜와 文獻 解題」 『村落共同體論의 展開』, 日本村落研究會.
5) 福武 直, 1956, 「現代 日本에 있어서의 村落共同體 存在形態」 『村落共同體의 構造分析』, 村落社會研究會.
6) 有賀喜左衛門, 1956, 「村落共同體와 家」 『村落共同體의 構造分析』, 村落社會研究會.

연구방법론상의 차이점이나 일치점을 찾아내어 앞으로 상호교류를 모색
하기 위하여 촌락공동체에 관한 종합적 토론도 시도했던 것이다. 그러나
이러한 시도가 행해져 어느 정도 공동체연구에 관한 비약적인 계기가 되
었다고는 하지만 아직도 그 개념에 관한 일치는 미래에 속하는 일인 성
싶다. 이리하여 그 개념정의가 얽히고설키어 불필요의 논의를 낳기 때문
에 사회학에서는 '공동체'라는 용어를 사용하지 말자는 의견까지 나올
정도였다.[7]

3. 한국에 있어서의 공동체 연구

1) 공동체 · 촌락공동체라는 용어

공동체 · 촌락공동체라는 용어는 이미 말한 바와 같이 한국 본래의 용
어가 아니라 외국의 것을 번역한 말이다. 지금 이러한 공동체 · 촌락공
동체의 원어라고 생각되는 Community, Village Community, Gemeinde,
Dorfgemeinde 등의 외국용어가 한국에서 어떻게 번역되어 있는가를 먼
저 살펴보고자 한다.

Association의 대치개념으로서의 Community는 기초집단,[8] 기초사
회,[9] 공동태,[10] 생활공동태,[11] 지역사회,[12] 콤뮤니티,[13] 그리고 공동
체[14]의 7종으로 번역되고 있는데, 그 가운데에서도 공동체가 가장 많이

---

7) 福武 直, 1959, 「村落共同體를 둘러싼 討議」『村落共同體論의 展開』.
8) 배용광, 1957, 『사회학강의안』, 65쪽.
9) 변시민, 1963, 『사회학』, 개정판, 263쪽.
10) 변시민, 위의 책, 263쪽.
11) 변시민, 1955, 『사회학 신강』, 90쪽.
12) 고영복, 1965, 『사회학요론』, 214쪽; 김영모, 1967, 『농촌지역사회조직론』, 14쪽;
고영복, 1972, 『현대사회학』, 104쪽.
13) 김영모, 1972, 『한국사회학』, 133쪽; 양회수, 1960, 『사회학요강』, 115~117쪽.
14) 최홍기 역, 1966, 『사회학』, 131~132쪽; 이만갑 · 고영복 역, 1964, 『사회학』,

사용되고 있다.

다음에 미국 농촌의 특색인 분산, 고립된 농가와 이들의 공동활동의 중심지인 농촌 시가지를 가리키는 Rural Community는 농촌공동체,[15] 촌락공동체,[16] 농촌지역사회[17] 등으로 번역되어 있다.

이 Rural Community는 단순히 보통 Commnuity라고만 하기도 하지만, Rurban Community와 동의어로도 사용된다. 그런데 이 Rurban Community가 都鄙공동체[18]로 번역되니 결국 4종의 용어로 번역되는 셈이 된다.

한편 Sanderson의 부락의 발전단계의 하나인 Modern Rural Community는 근대 농촌지역사회[19] 또는 근대 농촌공동체[20]의 2종의 용어로 번역되고 있다. 또 Sanderson의 촌락발전단의 하나인 Village Community는 모두 촌락공동체[21]로 번역하고 있지만, MacIver의 Village Community는 촌락기초사회,[22] 촌락지역사회,[23] 촌락공동체[24]의 세 가

355~364쪽; 양회수, 1960, 『사회학요강』, 116쪽; 김대환, 1963, 『사회학』, 81쪽; 김영모, 1972, 『한국사회학』, 132쪽; 김영모, 1965, 『농촌사회학』, 130쪽; 이해영·고영복 역, 1960, 『사회학』, 28쪽.

15) 이상백 역, 1958, 『사회학』, 88~89쪽; 김영모, 1965, 『농촌사회학』, 130쪽.
16) 이상백 역, 위의 책, 88~89쪽.
17) 김영모, 1967, 『농촌지역사회조직론』, 5쪽.
18) 배용광, 「사회학강의안」, 67쪽.
19) 정홍진, 1965, 『농촌사회학』, 49~50쪽; 고영복, 1965, 『사회학요론』, 235~236쪽.
20) 양회수, 1967, 『한국 농촌의 촌락구조』, 122~123쪽.
21) 변시민, 1963, 『사회학』, 285쪽; 고영복, 1965, 『사회학요론』, 235~236쪽; 김대환, 1963, 『사회학』, 165~166쪽; 양회수, 1967, 『한국 농촌의 촌락구조』, 122쪽; 김영모, 1967, 『농촌지역사회조직론』, 22쪽; 문병집, 1970, 『한국의 촌락에 관한 연구』, 13쪽.
22) 김대환 역, 1959, 『사회학입문』, 37쪽.
23) 고영복, 『사회학요론』, 218쪽.
24) 김대환, 1963, 『사회학』, 83쪽; 정홍진, 『농촌사회학』, 49~50쪽; 김영모, 『농촌사회학』, 134쪽.

지 말로 번역되고 있다. 그런데 이 MacIver의 Village Community는 대체로 다음의 특징을 구비하고 있다.

① 인간의 대부분이 문명화의 과정에 있어서 도달하고 통과하였을 것이 틀림없는 단계이다.
② 공동소유를 하여 경작하며, 일정한 지역에 영속적 거주를 정하는 人間群의 정주지이다.
③ 사회단위는 莊園 안에 살며 혈연에서 구분된 가족이며, 장원의 소유는 공유지의 분배이며 Community 생활에서의 보호와 지위, 종교적 의식에 참가하는 권리의 근원을 의미한다.
④ 가족의 장들이 촌락집회를 형성하고 이 집회는 Community의 훈련 주로 관습법을 유지한다.
⑤ 경제적으로 협소하고 빈약한 자급자족의 생활이었으며, 분업은 미분화되고, 물물교환이었다.

이렇게 위의 제 특징으로 미루어보아 MacIver의 Village Community는 공동생활이 행해지는 일정지역이 아니라, 촌락발전의 하나의 단계이며, 동시에 경제생활에 관심을 두는 경제사적인 분류경향에 가깝다고 할 수 있을 것이다. 그리고 또 누구의 용어인지를 밝히지 않은 채 Village Community의 용어를 사용하고 이 번역어로 촌락공동체,25) 촌락공산체,26) 농촌공동체,27) 촌락지역사회28) 등을 사용하는 경향도 있다.

이렇게 볼 때, Village Community는 촌락기초사회, 촌락지역사회, 촌락공동체, 촌락공산체, 그리고 농촌공동체의 5종으로 번역되고 있다. 다음으로 Gemeinde는 모두 공동체29)로 사용되고 있으며, Marx의

---

25) 최호진, 1964, 『경제사개론』, 23쪽; 문병집, 1970, 『한국의 촌락에 관한 연구』.
26) 최호진, 위의 책, 31쪽.
27) 양회수, 1967, 『한국 농촌의 촌락구조』, 122~123쪽; 문병집, 위의 책.
28) 김영모, 1967, 『농촌지역사회조직론』, 5쪽.
29) 고영복, 『사회학요론』, 233쪽; 김삼수, 1965, 『한국사회경제사』, 40쪽; 양회수, 1960, 『사회학요강』, 123쪽.

Urgemeinschaft는 원시공동체[30]로, 그리고 Ursprungliche Gemeinschaft
도 원시공동체[31]로 번역되고 있다. 또 Dorfgemeinde는 모두 촌락공동
체[32]로 번역되고 있다. Dorfgemeinschaft도 촌락공동체[33]로 번역되고 있
으며, Nachbarshaft Gemeinde도 촌락공동체[34]로 번역되고 있다. Agrar-
gemeinde는 농촌공동체[35]로 사용되고 있다.

위의 용어의 사용에서 우리는 대체로 다음과 같은 경향을 알 수 있다.

① 영어의 용어를 우리말로 번역할 때 가장 여러 종류로 표현되고 있으며,
독어의 용어를 번역할 때는 그렇지 않다.
② 불어와 노어의 학술용어는 거의 사용되고 있지 않다.
③ 영어의 용어는 주로 사회학자가 사용하고 있는 데 대하여, 독어는 사
회학자 이외에 경제학자도 많이 사용하고 있다.
④ Community처럼 하나의 용어가 여러 가지 표현으로 번역되고 있는 것
이 있는가 하면 Dorfgemeinde, Dorfgemeinschaft처럼 다른 용어가 같은
말로 번역되는 것이 있다.
⑤ 동일인이 같은 용어를 여러 가지 말로 표현하는 경향도 있다.

우리는 위에서 외국의 용어가 우리말로 어떻게 그리고 몇 가지로 번
역 사용되고 있는가를 보았지만 이번에는 반대로 우리말의 용어가 외국
의 어떤 용어에 해당하는가를 보고자 한다.

농촌공동체   ......   Rural Community
                                Village Community

---

30) 김영모, 『농촌사회학』, 135쪽; 고영복, 『현대사회학』, 177쪽.
31) 양회수, 위의 책, 115쪽.
32) 김대환, 『사회학』, 167쪽; 고영복, 『사회학요론』, 234쪽; 김영모, 『농촌사회학』,
135쪽; 양회수, 『한국농촌의 촌락구조』, 127쪽; 문병집, 1970, 위의 책.
33) 양회수, 위의 책, 135쪽; 조기준, 1961, 『신경제사』, 82쪽; 최호진, 1964, 『경제사
개론』, 23쪽.
34) 최문환 외, 1961, 『경제사』, 103쪽.
35) 문병집, 위의 책.

촌락공동체	……	Agrargemeinde
		Rural Community
		Village Community
		Dorfgemeinschaft
		Dorfgemeinde
		Nachbarschaftgemeinde
공동체	……	Community
		Gemeinde

위에서 우리는 3가지 사례를 제시하였지만, 농촌공동체라 하면 Rural Community, Village Community, Agrargemeinde를 가리키고, 촌락공동체라 하면 Rural Community, Village Community, Dorfgemeinde, Dorfgemeinschaft, Nachbarschaftgemeinde를, 그리고 공동체는 Community, Gemeinde를 가리키기 때문에 막연히 공동체 또는 촌락공동체라 할 때 어느 것을 말하는 것인지 불명확하다. 경제학이나 사회학에 따라 그 의미가 다르고, 또 학자에 따라서도 그 의미하는 바가 다르기 때문에 그 불명확성은 더욱 가중된다. 거기에다 외국의 공동체와 한국의 공동체를 혼합하여 사용할 때가 많으므로 단지 공동체 또는 촌락공동체라 할 경우 무엇을 말하는 것인지 명백치 않을 때가 허다하다. 그러므로 외국의 용어를 사용할 때나, 한국의 용어를 사용할 때를 막론하고 개념 규정을 명백히 하여야 할 것이다. 외국의 것을 사용할 때는 더욱 어느 분야의 누구의 개념인가를 제시해야 혼란을 피할 수 있을 것이다.

2) 공동체의 개념

(1) 사학자의 입장

사학자, 경제학자, 사회학자의 공동체의 개념을 살펴보겠는데, 우선 사학자의 것부터 살펴보고자 한다. 사학자들은 전부 원시시대에 있어서만 공동체의 존재를 인정하고 다른 시대에 있어서는 그 존재여부에 대하여 언급이 없다. 명칭도 씨족사회,[36] 씨족공동사회,[37] 원시씨족 공동사회,[38] 원시씨족 공산사회,[39] 원시촌락 공동체,[40] 씨족공동체[41] 등 6종이 있으나 대별하면 공동사회와 공동체의 2대별을 할 수 있다. 대체로 공동사회는 공동체보다는 초기의 저서에 일반적으로 나타난 표현이다. 지금 이러한 공동체의 특징을 살펴보면 아래의 <표 1>과 같다. 특징의 언급이 없는 것도 있기 때문에 있는 것만을 비교해 보고자 한다.

---

36) 우리나라의 선사시대의 사회생활은 씨족사회였다(김용덕, 1958,『국사개설』, 4쪽).

37) 손진태씨는 씨족공동체 대신에 씨족공동사회라는 용어를 사용하고 자연 식물의 채취, 수렵물, 해산물, 농작물 등의 모든 생산은 모두 씨족의 공동작업으로 된 것이며, 그 생산된 모든 것은 씨족공동소유에 속한다고 하였다(손진태, 1954,『국사대요』, 43~44쪽); 손진태, 1948,『조선민족사개론』, 33·36~39쪽; 이홍직 외, 1958,『국사신강』, 20쪽.

38) 서울대 국사연구실, 1954,『국사개설』, 7쪽; 한우근·김철준, 1954,『국사개설』, 18쪽. 한국의 원시시대는 원시씨족 공동사회라고 하였다.

39) 서울대 국사연구실, 위의 책, 12쪽.

40) 촌락의 집회소를 마을이라 부르고 다시 그 집회소를 중심으로 한 촌락(공동체)을 그렇게 부르게 되었다. 원시촌락 공동체는 토지를 공유하여 공동경작, 공동분배, 그야말로 공산체를 이루었던 것이다. 이병도, 1956,『국사대관』, 18쪽; 진단학회 편, 1959,『한국사 고대편』, 14쪽.

41) 이기백,『한국사신론』, 17쪽; 한우근,『한국통사』, 19쪽.

〈표 1〉 공동체의 특징

	손진태	이홍직 외	이병도	진단학회	이기백	한우근
씨족단위의 공동생산 (공동노동)	○	○	○	○		○
생산물의 씨족공동소유 (공동소비분배)	○	○	○	○		○
모계사회		○				
토지공유			○	○		
중대사항은 씨쪽회의에서 결정					○	○
자급자족의 단위 (자연경제)					○	○
동성불혼					○	○
폐쇄적						○
혈연집단						○

위의 표에 의하여 우리는 원시시대의 씨족공동체의 공통 특징으로서 공동생산, 공동분배, 공동소비 등을 들 수 있다. 씨족공동체의 특징으로서는 모계 또는 모계에서 부계에의 이행, 동성불혼 등은 들고 있는 사람이 적지만, 그러나 다른 항목에서 대체로 이러한 것을 시인하고 있으니 그러한 것을 씨족공동체의 특징으로 보아도 무방할 것이다. 또 대체로 소위 씨족공동체의 존재시기를 원시시대로 표현하는 경향이 있지만, 개중에는 선사시대, 신석기시대, 고조선으로 표현하는 사람도 있다.

〈표 2〉 공동체의 명칭과 그 존재 시기

	원시시대	고대	중세 (봉건사회)	전자본주의 성립단계
백남운 (『조선사회경제사』)	원시씨족사회	·	·	·
이청원 (『조선사회사독본』)	씨족공동체	·	·	·
이북만 (『이조사회경제사연구』)	원시씨족공동체	·	·	·
전석담 (『조선사교정』)	원시씨족사회	·	·	·
조기준 (『신경제사』)	民群공동체· 촌락공동체	·	·	·
조기준 (『한국경제사』)	민군· 씨족공동체	·	·	·
최호진 (경제사개론』)	촌락공동체	·	·	·
최호진 (『한국경제사개론』)	씨족공동체· 농업공동체	·	·	·
최호진 (『한국경제사』)	씨족공동체· 부족공동체 (지연공동체)	·	·	·
최문환 외 (『경제사』)	원시공동제	◀———공동체(농업공동체)———▶ 아세아적 공동체　　　겔만적 공동체 고대대농향상공동체　　　촌락공동체		
이영협 (『일반경제사개론』)	원시공동체	·	·	·
박근창 (『농업경제학』)	원시공동체	·	촌락공동체	·
문병집 (『한국의 촌락에 관한 연구』)	농업공동체 촌락공동체 공존	·	·	·
문병집 (상동)	씨족사회· 부락사회	·	·	·
김삼수 (『한국사회경제사연구』)	무(한국)	——————— 공동체		
김병하 (『공동체적 토지소유의 아세아적 형태와 생산양식』)		——————— 공동체		

(2) 경제학자의 입장

우선 어느 시대에 어떠한 명칭의 공동체가 존재했다고 주장하고 있는 가를 살펴보자.

<표 2>에 의하여 우리는 대체로 경제학자는 원시시대에 공동체의 존재를 인정하는 이가 대부분이고, 자본주의의 성립단계 이전에 있어서의 그것의 존재에 초점을 두고 연구하는 이는 매우 적음을 알 수 있다. 원시시대에 있어서의 공동체를 씨족공동체 또는 원시공동체의 명칭 이외에 촌락공동체, 농업공동체 등의 명칭을 사용하는 이도 있다. 그러나 일반적으로 소위 원시시대를 설명하는 데 있어서 인용하는 대부분의 사람은 Morgan의 『고대사회(Ancient Society)』의 설명을 직접 또는 간접으로 인용하여 원시시대의 설명의 합리성을 얻으려고 하는 것은 공통점이라 하겠다.

그런데 위의 표와는 달리 원시, 고대, 중세 등의 구체적인 시대와의 관련 없이 공동체의 변천과정을 다음과 같이 설명하는 이도 있기 때문에 이해하기 곤란한 점이 더욱 많아진다.

    ① 원시씨족공동체 → 농촌공동체[42]
    ② 군단 → 씨족공동체 → 촌락공동체[43]
    ③ 혈연공동체 → 지역공동체 → 마을(농업공동체)[44]
    ④ 씨족공동체 → 촌락공동체 → 시민공동체[45]

다음에 원시시대의 공동체의 특징은 어떠한가를 살펴보자.

---

42) 이북만, 『이조사회경제사』, 31·36쪽.
43) 이영협, 『증정 일반경제사 요론』, 67~70쪽.
44) 문병집, 『한국의 촌락에 관한 연구』, 6쪽.
45) 문병집, 위의 책, 29쪽(양회수, 『한국농촌의 촌락구조』, 146쪽에서 재인용함).

〈표 3〉 원시시대의 공동체의 특징

공동체의 명칭 \ 원시시대의 공동체의 특징	공동의 혈연적 관계	공동생활	자연점유	토지점유권	모계중심	토지공유	남자의 혈연성	씨유재	자연의 공유	씨족공동체(씨족공유재산)	언어 파악	생산력 저 맹아(종족사회)	노동생산	종족생활의 공유	소비생활의 공유	공동생산물	공동노동	가족 외 혈연성가족외 경작	생산수단의 공유외 경제 외	종족구성원	폭력수탈로인한 경작	노동공유	공동생활	음료(飮料)공유	지연성	씨족외 토지공유	가족공동체	사회경제적 공동체 외	원시적 토지경작	수렵과 가축사육	공유재산의공동적 토지제도	토지의 여러가지 공동소유 형식	평등호혜적 관계	자연성장적 분업노동의 이원화	혈연적 유대의 공동체적
배남운 원시씨족사회	○	○					○	○	○	○	○																								
이청원 씨족공동체	○	○							○	○																									
이북만 원시씨족공동체				○				○	○	○																									
전석담 원시씨족사회	○		○									○																							
최호진 씨족공동체·부족공동체					○	○		○		○			○		○																				
최호진 씨족공동체·농업공동체	○	○				○				○			○			○																			
조기준 민간공동체·촌락공동체															○	○	○			○		○													
박근창 원시공동체						○						○	○			○			○	○															
이영협 원시공동체													○			○	○	○	○	○	○														
최문환 외 씨족사회·농업사회(촌락공동체)				○						○								○			○	○				○	○								
문병집 원시공동체(촌락공동체)	○	○								○												○		○			○			○	○	○			
문병집 촌락공동체(부족사회)																								○					○	○	○		○		
최문환 외 원시공동체	○	○																				○							○	○				○	
박근창 원시공동체																									○			○							○
이영협 원시공동체																							○		○										○

<표 3>에 의하여 우리는 6·25전의 저서에는 대체로 씨족의 성격 분석에 관심이 집중되어 있고 그 후로는 대체로 생산수단의 공유, 생산(노동력)활동이나 소비의 공동을 공동체의 특징으로 하고 있음을 알 수 있다. 그러나 좀 더 구체적으로 상세히 말하면 구체적인 자료를 제시함이 없이 제각기 공동체의 특징을 열거하고 있음이 눈에 뜨인다.

그런데 조선후기의 촌락공동체의 특징을 열거하고 있는 두 개의 논저는 다음 <표 4>와 같이 대체로 유사한 점이 많다고 하겠다.

<표 4> 조선후기의 촌락공동체의 특징

	이북만	김병하
자치	○	○
공유금 혹은 공유 재산	○	○
동민전체 혹은 유력자 협의에 의한 공유재산 처분	○	○
동거주자만 동유재산 향수 자격	○	-
공유지에서 공동경작	○	○
공동수입은 조세지불·빈곤자구제·제사 충당	○	○
촌락은 납세의 단위	○	○
봉쇄성	-	○
촌락내의 장로의 권력은 절대적	-	○
면장 소임 동장 호선	-	○
공유재산관리는 소임 또는 면장이 행함	○	○
공유지에서 생긴 이익은 공동체의 공동수익	-	○
공유지는 공동개간, 후사 없는 부락민 재산, 도망간 부락민의 유산으로 구성	○	○

지금 사학자가 본 공동체와 경제학자가 본 공동체를 비교해 보면 양자 모두 원시시대의 공동체 설명에 초점을 두고 있는 것은 동일하고, 경제학자가 공동체의 특징을 훨씬 많이 열거하고 있는 것과 또 외국의 공동체의 개념과 한국사회에 있어서 공동체의 개념을 혼합하여 분간하기 힘들게 한 것은 양자가 다르다고 하겠다. 하나의 예를 들면 한국의 공동

체 내지 촌락공동체를 설명하는 자리에서 다시 다음과 같은 개념규정 없는 용어를 수없이 사용하여 더욱 혼란하게 만든 것은 그 예의 하나일 것이다.

① 공동체적 제관계　　　　　② 공동체의 속성
③ 지역공동체　　　　　　　④ 농업공동체
⑤ 농촌공동체(Village Community) ⑥ 마을(Community)
⑦ 농촌공동체(Village Community, Agrargemeinde)
⑧ 촌락공동체(Village Community) ⑨ 촌락공동체(Dorfgemeinde)
⑩ 원시공동체　　　　　　　⑪ 근대 농촌공동체
⑫ 아세아적 공동체　　　　　⑬ 고전고대적 공동체
⑭ 겔만적 공동체　　　　　　⑮ 종족공동체
⑯ 가부장적 가족공동체　　　⑰ 가부장적 세대공동체
⑱ 혈족공동체　　　　　　　⑲ 생산공동체
⑳ 제사공동체　　　　　　　㉑ 隣保공동체
㉒ 행정공동체　　　　　　　㉓ 都鄙공동체
㉔ 방어 공동체　　　　　　　㉕ 씨족공동체
㉖ 혈연적 공동사회=씨족공동체 ㉗ 지역적 공동사회=촌락공동체
㉘ 심연적 공동사회=시민공동체 ㉙ 촌락적 지역적 공동체
㉚ 지연적 공동사회=촌락공동체 ㉛ 정복 공동체
㉜ 피정복 공동체　　　　　　㉝ 가족공동체
㉞ 친(親)공동체　　　　　　　㉟ 자치 공동체
㊱ 지연적 공동체　　　　　　㊲ 부락 공동체
㊳ 자연촌락　　　　　　　　㊴ 공동 인보단체

　　지금 촌락공동체의 이름 아래 그 형성시기와 특징을 열거하고 있는 몇 사례를 제시하면 다음과 같다.

<표 5> 촌락공동체의 특징

	조기준 (신경제사)	문병집 (한국의 촌락에 관한 연구)	최문환 외 (경제사)	박근창 (농업경제학)	이영협 (일반 경제사개론)
생산수단 공유	○	○			
생활활동의 단위	○				
소비활동의 단위	○				
가족이 생산과 소비의 단위	○				
공동제사		○			
공동방위		○			
납세단위		○			
행정단위		○			
인보단위		○			
촌락의 공유지		○	○	○	
가장권 약화			○		
혈연보다 지연			○		○
삼림황지 공동이용				○	
채초지 교대경작				○	
주택지 가족소유				○	
토지분배는 공동체총회에서 결정				○	
씨족 이외의 공동체가 토지 소유				○	
사적소유와 집단소유의 이원성					○
형성 시기	원시시대	원시시대	중세	봉건사회	집단소유에서 사족소유의 이행시기

다같이 촌락공동체라 하지만 형성시기도 다르고, 또 그 특징 가운데도 촌락이 공유지를 소유하고 있다는 점 이외에는 거의 각자 다름을 알 수 있다.

(3) 사회학자의 입장

공동체에 대하여 언급한 사람은 거의 대개가 Marx의 공동체의 3유형, 즉 아세아적, 고전고대적 및 겔만적 형태와 D. Sanderson의 촌락의 역사적 5단계이론을 소개하고 있다.[46] 또 M. Weber의 Dorfgemeinde의 이론이나[47] MacIver의 Village Community, City Community, Feudal Community, Nation Community의 단계이론을 공동체의 역사적인 형태라고 하며 소개하는 사람도 있다.[48] 그런데 일본에 있어서는 Marx의 이론은 주로 경제사가들이 자본주의 이전의 생산관계를 설명하는 수단으로 사용하고 있고, 사회학측에서는 일부 이것을 생산조직으로서 그들의 연구영역으로 받아들이고 있다. 또 Sanderson의 이론은 생산조직과 생활양식의 양측면의 종합적인 관점에서의 구분으로 받아들이고 있다. 그러나 한국에 있어서는 이러한 구별은 하지 않은 채, 받아들이고 있다. 그렇다면 우리는 다음에 사회학계에서의 촌락공동체의 특징은 어떠한 것인가를 살펴보자.[49]

---

46) 고영복, 『사회학론』, 233~236쪽; 김대환, 『사회학』, 165~168쪽; 김영모, 『농촌 지역사회 조직론』, 21~22쪽; 정홍진, 농촌사회 연구회편, 『농촌사회학』, 43~46쪽.

47) 고영복, 위의 책; 김대환, 위의 책, 167쪽; 정홍진, 위의 책.

48) 양회수, 『사회학 요강』, 117·127~135쪽; 김영모, 위의 책, 22~23쪽. 김영모 교수는 이밖에 위의 책, 20~21쪽에서 Marx의 원시공동체와 촌락공동체의 성격대비를 소개하고 있다.

49) 양회수, 위의 책, 128~129쪽; 김대환, 위의 책, 174~177쪽; 정홍진, 위의 책, 47~48쪽; 김영모, 『농촌사회학』, 89쪽 ; 고영복, 『현대 사회학』, 176쪽; 주낙원, 『사회학 개론』, 151~154쪽.

〈표 6〉 촌락공동체의 특징

	양회수	김대환	정홍진	김영모	고영복	주낙원
전근대적 농촌 (자본주의 발달 전)	-	-	○	-	○	○
현재도 존재	-	○	-	-	-	-
원시시대 존재	○	-	-	-	-	-
공동소유(공유재산)	○	-	-	○	-	○
공동경작	○	-	-	-	-	-
일정지역에 영속 주거하는 인간군의 정주지	○	-	-	-	-	-
채원 사유	○	-	-	-	-	-
가족이 단위	○	○	-	-	○	-
가장으로 구성되는 촌락집회가 관습법 우대	○					
자급자족	○	-	○	-	○	-
분업 미발달	○	-	-	-	-	-
물물교환	○	-	-	-	-	-
부족이 아니라 촌락이 공동 생활권	○	-	-	-	-	-
정서적 공동체	○	○	-	-	-	-
생산소비의 공동체 (자급자족) (생산보장)	○	○	○	-	-	-
생활의 공동체(상호부조) (생활보장) (일상생활의 공동)	-	○	○	○	-	○
농촌의 재생산의 하나의 기구	-	○	-	-	-	-
전인격적 영속적 인간관계	-	○	-	-	-	-
타산을 초월한 인정적 인간 관계	○	○	-	-	-	-
공동체 규제(지역사회구속)	-	○	○	-	-	-
성원의 평등성	-	-	○	-	-	-
공유지·사유지의 공존	-	-	○	-	-	-
비합리적	-	-	○	-	-	-
경제외적	-	-	○	-	-	-
전체주의적	-	-	○	-	-	-
공동노동(노동력교환)	-	-	-	○	○	-
공동신앙	-	-	-	○	-	-
공동오락	-	-	-	○	-	-
공동문화	-	-	-	○	-	-

원초적관계(협소성)	-	-	-	-	○	○
공동방위	-	-	-	-	○	-
결속 공고	-	-	-	-	○	-
생산수단 공동소유	-	-	-	-	○	-
성원은 공동체에 예속	-	-	-	-	○	-
성원의 보호안전을 확보	-	-	-	-	○	-
봉쇄성	-	-	-	-	-	○
생산과 생활의 불가분의 관계	-	-	-	-	-	○
생산을 위한 공동조직	-	-	-	-	-	○
자립자치	-	-	-	-	-	○
촌장·유지의견 크게 작용	-	-	-	-	-	○
몰개성적 등질화	-	○	-	-	-	-

위의 <표 6>에 의하여 우리는 촌락공동체의 특징을 상세히 열거하였다. 어떤 사람은 서구의 공동체, 또 어떤 이는 한국의 공동체, 또 어떤 이는 이 양자의 특징을 종합하고 있음을 본다. 또 어떤 이는 근대 이전, 다시 말해서 자본주의 발달 이전의 단계에 있어서 공동체에 역점을 두고 있는 데 대하여 어떤 이는 원시시대, 또 어떤 이는 현재에 초점을 두고 있다. 가급적 유사한 특징을 한 항목에 묶으려고 하였으나, 의미가 조금씩 다르므로, 더욱 간략하게 정리할 수가 없었다.

이 사회학자 측의 공동체의 특징을 경제학자 측의 그것과 대비시켜 본다면 대체로 다음과 같은 경향이 있음을 알 수 있다. ① 사회학이 훨씬 더 공동체의 특징을 많이 열거하고 있다. ② 사회학이 생산의 측면보다는 생활의 측면에서의 특징을 훨씬 더 많이 들고 있다. ③ 사회학은 자본주의 발달 이전의 공동체에 관심이 있고, 경제학은 그것보다 더 소급한 시대의 공동체에 관심이 있는 것 같다. ④ 그러나 양자가 모두 생산과 생활의 양 측면에서 다루고 있는 점은 동일하다. 즉 사회학은 경제학에서의 생산에 관한 특징을 빌려오고 경제학은 사회학에서 생활에 관한 특징을 가져가서 사용하고 있다. 이러한 경향은 일본학계 경향과 다른 점이라 할 수 있겠다.

그러면 다음에 사회학에서는 공동체의 변천과정을 어떻게 보고 있는
가를 살펴보자.

① 원시공동체(원시사회) → 씨족공동체(고대사회) → 촌락공동체(중세사
회)[50]
② 원시공동체 → 촌락공동체 → 근대농촌[51]
③ 촌락공동체(원시시대) → 도시공동체(고대) → 촌락적 봉건공동체(봉건
시대) → 도시적 국민공동체[52]
④ 원시공동체 →농업공동체(Agrargemeinde)[53]
⑤ 씨족공동체 → 촌락공동체[54]

위에 나타나 있는 바와 같이 이 공동체의 변천과정은 경제학의 그것
과 마찬가지로 사람마다 다르므로 이해하기 곤란하다. 경제학의 그것과
도 다르고, 또 동일인에 있어서도 장소에 따라 다르기 때문이다. 거기에
다 다음의 예에서 보는 바와 같이 개념규정을 하지 않은 용어를 동의어
로 사용하고 있으니 더욱 이해의 혼란을 느낀다.[55]

① 농업공동체(Agrargemeinde)=농촌공동체=

　　　　　　　　　／ 아세아적 형태(종족공동체)
촌락공동체 ───── 고전고대적 형태(도시공동체)
(Dorfgemeinde) ＼ 겔만적 형태(촌락공동체 또는 봉건적 공동체)
② 겔만적 형태(=봉건적 공동체)=촌락공동체
③ 혈연적 공동사회=민족공동체
　 지연적 공동사회=촌락공동체
　 심연적 공동사회=시민공동체

---

50) 정홍진, 위의 책, 49쪽.
51) 김영모, 『농촌지역사회조직론』, 20쪽.
52) 양회수, 『사회학요강』, 127~135쪽.
53) 양회수, 『한국농촌의 촌락구조』, 127~128쪽.
54) 양회수, 위의 책, 153쪽.
55) 양회수, 위의 책, 127~128·146쪽.

④ 촌락공동체=지연적 공동사회

요컨대 사회학에 있어서도 경제학에 못지않게 공동체의 용어나 공동체의 특징이나 또 그 변천과정의 설명에 있어서 혼란을 거듭하고 있음을 보게 된다.

4. 공동체 연구를 위한 몇 가지 제안

이상에서 우리는 대체로 공동체 내지 촌락공동체에 대하여 사학자, 경제학자, 사회학자가 부여한 개념은 일치하지 않을 때가 많다는 것을 보았다. 공동체를 공동사회나 공동제와 동일한 개념으로 사용하는 사람도 있고, 또 공동체를 설명하는 데 개념규정을 하지 않은 또 하나의 또는 많은 용어로 대치하는 경향도 많았다. 사회학이 경제학의 개념을 사용하고 경제학이 사회학의 개념을 사용하는 것은 좋다고 하더라도 무작정 사용할 것이 아니라, 일관성 있고 체계성 있는 개념규정이 되어야 할 것이다.

외국에 있어서의 공동체와 한국사회에 있어서의 공동체의 구분 없이 혼용하여 어느 것이 어느 것인지 분간하기 모호한 경우도 허다하였다. 외국의 공동체의 개념이 다양하고 또 한국의 공동체에 관한 개념이나 특징을 파악하기 위하여 한번도 정식으로 이것을 문제삼아 시도된 바 없는 현단계에 있어서는 더욱 그러한 느낌이 든다. 또 한국의 공동체를 설명하는 데, 외국의 공동체의 특징을 그대로 차용하다가, 또 같은 외국의 것이라 하더라도 영어(예: Community)의 개념과 독어의 개념(Gemeinde)이 상위한데, 이것을 혼동하거나 동일의 내용으로 간주하는 경우도 적지 않았다. 또 역사적인 개념과 공간적인 개념을 혼동하는 경우도 많았다.[56] 요컨대 사회학자, 경제학자, 사학자들이 각기 제멋대로 공동체연구를 해 왔으며, 제멋대로 개념규정을 해 왔다고 하여도 과언이 아닐 것이다. 이제까지 보아온 것처럼 다의적인 외국의 것을 마음대로 받아들여 거기에다 자기의 개념을 마음대로 규정할 것 같으면, 오히려 어떤 일본인이 말한 것처럼 공동체라는 용어를 사용하지 않는 것만도 못할 것이다. 만일 공동체라는 용어를 사용한다면 남의 것은 그것을 정확히 소개한 연후에 이론을 전개해야 할 것이고 자기의 공동체의 용어를 사용할 경우에는 명확한 개념규정부터 출발해야 할 것이다. 이러한 입장에 서서 본인은 한국에 있어서의 촌락공동체라는 용어를 사용한다면 그 특징으로서 다음과 같은 점을 고려에 넣는 것이 좋지 않을까 한다. 이러한 특징은 우리들이 이제까지 살펴온 촌락공동체의 특징에서 추출한 것임을 밝혀둔다.

① 경제학자의 관점을 받아들여, 공동체는 역사적인 개념이다. 즉 자본주의 사회가 성립하여 전개하면 원칙적으로 해체, 소멸된다.
② 지역집단이다.
③ 생산수단을 공동소유한다.
④ 생산을 위한 공동조직을 가진다.
⑤ 구성단위가 가족이다.
⑥ 봉쇄적 집단이다.
⑦ 이러한 특징을 부락단위가 구비하고 있을 때, 부락공동체라고 말한다.

①과 ②와 ③의 특징을 강조할 때, 우리는 이것을 부락공동체라 하고

---

56) 사회학 측에서는 Sanderson의 'Primitive Agricultual Village'와 'Village Community'를, Marx의 'Urgemeinschaft'와 '아세아적, 고대고전적, 겔만적 공동체'를 각기 동일하다고 말하는 사람도 있고, 공동체(Gemeinde)와 지역사회(Community)는 별개의 것이라 하면서 Community의 한 특징으로서의 'Community Sentiment'와 공동체 감정으로 번역하는 사람도 있다. 또 경제학적인 Gemeinde(공동체)와 사회학적 용어인 Community(컴뮤니티)는 다르다고 하면서 Community를 공동체로 번역하기도 한다. 또 지역사회(Community)와 공동체(Gemeinde)의 개념을 구별하면서도 지역사회의 발전과정을 설명하는 데 공동체의 그것을 설명하기도 한다.

생활의 공동이나 신앙의 공동 등을 강조할 때는 자연부락이라고 하는 것이 좋지 않을까 한다.

우리는 위에서 여섯 가지 특징을 具有할 때, 이것을 부락공동체라고 부르고자 하지만 부락공동체의 특징표에서 열거한 그 밖의 여러 특징은 대체로 이 여섯 가지 성격에서 연유된 특징이 아닌가 한다.

제 7 장
한국사회의 윤리규범문제

1. 머리말

오늘날 한국인의 윤리는 전통적인 것에서 근대적인 것으로 옮아가는 소위 과도적 단계에 놓여 있다고 하겠다.

또 같은 한국인이면서도 농촌과 도시에 따라서 윤리의식면이나 행동면에서 많은 차이가 나타날 것이고 계층이나 세대에 따라서도 많은 차이가 나타날 것이다.

농촌인은 도시인에 비해 더욱 전통적일 것이고, 나이 많은 세대는 젊은 세대들에 비해 전통적 의식을 많이 지니고 있을 것이라는 것은 쉽게 짐작할 수 있는 일이다.

그러나 도시인은 물론이지만 농촌인도 시간이 경과함에 따라 점차로 전통적 의식을 상실해 갈 것이다.

여기서 전통적 윤리와 근대적 윤리라는 두 가지 가치의식을 문제삼을 때 우리는 무엇이 전통적 윤리이고 무엇이 근대적 윤리이냐 하는 문제에 부딪친다. 전부터 전해 내려오는 가치의식을 전통적 윤리, 서구에서 한국에 도입된 새로운 가치의식을 근대적 윤리라고 이해하더라도 그 개념이 명확한 것은 아니다. 한국인의 윤리가 전통적인 것에서 근대적인 것으로 변화하고 있다고는 하지만 구체적으로 무엇이 전통적인 것이며, 무엇이 근대적인 것인지 명확하게 규정된 적은 거의 없었다. 윤리의식의 근대화 방향이나 그 정도를 파악하려면 무엇보다도 전통적인 윤리의 내용과 근대적인 윤리의 내용부터 명확히 규명되어야 하며, 그렇게 함으로써 한국사회의 윤리규범에 있어서의 문제점들을 파악할 수 있을 것이다.

이러한 관점에서 우리는 전통적 윤리는 어떠한 내용이었으며 현재의 윤리는 어떠한 상황에 있는지 살펴보고 그를 비판함으로써 한국사회의 윤리규범의 문제점을 파악하고 앞으로의 윤리를 정립하는 데 있어서 그 방향을 모색하고자 한다. 이 합리적 윤리의 모색과 아울러 그 실천 방안도 검토해보고자 한다.

2. 전통적 윤리

한국인의 전통적 윤리[1]를 고찰하는 데 있어서 우리는 어느 시대, 어느 계층의 가치의식을 전통적 윤리로 보느냐 하는 것이 문제가 된다. 그러나 여기서는 서구의 가치의식이나 기계문명의 도입에 의한 변화를 받기 이전의 가치의식을 전통적 윤리로 간주하는 바이다. 또 이 가치의식은 서민층에 속하는 것이 아니라 지배계급이었던 유교문화의 담당 계층의 가치의식을 지칭하는 것으로 규정하고자 한다.

한국인의 전통적 윤리를 파악하는 데 있어서 여러 가지 방법들이 있을 수 있겠지만 다음 서적들에 의해서 가장 명확히 파악될 수 있을 것이다.

① 천자문(千字文)   ② 유합(類合)
③ 동몽선습(童蒙先習)   ④ 계몽편(啓蒙篇)
⑤ 격몽요결(擊蒙要訣)   ⑥ 명심보감(明心寶鑑)
⑦ 소학(小學)   ⑧ 효경(孝經)
⑨ 논어(論語)   ⑩ 맹자(孟子)
⑪ 대학(大學)   ⑫ 중용(中庸)
⑬ 시경(詩經)   ⑭ 서경(書經)
⑮ 주역(周易)   ⑯ 예기(禮記)

---

1) 최재석, 1966, 『한국가족연구』, 제5장 제1절 참조.

⑰ 통감(通鑑)　　　　　　⑱ 고문진보(古文眞寶)
⑲ 문장궤범(文章軌範)　　⑳ 당송팔가문(唐宋八家文)
㉑ 동시(東詩)　　　　　　㉒ 법첩(法帖)

왜냐하면 상기 서적들은 근대적 교육기관이 설립되기 이전의 교육기관인 서당, 향교, 四學, 성균관 등에서 유년시부터의 교육재료로 사용되는 것들이며 이와 같은 교재들에 의한 교육을 통해서 전 국민에게 전통적 윤리를 되풀이하여 고취시켜 왔기 때문이다. 이 서적들 속에 수록된 윤리규범은 과거 한국인의 의식에 거의 절대적인 영향을 주었고 그리하여 행동의 원리가 되었던 것이다. 그러므로 우리는 이와 같은 교육의 내용을 분석함으로써 한국인의 전통적 윤리를 파악할 수 있다.

이와 같은 과정은 근대적 교육기관인 학교가 출현한 이후에도 여전히 계속되어 오늘날도 많은 사람들이 상기 서적들에 수록된 성현들의 언행을 절대시하여 이것을 행동의 지표로 삼아야 한다고 강조하는 예를 많이 본다.

이와 같이 한국인은 그들의 이상적 인간관계나 이상적 생활태도의 전형을 상기 교재에서 찾고 있기 때문에 우리는 이 교재의 분석을 통해서 한국인의 전통적 윤리를 찾아낼 수 있을 것이다.

그런데 이들 교재에서 언급된 성현들의 언행은 주로 가족윤리에 관한 것이며 효와 婦德에 관련된 것이 중심을 이루고 있다. 충의 사상과 약간의 사회윤리가 언급되고 있지만 이것들을 좀 더 관찰해보면 가족윤리의 단순한 확대에 불과하고 그 기본에 흐르는 원리는 역시 가족윤리인 것이다.

사실 인간의 퍼스낼리티 형성과정에서 가정의 영향이란 지대한 것이며 어린 시절의 가정교육 내지 윤리교육은 성인이 된 후의 윤리관의 바탕이 되는 것이다. 이런 면에서 어린시절의 교육 특히 가정교육은 대단히 중요하다고 하겠다.

그러면 가정윤리를 그 핵심으로 하는 한국인의 전통적 윤리는 어떠한 내용을 가진 것인가 살펴보기로 하자.

1) 부자관계

부모와 자식 간의 관계를 파악하려면 무엇보다도 효를 이해해야 한다. 효란 부모의 자식에 대한 관계가 아니라 자식의 부모에 대한 일방적 관계만을 지칭하는 것이다. 부자상호간의 쌍무관계가 아니라 부모의 행위와는 관계없는 자식의 일방적인 편무관계인 것이다.

효도는 백행의 근본이며, 모든 인간생활의 지도원리가 되는 인간윤리 행위이다. 효에 위반되는 일은 단순한 도덕적 문제일 뿐만 아니라 형법상의 가장 중요한 문제가 된다.

효도는 세 가지 조건위에 서 있는 것이다. 그 첫째 조건은 부모의 생산의 은혜, 그리고 둘째 조건은 부모의 양육의 은혜이다. 부모가 낳아주고 길러준 그 광대무변한 은혜에 보답하기 위해서 자식은 부모에게 끝없는 효도를 해야만 한다. 효의 셋째 조건은 부자의 신분관계를 들지 않으면 안 된다. 生과 育의 은혜 이외에 부모와 자식은 친자관계에 놓여 있다는 이것 하나만으로 자식은 부모에 효도하지 않으면 안 된다. 부모는 자식을 돌보지 않더라도 자식은 부모에 대하여 무조건 효도할 의무가 있는 것이다.

효는 부모에 대한 것, 家에 대한 것, 타인에 대한 것, 그리고 자식의 일체의 행동에 대한 것의 네 범주로 나누어 생각할 수 있다.

부모에 대한 것은 부모를 섬기는 일, 환언하면 事親의 일언으로 요약할 수 있다. 사친은 부모를 존경하는 일에서부터 시중, 부양, 안락 그리고 부모의 뜻을 받드는 일에 이르기까지 부모에 대한 모든 정성을 다 내포한다. 돌아가신 부모에 대해서도 생전과 같이 섬기는 것이 이상적 태도이다.

집을 계승할 남아를 생산하는 것도 중요한 효의 하나이며 타인에 대한 모든 행동과 자기의 일체의 행동도 효도의 한 구성요소가 되는 것이다. 이것은 인간행위에 있어서의 효도의 절대성 내지 보편성을 의미하는 것이라 볼 수 있다. 자식의 모든 행위는 모두 효도에 귀결되고 생명이 존재하는 한 전심전력을 다하여 효도의 의무를 수행해야 한다.

결국 부모와 자식의 관계는 전형적인 상하관계이며 자식은 무조건 부모에게 예속되어야 하는 주종의 관계이다. 부모는 부모답지 않더라도 자식은 자식의 도리를 다해야 하며 부모의 과실을 말하거나 부모를 원망해서는 안 되는 것이다.

부모와 자식의 관계가 이와 같이 절대적 주종의 관계이면서 한편 이 양자는 대단히 배타적인 집단을 형성한다. 부모를 존경하지 않으면서 타인을 존경하는 것은 효도나 덕, 예에 어긋나는 것으로 의식하며 부모의 원수는 곧 자식의 원수로서 어떠한 일이 있더라도 반드시 갚아야 한다. 이러한 원리에 입각해서 인간의 성격을 가정에서부터 배타적인 것으로 만들기 때문에 파벌형성의 중요한 원인이 된다.[2] 부모에 대한 순종과 권위에 대한 복종만을 교육받아온 자식은 자주적 성격을 형성하지 못하고 학교, 직장 및 사회생활에서도 부자관계의 원리를 연장 적용시켜 윗사람이나 권력 있는 자에게 소위 '과잉충성'[3]을 하고 타집단과의 타협이나 조정에의 길을 두절시키는 것이다. 자기의 주장을 내세우지 않고 복종하는 길만이 윗사람을 위하는 길이고 동시에 자기 집단의 발전과 질서를 위하는 길이라는 의식은 효도가 빚어낸 비합리적 퍼스낼리티로서 배타적인 파벌 형성의 중요한 원인이 되는 것이다.

---

2) 최재석, 1965, 『한국인의 사회적 성격』, 128~136쪽.
3) '과잉충성'이란 다분히 '룰에의 충성'이라기보다는 '인간에의 충성'의 면을 강조한다.

2) 부녀자의 지위

종래 한국에 있어서의 부녀자의 지위는 극도로 낮다. 여자는 在家從父, 媤家從夫, 亡夫從子의 이른바 三從之道를 지켜야 하며 七去之惡은 여자에게만 적용되는 婦德인 것이다.

남편은 처를 통제하고 처는 이 남편의 통제에 공순히 복종하는 것이 부부생활을 유지하는 이상적인 가치이념으로 의식하고 있다. 그러므로 여자는 정조를 지키어 남편을 따르고 공경하며 받들어야 하는 것이다. 처는 두 남편을 섬겨서는 안 되기 때문에 餓死地境에 이르거나 남편이 악질에 걸릴지라도 자신의 운명이라 믿고 改嫁해서는 안 되며 설사 남편과 사별한다고 하더라도 일생동안 재혼해서는 안 된다. 이와 같이 여자는 일생을 한 남자에 의탁하여 모든 고통을 운명으로 의식하며 남편의 충실한 예속자가 되는 것이 현모양처인 것이다.

혼인형태에 있어서도 부부양인의 합의에 의해 이루어지는 것이 아니라 양가의 혼주(가장)의 의사에 의하여 결정된다. 따라서 이러한 혼인은 한 남자와 한 여자의 결합이 아니라 한 집안과 한 집안의 결합이며 이와 같이 결합된 처는 남편보다 더욱 일차적으로는 媤家와 시부모에게 예속되어야 한다. 그러므로 가령 남편이 처를 사랑하더라도 부모가 싫어하면 그 처를 내쫓아야 하며 반대로 남편이 사랑하지 않는다 하더라도 시부모를 잘 섬기면 남편은 그 여자와 일생동안 부부생활을 계속해야 한다. 子婦가 시부모의 명령을 거역해서는 물론 안 되는 것이지만 일의 대소를 막론하고 사전에 반드시 시부모의 허락을 얻어야만 한다.

주역에서도 부인의 생명은 오로지 복종하는 데 있다고 했지만 여자는 자기보다 신분이 높은 위치에 있는 사람과 혼인해야만 시부모와 남편에게 더욱 잘 복종한다고 한 것을 보면 부녀자의 지위가 얼마나 철저하게 예속적이었나 짐작이 가고도 남음이 있다. 그래서 며느리를 맞을 때는 보통 자기 집보다 격이 낮은 집에서 맞아들이는 것이다.

부녀자의 예속적 성격은 가족성원으로서의 자격을 박약하게 하였다. 여자는 출가하여도 호적에 그 친가의 氏(姓)가 기재될 뿐이요 이름[名]이 없으며 관부에서 호적을 편성할 때에도 여자는 누락되는 일이 많았다. 족보에도 女兒名을 기재하는 일이 없고 다만 출가녀의 婿名을 기입하는 데 그쳤다.[4]

한편 남녀는(그들이 기혼이든 미혼이든 간에, 심지어 어떤 점에 있어서는 부부 사이에 있어서도) 사회적 접촉이 엄격하게 금지되어 왔다. '남녀칠세부동석'이란 말은 지금도 잘 인용되는 말이지만 집의 구조에 있어서도 '男不言內, 女不言外'의 원칙을 고수하기 위하여 부인이 거주하는 소위 內室은 안에 위치하고 남편이 거주하는 外室, 즉 사랑은 밖에 위치하여 부부 사이에 있어서도 접촉을 제한하는 것이다. 부부는 침실을 같이 하면서도 식탁은 같이하지 않고 있으며 부부동반 외출은 배척되었다.

이러한 남녀의 사회적 격리현상은 두 가지 요인에서 비롯되는 것으로 생각할 수 있다.[5]

첫째는 지금까지 논술한 바와 같이 여자의 사회적 지위가 남자에 비하여 너무 낮기 때문이다.[6] 신분이 낮은 부녀자나 아이들과 접촉하여 담소하는 일이 남자의 위신이나 권위의 손상으로 생각하고 있는 것이다.

둘째 남녀의 자유로운 접촉은 집의 구성원리에 위배되기 때문이다. 남녀의 자유로운 접촉은 원칙적으로 연애의 과정을 거쳐 결혼에까지 이르게 되는 것인데 이와 같은 결혼은 부부중심이 되기 때문에 친자중심의 가치이념에 위배되는 것이다. 전통적 가족에 있어서의 결혼은 집을 위한 수단(부모를 섬기는 수단과 조상제사 및 가계계승자를 얻기 위한 수단)으로서 가장의 통제 하에 있는 중대한 사건인고로 그것을 가족원 개인의

---

4) 김두헌, 1969, 『조선가족제도연구』, 재판, 333쪽.
5) 최재석, 1966, 『한국가족연구』, 246쪽.
6) 김두헌, 1969, 위의 책, 333쪽.

사건으로 간주하여 당사자의 '자유의사'에 일임할 수는 없는 것이다.

이처럼 예속적인 한국의 부인들은 오로지 남편의 집인 시가의 가계를 계승할 남아를 분만하고 시가의 유지발전에 필요한 노동력을 제공하는 기계로서의 역할만을 담당하고 있다고 하여도 과언이 아닐 것이다.[7]

3) 집위주사상

한국에서의 집[家]은 과거의 시조로부터 조상을 거쳐 미래의 자손에 연결된다고 의식하는 부계의 초시간적인 관념적 제도체이다.[8] 현실의 가족집단은 과거에서 미래로 연속될 교량적인 역할과 임무를 부담하여 조상제사에 의한 선조의 정신의 계승과 가산의 유지, 확대와 가계계승자인 남아생산의 세 가지 측면이 최대의 관심사이다.

자신의 遺體는 부모의 유체인 동시에 조상의 유체인 것으로 의식하는 한국인은 조상의 유체인 자신의 신체를 훼손치 않으며 조상의 유체가 될 후손을 단절시켜서는 안 된다. 이것은 조상이나 부모에 대한 중대한 의무인 것이다.

그렇기 때문에 집에 있어서의 결혼은 조상제사와 가계계승자인 남아 획득의 수단으로서만 의식한다. 이러한 의식은 집의 초시간성이라는 가치관에서 연유된 것이며 효도와 조상숭배는 결국 동일한 내용이라 볼 수 있는 것이다.

집의 존속이란 것은 단적으로 말하면 먼 조상으로부터 후손에 이르는 무한한 친자관계의 연속을 의미한다. 현재의 친자관계는 과거로부터 미래로 연속되어 가는 친자관계의 계열상의 한 구간을 점하는 위치에 있다. 친자관계의 단절은 곧 집의 단절을 의미하고, 영원히 계속될 집의 중심은 부자관계에 있기 때문에 당연히 부부관계보다 친자관계가 우위

---

7) 최재석, 1965, 『한국인의 사회적 성격』, 20쪽.
8) 최재석, 1966, 『한국가족연구』, 247쪽.

에 설 수밖에 없는 것이다. 따라서 처자는 집을 존속시키기 위한 수단으로서의 지위와 역할밖에 지니지 못한다. 이 집은 부계(남자)에 의해서 계승되기 때문에 여자는 결혼하면 남편과 더불어 새로운 가족집단을 형성하는 것이 아니라 기존의 남편의 집의 一成員이 되는 것이다.

집을 유지, 발전시키고 자손에 전승하기 위해서는 통솔자가 필요하게 된다. 이것이 곧 가장이다. 가장은 현실가족의 대표자인 동시에 조상의 대표자이기도 하며 제사의 주재자이며 가산의 장악자이며 또한 가족원의 통제자이다. 따라서 가장은 엄격히 가족원을 통제하여야 하며 가족원은 절대적으로 이에 복종하여야 한다.

가족원은 가장을 중심으로 하여 남녀, 長幼, 상하의 신분적 서열에 따라 각자의 지위와 역할이 결정된다. 그리하여 윗사람은 통제하고 아랫사람은 무조건 복종하고 인내하여야만 집의 화평이 이루어진다고 의식한다.

집은 역대의 장남이 계승하는 것이지만 차·삼남은 분가하여 소위 '작은집'을 이룬다. 공통의 조상에 의하여 맺어진 '큰집', '작은집'의 집단을 동족이라고 하는데 이 동족은 상호 친밀감을 가지고 협조해야 한다. 이들은 가급적 동거하거나 동일한 장소에 주거하는 것을 이상으로 하고 있다. 한국인은 동족을 하나의 거대한 집으로 의식하여 구성원은 이 집단(동족)을 위하여 봉사해야만 하는 것으로 생각한다.

집에 장·차의 구별이 있듯이 동족에도 종가(큰집)와 분가(작은집) 사이에 尊卑의 관계가 성립한다. 이것은 분가한 후에도 분가전의 상하서열이 계속 연장된 것이다. 다시 말하면 가족 내의 인간관계가 동족에까지 확대되어 '큰집'과 '작은집'에 우열의 관계가 성립된 것이다.

이와 같이 부계의 초시간적인 제도체라는 집의 개념에서 집위주, 동족위주의 윤리의식이 싹트고 가부장의 존재, 남존여비 등의 신분 階序가 명확해진다. 이러한 가계의 유지, 발전을 위한 집위주 사상은 효도와 아울러 배타적 윤리관과 심각한 파벌형성의 모태가 되는 것이다.

4) 집원리의 사회에의 확대

지금까지 우리는 한국인의 전통적 가족윤리를 살펴보았지만 이러한 가족윤리는 사회윤리로 확대되어 모든 사회생활의 기본이 되고 있다. 모든 사회생활은 집을 단위로 하거나 또는 집에 있어서의 인간관계를 기준으로 평가되고 있다.

'修身齊家治國平天下'라는 어휘에서도 잘 나타나 있는 바와 같이 治國은 齊家에서 출발해야 한다는 사상은 집이 국가의 유일한 단위이며 치국의 원리는 제가의 원리의 연장이라는 의미를 내포한다. 제가의 근본 원리가 孝悌라면 이것은 곧 치국의 근본 원리가 된다는 것을 나타내는 것이다.

집에 있어서의 생활원리는 인간의 모든 사회생활이나 국가생활에까지 연장해야 하는 것으로 알고 있다. 집에서의 상하결합원리는 가족 성원뿐만 아니라 집 외부의 사회생활이나 국가생활까지도 지배한다. 그렇기 때문에 집에서 윗사람에게 공순해야 한다면 집 밖에서도 역시 윗사람에게 공순해야 한다. 남의 부모를 자기의 부모와 같이 대하고 남의 자식에 대해서도 자기의 자식과 같이 대하는 것은 이 사회를 하나의 거대한 집으로 비유하기 때문이다. 군주에 대해서는 부모와 같이, 관직자에 대해서는 형과 같이, 동료에 대해서는 가족 一員과 같이, 官僕에 대해서는 가복과 같이, 백성에 대해서는 처자와 같이 대하는 것이 이상적 태도였다.

부모나 손위 연장자에 대한 복종과 인내의 가족윤리는 사회윤리로까지 확대되어 자기보다 권위가 있는 자나 나이가 많은 사람에게 忍從하며 지방행정의 長이 과오를 범해도 자기 때문에 생긴 과오로 의식해야 하는 것이다.

여기에서 우리는 한국에서 관료의 권위주의가 그렇게도 뿌리 깊게 형성, 유지되어 온 하나의 요인을 찾을 수 있지 않을까 생각한다.[9]

이상에서 살펴본 바와 같이 한국인의 전통적 윤리는 가계의 계승과 집의 유지·발전을 바탕으로 하는 가족윤리가 그 골격을 이루고 있으며 지배와 복종의 종적관계를 강조하는 효와 婦德에 관한 것이 핵심을 이루고 있다.

이러한 가족윤리는 사회윤리로 확대되어 모든 사회생활이나 국가생활에서까지 가족 내의 인간관계를 그 기본원리로 하고 있는 것이다.

그러면 이와 같은 전통적 윤리는 현대사회의 한국인에게 어떻게 반영되고 있으며 현재의 한국인의 윤리는 어떠한지를 살펴보기로 하자.

3. 현재의 윤리

현재 한국인의 어느 정도 근대적인 윤리의식은 해방이후로부터 시작한 것으로 보아야 할 것이다. 1945년의 해방은 한국에 있어서 단지 한국가 내지 민족의 자유해방만을 의미하는 것뿐만 아니라 한국인 개개인의 일상생활에 있어서도 중대한 하나의 전기를 가져왔던 것이다.

직접적이든 간접적이든 간에 서구의 문화가 도입된 것은 조선후기부터라고 하더라도 서구적인 가치체계가 올바르게 평가되고 이해되기 시작한 것은 역시 해방이후라고 보아야 할 것이다.

그러나 해방 후에 '민주주의'의 어휘가 교과서에 등장되었다 하더라도 이것이 곧 한국인의 생활태도가 민주화되었다는 것을 의미하는 것은 아니다. 민주주의에의 욕망이 점차로 강열하여져서 일상생활에까지 침투되어 들어가는 과정에 있긴 하지만 여전히 한편에는 한국 고유의 전통적인 윤리가 강하게 뿌리박고 있다.

이제 우리는 해방 후의 교재들을 중심으로 교과서에 나타난 윤리를

---

9) 최재석, 1965, 『한국인의 사회적 성격』, 64쪽.

전통적 윤리와 비교하면서 한국인의 윤리의식이 어떻게 변용되어 가고 있는가를 살펴보고자 한다.

여기에 사용된 자료를 열거하면 다음과 같은 것들이다.

① 『새로운 도의』, 1~3, 1956, 임한영·김준섭·최병칠.
② 『새로운 윤리』, 1954, 김기석.
③ 『도덕』, 1~6, 1959, 문교부.
④ 『중학도덕』, 1~3, 1962, 문교부.
⑤ 『고등도덕』, 1~3, 1959, 문교부.
⑥ 『사회생활』, 1~6, 1959, 문교부.
⑦ 『공동생활』, 1, 1959, 이상선.
⑧ 『공동생활』, 1, 1959, 최재희.
⑨ 『공동생활』, 1960, 황산덕·고승제·김경수.
⑩ 『공동생활』, 1, 1956, 이인기·민병대.
⑪ 『공동생활』, 1, 1960, 안호상.
⑫ 『공동생활』, 1, 1960, 왕학수.
⑬ 『공동생활』, 1, 1959, 이의석·신기석·조동필.
⑭ 『공동생활』, 1, 1959, 이재훈.
⑮ 『공동생활』, 1, 1959, 이상백·이만갑.
⑯ 『공동생활』, 1, 1961, 유진오.
⑰ 『공동생활』, 1, 1958, 최문환·한춘섭·김상협.
⑱ 『공동생활』, 1, 1959, 김두희.
⑲ 『공동생활』, 1, 1960, 김증한.
⑳ 『공동생활』, 1, 1959, 박일경·권혁소·이종항.
㉑ 『공동생활』, 1, 1959, 박종홍.
㉒ 『중등공민』, 1960, 성래운·이원순.
㉓ 『문화의 창조』, 1957손명현.
㉔ 『문화의 창조』, 1956, 한태연.
㉕ 『문화의 향상』, 1957, 이의철·신기석·조동필.

1) 家 의식

해방 후에도 집의 유지와 발전을 강조하는 전통적 윤리가 강하게 잔

존하고 있다.

"우리 가정은 멀리 선조때부터 오늘날까지 이를 계승하여 온 것이다. 우리의 대대 선조는 그전의 조상을 숭배하고 그 자손들을 공부시키어 가문을 지금까지 존속해 왔다. 우리가 오늘날 문화의 혜택을 입고 행복한 생활을 하게 되는 것은 모두가 우리 조상의 덕택이다. 그러므로 우리는 가문을 존중히 여기고 그의 존속을 위하여 노력하여야 한다. 이것은 우리의 책임이요 우리 선조에 대한 은공에 보답하는 길이다."10)

"가정은 우리의 생명을 한없는 선조에서부터 무한한 후손에게까지 영원토록 계속시키는 곳이다."11)

"혼인은 자녀를 가질 것을 요망한다. 자녀는 장차 집을 이어 조상에 영광을 돌리는 동시에 자손의 무궁한 번영을 이루게 하는 것이다."12)

이와 같이 개인보다 우위에 서는 집을 위하는 정신이 조상을 숭배하고 조상이 남겨놓은 遺訓, 遺風을 준수해야 하는 윤리로 발전한다. 가문을 존중하는 것은 물론 혼인 자체도 가계계승자를 획득하기 위한 수단으로 간주하고 있다. 조상을 숭배하는 것이 한국의 미풍이라 하지만 구체적으로 父系나 夫系의 조상만을 존중하고 모계나 처계의 조상을 경시하게 되는 것임을 의식하지 못하고 있다. 이것은 여자의 예속적 지위와 장・차남의 신분적 차이를 조건으로 하여서만 유지된다는 것을 생각할 때 전통적 윤리와 커다란 차이가 없음을 발견한다.

이들은 또 가장의 존재와 그 권위를 여전히 인정하고 있다. 가장의 권위가 전통적윤리에서처럼 그렇게 절대적인 것은 아니라 하더라도 아직도 가족성원보다 우위에 서고 있는 가장을 특별히 우대하고 이의 권위에 복종해야 하는 것은 크게 다를 바가 없다.

---

10) 임한영・김준섭・최병칠, 1956, 『새로운 도의』, 중3.
11) 이상선, 1959, 『공동생활』 1.
12) 문교부, 1959, 『고등도덕』 1.

그리고 가장을 중심으로 하여 세대와 연령 등의 신분에 따라 상하의 계층질서가 아직도 엄격히 존재하고 있음을 여러 교과서에서 찾아볼 수 있다. 신분의 상하질서의 고수를 순종, 공경, 존경, 순서, 장유의 차례 등으로 표현하고 있으나 이러한 어휘도 결국은 부모와 자식 사이에 또는 형제자매 사이에 권위와 복종을 함의하고 있는 것이다.

이와 같은 家의식은 동족집단의 단결을 찬양하고, 개인은 어느 집의 一貝으로 소속되어야만 사회의 성원이 되는 것이다. 그렇기 때문에 개인의 비행은 가족 전체(집)의 불명예로 생각하며 서구적인 개인주의를 배격하고 가족 전체를 중심으로 하는 철저한 가족주의를 고수하고 있는 것이다.

한편 집에 있어서의 가족윤리는 당연히 사회에로 연장, 확대되어야 하는 것으로 의식하고 있다. 가정에서와 마찬가지로 사회에 나가서도 나이 많은 분을 형님으로 존경하고, 지위가 높은 사람에게 공손해야 하며, 공동생활을 하는 데 있어서 순종은 없어서는 안 될 덕으로 생각하고 있다.

이와 같이 집에서나 사회에서나 사람은 항상 상하 신분으로 구분이 되어 아랫사람은 자기의 주장을 억제하고 윗사람에게 순종, 예속되어야만 사회의 질서나 발전이 유지된다고 의식하고 있다.

이러한 家의식은 표면상으로는 근대적 윤리를 강조, 권장하는 듯하면서도 내면에 있어서는 전통적 윤리를 그대로 고수하고 있는 모순을 지니고 있다.

2) 부자관계

부자관계에 있어서도 여전히 부모에 대한 자식의 예속적 태도인 효도를 강조하고 있다. "효도는 百行의 근본이다"는 말이 도처에서 발견되는 것으로 보아 사회의 모든 인간관계를 항상 상하의 신분질서로만 보려는 생각과 상하의 신분질서 중에서도 부모와의 상하관계가 그 원형인 것처럼 의식하고 있는 것 같다. 여기에는 신분의 상하관계를 유지하는 퍼스낼리티는 일찍이 가정에서부터 형성하여야 한다는 의미를 내포하고 있는 것이다.

효도는 부모가 자식을 낳아주고 길러준 은혜 즉 生·育의 廣大無邊한 은혜를 조건으로 성립된다. 부모에 대한 자식의 태도는 자식에 대한 부모의 태도와 마찬가지로 부모와 자식 간의 인간적인 애정을 바탕으로 하는 자발적이고 무조건적인 감정의 표현이어야 하며, 서로 상대방을 개인으로서 존중하고 자유의사에 따라 협동관계를 맺어야 하는 것임에도 불구하고, 산보다 높고 바다보다 깊은 부모의 은혜라는 對價的 조건 위에서 부모에 대한 자식의 행동만을 엄격히 요구하고 있는 것은 여전히 부모에 대한 자식의 예속적 지위를 강화하는 것이다.

효도란 결국 부모를 평안하게 봉양하고 즐겁게 하는 것, 존경하고 순종하는 것, 부모를 잘 섬기고 뜻을 받드는 것, 일생동안 모시고 지내는 것, 그리고 사회에 있어서의 자식의 모든 행동이 효도에 관련된다는 등을 그 내용으로 하는 것인데 그 의미 내지 뉘앙스는 조금씩 다르다고 하더라도 한마디로 표현하면 부모에 대한 자식의 예속적 행위가 곧 효도이다. 곧 모든 행동은 부모를 기준으로 행해야 하는 것이다.

부모의 생·육의 은혜에 대해서 이처럼 철저하게 보은해야 하는 한국인은 친절을 베푼 윗사람에게는 무조건 추종하는 성격마저도 이 효도에서 배우게 된다. 한국사회의 권위주의와 파벌주의는 여기에 가장 큰 요인이 있지 않을까 생각된다.

부모에게 소위 말대꾸하지 말고 순종해서 그를 즐겁게 하는 것이 효도의 덕이라 하여 강조하고 있지만 이와 같은 가치훈련은 권위 앞에 무조건 복종 내지는 비굴해지는 성격을 형성하게 되어 독립적이고 주체적인 행동을 할 수 없는 비민주적 인간을 만들게 되기 때문이다.

서구에서는 어떻게 하면 자식을 건전한 시민으로 육성할 것인가 하는 것이 문제시되지만 한국에 있어서는 어떻게 하면 부모에 대한 무한한 의무의 부담을 의식하는 인간으로 만드는가 하는 것을 문제 삼는다. 이렇게 훈련받은 자식은 도저히 민주시민으로서의 의무를 충실히 수행할 자주적이고 민주적인 인격을 형성할 수 없는 것이다.

3) 혼돈된 윤리

이미 언급한 바와 같이 1945년의 해방은 정치적 해방뿐만 아니라 동시에 생활의 민주화와 합리화를 시도한 계기로서의 의의도 지닌다. '민주주의'나 '남녀평등'을 올바르게 사용하기 시작한 것은 사실 해방 후부터의 일이었고 한국 고유의 전통적 윤리(가족윤리)에 대한 비판의 눈을 뜨기 시작한 것도 1945년 해방 후부터이다. 비록 민주주의나 근대화에 대한 이해가 명확하지는 못하다고 하더라도 이에 대한 일반의 관심이 고조되고 이것을 생활의 기준으로 삼고자 하는 욕구가 상승된 것은 사실이다. 여하튼 해방으로부터 지금까지 한국인의 윤리는 전통에서 근대화로 향하는 新舊 교체의 과도기에 놓여 있다고 하겠다.

해방이후의 각 교과서는 한국인의 전통적 가족윤리를 비판의 대상으로 삼기 시작했으며 그 장점과 단점을 지적하고 있다.

이들은 대가족, 소가족 또는 歐美 가족, 한국가족으로 구분해서 각기 그 장점만을 취할 때 모순 없는 근대적 가족윤리를 재구성할 수 있다고 한다.

그러면 우리는 이들이 지적한 장단점을 더욱 분석해 보기로 하자.

〈표 1〉 전통적 윤리의 장점

표현	내용
아름다운 풍속	조상숭배
순풍미속(淳風美俗)	㉮ 조상숭배 ㉯ 가장특별우대
미풍	㉮ 형님, 누님은 우리를 사랑해주시고 우리는 형님 누님을 따르고 받드는 것 ㉯ 부모를 일생동안 모시고 지낸다
좋은 풍속	효도
미풍	부모에 대한 효도, 남편에 대한 婦道
좋은 점	어른 봉양, 존경, 가내의 존중
미덕	부모의 효도
아름다운 점	효의 존중
미풍	부모·조부모 恭敬, 조상숭배, 친척상부
미풍	부모모경, 남편섬기다, 어른 존경
미풍	효도, 형제우애, 어른모경, 친족화목, 상부상조
미풍양속	효도숭상, 형제자매 우애상조, 부부 불이혼, 친척화목

〈표 2〉 전통적 윤리의 단점

남녀평등사상의 불충분 인격존중사상의 희박
자유와 평등관념 희박 처 자식의 남편 및 부친에의 예속 부모 친척에의 의뢰 파벌심
자녀의 개인적 자유 억압 남존여비
媤母 子婦의 불화 친척에의 의뢰심 첩제 혼상제의 번잡
가장에 의한 가족원의 의사 무시
연소자의 의사 억압

이상에서 우리는 그들이 말하는 전통적 가족윤리의 장단점을 개관하였는데 그 장점은 부자관계를 중심으로 하고 있으며 신분질서를 엄격히

고수하는 전통적 가족윤리의 전형임을 알 수 있다. 결국 현재 한국인은 근대적 윤리에로의 전환을 갈구하는 욕구가 강열하면서도 한편으로는 전통적 윤리에 강한 향수를 느끼고 있는 자기 모순에 빠져 있다고 하겠다.

장점이라고 지적하고 있는 父慈子孝의 효도나 조상숭배는 강조하면 할수록 개인의 독립성과 자주성은 더욱 억압되고 부모에 대한 자식의 예속성은 더욱 강화되는 결과를 낳는다. 장점을 숭상하면 할수록 단점은 더욱 심화되게 마련이다. 즉 시정하려고 분석한 단점의 요인은 숭상하기 위하여 선택한 장점에서 유래되는 것이다.

이와 같은 모순은 무의식중에 한국인의 뇌리 속에 깊이 뿌리박고 있어서 일반적으로 서구의 근대적 윤리는 전통적 윤리와 마찰 없이 조화될 수 있다는 견해를 가지게 된다. 이러한 생각은 민주교육을 위한 교과서에 무수히 발견된다.

"우리나라에는 자유와 평등의 관념이 발달하지 못하여 처나 자식을 남편이나 부친에게 예속되어 있는 것으로 생각하는 관념이 아직도 많이 남아 있으며 부모나 친척에게 의뢰하는 마음이 강하여 한 문중에 출세를 하거나 돈을 벌면 많은 친족들이 그 도움을 받으려고 모여드는 일이 많으며 자칫하면 파벌심이 생기기 쉬운 것은 큰 폐단이다. 우리들은 미풍을 길이 보존하는 동시에 폐단을 하루 속히 없애도록 노력해야 할 것이다"라고 단점을 정확하게 지적하면서도 "부모에게 효도하고 형제자매끼리 우애 있고 어른을 공경하고 친족들끼리 화목하며 상부상조하는 정신이 강한 것은 우리나라의 미풍이다"라고 말하고 있다.[13] 이런 내용의 글은 거의 대부분의 교과서에서 발견되고 있다.

이상에서 살펴본 바와 같이 현재 한국인의 윤리의식 속에는 전통적인 윤리가 지배적이며 새로운 윤리관이 정립되지 못하고 있다.

그러나 이와 같이 一元化된 윤리관이 확립되지 못하고 근대사상 또는

---

13) 김증한, 1960, 『공동생활』 1.

민주주의에 대한 개념이나 이해가 불충분함에도 불구하고 한국인의 윤리의식은 서서히 근대적인 것으로 지향하고 있음도 또한 사실이다.

4. 앞으로의 윤리

1) 一元의 원리 수립

이제까지 우리는 전통적 윤리와 현재의 윤리의 내용을 살펴보고 한국인의 윤리관이 명확히 정립되지 못했음을 지적했다. 한편에서는 자유와 평등을 갈구하면서도 또 다른 한편에서는 순종과 예속을 그리워하고 있다. 학교에서는 민주주의의 원리를 배우면서도 직장의 상위자나 권위 있는 자 앞에서는 자신의 정당한 주장을 피력하지 못하고 아무 죄가 없으면서도 '죄송합니다'를 연발해야 한다. 또 정치적 면에서는 민주적인 원리의 시행을 희구하면서도 직장이나 가정에서는 이것에 대하여 둔감하다.

이러한 모순된 의식과 행동은 생활의 원리가 一元化되지 못하고 다원적인 데서도 그 원인을 찾을 수 있다. '방 봐 가며 똥싼다'는 흔히 쓰이는 말에서 우리는 그 전형을 찾아볼 수 있다. 어떤 사람이든 똑같이 인간의 존엄성과 자유를 가진 독립된 개인으로서 대우하는 것이 아니고 사람에 따라서 대접의 방법이 달라지는 것이다. 어느 누구에게나 적용될 수 있는 보편타당한 생활원리에 의거해서 사람을 대하고 행동하는 것이 아니라 상대방에 따라 차원이 다른 수많은 생활원리 중에서 어느 하나를 선택, 적용하는 것이다. 그러므로 상대방의 사회적 지위와 그 밖의 여러 가지 조건에 따라 자기의 행동이 결정된다.

요컨대 한국인은 인간을 상하, 尊卑, 貴賤, 遠近의 범주로 분류하여 여기에 대응하는 생활원리를 적용시킨다.

한국에서는 남자에 대하는 태도와 여자에 대하는 태도 사이에 현저한 차이를 발견한다. 여자는 태어나면서부터 차별대우를 받는다. 아들을 낳았을 때의 산모의 몸조리 기간과 딸을 낳았을 때의 산모의 몸조리 기간에 많은 차이가 있음은 물론 애기에 대한 애정의 정도며 심지어는 의복, 이부자리, 장난감의 질에 이르기까지 철저한 차별을 둔다.

남자가 바람을 피워 첩을 얻거나 다른 여자와 일시적으로 성관계를 맺어도 가볍게 있을 수 있는 일로 생각하지만 여자의 정조는 절대적 가치로 인정한다.

한길에서 남자가 먼저 길을 횡단하도록 여자는 기다려야 하며 눈이 나빠서 안경을 끼어도 교만의 상징으로 보인다.

여자는 시부모나 남편과 밥상을 같이하지 않는 것이 정숙한 여성의 도리이며 맛있는 반찬을 같이 먹지 않는 것이 당연하다고 생각한다.

이와 같은 여성천시의 사상은 여자를 불길한 것으로까지 인식하여 아침 일찍이 여자가 출입하는 것을 꺼리고 중요한 일에 여자의 참여를 금지한다.

'암탉이 울면 집안이 망한다'는 말이 여성의 지위를 잘 표현하고 있지만 이처럼 천대 받는 여자도 아들을 낳으면 그 위치가 상당히 안정성을 얻게 된다. 生男하지 못하면 쫓겨나도 할 말이 없을 만큼 한국사회는 남성중심의 사회가 되어 버렸다. 한국인이 그처럼 중요시하는 족보에는 물론 訃告, 제사, 집회, 연회에서도 여성이 제외되고 있다는 것은 여성의 지위가 얼마나 낮은가를 나타내는 좋은 예라 하겠다.

이러한 극단적인 남존여비의 윤리가 현재는 많이 제거되었다 하더라도 아직도 이러한 전통은 강하게 남아 있다.

앞으로 이러한 남자에 대하는 것과 여자에 대하는 것의 이원적 원리는 실제적으로 근절되어야만 한다.

한국에서는 연령의 권위가 아직도 강하다. 老少同樂을 극히 회피하는 농촌에서는 대체로 7~8세를 隔하면 담배를 같이 피우지 못하며 경어를 사용하게 되는데 이 범위가 동락할 수 있는 대인접촉의 한계이다. 이와 같은 長幼有別의 윤리는 가족 내에서의 인간관계를 사회에까지 연장 확대한 것이라 볼 수 있다. '너는 부모도 없고 형제도 없나?'라는 말에 잘 나타나 있듯이 나이가 부모와 同代면 부모에 준하는 대우를, 그리고 형과 동대면 형의 대우를 해야 한다. 그래서 낯모르는 사람에게도 늙으면 할아버지, 한 세대 격하면 아저씨, 동 세대면 형으로 호칭한다. 그리하여 청소년에게는 '머리에 피도 안 마른 녀석이…'하면서 '언어사용이 어떻고, 인사성이 어떻고…'등 까다로운 규제를 가하지만 노인에게는 놀라울 정도로 관대하다. 같은 학생에 있어서도 하급생은 상급생에게 거수경례로서 의무를 다해야 한다. 심지어는 교육적 효과를 빙자하여 머리를 박박 깎아 어른과 구별하여야만 안심이 되는 것이다.

이와 같이 나이가 많고 적음에 따라 대하는 태도가 달라지고 그들이 수행해야 할 도의규범과 의무에 차이가 있다.

이러한 불합리한 연령의 권위도 앞으로 지양되어야 한다.

한편 상하귀천의 구별 또한 극심하다. 신분적인 상하관계는 관료조직에서는 물론 각종 직장집단에서도 엄존한다. 합리적 계약관계로 이루어져야 할 직장에서의 인간관계가 상위자는 권리만을 주장하고 하위자는 이 주장을 묵묵히 추종하여야 하는 신분적 예속관계로 맺어져 있는 경우가 아직도 많다. 그래서 하위자는 항상 상위자의 '눈치'를 보고 그의 '비위'를 맞추는 소위 '눈치문화(Noon-Chi Culture)'를 형성한다.[14] 아무리 비합리적인 것이라 하더라도 상위자의 '눈치'에 따라 '지당합니다'를 연발하고 죄가 없으면서도 양손을 비비며 '죄송합니다'를 거듭해야만 한다. 서구인들은 신에 대해서만 죄의식을 갖는 데 비해 한국인은 인간인 개인에게 죄의식을 느끼는 것이다.

---

14) 최재석, 1965, 『한국인의 사회적 성격』, 108쪽 참조.

이것은 한국인이 일이나 직장에 충실한 것이 아니라 인간에게 충성을 맹약하는 한 면을 보여준다. 이러한 인간관계를 필자는 '왕초-똘마니 관계'[15]라고 표현하였지만 여기에는 의리 즉 은혜와 보은의 관념이 바탕을 이루고 있는 것이다. 은혜를 베푼 자에게는 언제까지고 그 은혜를 잊지 말아야 하며 그 은혜에 보답해서 항상 충성을 바쳐야 한다. 상위자가 특별한 은혜를 베풀어 부하를 소위 '데리고' 있기 때문에 하위자는 이 은혜에 감사하며 상위자에게 충성을 다해야 하는 것이 한국인의 직장윤리이다.

또한 한국인은 직업에 의해서도 사람의 인격평가를 달리한다. 입으로는 '직업에는 귀천 없다'고 말하고 그렇게 교육을 받았지만 실제에 있어서는 직업의 상하귀천이 농후한 것이다. 천한 직업이라고 생각되는 사람, 예를 들어 다방이나 술집, 음식점의 종업원들에게는 경어를 사용하지 않는 것이 예사인 것이다.

신분증도 실제의 경우에 있어서는 대부분 직업의 상하귀천을 구별하는 기능을 가진다고 볼 수 있는 것이다.

앞으로 직업을 떠나서 다 같이 개성을 가진 평등한 인간이라는 의식이 싹터야 할 것이다.

우리는 흔히 자기의 부모나 친지에 대해서는 공손의 태도를 極하면서 바로 그 옆의 낯모르는 승객에 대해서는 그렇게도 난폭한 태도로 대하는 것을 흔히 본다. 예의바른 국민이라고 자처하지만 실은 예의는 자기가 알고 있는 사람에게 대한 태도만을 규정한 것이다. 관공서에서도 흔히 당하는 일이지만 아는 사람과 모르는 사람에 대한 사무처리의 방법에 차이가 나는 것을 당연한 것으로 생각하고 있다. 장거리 여행을 하면서 동석한 손님과 대화가 빈약한 것도 여기에 기인하는 것이며, 상인과 고객 사이에서 낯모르는 사람에게 '바가지'를 씌우는 것도 이 때문인 것이다.

---

15) 최재석, 위의 책, 145쪽 참조.

예절과 인사성을 강조하는 한국인이 未知의 사람에게는 경계하고 불친절하며 배타적인 것은 결국 대인관계에 있어서의 이원적 가치에 기인하는 것이다.

이러한 이원적인 대인태도도 앞으로는 지양되어야 할 과제인 것이다.

지금까지 우리는 한국인의 대인관계에 있어서 통일적이고 일관된 하나의 생활원리가 결여되었음을 지적하였지만 타인을 고려하지 않는 개인생활에 있어서도 일관된 생활원리가 없음을 지적하지 않을 수 없다. 집안에서는 그렇게도 근엄하고 전인적 인격을 가진 것으로 위엄을 나타내던 아버지가 밖에 나가서는 온갖 추한 행동을 다 하는 것도 이원적 생활원리에서 연유되는 것이다. 고시에 합격하기 전에는 거의 금욕에 가까운 생활을 하던 자가 일단 고시에 합격하고 나면 난폭하기 짝이 없고 상상할 수 없을 정도로 향락적인 생활을 하는 것도, 학교에 다닐 때는 사회의 부조리에 흥분하고 부정부패를 규탄하는 데모에 선봉을 섰던 젊은이가 일단 직장을 가지면 스스로 앞장서 부정을 행하는 것도 결국은 별개의 생활원리가 각각 작용하고 있기 때문이다. 오히려 일관된 생활태도를 가지고 주어진 현실 환경에 적응하지 않으면 사회적 제약인 야유의 대상이 되며 고지식하다고 하여 출세에 많은 지장을 초래하는 것이 한국 사회이다. 이러한 현상들은 결국 개인에게도 일관된 윤리관 내지 생활원리가 확립되어 있지 못한 데서 기인하는 것이라 볼 수 있는 것이다.

앞으로 한국인의 윤리는 개인생활에 있어서도 一元의 원리 수립이 시급하다고 하겠다.

이와 같이 한국사회는 보편타당한 일원적 생활원리를 갖지 못하고 연령, 지위, 신분, 아는 사람과 모르는 사람 등 다원적 생활원리에 입각해서 사고하고 행동한다. 예의범절과 도덕은 나이가 많은 사람이거나, 지위가 높은 사람이거나, 자기가 알고 있는 남자에게만 적용되는 윤리이므로 나이가 어리거나, 지위가 낮은 사람이거나, 모르는 사람에게는 이 도덕률은 적용되지 않는다. 예의범절이 적용되지 않는 이 4종의 인간을 필자는 '4대 사이비인간'이라 규정하였지만,[16] 실로 이들은 대등한 인격을 인정받지 못하고 있는 것이다.

이러한 생활원리의 다원성은 곧 한국사회에 '룰'이 없음을 증명하는 것이 될 것이다. '룰'이 없기 때문에 대립이나 분쟁을 합리적으로 해결하지 못한다. 한국에 있어서의 소위 화해라는 것은 대등한 인간끼리의 공평한 해결이 아니라 강자와 약자 사이의 이른바 적당한 화해인 것이다. 화해는 보통 상호 약간의 양보에 의해서 성립되지만 거기에는 항상 지연, 혈연, 동창, 친구 등의 인물이 개입되어 있다. 이들의 중개에 의한 화해는 일의 시비나 합리성에 입각한 것이 아니라 감정이나 일체감에 호소하는 것이며 이러한 화해는 보통 손윗사람이나 강자가 이득을 보고 손아랫사람이나 약자는 항상 양보해야 하는 불평등한 처리인 것이다. 한국사회의 부정부패와 파쟁 등 모든 사회적 부조리도 '룰'의 부재 즉 생활원리의 다원성에서 유래하는 것이다.

앞으로 한국사회의 윤리는 생활원리의 일원화에서부터 출발하여야 한다.

부모는 잘못해도 괜찮고 자식이 잘못하면 벼락이 떨어지는 그러한 가정이 아니라 부모건 자식이건 잘못된 일은 함께 반성의 대상이 되고, 같이 수정해 나가는 가정의 민주화가 와야 한다. 자식은 부모나 집[家]에 예속된 것이 아니라 자식도 독립된 인격으로서 인정되어야 하며 자율적인 행동과 생활을 가질 수 있도록 가족 내에서의 인간의 평등화가 이루어져야 한다.

여자도 남자와 같이 평등한 인간으로 대우받고 젊은 사람도 늙은 사람과 같은 권리를 가질 수 있어야 하며 신분의 상하와 귀천의 구별이 타파되어야 한다. 모르는 사람에게도 친절과 예의가 적용되는 사회윤리

---

16) 최재석, 위의 책, 152쪽 참조.

가 확립되어야 한다. 뿐만 아니라 개인에게 있어서도 장소에 따라 행동하는 이중적 생활을 탈피하여 일관된 생활태도를 보일 수 있는 개인윤리도 정립되어야 한다.

이렇게 되기 위해서 우리는 철저한 개인주의에 입각한 합리적 생활태도를 강조하지 않을 수 없다. 가정에서나 직장에서나 또는 사회에서 맺는 인간관계는 항상 일체감에 호소하는 강한 상호의존적 관계이다. 이러한 관계는 보통 대등한 인간의 합리적 계약관계가 아니라 한쪽이 은혜를 베풀고 다른 한쪽은 은혜에 보답해야 하는 것으로 의식하는 상하관계, 종속관계인 것이다.

앞으로 한국사회의 인간관계는 강한 일체감이나 공동체의식에 입각한 상호의존적 종속관계에서 탈피하여 철저한 개인주의에 입각한 합리적 관계로 지향해야 할 것이다.

철저한 개인주의에 입각한 생활원리의 일원화가 이루어질 때 비로소 한국인의 모든 사회생활의 민주화 다시 말하면 가정생활의 민주화, 직장생활의 민주화, 정치생활의 민주화, 대인관계의 민주화는 성취될 것이다.

2) 넓은 사회의 一員으로서의 윤리

한국인은 그가 속해 있는 집단이나 공동체에서 미분화되어 행동의 기준을 자기 자신에 두지 못하고 그가 속해 있는 공동체에 둔다. 따라서 넓은 사회의 일원으로서 가져야 할 공중도덕이나 사회규범을 망각하고 오로지 자신의 소속 집단만을 생각하는 집단이기주의에 빠져 버린다.[17]

개인이 공동체로부터 미분화되었다는 것은 환언하면 개인의 자각이나 독립성이 아직도 대단히 낮은 단계에 놓여 있음을 의미한다. 항상 주위의 분위기를 살펴가면서 분위기의 흐름에 추종하는 것이다. 사람을 평

---

17) 최재석, 위의 책, 170~173쪽.

가하는 데 있어서도 평가단위를 개인에 두지 않고 그의 소속 집단에 둔
다. '班村사람'이라든가 '○○집 맏아들'이라든가 심지어는 소속학교나
직장까지 보고서 그 사람을 평가한다. 흡사 한국에는 개인은 존재치 않
고 집단이나 계층만이 존재하는 듯 의식한다. 이것은 곧 집단이 개인에
우선하고 따라서 일차적 의미를 지니게 됨을 의미한다.

　이와 같은 공동체의식 또는 집단이기주의는 공식적 생활과 비공식적
생활을 혼돈하고, 이성과 감정을 혼돈하고, 공과 사를 구분할 줄 모르며,
정치생활과 사회생활을 하나로 인식하게 한다.

　이러한 의식의 표현을 우리는 도처에서 발견한다. 공중변소의 불결,
공공기물의 파손, 교통도덕의 문란 등에 잘 나타나 있으며 사적인 감정
을 공적으로 보복하는 곳에서 여실히 볼 수 있다. 이러한 예를 하나 하
나 들자면 한이 없을 것이다.

　이것은 자기 집단만을 생각하고 좀 더 넓은 사회의 一員으로서의 윤
리를 결여한 데서 기인하는 것이다. 자기가 속해 있는 집단의 체면이나
이익이 관심의 대상이 될 뿐 개인의 존엄성이나 사리의 정당성은 고려하
지 않는다. 이런 면에서 한국인은 개인주의(individualism)와 이기주의
(egoism)를 혼돈하고 있다고 하겠다. 그들 자신은 가장 배타적이고 비합
리적인 이기주의를 생활의 신조로 하고 있으면서 자기의 집단이든 아니
든 간에 다 같이 개인의 자주성과 존엄성을 존중하는 합리적 생활원리인
개인주의를 극도로 혐오한다. 배타적이고 비합리적인 집단이나 공동체
에서 미분화된 채로 생활했기 때문에 개인의 자유와 발전에 가치를 부여
하는 윤리는 이해하지 못하고 있다. 노상에 가래침을 뱉고도, 남의 대문
앞에 쓰레기를 버리고도, 자기나 자기집 식구가 고기를 먹겠다고 하천에
독약을 뿌려 어족을 멸종시켜 놓고도 당연하게 생각한다.

　앞으로 한국인의 윤리는 인간의 존엄성과 가치를 존중하는 개인주의
에 바탕을 두고 좁은 집단의 일원으로서가 아니라 넓은 사회의 일원으로

서의 윤리를 익혀야할 것이다.

5. 실천의 문제

가정은 인간의 퍼스낼리티 형성과정에 있어서 가장 중요한 역할을 하는 곳이다. 언어와 지식을 배움을 물론 행동양식이나 가치관 등도 모두 가정에서 어릴 때 배우게 되는 것이다. 가정환경이 인격 형성의 중요한 苗板이며 특히 유아기로부터 소년기 내지 청소년기에 걸쳐 가정환경에서 받은 영향이 무의식적으로 인간의 퍼스낼리티 속에 스며들어 그것이 행동의 기초가 된다는 것은 이미 프로이드를 위시한 많은 심리학자, 사회학자, 인류학자들의 정설로 되어있다.[18]

이처럼 중요한 시기에 엄격한 '룰'을 가지고 철저한 교육을 시키지 못할 경우에 그는 성장해서 자주적 인간으로서 '룰'이 있는 생활을 영위할 수 없을 것임은 당연하다.

歐美의 가정에서는 뚜렷한 '룰'을 가지고 있어서 이 '룰'을 통해 친자관계를 맺는다. 그렇기 때문에 구미 가정의 자녀들은 부모의 권위에 복종하는 것이 아니라 정해진 약속인 '룰'에 복종하는 것이다. 부모는 자식으로 하여금 이 '룰'을 지키도록 엄하게 교육할 뿐 '룰' 이외는 자식의 자주적 의사에 맡겨 자율적으로 행동하게 한다. 이러한 교육은 결국 사회로 확대되어 성장한 후에도 자연스럽게 '룰'을 지키는 퍼스낼리티를 가지게 되는 것이다.

한국의 가정에는 '룰'이 없다. 부모의 말씀이 곧 '룰'이고 부모의 권위가 곧 '룰'이 된다. 만일 '룰'이 있다고하면 그 부모의 말씀은 때와 장소에 따라서 혹은 기분에 따라서 달라지는 이른바 다원적인 것이다. 자식

---

18) 최재석, 위의 책, 115쪽, 주 3 참조.

의 모든 행동의 기준이 될 '룰'이 없고 오로지 부모의 기분 내지 권위에만 따르게 될 때 그 자식은 결국 주체적 인격체로 성장할 수 없게 된다. '룰'이 없는 가정이기 때문에 소위 '어리광'이 통하고 자식은 부모에게 '떼'를 쓰게 된다. 그래서 손님이 보는 앞에서 자식이 돈을 달라고 '떼'를 쓰게 되면 '손님 보기가 민망해서' 자식의 요구를 결국에는 들어준다. 그러나 '룰'이 엄격한 구미의 가정에서는 손님이 있다고 해서 '룰'에 위반되는 자식의 요구를 들어주지 않는다.

이 '어리광'은 부드럽게 부모의 감정에 영합하거나 호소하여 자기의 비합리적인 목적을 달성코자 할 때 취해지는 행동양식인 데 대하여 '떼'는 부모의 감정과는 관계없이 자기의 욕구를 일방적으로 강하게 주장, 고집하려 할 때 취해지는 행동양식의 하나이다. 전자가 비굴의 태도와 통하는 데 대하여 후자는 자기밖에 없는 독존의 태도와 관련이 있다. 또 이 '어리광'과 '떼'의 중간영역에 소위 '보챔'의 행동양식이 존재하지만 '어리광'과 '떼' 그리고 '보챔'의 행동양식이 존재한다는 것은 바로 '룰'이 없는 생활이 존재한다는 것을 반증하는 것이다. 이러한 '룰'이 없는 생활태도의 훈련은 나아가서 성장후의 모든 사회생활태도에 까지 연장, 확대되는 것이다.

'룰'이 없는 한국가정에서 부모는 자식을 사랑하고 위한다는 명분 아래 자식의 모든 행동영역에 간섭을 한다. 그리하여 부모의 말을 잘 듣고 '속을 썩이지 않는 자'가 착한 아들이며 효자인 것이다.

가정에서 '룰'이 설정되면 부모는 자식으로 하여금 그 '룰'을 철저히 지키도록 엄격하게 교육해야 한다. 일관성을 잃은 교육은 소위 '눈치'를 발전시킬지언정 '룰'에 적합한 퍼스낼리티를 형성시킬 수는 없는 것이다. 그리고 '룰'의 준수에 있어서는 부모도 이것을 철저하게 실천해야 한다. 부모가 실천하지 않고 자식에게만 실천을 강요하게 되면 자식은 실천을 가장할지언정 진심으로 지키려 하지 않을 것이다. 그렇게 되면 오히려 자식은 윗사람의 행동양식과 아랫사람의 행동양식이 다르다는 이원의 원리를 배우게 될 것이다.

퍼스낼리티 형성에 가장 중요한 시기에 놓여 있는 가정교육에서 우리가 명확한 생활원리로서의 '룰'을 설정하고 부모가 몸소 실천하여 자식을 엄격히 교육하게 될 때 그 자식은 성장해서도 일원적 생활태도와 '룰'을 준수하는 퍼스낼리티를 가지게 될 것이다.

가정교육에 못지않게 학교교육도 인간의 퍼스낼리티 형성에 중요한 영향을 미친다. 교육제도상으로 볼 때 자아의식이 싹트기 시작하는 유년기부터 사춘기를 거쳐 자아의식의 확립이 이루어진다고 볼 수 있는 청년 초기까지 그 아동의 교육은 일단 학교에 위임된다. 이 시기는 교과서와 교육자와 그리고 교우집단에 의해 아동의 퍼스낼리티가 재조정되는 시기로 볼 수 있다. 인생에 있어서 이처럼 중요한 위치를 점하는 학생시절에 합리적 퍼스낼리티를 형성시킬 수 있는 교육을 실시하지 못한다면 그들이 사회에 나아가서 합리적 생활을 영위하고 사회의 민주화에 공헌할 수 없다는 것은 당연한 이치이다.

그러나 앞서 살펴본 바와 같이 이들이 교재로 사용하는 교과서에서 보편타당성이 있는 윤리관을 제시하지 못하고 있고 또 교육자 자신도 다원적인 사회윤리의 혼돈상태에서 탈피하지 못하고 있다면 앞으로의 윤리규범문제에 있어서 적잖이 염려스러운 것이다.

이런 면에서 볼 때 전통적 윤리와 근대적 윤리의 혼돈상태에서 탈피하지 못한 교과서의 내용을 자주적이고 합리적인 퍼스낼리티를 형성시킬 수 있고 생활의 원리를 일원화시킬 수 있는 내용으로 수정함과 동시에 교사의 아동교육도 합리적인 '룰'에 입각한 엄격한 교육이어야 한다는 것을 강조하지 않을 수 없다.

물론 교칙이 있고 민주주의의 원리를 충실히 가르치고 있다고는 하지만 그 교칙이 일원의 원리 밑에 확립된 것이 아니거나 민주주의 교육

내용과 상치되는 학교생활을 영위하고 있다면 그것을 바람직한 교육이라고 볼 수는 없는 것이다.

사실 이러한 예는 현실의 학교생활에서도 많이 지적될 수 있을 것이다. 학생과 교사 사이는 평등한 인격체로서 자유로운 토론을 통한 진리의 전수가 있어야 하는 것이지만 많은 경우 교사는 권위를 가진 지배자의 입장에 서고 학생은 순종해야 하는 일종의 종속관계가 이루어지고 있음을 시인하지 않을 수 없다. 교사의 잘못을 정당하게 지적하고 자기의 주장을 떳떳하게 제시할 수 있는 학생이 과연 얼마나 될까?

또 교과서에서는 자유와 평등과 인간의 존엄성을 배우면서 상급생에게 깍듯이 거수경례를 해야 하고 선배의 억압에 반항조차 할 수 없는 것이 한국의 학생인 것이다. 신분서열의 표시인 학년 배지를 필히 달고서 자신의 신분을 밖으로 나타내야 하며 머리를 깎아 성인과 구별시켜 놓아야만 질서가 유지되는 것으로 의식하고 있다.

학교교육도 역시 '룰'에 입각한 一元의 원리를 수립하여 자주적이고 독립적인 퍼스낼리티를 형성시킬 수 있는 명실상부한 민주주의 교육이 되어야 한다.

또 사회윤리규범의 교과내용도 대담하게 재구성되어야 한다. 종래와는 달리 좁은 집단의 一員보다는 넓은 사회의 일원으로서의 윤리를 강조하여야 하며 부모나 형제자매나 친척 또는 윗사람에 대한 윤리보다는 오히려 이러한 측면은 무시하더라도 넓은 사회집단의 일원으로서 가져야 할 책임의식에 중점을 두어 모르는 사람이거나 동년배 또는 아랫사람과 생활하는 방법에 더 강한 액센트를 두어야 할 것이다. 과거의 윤리교육이 자기가 알고 있는 좁은 집단에 중점을 두었다면 앞으로의 윤리교육은 넓은 사회의 一員으로서의 책임수행을 강조하여야 할 것이다.

또 과거의 도의교육이 추상적이고 과거지향적이었다면 앞으로의 도덕교육은 구체적이고 미래지향적이어야 한다. 수많은 사례를 들어가면서 사회윤리의 교육을 실시하여야 할 것이다. 이것이 합리적인 한국의 사회윤리를 확립하는 데 있어서 두 번째로 중요한 실천방법인 것이다.

이와 같이 一元의 원리에 입각한 윤리규범은 누구나 다 지켜야 하는 것이지만 특히 지배적 위치에 있는 사람들이 솔선해서 실천에 옮겨야 한다. 말할 것도 없이 후진사회에 있어서는 지배층에 있는 사람들의 역할이 더욱 중요하기 때문이다.

사실 우리는 특수한 위치에 있는 자들이 사회질서를 혼란시키는 일이 거의 보편화되어 있음을 안다. 父는 '룰'을 지키지 않으면서 자식에게만 '룰'을 강조한다든지, 특수층의 자가용은 주차금지구역에라도 얼마든지 마음대로 주차시킬 수 있는 것 같은 사례를 거의 매일처럼 목도한다. 특수차량은 야간통행금지가 적용되지 않고, 고위층에서는 부정을 하고도 안전할 수 있다고 생각하고, 또 교사만은 슬리퍼를 신은 채 운동장에 나올 수 있는 데 대하여 학생만은 그것을 금하는 것을 당연하다고 생각하는 상황 아래서는 사회윤리의 확립이란 요원한 것이다.

가정이건 학교이건 또는 사회이건 그 어느 곳에서나 一元的인 생활원리와 사회봉사의 윤리가 수립되고 특히 지배층에서 '룰'을 솔선수범해서 실천에 옮길 때 앞으로 우리 사회의 윤리규범도 소위 근대적 윤리로 확립되어 갈 것이다.

그러나 가정에 있어서 올바른 윤리교육이 되지 않으면 지배층의 솔선수범도 거의 불가능에 가까울지 모른다. 왜냐하면 그 지배층도 올바른 가정교육을 받지 않았더라면 도저히 우리가 이미 제시한 사회윤리 나아가서는 정치윤리도 실천할 수가 없기 때문이다. 이렇게 볼 때 학교교육이나 지도자에 대한 역할 수행의 기대는 이차적이고 일시적인데 비해 가정교육은 일차적이고 더욱 기본적이라 할 수 있을 것이다. 혈연, 지연, 동창 등에 의한 情實이나 朝令暮改의 행정을 아무렇지도 않게 생각하는 것도, 상관의 기분이 좋을 때 결재서류를 올리는 것도, 부하나 모르는

사람이나 이해관계가 없는 사람 또는 권력이 없는 사람에 대하여 안면근
육을 긴장시켜 상대해 주지 않는 것도 모두 '룰' 없는 가정에서 연유된
성격으로 생각한다.

앞으로 우리 삼천만의 가정에서 각기 어릴 때부터 인간에 대한 충성
이 아니라 루울에 충실한 생활의 훈련과 사회봉사 즉 넓은 사회의 일원
으로서의 사회윤리 내지 규범의 훈련이 실시되지 않으면 한국사회를 발
전으로 이끄는 민주사회윤리의 확립은 어려울 것이다.

제8장

한국의 사회윤리와 그 사회적 배경

1. 머리말

倫理는 價値賦與的인 개념이기 때문에 관점에 따라 정의가 다양하다. 그러나 일반적으로 '倫'이란 사람과 사람의 관계 즉 인간관계 내지 인간의 공동체를 의미하고, 윤리란 인간공동체의 원리 내지 도덕을 의미한다. 이 공동체의 원리 내지 도덕은 인간의 행위를 전제하고, 이 경우 인간의 행위는 또한 기본적으로 사회 전체의 공동생활에서 일어나는 것임을 전제한다. 인간의 행위가 아무 목적 없이 이루어지는 일은 드물다. 각자의 목적을 달성하기 위한 수단으로서 이루어지는 이러한 인간의 행위는 전체사회 속에서 이루어지기 때문에 항상 '永遠의 秩序'를 조건으로 하게 된다. 인간의 존재도 모두 이 질서와 관계있는 까닭에 이 질서를 모르고는 인간 존재를 이해할 수 없다.

이러한 측면에서 인간의 행위는 보편적으로 가치 있는 것(valuable)을 추구한다. 그러나 가치 있는 것은 개인의 의지로써만 실현되는 것은 아니다. '가치(value)'란 개체와 그를 둘러싼 환경의 관계 속에서 이루어진다고 볼 수 있다. 이때 환경에는 자연적인 환경과 사회적인 환경이 모두 포함되지만 사회적인 환경에 역점을 둔다. 가치는 그것이 환경과 개체의 상관관계 속에서 이루어지는 만큼 때와 장소에 따라서 다를 수도 있다. 그러므로 19세기의 가치가 오늘날에도 타당하다고 볼 수 없으며, 다른 나라의 가치가 한국의 그것과 일치한다고 볼 수도 없다. 그러나 인간이 추구하는 가치가 사회적·역사적·문화적 환경에 따라 다르다 하더라도 그것은 생활의 기본적 욕구를 사회 내에서 충족하기 위해 오랜 기간

끊임없이 계속되어 온 인류의 노력과 결부되어 있다는 점에서, 가치들 사이에는 상이한 면뿐만 아니라 공통적인 국면도 있을 수 있다.

이와 같이 가치가 인간이 바라는 것과 관계있는 것이라고 볼 때, 인간이 어떤 것에 '가치 있는 것'이라는 의미를 부여하여 그것을 행위의 준거로 삼으면 그것이 바로 '善'이 된다. 그 '선' 개념이 전체사회에서 인정을 받고 사회성원의 행위의 준거가 되면 그 사회의 윤리가 된다. 그러므로 한 시대, 한 사회의 '善觀'을 들고 그것이 당시의 어떠한 사회적 현실과 상응하는지 고찰하는 것은 윤리의 사회적 배경에 대한 고찰이 될 수 있다. 이와 같은 관점에서 한국윤리의 사회적 배경에 대해 고찰하고자 한다.

여기서 유념할 것은 공식적이며 當爲的인 윤리와 실제로 일상생활에서 일반이 행하는 행위는 반드시 일치하지 않을 뿐만 아니라 오히려 후자가 전자보다 우위에 있다는 점이다. 여기서는 주로 후자를 논의대상으로 삼아 오늘날 한국사회의 인간관계 즉 윤리와 그것의 형성에 영향을 끼친 사회적 배경을 고찰해 보겠다.

2. 한국윤리의 성격

윤리란 상술한 바와 같이 인간과 인간의 관계를 규제하는 인간의 행동기준이요, 행동규범이요, 행동법칙이기 때문에, 인간이 공동생활을 하는 곳에는 필연적으로 있어야 하고 또 있어 왔다. 한국에서도 원시시대에서 오늘에 이르기까지 사회적·자연적 환경과 개인이 추구하는 가치가 상응하여 윤리가 형성되어 왔다. 그 전개단계는 漢文化 전래 이전, 한문화 전래 이후, 민주주의 사상 도입 이후(현재) 등 세 단계로 구분할 수 있다. 이 셋 중 과연 어느 단계의 것이 한국윤리의 본질인지는 규정하기가 어렵다. 다만 오늘날 한국사회에서 보편화한 인간관계와 그 心性

에 내포되어 있는 선관의 내적 논리를 한국윤리의 성격이라고 규정할 수 있지 않을까 한다.

이와 같은 견지에서 한국윤리를 살펴볼 때, 첫째로 아는 사람에 대한 윤리와 모르는 사람에 대한 윤리 사이에는 일관성이 없고 차이가 크다는 것을 알 수 있다. 즉 사람에 따라 대하는 태도가 달라지는 多元의 원리에 한국윤리의 성격이 반영되어 있다고 볼 수 있다.

1) 아는 사람에 대한 윤리와 모르는 사람에 대한 윤리

아는 사람이란 자기를 중심으로 하여 가족성원에서 친척, 넓게는 동족성원, 씨족에 이르기까지 그 범위가 매우 넓다. 가족 외에도 同窓, 단골 등 사회생활을 하며 친분을 맺은 사람들이 있을 수 있다. 반면에 모르는 사람이란 이 범위에서 제외된 다른 사회성원들을 지칭하는데 이것은 어디까지나 상대적이다. 그러면 우선 아는 사람 가운데서도 제1근친자라고 할 만한 가족성원들 간 인간관계는 어떠한지 보기로 하자. 먼저 사회윤리의 근원으로서의 가족의 원리를 살펴보자.

가족이란 인간사회의 어디서나 발견할 수 있는 가장 원초적인 사회집단으로, 혼인을 기초로 하여 혈연관계로 이루어진다. 가족 내의 인간관계는 혼인을 기초로 한 부부, 혈연을 기초로 한 親子, 형제 등의 근친자 관계다.

서구문화가 도입되기 이전에는 부녀자의 지위가 매우 낮았다. 부인은 남편을 '家長' 혹은 '집주인'이라고 부르고, 남편은 부인을 '여편네' 또는 '집사람'이라고 불렀다. 널리 알려진 바와 같이 여자는 在家從父, 媤家從夫, 亡夫從子라는 이른바 三從之義를 지켜야 했으며, 칠거지악은 여자에게만 적용되는 婦德의 윤리였다. 지금은 이런 윤리가 노골적으로 표출되지는 않지만, 아직도 장년층 이상의 한국인의 마음 深層에 깔려 있는 것은 틀림없다. 또 남편이 부인에 앞서 사망하였을 때 그 부인에 대해 "그 계집이 남편을 잡아먹었다"고 말하는 것을 흔히 듣게 된다. 아내는 남편의 배우자가 되기 전에 먼저 家父長(戶主)에게 예속하고 시모에게 충실하고 얌전한 며느리가 되어야 함을 너무나 당연한 것으로 받아들여 왔다. 심지어는 과부가 재혼하지 않고 시가의 충복이 되는 것을 미덕으로 생각했다. 수년 전 실시한 대학생실태조사를 살펴보면 오늘날에도 여전히 이러한 의식이 남아 있음을 알 수 있다. 부녀자들은 유년시절부터 이른바 얌전한 퍼스낼리티를 형성하도록 교육받고 있다. 이 얌전하다는 말은 자기의 개성, 감정, 욕망, 주장 등을 억압하고 항시 자기가 속한 집단인 親庭生家나 시가의 성원, 예를 들면 부모, 남편 등에게 비굴·복종의 태도로 대한다는 뜻이고, 이 자아를 부정하는 고난의 윤리가 곧 '시집살이'라는 말로 표현되어 왔다. 오늘날에도 현모양처의 교육을 자랑하는 여학교가 있는 것은 아직도 그러한 교육이 행해지고 있다는 증거다. 연령과 세대, 항렬의 권위가 거의 절대적인 한국의 가족 내지 친족조직에서 며느리에게는 이 원리를 적용하지 않는 것 또한 부녀자의 지위가 극히 낮음을 의미하는 한국의 윤리다. 며느리는 시가 식구가 자기보다 어려도 함부로 말을 낮추지 못한다.

또 흔히 쓰는 말에 "몸과 마음을 바치다"라는 것이 있다. 이것은 남편이 아내에게 또는 남자가 여자 애인에게 사용하는 말이 아니라, 아내가 남편에게, 여자가 남자 애인에게 사용하는 말이다. 이와 같이 부녀자를 멸시하는 윤리는 결국 不淨 내지는 불결 의식을 낳아 부녀자가 작업장이나 사업장에 접근하기만 해도 부정을 탄다고 여겼다. 또한 부녀자가 집 밖에 나가 타인(특히 남자)과 교제하는 것도 금지하고 있다시피 하다. 부녀자는 한국인이 중요시하는 족보에 오르지 못하는 것은 물론 제사와 宴會에서도 제외되어 있다.

이상에서 살펴본 몇몇 실례 및 慣用語法(ordinary language)의 내면에는 부부간 윤리가 평등의 윤리가 아니라 주인과 노예의 윤리라는 논리가 내재한다고 하겠다.

親子 간 윤리도 역시 부부간 윤리에 못지않게 주종관계의 성격을 띤다. 부모와 자식 사이의 윤리를 파악하려면 우선 무엇보다도 孝를 이해해야 한다. 왜냐하면 한국에서 부모와 자식의 관계는 효로 맺어져 있기 때문이다. 그런데 효란 부모와 자식 양방의 관계가 아니라, 부모에 대한 자식의 일방적 관계만을 지칭한다. 父子 상호 간의 윤리가 아니라 부모의 행위와는 관계없이 자식 일방만 지켜야 하는 片務倫理인 것이다. 이러한 효는 百行의 근본이라 하여 모든 인간생활의 지도원리라고 했다. 그러므로 효를 위반하는 일은 단순히 윤리적 문제가 될 뿐만이 아니라 때로는 형법상 중요한 문제가 되기도 한다.

효도는 다음 세 가지 조건 위에 서 있다. 첫째 조건은 부모가 자식을 낳아 주었다는 생산의 은혜이고, 둘째 조건은 부모가 자식을 길러 주었다는 양육의 은혜이며, 셋째 조건은 부모와 자식은 친자관계에 있다는 것이다. 이 효의 세 가지 조건 때문에 자식은 부모에게 끝없이 효도해야 하는 의무를 지게 된다. 부모는 자식을 돌보지 않더라도 자식은 부모에게 무조건 효도할 의무가 있는 것이다.

이러한 조건 위에서 성립한 효의 윤리의 내용은 다음의 네 범주로 구분할 수 있다. 즉 부모에 대한 것, 집(家)에 대한 것, 타인에 대한 것, 그리고 자식의 일체의 행동에 대한 것이 그것이다. 이 가운데 부모에 대한 것은 부모를 섬기는 일, 한 마디로 말하면 事親이다. 사친은 부모를 존경하는 일부터 시중, 扶養, 安樂 그리고 부모의 뜻을 받드는 일에 이르기까지 부모에게 정성을 다해 행하는 모든 일을 포함한다. 돌아가신 부모도 생전과 같이 섬기는 것이 이상적이었다. 집을 계승할 男兒를 생산하는 것도 효행이며, 타인을 대할 때의 행동을 포함하여 모든 행동이 효도의 구성요소인 것이다. 이것은 인간행위에 있어서의 효도의 절대성 또는 보편성을 의미하는 것이라고 볼 수 있다. 자식의 모든 행위를 '효'를 척도로 평가하므로 자식은 전심전력하여 효도의 의무를 수행해야 한다.

결국 부모와 자식의 관계는 전형적인 상하관계의 윤리이며, 자식이 무조건 부모에게 예속해야 하는 주종관계의 윤리였다. 부모는 부모답지 않더라도 자식은 자식의 도리를 다해야 하며 부모의 過失을 말하거나 부모를 원망해서는 안 되는 것이다.

한편 부모와 자식은 외부에 대해서는 대단히 배타적인 집단을 형성한다. 부모를 존경하지 않으면서 타인을 존경하는 것은 효도나 덕, 예에 어긋나는 것으로 인식하였다. 그리고 부모의 원수는 곧 자식의 원수이므로 어떠한 일이 있더라도 반드시 갚아야 한다고 가르쳤다. 어릴 때부터 배우는 이러한 배타적인 윤리는 파벌형성의 중요한 원인이 된다.

이처럼 부모와 자식 간의 윤리는 효를 기반으로 하여 맺어져 있는바, 이것 또한 부부간의 윤리 못지않은 주종의 관계다.

다음으로 형제간 윤리를 살펴보면 長幼의 序列意識이 강하다. "형제가 화목하게 지내는 데는 장유의 序를 지키는 것이 좋다. 弟나 妹는 兄이나 姉를 존경하며 종순하게 이를 섬기고 화합하도록 하지 않으면 안 된다. 형, 자는 제, 매를 愛撫하고, 제, 매는 형, 자를 敬從해야 한다"고 한 것은 각급 학교 교과서에 수록된 교훈으로, 전통시대의 윤리가 아직도 강하게 남아 있음을 보여 준다. 이러한 사실은 단지 빙각의 일부로만 볼 것이 아니라, 그 심층부에 내재하는 윤리의 전체 구조에 주목해야 할 것이다.

다음으로 가족보다 더 큰 혈연집단인 친척 내지 동족 간의 윤리를 살펴보자. 우선 친족이라면 父系親, 母系親, 夫系親에서 맺어지는 혈연집단이지만, 한국에서는 모계친, 妻系親은 거의 무시하고 父系親과 夫系親만 중시하는 것을 지적할 수 있다.

父系 근친이 더욱 확대되어 氏族 내지 同族을 형성하게 되는데, 필자가 특히 주목하는 것은 친족호칭이 발달한 점이다. 친족호칭은 씨족집단

과 非씨족집단을 뚜렷하게 구별하기 위하여 동족(＝씨족) 사이에서만 사용하는 것으로, 친밀감정과 존중의식이 강한 對人條件이다. 이와 같은 윤리로 맺어진 한국의 혈연집단은 그 크기가 매우 크고 어떤 의미로는 신분적, 봉쇄적, 배타적인 특성이 있다. 地緣을 강조하는 것도 혈연성이 변형된 형태라 할 수 있다. 이렇게 혈연관계를 중시하고 상호 친밀감과 존중의식이 강한 씨족집단은 필연적으로 비씨족집단들과는 거의 예외 없이 감정적으로 대립하는 성격을 띠고 있다. 한편 동족 내부에도 圈의 크기가 다른 무수한 派와 집단이 생겨 친밀감과 존중의식의 강도를 달리하고 있다. 씨족 내부에서는 한국인의 독특한 친족호칭인 寸을 통해 동족의 遠近과 신분의 上下를 구별하는데, 이 촌은 상대 동족원이 자기와 가까운 위치에 있는 동족인지 아닌지 또는 자기보다 높은 위치에 있는 동족인지 아닌지에 따라 차별하는 역할을 하여, 그것에 따라 친밀감과 존중의식을 달리하고 있는 것이다.

이와 같이 오늘날도 한국인은 親疎關係를 중심으로 아는 사람과 맺는 관계와 모르는 사람과 맺는 관계가 겉으로 드러나든 드러나지 않든 많은 차이가 있고 차원이 다른 인간관계의 원리를 적용하고 있는 점이 한국사회윤리의 한 가지 특성이라고 하겠다. 좀 더 구체적으로 말하면, 주인에 대한 태도와 식모에 대한 태도, 여염집 부녀자를 대하는 태도와 이른바 화류계 여자를 대하는 태도, 자기 고장 사람에 대한 태도와 타고장 사람에 대한 태도, 자기 학교 사람에 대한 태도와 타학교 사람에 대한 태도, 官에 대한 태도와 民에 대한 태도, 嫡子에 대한 태도와 庶子에 대한 태도, 남자에 대한 태도와 여자에 대한 태도, 어른에 대한 태도와 아이에 대한 태도, 자기 가족·친척·씨족에 대한 태도와 이들 범위 밖에 있는 사람에 대한 태도, 자기와 가까운 위치에 있는 사람에 대한 태도와 먼 위치에 있는 사람에 대한 태도 사이에는 큰 차이가 있고, 또한 차이가 있어야 하는 것이 한국윤리인 것이다. 아는 사람에게는 그렇게도 부드러

운 표정으로 대하면서도 모르는 사람에게는 금방 표정이 굳어지는 데 한
국윤리의 일면이 잘 나타난다.

2) 윗사람에 대한 윤리와 아랫사람에 대한 윤리

上下나 차별이라는 말은 비교를 함으로써만 생길 수 있는 말이다. 사
물 자체는 원래 上도 下도 同도 異도 없다. 사물과 사물을 비교·대립시
킴으로써 비로소 상하가 있고 차별이 생긴다. 이 논리는 인간관계에도
그대로 적용할 수 있다. 즉 전체 사회성원은 인간 존재 자체로서는 '상'
도 '하'도 '동'도 '이'도 없지만, 개인들을 비교·대립시킴으로써 스승과
제자, 선배와 후배, 연장자와 연소자, 사장과 사원, 상관과 부하, 권력 있
는 사람과 권력 없는 사람, 감투를 쓴 사람과 쓰지 못한 사람, 남자와
여자 등등으로 차별이 생겨난다. 여러 형태의 차별적 인간관계는 전체사
회의 수준이나 사회의 기능적 측면이나 혹은 사회존속의 거시적 관점에
서 볼 때는 전체의 유지를 위한 부분이 갖고 있는 '秩序'다. 전체의 유지
를 위한 부분의 질서, 다시 말하면 차별은 자연계에도 존재한다. 인간사
회나 자연계를 막론하고 이 차별적 질서 없이는 전체의 유지가 불가능하
다. 이와 같은 측면에서 볼 때 이 차별은 곧 전체의 조화를 위한 것이다.
그러므로 뒤집어 생각하면 이 전체의 조화는 부분의 차별로써 이루어져
있다고 하겠다. 조화의 구성요소인 이 차별, 이것은 인간관계 측면에서
볼 때는 통속적인 의미로 윗사람과 아랫사람 간에 작용한다고 할 수 있
다. 그러므로 이 윗사람과 아랫사람 간의 인간관계의 윤리는 넓은 의미
로 사회의 秩序觀이라고 하겠다. 따라서 한국인의 질서관 내지 調和觀은
곧 윗사람과 아랫사람 사이의 인간관계의 윤리라 함이 논리적으로 필연
적 귀결이 된다.

그러나 한국인은 이러한 질서가 평등한 인격체들 간의 역할분화 결과
라고 이해하지 않고, 인간이 다 같이 자유롭고 평등한 상태에서는 유지

될 수 없고 언제나 상하의 신분서열을 정해 철저히 지킴으로써만 비로소 유지되는 것으로 오해한다는 데 문제가 있다. 상하의 신분서열을 표시하는 학생 배지를 필히 달고 하급생은 어느 때 어느 장소에서든 꼭 상급생에게 경례를 해야만 학교의 질서가 유지된다고 생각하는 것이다. 酒宴 석상이든 목욕탕 속이든 직장의 상하관계를 연장해야 질서가 바로잡힌다고 여긴다. 이러한 것이 한국의 전통적인 교육방식이요, 바람직한 상하 간 인간관계의 윤리다.

한국의 이른바 예의는 상하의 身分階序를 유지하는 큰 역할을 한다. 조카(姪)는 아저씨에게 깍듯이 예의를 지켜야 하고, 아저씨는 다시 할아버지에게 그렇게 해야 한다. 業績的인 것이 아니라 운명적인 것, 歸屬的인 것에 가치를 부여하는 것이 한국윤리의 특성이다.

근대사회에서 사회의 질서나 발전은 자유롭고 평등한 개인 간, 집단 간의 합리적인 토의를 통해서 이루어지는 것이지만, 한국인은 이와는 반대로 토의 없이 상하의 신분을 철저하게 자각함으로써만 이루어지는 것으로 알아왔다. 그렇기 때문에 아버지는 아들의 정당한 주장을 말대꾸로 여기고, 民이나 야당이나 노동조합에서 펼치는 정당한 주의·주장을, 官이나 여당이나 경영주나 爲政者는 불순하고도 파괴적인 언동으로 여긴 것이다. 어떠한 수단을 통해서든지 질서만 유지하면 된다는 한국인의 질서의식에 우리는 주목한다. 상하의 신분차이를 자각함으로써만이 질서가 유지되는 것으로 알아왔고, 또 오랫동안 그렇게 해왔다. 대립하는 두 집단이나 개인이 대등한 지위에서 자유로운 토의를 통해 질서를 유지하는 서구제도를 도입하기는 했지만, 즉시 또는 단시일에 원활하게 혼란 없이 이 제도를 운영하여 그러한 윤리가 형성될 리는 없다. 이와 같은 제도에 익숙해져 생활화할 때까지는 시행착오 단계를 거치지 않을 수 없겠지만, 토론이 아닌 상하의 신분의 윤리를 통해서만 질서가 유지된다고 생각하는 사람들의 눈에 이 제도는 어디까지나 시정될 줄 모르는 저주받을 혼란으로만 보이는 것이다.

항상 윗사람의 專制를 통해서만 질서가 이루어지고, 그렇지 않으면 혼란이 생긴다는 질서의식에서 윗사람과 아랫사람의 윤리 또한 그러한 방향으로 結晶化되어 왔다. 그 예는 학교, 교통도덕, 政界 등등 사회의 각계각층에서 찾을 수 있는데, 그중 한 가지로 한국 어른은 모든 아이들을 꼼짝 못하게 하는 신비스러운 힘이 있다는 것을 들 수 있다. 이른바 어른의 호통과 경직된 표정이 그것이다. 호통은 그 강약과 高低와 長短에 따라서, 그리고 얼굴의 표정은 그 근육의 수축도와 긴장도에 따라서 변해 아이들을 자기에게 복종시키는 기묘한 힘이 있다. 여기에 눈을 부릅뜨기까지 하면 더욱 효과적이다. 대개의 경우 호통과 안면근육 수축은 따로따로 작용하는 것이 아니라 동시에 작용한다.

한편 아랫사람은 항상 윗사람의 태도와 표정을 탐색하면서 겸손의 덕으로 대한다. 상위자의 태도와 표정을 탐색하는 것이 이른바 '눈치'이고, 겸손의 덕이 이른바 '낮춤'이다. 이 '눈치'는 사회의 모든 집단의 하위자 사이에 발달해 있는 것이다. 하위자는 자기의 언어, 태도, 행동 전면에 걸쳐 항상 신경을 쓰고 긴장한 상태로 있기 때문에 안락하거나 평안할 수 없다. 윗사람의 '눈치'를 보는 능력이 가장 뛰어난 자가 冷戰에서 승리하고 그렇지 못한 자는 패배하기 때문에 아랫사람들 사이에서 이 '눈치'전쟁은 치열하다. 그러므로 동료 간에도 상사 집에 갔다 온 것은 극비에 부치며, 또 동료가 상사 집을 방문하는 것을 질시하면서도 이와 같은 정보를 수집하여 자기 작전의 자료로 삼는다. 언제나 위의 專制(겉으로는 자애로 보이지만)와 아래의 공순 때문에 민주주의니 평등이니 하는 단어를 사용하기는 하나 인격의 자유와 평등의 의미를 이해하지 못하고 있다.

겸손의 덕은 동료 간에도 지키는 한국의 윤리지만 특히 윗사람과 아랫사람 사이에서 아랫사람이 윗사람에게 행동으로 표현하는 윤리다. 그

한 예로 아랫사람은 윗사람에 대해서는 언제나 높임말을 사용하며 자기 자신에 관한 것은 낮춤말을 사용한다. 높임말과 낮춤말 외에 중상적·공격적인 말도 빈번히 사용하는 점으로 보아서도 높임말은 주로 자기가 아는 윗사람이나 그렇지 않으면 적어도 관심을 가지고 대하는 사람에 대한 윤리의 내적논리임이 확실하다.

'눈치', '겸손의 덕' 외에 한국의 윤리에는 體面이라는 것이 있다. 신분적 상하관계의 생활을 계속해온 결과 엄격한 신분계층의 관념에 사로잡혀 스스로 자기나 자기가 속한 집단을 높은 位座에 올려놓으려고 한다. 이와 같은 시도에는 반드시 그에 상응하는 행동이 수반되어야 하는데, 이것이 바로 체면의 정체다. 이 체면의 원리는 자기의 상하의 신분관계를 의식할 때 작용한다. 그러나 동일인이 동일 집단에 속해 있다 할지라도 이것을 의식하지 않을 때는 곧 내던지고 말기도 한다. 來客이 주인이 권하는 음식물을 과도하게 사양하는 것을 전자의 예라 한다면, 승차 시나 觀劇 시의 무질서한 행동은 후자의 예라 할 것이다. 또 술을 마시지 않았을 때의 얌전한 행동은 전자의 예이고, 음주 시나 음주 후의 무질서한 언동(이것은 체면윤리가 마비되어 나타난다)은 후자의 예다. 한국인은 누구나 이 체면의 윤리 때문에 아무리 과오를 범하여도 손아랫사람에게는 자기 과오를 솔직히 인정하려 하지 않는다. 자기의 무지나 과오를 자인하면 이 체면의 윤리가 손상되기 때문이다. 자기 행위의 정당함을 주장하고 끝까지 고집해야만 체면이 서는 것이다. 분쟁이 생기면 당사자들이 직접 相面하여 해결하려 들지 않고 반드시 이른바 중개자를 내세워서 조정하려고 하는 것이라든지, 부탁이나 의뢰를 할 의도를 품고 방문한 사람이 직접 간명하게 용건을 말하지 않고 주 용건과 관계없는 일들을 이야기하며 장시간을 끈 후 비로소 주 용건에 대해 언급하는 것 등도 이 체면의 윤리와 관계있는 것이다. 이 체면의 윤리는 자기 집단이나 자기 집단의 두목 혹은 부하의 존재를 의식할 때 작용하는 것이지만,

한편으로는 한국인은 이 체면의 윤리를 확립하면 할수록 전체사회의 질
서가 더욱 확고부동해진다고 여긴다.

이상에서 말한 예의, 눈치, 겸손의 덕, 체면 등이 한국인의 질서관 내
지 조화관이며, 이것이 곧 한국인의 윤리 중 윗사람과 아랫사람 간 윤리
의 특징 가운데 하나라 하겠다. 심하게 말하면 자기가 아는 윗사람 앞에
서만 이른바 예의를 지키고, 그렇지 않은 경우에는 혼돈과 혼란과 무질
서만이 존재하는 것이다.

앞에서 보아온 바와 같이 한국인이 아는 사람을 대하는 태도와 모르
는 사람을 대하는 태도에 차이가 나고, 이른바 윗사람과 아랫사람을 대
하는 태도에 차이가 나는 것은 한국윤리가 일정한 룰(rule)이 없이 기분
이나 감정이나 호소에 의한 윤리요, 또한 민주사회의 건전한 시민에게
걸맞는 시민윤리가 결여되어 있음을 나타낸다. 이것이 곧 多元의 원리에
입각한 한국윤리의 특징이라 하겠다.

한국윤리에 일정한 룰이 없는 것은 "방 봐 가면서 똥 싼다"는 속담에
반영되어 있다. 한국윤리는 어떤 사람이든 똑같이 존엄하고 자유로우며
독립자존하는 개인으로서 대우하는 것이 아니라, 사람에 따라서 대우를
달리하는 윤리다. 어느 누구에게나 적용할 수 있는 보편타당한 생활원리
에 의거해서 사람을 대하고 행동하는 윤리가 아니라, 상대방에 따라 차
원이 다른 여러 생활원리 중에서 어느 하나를 선택 적용하는 윤리다. 그
러므로 상대방의 사회적 지위와 그 밖의 여러 가지 조건에 따라 자기가
취할 행동을 결정한다. 요컨대 한국윤리는 일정한 룰이 없이 인간을 상
하, 존비, 귀천, 친소에 따라 나누고 여기에 대응하는 생활원리를 적용하
는 윤리라 하겠다. 그 결과 기분이나 감정이나 호소에 의존한 윤리가 보
편화하고 있다.

또한 이러한 대인관계의 이면성, 생활원리의 다원성은 한국윤리가 룰
에 입각한 윤리가 아니라 인간에 충성하는 윤리임을 의미한다. 따라서

예의의 윤리도, 존경의 윤리도, 순종의 윤리도, 복종의 윤리도, 충성의
윤리도 룰에 입각한 것들이 아니라 인간에 대한 것들이다. 만일 룰이 있
다면 부모의 말씀과 권위가 자녀에게는 곧 룰이고, 상관의 말씀이 부하
에게는 곧 룰이고, 선배의 권위가 후배에게는 곧 룰이다. 가정에서도 부
모와 자녀 간에 룰이 없기 때문에 이른바 '어리광', '떼', '보챔'이 통한
다. 남자를 대하는 태도와 여자를 대하는 태도 간에도 현저한 차이가 있
고, 연령에 따라서도 대하는 윤리가 다르다. 사회적 지위의 高下에 따라
서도 상호 맺어지는 인간관계는 다양하다. 이러한 이면성은 직업에 대해
서도 마찬가지다. 그러나 구미사회에서는 인간에 입각한 윤리가 아니라,
룰에 입각한 윤리가 보편화되어 있다. 그러므로 그들이 예의를 지키고,
어느 누구에게 복종하거나 충성한다 해도, 그들의 인간관계는 룰에 입각
한 윤리이지 개인에 입각한 윤리가 아니다.

　민주사회의 건전한 시민으로서의 윤리가 한국의 윤리에는 결여되어
있다는 것은 다음의 사실 등에 잘 나타난다. 즉 '보행자 특별단속기간'
이 되어야 교통질서가 잡히고, '추계 대청소주간'이 되어야 비로소 대로
를 청소한다. 불결한 공중변소, 파손된 공공기물 등을 보아도 한국에 시
민윤리가 없다는 점을 알 수 있다. 노상에 가래침을 예사로 뱉으며, 남의
대문 앞에 쓰레기를 버리고도 태연하다. 자기나 자기 집 식구가 고기를
먹겠다고 하천에 독약을 뿌려 어족을 멸종해 놓고도 당연하게 생각한다.

　한국윤리는 전술한 바와 같이 일정한 룰에 입각하지 않고 기분이나
감정이나 호소에 의거한 인간 개인에 대한 윤리이고, 시민윤리가 결여된
것이 그 특징이라 하겠다. 자기와 가까우냐 머냐, 자기보다 윗사람이냐
아니냐 하는 것이 윤리적용의 기준이 되고 있는 것이다.

3. 한국윤리의 사회적 배경

특정한 사회에 보편화한 윤리의 사회적 배경을 고찰하고자 한다면 무엇보다도 그 사회에서 인간행위가 주로 전개되는 무대(주 무대)에 주목해야 할 것이다. 왜냐하면 윤리란 대다수의 사회성원들이 인간관계에서 '가치 있는 것'이라는 의미를 부여한 후 그에 준거하여 상호 전개하는 인간관계이기 때문이다. 먼 과거에서 오늘에 이르기까지 한국인의 생활무대는 주로 가족, 씨족(동족), 마을(촌락)이었기 때문에 한국윤리의 사회적 배경은 마땅히 여기에서 찾아야 한다.

먼저 한국인의 인간행위의 가장 중요한 장소로 인식되던 가정부터 살펴보기로 한다. 한국에서 집(家)은 과거의 시조에서 조상을 거쳐 미래의 자손에게 이어진다고 인식하는 父系의 超時間的이고 관념적인 制度體다. 현재의 가족집단은 집의 과거와 미래를 잇는 다리 역할을 맡는다. 조상제사를 통해 선조의 정신을 계승하고, 家産을 유지·확대하며, 가계계승자인 남아를 생산하는 것, 이 세 가지가 이들의 최대 관심사다.

자신의 遺體는 부모의 유체인 동시에 조상의 유체인 것으로 인식하는 한국인은 조상의 유체인 자신의 신체를 훼손치 않으며, 조상의 유체가 될 후손을 낳지 못해 가계계승이 단절되게 해서는 안 된다. 이것은 조상이나 부모에 대한 중대한 의무다.

그렇기 때문에 혼인은 조상제사를 지내며 가계를 계승할 남아를 획득하는 수단으로만 인식한다. 이러한 의식은 집의 초시간성에서 연유한 것이며, 이러한 점에서 효도와 조상숭배는 내용상 결국 동일하다고 볼 수도 있다.

집의 존속이란 단적으로 말하면 먼 조상에서 후손에 이르는 무한한 親子關係의 연속을 의미한다. 現存하는 친자관계는 과거에서 미래로 이어지는 친자관계의 系列上의 한 구간을 점한다. 친자관계의 단절은 곧 집의 단절을 의미하고, 영원히 존속하는 집의 중심은 부자관계에 있기 때문에, 부부관계보다 친자관계가 당연히 우위에 설 수밖에 없다. 따라서 妻子는 집을 존속하게 하기 위한 수단일 뿐이다. 집은 부계(남자)가 계승하기 때문에, 여자는 결혼하면 남편과 더불어 새로운 가족집단을 형성하는 것이 아니라 기존의 남편 집의 성원이 되는 것이다.

집을 유지하고 발전하게 하기 위해서는 통솔자가 필요하다. 이 통솔자가 곧 家長이다. 가장은 현실가족의 대표자인 동시에 조상의 대표자이기도 하며, 제사의 주재자이고, 가산의 장악자이며 또한 가족원의 통제자다. 따라서 가장은 가족원을 엄격히 통제해야 하며, 가족원은 그에게 절대적으로 복종해야 한다.

가족원은 가장을 중심으로 한 남녀, 장유, 상하의 신분적 서열에 따라 지위와 역할이 결정된다. 그리하여 윗사람은 아랫사람을 통제하고, 아랫사람은 거기에 무조건 복종하고 인내해야만 집이 화평하다고 생각한다.

집은 역대의 장남이 계승하고 차남 이하의 남자 형제는 분가하여 이른바 '작은집'을 이룬다. 공통의 조상에 의해서 맺어진 '큰집', '작은집'의 집단을 동족이라고 하는데, 이 동족은 서로 친밀히 지내며 협조해야 한다. 이들은 가급적 동거하거나 동일한 장소에 주거하는 것을 이상으로 한다. 한국인은 동족을 하나의 거대한 집으로 인식하여 구성원은 이 집단(동족)을 위하여 봉사해야만 한다고 생각한다.

집에서 장·차남을 구별하듯이 동족에서도 宗家(큰집)와 分家(작은집) 사이에 존비의 관계가 성립한다. 분가 전의 상하서열이 분가한 뒤까지 연장되는 것이다. 다시 말하면 가족 내의 인간관계가 동족까지 확대되어 '큰집'과 '작은집'에 우열의 관계가 성립한 것이다. 이와 같이 부계의 초시간적인 제도체라는 집의 관념에서 집 위주, 동족 위주의 윤리의식이 싹트고, 가부장의 존재, 남존여비 등의 신분계서가 명확해진 것이다.

좀 더 구체적으로 말하면, 이와 같은 집 위주의 사상 하에서 집(家)을 유지·발전시키는 데 가장 효과적인 방법이라고 생각하는 점에 '가치 있는 것'이라는 의미를 부여하여 그것을 인간관계의 준거로 삼아 윤리를 형성했다. 그리하여 가정생활을 부부중심보다는 친자중심으로 영위하는 것이 집의 유지·발전에 보다 효과적이라고 인식한 나머지 앞에서 지적한 바와 같이 부녀자의 지위가 하락한 인간관계가 보편화되었다. 친자중심에 있어서도 효도라는 윤리를 통해 부모는 권위를 행사하고 자식은 盲從하는 것이 또한 집의 유지·발전에 보다 효과적이라고 인식해 그것에 가치를 부여하여 부모와 자식의 관계도 또한 앞서 말한 바와 같은 유형이 보편화되었다. 형제의 관계 역시 그와 같은 집 위주의 사상 하에서 장유의 서열이 엄격해졌다고 하겠다. 친밀감과 존중의식이 강화되어 있는 동족 간의 인간관계 역시 앞에서 말한 바와 같이 집 원리가 사회로 확대된 것에 기인한다. 윗사람과 아랫사람 간에 보편화되어 있는 인간관계 역시 집 위주 사상에 그 배경을 두고 있다. 집의 유지·발전을 위한 질서의식하에서 신분서열을 철저하게 자각하여 이것을 눈에 보이도록 행동으로 표현해야 한다고 믿은 나머지 이 윤리를 넓은 의미에서 집의 일부분인 동족까지 확대하여 보편화한 것일 따름이다.

다음으로 마을(촌락)에서 한국윤리의 사회적 배경을 찾아보자. 한국인은 오늘날까지 봉쇄적인 촌락에서 自給自足하며 생활해 왔다. 이러한 생활은 조선시대에서 일제를 거쳐 오늘에 이르기까지 근본적으로는 변하지 않았다. 촌락이 변모하고 도시지역이 확대되었다 하더라도 一朝一夕에 근대시민사회 의식이나 그 윤리가 확립되는 것은 아니다.

한국 최대의 도시인 서울에도 촌락생활의 특징이 농후하게 남아 있다는 사실이 그 일례가 될 수 있다. 촌락의 구성단위는 가족이며, 가족은 다시 동족을 형성하고, 동족은 촌락을 형성한다. 한국의 촌락은 동족결합의 관점에서 본다면 동족부락과 비동족부락(= 각성부락)으로 나뉜다. 동족부락은 다시 一姓支配 동족부락과 複數姓支配 동족부락 내지 對立

同族部落으로 나뉜다. 各姓部落도 엄밀하게 말하면 구성 가족 수가 적은 동족집단과 그 수가 많은 동족집단으로 나뉜다. 동족 간에 갈등이 없는 부락은 없다. 복수성부락은 물론이려니와 일성지배부락에서도 지배동족과 소수의 他姓이 대립한다.

한편 타 동족에 대하여는 결속을 다짐하는 동족도 그 내부에 여러 파가 있어 역시 대립과 갈등을 겪는다. 가족, 동족 간에 대립, 갈등이 있다고 하여 촌락의 사회적 통일이 없는 것은 아니다. 그러나 필자가 여기서 주목하는 것은 촌락의 사회적 통일보다는 촌락을 구성하는 각 레벨(level)의 하위 혈연집단의 갈등이다. 갈등이 생기는 요인은 혈연이냐 아니냐, 혈연이면 父系냐 아니냐, 동일 부계면 동일 파냐 아니냐, 동일 파면 다시 촌수가 가까우냐 머냐를 따지는 혈연조직 및 친소관계에 있다. 이러한 한국의 봉쇄적인 촌락의 또 다른 특징은 상하의 신분조직을 강조한다는 것이다. 촌락의 구성분자인 가족이나 동족조직 자체가 항렬과 연령과 嫡庶의 신분계서를 엄격히 구획함으로써 유지되고 있다. 다시 말하면 윗사람이냐, 아랫사람이냐 하는 것이 상대를 평가하는 기준이 된다. 이러한 요소들로 구성된 조직체인 촌락의 인간관계도 오늘날 보편화된 한국윤리의 사회적 배경으로서 충분한 역할을 담당해 왔다. 요컨대 한국의 전통적 윤리―지금도 많이 남아 있다―인 상하의 윤리와 아는 사람과 모르는 사람 간의 다원의 원리는 가족·씨족·촌락의 생활에서 연유했다고 볼 수 있다.

제 9 장
신앙촌락의 연구

1. 머리말

實證 없고 추상적인 논의나 獨斷으로 인해 인간생활이 얼마나 침체하고 혼돈에 빠지는지는 해방 후 십 년간 우리들의 생활이 여실히 증명한다. 오늘날만큼 우리 한국사회를 과학적, 실증적으로 인식하고 파악하는 것이 필요한 적은 없었다. 국가재건도 정확한 사회인식을 기초로 헤야만 제 궤도에 오를 수 있기 때문이다. 아직은 민주국가 건설을 위한 기반이 빈약하고 우리 이상의 실현이 遙遠해 보이지만, 착실하고 구체적인 조사를 통하여 개개의 사회사상을 분석·연구한 성과를 민주국가 건설에 실질적인 도움을 주는 기초 자료로 삼는 것이 사회나 국가에 근본적으로 필요하다는 것은 여기에 再言할 필요조차 없는 것이다. 우리 사회는 올바른 사회학적 분석에 있어서 미개척지이고 실증적 분석·연구는 우리의 당면과제다. 이것이 이 조사를 시작한 동기 중 하나다.

이 拙稿는 충남 계룡산 新都內의 신앙에 연유하여 형성된 촌락사회의 구조를 조사한 결과다. 사회학적 연구대상인 가족의 구조와 기능, 촌락 내의 계층, 연령집단 및 지연집단 등의 형태와 기능도 고찰하려고 했으나, 이러한 것들은 한국의 일반 농촌을 대상으로 해서도 연구할 수 있는 문제라고 생각하기 때문에 이 조사의 항목에서 제외하였다.

원래 이 사회조사에는 오랜 시일과 꾸준한 노력, 치밀한 계획 그리고 충분한 경비가 필요하지만, 욕심만이 앞서고 그중 어느 하나도 충분하지 못하여 부족한 점이 다소 있을 것으로 안다. 그러나 이 고찰이 우리나라 사회연구에 하나의 捨石이 되었으면 하는 소망에서 내놓기로 하였다. 여

기서는 신도내에 존재하는 여러 집단을 종교집단이라 칭하였다. 이 종교
라는 명칭을 사용하는 것이 타당한가 하는 문제와 관련해서 여기서는 뒤
르켕(Durkheim)의 정의에 의거하였음을 밝힌다.[1]

2. 조사의도와 방법

많은 한국인이 재래 민간신앙을 迷信이라 하고 민중종교를 類似宗敎
또는 邪敎라 하여 멸시하는데, 이러한 신앙, 종교는 멸시하거나 조소하
고 말기에는 그 중요성이 너무 크다. 이러한 종교활동이 가장 활발한 계
룡산 신도내 촌락민의 종교생활의 성격을 파악하고자 가치 판단을 일절
제거하고 과학적인 조사방법을 사용했다. 이 조사에서는 특히 다음과 같
은 면을 살펴보고자 하였다.

① 현재 신도내에 어떠한 종교집단이 존재하며 지지계층은 어느 계층인
  가?
② 移住 및 入信의 동기
③ 종교집단의 신앙대상과 儀禮
④ 신앙의 내용 및 유형
⑤ 종교집단 성원들의 관계 및 집단 간 관계
⑥ 신도내 전체 주민을 구성원으로 하는 신앙 조직체의 有無
⑦ 신앙쇠퇴에 영향을 미치는 素因

물론 이러한 항목을 조사하기 전에 역사적 배경, 인구, 교육, 매스커
뮤니케이션(mass communication), 정치, 이주한 연도, 世帶主의 출생지

---

1) 뒤르켕은 宗敎의 정의를 다음과 같이 내린다. 종교란 神聖한 사물 즉 隔離되고
  禁忌된 사물에, 신념과 行事의 敎會라고 불리는, 같은 도덕적 공동사회에 歸依하
  는 모든 것을 결합하는 신념과 행사의 연대적 체계다(Durkheim, 1941, 『宗敎生活
  の原始的諸形態』, 70쪽).

및 이주 전후의 生業도 조사하였다. 이와 함께 이 촌락의 전체적인 모습을 묘사하고자 노력하여 한국촌락의 사회학적 연구를 위한 자료를 제시하는 것도 企圖하였다.

조사는 두 차례에 걸쳐 행했는데, 1차는 서기 1955년 8월 8일부터 8월 22일까지 15일간 조사대상 촌락의 槪況과 경제적 기반을 조사표를 사용하여 세대 단위로 조사하고, 2차는 같은 해 9월 30일부터 10월 6일까지 6일간 본고에서 주로 고찰하고자 하는 종교집단 및 俗信을 조사하였다.

제1차 조사 때는 조사대상 가정 한 세대당 가족세대조사표 하나를 사용했는데, 이 가족세대조사표에는 다음과 같은 조사사항을 실었다.

① 성명　　　② 가족적 지위　　　③ 성별
④ 연령　　　⑤ 출생지　　　⑥ 現職
⑦ 前職　　　⑧ 前 주소　　　⑨ 교육
⑩ 경지 면적　　⑪ 산림　　⑫ 이주 연도
⑬ 종교

8월 8일부터 13일까지 각 부락의 洞長, 班長, 중학교, 국민학교를 일일이 방문하여 사회조사를 하는 취지를 상세히 설명하여 이해시키기 위해 노력하였다. 어떤 동장에게는 2~3시간을 소비하여 설명하고 협력을 요청하였다. 이 경우 물론 최대한 겸손하게 대하는 것을 잊지 않았다. 다음에 當地의 계명중학교의 이해, 협조를 구해 동교생 중 두뇌가 명철한 고학년 학생 42명을 조사원으로 위촉하였다. 필자는 이들에게 직접 조사방법을 가르쳐 부락마다 3명씩 파견하였는데, 이때 학생 자신이 출생하고 성장하여 누구보다도 잘 아는 자기 부락으로 배당하였다. 학생 조사원들에게 洞會의 洞籍簿나 班籍에서 조사표에 기입할 수 있는 사항을 찾아 미리 기입하고 연후에 촌락의 각 세대를 실지로 순회하며 나머지 항목을 기입하게 하였다. 이것은 지식욕이 가장 왕성한 조사원의 손을 괴롭히는 것이 가장 정확한 결과를 얻을 수 있는 방법이라고 생각했기 때문이다. 또한 이 학생 조사원들은 조사기술은 다소 미숙할지 몰라도 사실을 은폐하거나 허위로 기록할 리는 없다고 생각하였기 때문이다. 신도내 촌락 중 가장 외진 곳, 계룡산 中麓 계곡에 있는 용동리 2구 '우적골'은 필자 자신이 직접 조사하였다. 도합 36세대가 사는 이 부락은 다른 부락과 격리되어 있어 다른 부락 주민들도 이 부락 사정을 잘 알지 못하는 형편을 고려해 이 부락을 조사할 때 주민들에게 경의와 겸손을 충분히 표시하였음에도 불구하고, 그들이 좀처럼 경계와 의혹을 풀려 하지 않아 꼬박 하루하고도 반을 소비하였다. 제2차 조사는 앞서 쓴 대로 종교집단 및 속신을 고찰하고 아직까지 알려지지 않은 종교집단을 발견하는 것이 목적이었는데 여기에도 많은 장해물이 가로놓여 있었다. 서로 친밀한 촌락민끼리도 자기 종교의 구성원이 될 수 없다고 생각하는 사람에게는 전도를 피하고 종교에 대한 것을 비밀로 하고 있었으므로 진상에 접근하기가 힘들었다. 더욱이 부락 외부에서 온 침입자인 필자로서는 외면으로 보이는 것밖에 관찰할 수 없어 곤란했다. 그래서 주민들이 믿는 종교의 찬미자 또는 그것을 신봉코자 하는 사람으로 가장하고 교 本堂에 접근하여 짧은 기간이나마 그곳에서 교인들과 寢食을 같이하면서 종교생활의 일면을 엿볼 수 있었다.

〈표 1〉 조사대상 촌락 일람표

種別 부락명	俗名	행정구역	조사세대 수
부남리 1구	노리골, 개판리, 불암리	논산군 두마면 신도내출장소 관내	115
부남리 2구	대궐터, 장터	〃	150
부남리 3구	백암동	〃	65
용동리 1구	상원, 청석동	〃	125
용동리 2구	적산리, 먹방, 우적골	〃	114
용동리 3구	황새부리, 화산리, 피목정, 피목재	〃	45
석계리 1구	종로터	〃	119
석계리 2구	진골, 골윤	〃	67
정장리	벌뜸, 경우리, 안터골, 정재	〃	87
엄사리 2구	돌뿐, 평리	두마면사무소 관내	22
남선리 1구	흘림골, 안터골	대덕군 진잠면 관내	64
남선리 2구	노적골	〃	46
남선리 3구	대절골, 장자터, 날근터	〃	42
남선리 4구(일부)	병부	〃	24

3. 조사대상 촌락의 개황과 경제적 기초

호남선 豆溪역(대전서 기차로 50분)에 하차하면 북서방 4km지역에 높고 험악한 계룡산이 聳立한 것이 곧 눈에 뜨인다. 이 계룡산은 대덕, 공주, 논산의 경계에 있으며 계룡산 南麓 盆地에는 신도안(신도내)[2])이라고 칭하는 여러 부락이 있다. 이 부락들은 행정구역상으로는 동편 남선리(4개 구)를 제외하고는 논산군 豆磨면에 속한다. 이 신도내의 동편은

---

2) 일찍이 李太祖가 등극하매 도읍을 정하려고 新都 건설을 한 바 있었고(李丙燾, 1982,『고려시대의 연구』), 지금도 이곳저곳에 흩어져 있는 거대한 주춧돌을 발견할 수가 있다. 新都內이라는 명칭도 거기서 유래한다고도 하고, 또는 정 씨의 도읍지라고 예언한『鄭鑑錄』의 출현에 기인한다고도 한다(高橋亨, 1929,『李朝佛敎』, 19쪽).

계룡산지맥으로 대덕군에 접하고, 북쪽에는 높고 험준한 계룡산 상봉이
솟아 있고, 서편은 역시 상봉에서 남쪽으로 달린 지맥으로 공주군 계룡
면에 인접하고, 남쪽만이 평야로 두계에 이른다. 동, 북, 서 3면이 산으
로 둘러싸인 이곳은 동서, 남북의 거리가 각각 2km, 3km이고, 중앙의
평야에 14개 부락(행정구역)이 산재해 있다. 이 신도내에는 30개에 가까
운 사찰과[3] 10종의 종교집단이 있고 해마다 수많은 사람들이 들고 난
다. 이 산간벽지 메마른 땅에 무엇 때문에 이러한 현상이 일어났는가….
계룡산의 역사적 배경에 관한 李丙燾 박사의 설을 여기에 소개하고자
한다.

鷄龍山은 옛부터 국내외에 알려진 名山이다. 唐의 張楚金의 『翰苑』
蕃夷部 百濟條에 "鷄山東峙"라 한 것과, 같은 책의 雍氏 註所引括地志에
"나라의 동쪽에 계람산이 있다(國東有鷄藍山云云)"라 한 것은 다 당시
백제의 수도(부여읍) 동쪽에 있는 명산인 이 계룡산을 지칭한 것이다. 이
를 통해 이 산의 이름이 이미 당나라 시대의 중국인들에게도 널리 알려
져 있었음을 알 수 있다. 통일신라시대에는 계룡산이 신라 五岳山의 하
나(西岳)로 中祀에 편입되었다는 기록이 『三國史記』 권32 祭祀志에 명
시되어 있다. 고려 태조의 「十訓要」 중에 "車峴以南公州江外 山形勢 並
趨背逆"이라고 한 것으로 볼 때, 고려시대에는 지리, 思想의 전통적 신
념이 人心을 지배하였고 따라서 이 계룡산도 그다지 중요시하지 않은
것 같다. 그러나 조선 초에 이르러 遷都할 땅으로 선택된 일이 있었기
때문에 계룡산을 다시 신비시하게 되어 이를 둘러싼 갖가지 秘記, 讖說
이 조선 후반기를 통하여 성행하게 되었다. 예를 들면 『鄭鑑錄』이란 讖
書에는 李씨 다음에 鄭씨가 일어나 계룡산에 도읍을 정한다는 설이 있
어, 이 때문에 이곳을 더욱 신비시하여 한때 계룡산 신도내에는 각처에

---

3) 작은 사찰이 30개나 있는 것은 정씨가 계룡산에 도읍하면 유교가 쇠퇴하고 다시
   불교가 융성한다는 『鄭鑑錄』에 기인(高橋亨, 앞의 책, 19쪽)하는 것일까.

서 미신을 믿는 사람들이 셀 수 없을 만큼 많이 모여들었다. 조선시대의
風水家는 계룡산의 지리를 '回龍顧祖'의 勢, 혹은 '山太極水太極'의 세
라 하여 더욱 진기시하였다. 계룡의 산됨이 남쪽 덕유산으로 갈라져 북
쪽으로 달려 공주 동쪽에서 C자형으로 우회하여 祖宗을 돌아다보는 형
세와 같다 하여 이를 '回龍顧祖'라 했다. 그리고 이것이 彎曲하여 안으
로 구부리든 까닭에 '山太極'이라고 하며, 이 산태극 안에서 流水가 동
남으로 빠져 다시 동북으로 역류하여 금강과 합하여 계룡의 북쪽을 흘러
공주읍을 지나 서해로 들어가기 때문에 '水太極'이라고 한다.[4]

　우선 인구구성을 살펴보면, 서기 1955년 8월 22일 당시 世帶 수는
1,086세대, 일시 이촌인(군인, 학생, 행상인)을 포함한 총인구는 5,682명,
1세대 평균 인원은 5.2명이다. 시장이 있는 부남 2구(대궐터)에 가장 많
은 세대와 인구가 산다. 남선 4구의 한 세대 평균 인원이 6명을 초과한
것은 부락의 전체 세대 수가 적은 데다 그중 한 세대의 가구가 21명의
대가족이었기 때문이다(<표 2> 참조).

　세대주의 학력을 조사하니 <표 3>과 같이 학교에서 교육받지 않은
무교육자[5]가 765명으로 전체의 70%를 점하고, 21%가 소학교에서 공부
한 일이 있고, 중학교육 이상 받은 자는 稀少하다.

---

4) 李丙燾, 앞의 책, 361~362쪽.
5) 흔히 교육 정도를 구분할 때 학교교육을 받지 않은 자를 다시 국문 해독자와 문맹
　자로 구분하는데, 여기서는 그러한 분류를 따르지 않고 일률적으로 무교육자라
　하였다. 왜냐하면 국한문을 修得한 자라 할지라도 학교교육을 받지 않고서는 국
　문을 해독할 뿐 과학적인 지식과 사고방식을 체득하지 못한 관계로 거의 문맹자
　와 다름이 없기 때문이다.

<표 2> 조사대상지의 인구구성

세대 수 / 부락명	세대 수	남	여	계	한 세대 평균 인원
부남 1구	115	300	312	612	5.3
부남 2구	150	375	362	737	5.0
부남 3구	65	156	160	316	4.9
용동 1구	126	331	330	661	5.2
용동 2구	114	274	287	561	5.0
용동 3구	45	112	112	234	5.2
석계 1구	119	309	292	601	5.1
석계 2구	67	172	184	356	5.3
정장	87	260	235	495	5.7
엄사 2구	22	60	54	114	5.2
남선 1구	64	190	187	377	5.9
남선 2구	46	127	120	247	5.4
남선 3구	42	119	103	222	5.3
남선 4구	24	67	82	149	6.2
계	1,086	2,852	2,830	5,682	5.2

<표 3> 조사대상자의 교육정도

교육 정도	무교육자	소학교	중학교	전문대학	계
인구	765	235	73	13	1,086
백분율	70.5	21.6	6.7	1.2	100.0

비고: 소학교, 중학교, 전문대학 칸에는 졸업자뿐만 아니라 중퇴자도 포함했음.

매스커뮤니케이션(mass communication)은 현대사회를 지탱하는 중요한 기초조건 중 하나로 신문, 라디오, 잡지 등이 대표적이다. 신도내에서 신문을 구독하는 가정은 전체 세대의 약 4%이며 구독부수는 총 44부다.[6] 축전지를 넣어 작동하는 라디오를 소유한 세대가 24세대, 수화기

---

6) 신도내 주민들이 구독하는 신문 부수는 『조선일보』가 26부, 『서울신문』이 18부로 총 44부인데, 여기에는 학교 등에서 구독하는 신문도 몇 부 포함되어 있기 때문에 실지 촌락민이 구독하는 수는 더욱 적다.

(receiver)를 소유한 세대가 21세대다. 그런데 이러한 라디오나 신문의 수로써 현대적 문화수준을 측정하는 것은 적어도 이곳 신도내의 경우에는 반드시 타당한 것은 아니다. 왜냐하면 필자는 신도내 주민들이 신문이나 라디오를 통하여 알게 된 외부 사회의 사정이나 세계적인 불안과 위기를 반드시 그들의 신앙과 결부하여 해석하는 것을 수차 보고 들었기 때문이다.[7] 구독하는 잡지는 <표 4>에서 보는 바와 같이 총 20부인데, 이 중 교양잡지는 한 종도 없고 모두 주로 청소년들이 읽는 대중·오락잡지다.

〈표 4〉 잡지 구독 현황

잡지명	『實話』	『아리랑』	『野談』	『希望』)	『明朗』	계
부수	4	6	7	1	2	20

　신도내 두마면사무소에는 다른 촌락과 같이 출장소와 지서가 각각 하나 있으며, 면사무소 직원 5명과 동장 14명, 그 밑에 많은 애국반이 있다. 청년단, 소방단도 있지만 명목상으로만 있을 뿐이고 실제로 활동하는 모습은 눈에 띄지 않는다. 주민들이 조직한 자치집단은 볼 수 없으며 이곳 주민들은 自活·主體 정신은 가져본 적이 없고 이른바 상부기관이 지시하는 대로 피동적으로 움직이고 있다. 동회와 애국반이 있지만 부락이나 애국반 단위로 회합하여 토론을 하거나 협동하여 무슨 일을 한 적은 없고, 부락 공동으로 한 일이라고는 도로수리의 부역 정도다. 적지 않은 동민이 반회나 동회에 참석지 않은 지 오래며, 설혹 이러한 회합이 있다 하더라도 상부기관이 지시하는 대로 타율적으로 움직이고 주민들

---

7) 일례를 들면 계룡산 중턱에 자택과 수화기를 소유한 정도교 교주 심모 씨의 말에 따르면, 미·소의 냉전은 결국 삼차전을 유발하고 지구는 원자전으로 인하여 파멸상태 즉 末世에 이르게 된다. 그때 피난처는 오로지 계룡산뿐이고, 이 말세에 이어 신의 뜻을 받은 위인이 군주가 되어 이곳에 定邑하여 불안과 고난이 없는 사회가 도래한다는 것이다.

의 자발성은 보이지 않는다. 오히려 그들은 대부분이 부락의 어떤 조직 단체든 官에서 조직하고 움직이는 것이라고 생각하고 있는지 모른다. 그들이 외부의 지시에 따라 타율적으로 움직이는 것이 아니라 주체의식을 갖고 주민들 자신의 일을 자주적으로 결정하고 처리하는 날은 아마도 가까운 장래에는 오지 않을 듯하다.

과거 작은 마을에 지나지 않던 신도내는 『鄭鑑錄』의 新都說과 이와 관련되는 여러 신앙, 종교에 자극받은 사람들이 전국 각지에서 이주해 와 1천 호가 넘는 부락을 형성하게 되었다. 이제 필자가 조사한 결과를 이용해 이들이 이주한 연도와 출생지를 분석하고자 한다. 신도내에 가장 초기(7代 전)에 이주한 백암동(부남 3구)의 閔씨 가문과 이주 연도가 불확실한 세대를 제외하고 이주 호수를 연도별로 표시하면 <표 5>와 같다.

<표 5> 연도별 이주 현황

이주 연도	1909	1910	1911	1912	1913	1914	1915	1916	1917	1918	1919	1920
이주 호수	3	3	3	6	1	12	24	2	23	10	19	12
이주 연도	1921	1922	1923	1924	1925	1926	1927	1928	1929	1930	1931	1932
이주 호수	29	17	6	12	24	2	17	6	6	5	·	10
이주 연도	1933	1934	1935	1936	1937	1938	1939	1940	1941	1942	1943	1944
이주 호수	8	12	27	10	24	7	10	22	7	30	18	33
이주 연도	1945	1946	1947	1948	1949	1950	1951	1952	1953	1954	1955	
이주 호수	49	43	67	37	42	33	37	40	17	22	11	

<표 5>에서 서기 1914년부터 이주자가 늘기 시작한 것이 눈에 띄며, 3·1운동이 일어난 1919년 전후와 상제교가 활동한 1921년[8] 그리고 상제교로 명명(전에는 侍天敎라 했음)된 해인 1925년에는 많은 사람들이 이곳에 이주한 것을 알 수 있다. 그 후 이주 호수가 약간 감소하더니

---

8) 村山智順, 1935, 『朝鮮の類似宗敎』, 509~528쪽.

일제 말기에 다시 늘기 시작하여 해방 후 1~2년 사이에 이주민이 가장 많았으며, 특히 1947년에는 이주민이 67호나 모였고, 그 후 제자리에 머물던 이주자 수는 6·25동란을 계기로 다시 늘기 시작하다가 1953년부터는 그 수가 극도로 줄고 있다. 이러한 점으로 미루어 보아 사회적 불안 시기 및 변동기에는 대체로 이곳 신도내로 이주해 온 사람 수가 많은 것을 알 수 있다. 다음으로 각 세대의 세대주의 출생지를 표시하면 <표 6>과 같다.

<표 6> 부락별 세대주의 출생지

도별 / 촌락명	서울	함북	함남	평북	평남	황해	강원	경기	충북	충남 신도내	충남 신도외	전북	전남	경북	경남	불명	계
부남 1구	1	·	·	3	·	6	4	4	2	30	30	5	5	19	·	6	115
부남 2구	6	·	2	6	8	40	6	13	5	9	23	7	10	7	6	2	150
부남 3구	·	·	·	·	1	2	1	4	2	20	16	1	5	13	·	·	65
용동 1구	3	·	2	2	·	27	5	2	8	21	12	9	25	5	2	3	126
용동 2구	1	·	·	6	1	8	12	14	3	19	16	9	11	10	3	1	114
용동 3구	1	·	·	2	·	4	·	4	1	11	13	·	2	4	·	3	45
석계 1구	2	·	1	6	8	7	6	1	3	20	18	1	30	8	6	2	119
석계 2구	1	·	1	3	1	20	3	·	4	4	14	2	7	4	3	·	67
정장	1	·	1	1	1	11	·	·	2	16	35	4	10	3	2	·	87
엄사	·	·	·	·	·	1	·	·	2	4	14	·	·	·	1	·	22
남선 1구	·	·	·	·	·	4	·	·	·	20	17	3	15	3	1	1	64
남선 2구	·	2	·	1	1	4	·	·	1	13	8	·	2	6	8	·	46
남선 3구	1	·	·	·	·	3	1	·	2	11	10	3	1	6	4	·	42
남선 4구	·	·	·	·	·	11	2	1	·	7	3	·	·	·	·	·	24
계	17	2	7	30	21	148	40	43	35	205	231	44	123	88	36	16	1,086
천 세대에 대한 비율	16	2	7	28	19	136	37	40	32	189	212	41	113	81	32	15	1,000

<표 6>에서 세대주의 출생지 중 가장 많은 비율을 차지하는 지역은 충남으로 그 수가 436명(전체의 약 40%)이며, 이 중 신도내 외의 지역

출생자가 231명(21%), 신도내 출생자가 205명(19%)이다. 충남 다음은
황해도로 148명(14%), 전남이 123명(11%), 경북이 88명(8%), 전북이 44
명(4%), 경기가 43명(4%), 강원도가 40명(4%), 경남이 36명(3%), 충북이
35명(3%), 평북이 30명(3%), 평남이 21명(2%), 서울이 17명(2%), 함남
이 7명, 함북이 2명이다. 그리고 이 세대주들은 대부분 도시가 아니라
농촌에서 이주한, 다시 말하면 농민계층이다. 이주에 편리한 지리적 利
點이 있는 충남을 위시하여 황해, 전남 그리고 경북에서 이주한 자가 많
은데9) 이 4개 도는 과거 동학계의 각 종교가 활발히 활동한 지역이다.10)

---

9) 이주민이 가장 많은 도인 충남, 황해, 전남, 경북의 4개 도 출신 이주민의 이주
연도와 이주한 세대의 수를 살펴보면 다음 <표 7>과 같다.

〈표 7〉 연도별 이주 현황(주요 출생지역)

이주 연도	1935	1936	1937	1938	1939	1940	1941	1942	1943	1944	1945
이 충남	7	5	7	1	3	5	2	9	3	6	13
주 황해	3	1	4	·	1	3	·	2	·	2	4
호 전남	2	2	3	3	2	3	2	6	5	5	10
수 경북	3	2	3	·	·	1	·	2	2	3	7

이주 연도	1946	1947	1948	1949	1950	1951	1952	1953	1954	1955
이 충남	13	21	8	7	7	8	9	1	5	4
주 황해	1	6	1	8	7	5	6	3	3	1
호 전남	13	13	6	5	2	10	9	1	1	·
수 경북	5	10	12	7	2	4	4	1	2	3

즉 가장 이주자가 많은 충남은 대체로 1914년부터 이주하기 시작한 것이 현저히
눈에 뜨이며, 1931년 전후와 일제 말기에 침체했다가, 해방을 맞이하여 갑자기 이
주자가 증가하였음을 알 수 있다. 황해도에서 이주한 자는 상제교의 활동기인
1921년에 가장 많았고, 그해를 전후하여 이주가 약간 활발하더니 계속하여 침체
하고, 해방과 6·25동란 때에 이주한 호의 수가 증가했음을 알 수 있다. 전남은 주
로 해방 후와 6·25동란 직후에 이주자가 많고, 경북 역시 해방 전은 이주자가 적
은 데 반하여 해방 후에 많았다. 그러나 전남, 전북과는 달리 6·25동란 당시에 경
북에서 이주해온 자가 적은 것은 지리와 관련이 있는 것 같다. 이와 같이 이주
연도와 출생지역별 이주상태를 대략적으로 고찰하였는데, 이것은 물론 신도내 이
주자 중 이미 移去한 세대는 계산에 넣지 않고 다만 조사 당시에 現住한 주민만

장기간 한곳에서 생활하는 것에 익숙한 것, 조상의 묘지가 있는 땅을 떠나기 어려워하는 농민 심리와 가족제도에 의거하여 가계계승을 귀중한 책무라고 생각하는 도덕적 정신, 오랜 농촌생활에 대한 관습, 흙을 이용하는 有機的 생산노동에서 태어나는 보수적 농민정신[11]과 이주에 따르는 다소의 경제적 부담, 이주지의 농지 求得難과 같은 이유로, 농촌은 다른 府, 縣 출신이 농촌 인구의 3% 이하이고, 중도시는 다른 郡, 道 출생이 10% 내지 20%이며, 대도시는 50% 이상이 다른 부, 현 출생자다.[12] 이것이 한국의 농촌과 도시에도 적용되는 이론이라고 생각한다면, 신도내는 他道에서 출생해 대부분 농업에 종사하다가 이주해온 자가 이곳 주민 전체의 60%를 차지하는데, 이 비율은 대도시의 그것과 비슷하다.

　이렇게 전국 각지에서 모여든 이주민은 이주 전에 무엇을 생업으로 삼았으며 어떤 계층에 속했는지 조사하였다. <표 8>에 나타난 것처럼 전체의 82%에 해당하는 897세대가 이주 전 농업에 종사하였고, 7%인 78세대가 잡화, 식료품 등을 파는 소매업에, 3%가 가구 또는 漆器 등을 제작하는 수공업에 종사하였고, 4%가 漢醫, 區長, 종교인 등으로 자유업에 종사했거나 공직에 있었으며, 나머지 4%는 불로소득자, 不具者 및 잡업 종사자였다.

〈표 8〉 이주 전의 직업

구별	농업	상업	수공업	공무자유업	잡업	계
세대	897	78	30	37	44	1,086
백분율(%)	82	7	3	4	4	100

을 조사대상으로 한 것이기 때문에, 표에 나타난 수와 과거 실지 거주하던 이주민의 수는 차이가 있다.
10) 村山智順, 1935, 앞의 책, 494~704.
11) 野尻重雄, 1942, 『農民離村の實證的研究』, 9쪽.
12) 磯村英一, 1953, 『都市社會學』, 44쪽.

이와 같이 이주자 대부분은 농업을 주로 하는 농민계층이었으며, 이 농업세대 중 임의로 30세대를 택하여 이주 전에 소유한 농토의 규모를 조사하였는데 그 결과는 <표 9>와 같다.

〈표 9〉 이주 전 농업 세대의 경영 규모

구별	소작	5단 이하	1정 이하	2정 이하	3정 이하	3정 이상	계
세대	8	3	6	7	3	3	30
백분율	27	10	20	23	10	10	100
남한백분율	·	42.7	35.8	17.1	4.2	0.1	100

자기 농토가 전연 없는 소작세대가 8세대로 전체의 27%이고, 5段步 이하가 10%, 1町步 이하가 20%, 2정보 이하가 23%, 3정보 이하가 10%, 3정보 이상인 세대가 10%다. 이것으로 미루어 보아 이주자들은 이주 전에는 현재 신도내에 소유한 농토보다(<표 11> 참고) 훨씬 많은 토지를 소유하였다는 것과, 영세농에서 비교적 부농에 속하는 세대까지 고루 신도내에 이주한 것을 알 수 있다. 그리고 이들 30세대 중 이주 전에 토지를 미리 구득한 연후에 이주한 세대는 단 2세대뿐이고 나머지 28세대는 아무런 계획 없이 이곳에 이주하였다. 농민과 토지가 不可分 의 관계에 있다는 것을 감안한다면, 그들이 이주만 하면 곧 소원이 이루어질 것이라는 기대를 얼마나 강렬히 품었는지 알 수 있다. 소작세대 8세대를 제외한 22세대 중에도 아직 이곳에서 토지를 구득하지 못한 세대가 5세대이고, 토지를 소유한 17세대도 이주 후 2년 내지 3년, 길게는 5년 내지 10년 후에야 겨우 현재의 토지를 구하기에 이르렀다. 이는 모여드는 이주민의 수에 비해 신도내에 토지가 턱없이 부족하기 때문이다. 그래서 이주민들은 토지를 구득할 때까지, 아니 토지를 구한다 해도 생활을 유지할 수 있는 규모가 되지 못하기 때문에 前 거주지에서 매각한 토지 대금으로 생활을 영위하고 있는 것이며, 이것은 결국 그들이 신도

내를 移去하게 되는 원인이 된다. 토지를 구득할 수 있다 해도 경제적 능력이 없어서 구매치 못하는 자(소작인), 구득하였다고 해도 생활을 유지할 만큼 충분하지 못한 세대는 농업노동자로 생활하는 것이다.

<표 10>에서 알 수 있는 것처럼, 전체 세대의 약 8할이 농업에 종사하는데 이 중 6할 5푼이 농경자, 1할 4푼이 농업노동자[13]이며, 상업[14]을 생업으로 하는 자가 1할이나 되고, 나머지 1할은 수공업, 공무자유업, 또는 雜業[15]에 의지하고 있다.

---

13) 농업노동자 세대는 농토가 없고 일정한 직업이 없는, 흔히 말하는 '막벌이꾼'들인데, 이들은 대부분 이주 전에는 농토가 있었다. 편의상 이들을 농업노동자라 부르기로 한다. 이들 생활의 단면을 엿본다면, 어떤 때는 계룡산의 林産物을 채취하여 매각하기도 하고, 농번기에는 노동력이 부족한 인근 농가에 노동력을 보충해 주고 약간의 보수를 얻으며, 때로는 잡곡과 계룡산의 柴炭으로 엿과 소주를 제조하여 판매하기도 하고, 때로는 전라도나 강원도 지방의 산림벌목작업을 하거나 또는 대전 등지로 나가 일을 하면서 2~4개월간 마을을 떠나 있기도 한다. 이들이 가장 많은 부락이 용동 2구와 3구인데 부락 전체의 28%를 차지한다. 이 엿 제조자들은 1회에 보통 2~3근을 제조하는데, 그중에는 엿을 이곳에서 매각지 않고 다른 지역에서 파는 세대도 있다. 즉 트럭편으로 서울까지 운반하여 남대문 또는 남산 街路에서 소매를 하는 자도 있는데, 그들이 서울에 머물 때는 여름에는 노숙하고 겨울에는 동사를 면할 정도로 숙박을 하니, 그야말로 糊口의 생활이다.
14) 상업은 대부분 고무신, 성냥, 비누 등의 농촌 일용품과 생선, 식품 등 잡화를 파는 소매업인데, 시장이 있는 부남 2구를 중심으로 매월 6장 6일간 약간 매상고를 올리나 開市日이 아닌 평일에는 한가하였다. 이 소매상인과 행상인들 중에는 인접 시장에 행상을 다니는 사람도 있다.
15) 수공업에는 木竹 가공, 木工, 대장간, 家內製織이, 공무자유업에는 면사무소 직원, 洞長, 韓醫, 敎員, 종교인(주로 승려)이, 잡업에는 불구자, 무직자, 배급으로 생계를 잇는 자가 포함된다.

〈표 10〉 직업 현황

직업별 부락명	농업		상업	수공업	공무 자유업	잡업	서비스업	계
	농경자	농업노동자						
부남 1구	85	3	18	4	3	2	·	115
부남 2구	64	20	46	6	8	6	·	150
부남 3구	45	12	1	·	5	2	·	65
용동 1구	77	23	14	5	4	3	·	126
용동 2구	59	32	5	2	6	7	3	114
용동 3구	29	13	2	·	1	·	·	45
석계 1구	74	18	13	3	6	4	1	119
석계 2구	50	8	6	·	2	1	·	67
정장리	64	10	5	2	·	6	·	87
엄사 2구	19	1	1	·	1	·	·	22
남선 1구	58	4	1	1	·	·	·	64
남선 2구	34	4	5	1	·	2	·	46
남선 3구	33	3	2	·	3	1	·	42
남선 4구	16	1	1	5	1	·	·	24
계	707	152	120	29	40	34	4	1,086
백분율(%)	65	14	11	3	4	3	·	100

농경농가의 경영규모를 표로 나타내면 <표 11>과 같다. 신도내에서 농업에 종사하는 707세대 중 5단 이하의 토지를 소유한 영세농은 458세대로 65%를 차지하는데, 이 비율은 1950년 농지개혁 후 남한 전체의 그것[16]과 비교하더라도 23%나 많고, 비교적 많다고 할 수 있는 5단 이상의 농토를 소유한 세대는 거의 없다(<표 12> 참고). 이 458세대 중에서도 소유한 농지가 3단보 이하로 가장 영세한 세대가 277세대로, 5단 이하의 토지를 소유한 세대 전체의 60%를 차지하는 것을 볼 때, 그들의 생활이 비참함을 가히 추측할 수 있다(<표 13> 참고).

---

16) 韓國銀行調査部, 1954, 『韓國經濟圖表』.

<표 11> 농가의 경영 규모

면적별 부락명	5단 이하	1정 이하	2정 이하	3정 이하	3정 이상	계
부남 1구	50	20	9	2	4	85
부남 2구	46	15	3	·	·	64
부남 3구	31	8	6	·	·	45
용동 1구	54	20	3	·	·	77
용동 2구	46	9	4	·	·	59
용동 3구	18	7	3	·	·	29
석계 1구	42	24	6	2	·	74
석계 2구	37	11	2	·	·	50
정장리	39	18	7	·	·	64
엄사 2구	11	8	·	·	·	19
남선 1구	38	15	5	·	·	58
남선 2구	19	12	3	·	·	34
남선 3구	17	9	6	1	·	33
남선 4구	10	5	1	·	·	16
계	458	182	58	5	4	707
농가 전체에 대한 백분율(%)	65.0	25.8	8.0	0.7	0.5	100.0

<표 12> 농가 경영규모의 비교

경지면적 지역	5단 이하	1정 이하	2정 이하	3정 이하	3정 이상
신도내(%)	65.0	25.8	8.0	0.7	0.5
남한 전체(%)	42.7	35.8	17.1	4.2	0.1

<표 13> 신도내의 영세농가 현황

경지면적 지역	3단 이하	4단 이하	5단 이하	계
농가호수	277	106	76	458
백분율	60	23	17	100

농경농가 1세대당 경지면적은 약 5단으로 남한 전체 평균 8단 7무(畝) 와 비교해도 약 4단가량 협소하다. 이 면적을 다시 자·소작별로 살피면 <표 14>와 같다. 즉 1호당 평균 자작지는 경지면적의 80%에 해당하는 4단보다.

<표 14> 농가의 자·소작 현황

구분\부락명	농가 호수	농가 총 경지(町)	농가 자작지(町)	농가 1호당 경지(A)(段)	농가 1호당 자작지(B)(段)	자작지 비율(B/A)
부남 1구	85	66.3	51.9	7.3	6.0	0.82
부남 2구	64	22.6	23.0	4.0	3.6	0.89
부남 3구	45	20.7	13.9	4.6	3.0	0.66
용동 1구	77	29.6	24.5	3.8	3.1	0.82
용동 2구	59	21.6	20.7	3.6	3.5	0.96
용동 3구	29	15.5	21.1	5.3	4.1	0.77
석계 1구	74	40.2	39.5	5.4	5.0	0.93
석계 2구	50	18.1	13.7	3.6	2.7	0.75
정장	64	32.6	20.4	5.0	3.1	0.62
엄사 2구	19	7.8	5.5	4.1	2.9	0.70
남선 1구	58	31.1	25.1	5.3	4.3	0.85
남선 2구	34	20.8	16.8	6.1	4.9	0.87
남선 3구	33	24.4	18.4	7.4	5.6	0.75
남선 4구	16	8.9	7.1	5.6	4.4	0.79
계	707	359.5	291.8	5.0	4.1	0.81

농가를 다시 전업농가와 겸업농가로 나누어 보면, <표 15>와 같이 농경농가의 82%가 전업농가이고 겸업농가[17]는 겨우 18%뿐이다.

---

17) 제1종 겸업은 농업을 통한 수입이 겸업을 통한 수입보다 많은 농가이며, 제2종 겸업은 이것의 반대를 말한다.

〈표 15〉 농업경영 형태별 토지 소유량

종목 토지 소유량	전업	겸업			합계
		제1종	제2종	계	
3단 이하	204	35	38	73	277
3반(反)~5반	156	24	1	25	181
5반~1정	166	16	·	16	182
1정~2정	53	3	2	5	58
2정~3정	3	2	·	2	5
3정 이상	1	3	·	3	4
계	583 (82%)	83 (12%)	41 (6%)	124 (18%)	707 (100%)

이곳 주민의 생활수준을 식사의 질(백미와 잡곡의 혼합률)을 통해 파악해 본다면 전체 주민을 대략 세 계층으로 구분할 수 있다. 잡곡과 백미를 반씩 섞어 먹는 상계층이 전체의 약 20%이고, 중간계층인 순잡곡식 세대가 50%이며, 하계층에 속하는 代用食 세대[18]가 약 30%다.

4. 종교집단의 고찰

1) 종교집단의 분류

이러한 경제적 기초 위에 있는 촌락민이 형성하는 종교집단에는 어떠한 것이 있나? 이것은 우리가 첫째로 관심을 두는 것으로, 그 종류를 보

---

18) 대용식 세대는 주로 감자나 죽을 常食하는 세대다. 필자가 처음 이곳을 찾았을 때에는 대략 세 세대 중 한 세대는 주부들이 마루에서 맷돌로 무언가를 갈고 있었는데 이것은 대부분 小麥이었다. 그들은 이 麥粉과 호박과 감자로 '범벅'을 만드는데 이것이 그들의 主食이다. 그리고 추석날(2차 조사시) 방문한 우적골의 어느 班長을 비롯하여 다섯 세대 중 두 세대는 감자와 김치로 평상시와 같이 식사를 하고 있었으며, 나머지 세 세대는 純粟飯 혹은 보리밥이었다.

면 다음과 같다.

상제교 272세대, 불교 72세대, 기독교 31세대, 유교 9세대, 정도교 5세대, 태을교 10세대, 관성교 7세대, 단군교 1세대, 일심교 7세대, 종교와는 무관하며 定都 신앙을 가진 672세대.

조사 전에는 신도내 주민 대다수는 어느 종교집단의 구성원일 거라고 예측했는데, 어느 종교집단에도 속하지 않고 단순히 정도 신앙을 가진 자가 과반수를 차지한다. 그리고 집단 중에서도 상제교 집단이 가장 큰 것임을 알 수 있다.[19] 그 밖에 七星敎와 咏歌舞敎는 이전에 이곳에 있었던 모양인데, 칠성교는 기능이 마비되어 교 본당이 일반 주택으로 변했고, 영가무교는 수년 전 그 자취를 감추어 버렸기 때문에 유감스럽게도 접할 기회를 얻지 못했다. 관성교, 정도교의 大祭日에는 신도내에서의 참례자보다 전국 각지에서 참례하러 온 교인이 수도 더 많고 헌납품도 더 많았다고 하니, 신도내에 거주하는 관성교인, 정도교인보다 지방에 산재한 교인 수가 많음을 알 수 있다. 이주에 따르는 여러 가지 곤란을 겪는 것보다 1년에 한두 번씩 이곳에 참례하여 인연을 맺는 것도 그들 生理에 맞는 성싶다. 모든 종교집단에서 대체로 노령자 또는 무지한 자일수록 신앙이 깊음을 알 수 있었다. 또한 기독교가 세대주가 아니라 청소년 위주의 개인신앙인 반면, 나머지 종교는 모두 세대주 중심의 가족 신앙이라는 특색이 있다. 가장 많은 수를 점하는 신도내 정도 신앙자는 계룡산과 결부된 갖가지 민간신앙의 담당자다.

---

19) 종교집단의 구성세대 수를 조사하는 데 가장 곤란을 겪었다. 외부인은 물론 같은 촌락인에게도 그들이 소속한 종교의 성격을 비밀히 하고 있는 이른바 비밀결사적인 성격 때문만이 아니라, 조사 당시 상제교의 재판소란의 여파로 한층 그러하였다. 상제교를 離脫했다고 소문을 퍼뜨리는 자도 있었다. 상제교를 제외한 군소 종교집단은 1차 조사를 토대로 2차 조사를 하여 정확을 기하고자 노력했다. 종교집단의 구성세대를 제외한 나머지 세대를 모두 신도내 정도 신앙자 칸에 기입하였는데, 물론 전부가 여기에 해당될 수 없으나 그들 대부분은 이에 합당한 세대일 것이다.

2) 신앙대상과 의례

(1) 上帝敎

신도내 최대의 종교집단인 상제교[20]는 교직자와 신자로 구성된 것은 어느 종교와 같으며 행사는 평일행사와 특별행사로 나뉜다. 평일행사는 각 신자들의 집 안에서 치른다. 상제교 신자들은 후원에 적당한 터를 골라 2, 3척 높이의 돌구조물을 짓거나 또는 조용한 內室에 壇을 설치한다. 寅時와 戌時에 각각 淸水를 供上하고 세대주를 중심으로 가족이 모두 이에 揖禮하고 "侍天主造化定永世不忘萬事知"라는 13자 주문을 7회 誦呪한 후 각자 소원을 빈다. 이 교의 신앙대상은 上帝이지만, 신자 중에는 상제의 명을 받은 1세 교주 崔濟愚, 2세 교주 崔時亨, 3세 교주 金演局과 현 교주의 影像을 집에 안치한 사람도 있고, 아무 영상도 안치하지 않은 사람도 있다. 식사 때, 외출 때, 귀가 때마다 반드시 '告天'하고, 일요일마다 모든 교인이 상제교의 교회인 교당에 집합하여 참례한다. 이날의 행사는 다음에 기술하는 특별행사와 그 절차가 동일하다.

특별행사는 1·2·3세 교주의 탄생일, 사망일, 道通日, 현 교주의 탄생일 그리고 1년에 2회 행하는 春秋의 天祭인데, 그 절차는 다음과 같다.[21]

1. 입장: 교인 일동 입장. 天壇(상제를 모신 단)에 읍례하고 정숙히 正座한다.
2. 開帳: 執禮(예배를 맡아보는 이)가 천단에 읍례하고 개장한다. 淸水盆을 열고 향을 피운다.
3. 開式心告: 교주가 천단에 나아가 읍례하고 머리를 수그리고 心告한 후

---

20) 상제교는 東學敎 제2세 崔時亨의 直弟 金演局이 시천교에서 분립한 시천교 총부를 이곳으로 옮긴 후 1925년 6월 상제교라 개칭하였다(村山智順, 앞의 책, 184~185쪽).
21) 현 교주의 조카인 金振洪 씨가 제시한 예배순서표에 따른 것이다.

4배 한다. 교인 일동 동시에 머리를 수그리고 심고한 후 4배 한다.

4. 誦呪: 집례가 천단에 읍례하고 교인 일동을 인도하여 "侍天主造化定永世不忘萬事知"라는 주문을 7회 송주한다.

5. 기도문 낭독: 교주가 천단에 나아가 읍례한 후 무릎을 꿇고 앉는다. 大讀(기도문을 읽는 사람)이 천단에 읍례한 후 기도문을 낭독하고 나서 교인 일동이 머리를 수그리고 "願爲大降"이라는 4자 주문을 제창한다.

6. 獻幣: 교주와 교직자와 교인 대표의 순서로 천단에 나아가 幣帛을 올리고 심고한 후에 4배 한다.

7. 心祝: 교주가 천단에 나아가 읍례하고 향을 피운 후 心祝(축하)한다. 교인 일동이 머리를 수그리고 심축한다.

8. 송주(4와 동일).

9. 閉式心告(3과 동일).

10. 閉帳: 집례가 천단에 읍례하고 폐장한다. 청수분을 닫는다.

11. 退席: 교인 일동이 천단에 읍례하고 순차로 퇴장한다.

(2) 檀君敎

신앙대상은 檀君과 孔子와 黃帝다. 단군의 사진이 안치되어 있고, 공자와 황제는 影幀이 없다. 이 교는 연년세세 교인 수가 감소하여 현재는 1세대밖에 없고 이전에 있던 주문도 없어졌다 한다. 1일에 두 차례, 즉 일출 전과 석양 시에 단상에 안치한 단군 영상 앞에 청수를 공상하고 無數拜禮한 후 소원을 기도한다. 음력 10월 15일, 3월 15일, 10월 3일, 그리고 명절에는 가족이 모두 모여 제사를 행하는데, 가끔 儒林들이 참석한다고 한다. 일종의 조상숭배교라고 볼 수 있는 단군교가 하필 계룡산에 있을까? 매우 흥미로운 현상이다.

(3) 一心敎[22)

일심교도는 성인 남자는 상투, 아동은 長髮이라는 특징이 있어 한눈에 알아볼 수 있다. 일심교에서는 자녀를 학교에 보내지 않고 가정에서 漢文만 가르치도록 한다. 교 본당은 전북 이리에 있으며, 교도는 한때

---

22) 이러한 교명의 종교는 문헌에서도 아직 보지 못했고 실지로 들은 일도 없다.

7세대나 되었지만 점차 교의 활동과 기능이 침체·마비해 가고 있다. 1일 행사로서 교인들은 방 한쪽 벽에 다음 그림과 같은 예배대상물을 안치해 놓고 새벽마다 청수를 공상하고 가족이 모두 정좌하여 '海印經'이라는 주문을 세 번 외고 소원을 기도한 후 3배 한다. 일심교 예배는 양손을 벌리고 손바닥을 위로 향하여 차차 올려 위에서 손바닥을 뒤집어 아래로 내려 양손을 마주 잡는 점이 특이하다. 그 다음에는 일반이 하는 것처럼 무릎을 꿇고 예배한다.

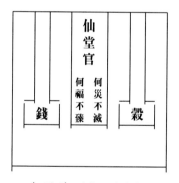

〈그림 1〉 일심교 예배대상

한 달에 2회씩 1년에 24회는 평일보다 더 엄숙하게 역시 청수를 공상하고 촛불을 켠 뒤 焚香하고 3배 한 후 읍례하는데, 다음과 같은 주문을 세 번 왼 후 소원 기도를 하고 다시 3배 한다. "(海印經)牛性在野牛性在野 天地父母天地父母 弓乙合德弓乙合德 吽時感惠吽時感惠 一心同力一心同力 世界所立世界所立 吾主所立吾主所立." 음력 4월 8일, 8월 16일, 10월 8일은 대제일로 신자 대표를 본당이 있는 이리에 파견하고 나머지 교인은 집에서 이 주문을 한두 번 왼다. 명절 때도 제사를 행한다.

(4) 太乙敎[23]

태을교 교도는 신도내 다른 촌락들과 멀리 떨어진 계룡산 중록 계곡 우적골에 집단거주하고 있었다. 이들 역시 냉수를 떠 놓고 "太乙天上吽 哆吽哆 … 沙婆河"라는 주문을 수없이 송주한다. 이 주문을 수시로 한없이 송주하면 新舊 학문을 하지 않아도[24] 신령스러운 힘을 얻어 道通하여 萬事가 뜻대로 잘되는 仙境에 도달하고 상제(옥황상제)가 이곳에 출현하여 백성을 인도한다는 것이다.

(5) 關聖敎[25]

이 교는 關羽를 숭배하여 그 德化를 尊奉하는 것을 목적으로 하였기 때문에 숭배대상은 관우이지만, 諸葛亮, 劉玄德, 張飛도 같이 숭배한다. 이 교가 다른 종교와 다른 점은 첫째, 위풍당당한 관우의 입체 초상을 안치해 놓은 것이고, 둘째, 2층 건물인 별관의 아래층 벽에 옥황상제와 地神의 초상화(전자는 男子像, 후자는 女像)를 안치하여 신앙대상으로 삼고, 별관 2층 중앙 정면 벽에 天神과 四斗七星을 그려 놓고(전자는 남자상, 사두칠성은 婦人像) 숭배대상으로 삼는 점이다. 이 교는 1945년에 설립되었으며, 본당에서 예배할 때 관우에게는 4배 하고, 천신, 지신, 옥황상제에게는 각각 6배를 하는 것이 상례다. 각 신자는 역시 후원 적당

---

23) 전북에서 姜一淳이 창시한 태을교[훔치교(吽哆敎)라고도 함]와 그 각 교파(村山 智順, 앞의 책, 293~350쪽)의 주문과 동일하나 연관성 여부는 조사치 못하였다.
24) 태을교뿐만 아니라 일심교, 상제교, 정도교, 관성교 교인도 교육 유무에는 관심이 없었다. 중국에서도 인민은 교육하지 않아도 상관없다는 것이 道敎徒의 태도였고 (Max Weber, 1955, *Wirtschaft und Gesellschaft*, 339쪽), 斜學的이고 비합리성을 띤 결과 훨씬 전통적이었다(Weber, 위의 책, 347쪽).
25) 關羽를 숭배하는 자는 古來로 많았다. 1920년에 朴基洪과 金龍植이 그의 숭배자들을 규합하여 關聖敎라는 교단을 조직하여(村山智順, 앞의 책, 439~441쪽) 서울 숭인동 東廟에 본부를 설치하였는데, 명칭은 동일하나 이것과는 관련성이 없는 별개의 것이다.

한 곳에 크기가 2~3척쯤 되는 돌구조물을 짓고, 일출 전과 일몰 후 두 차례로 청수를 공상하고 이 신앙대상에 '心告'한 후 五方拜禮하고, 東北間을 향하여 12배 하고, 천신, 지신과 각 聖人 그리고 자기가 숭배하는 위인에게 '心祝'하고, 그 후 동남서북방을 향해 차례로 각각 9배 한 뒤에 다시 남방을 향하여 자기 소원을 기원한다. 본당 예배에서나 각 신자의 가정 예배에서나 다음과 같은 주문을 송주한다.

천부천황옥황부존상제임사두성군원응달아조심무궁인(天父天皇玉皇夫尊上帝任四斗星君遠應達我造心無窮人). [36송]
태을천모지령지존지황임팔도명산신령합원응달아조심능(太乙天母地靈地尊地皇任八道名山神靈合遠應達我造心能). [28송]
삼계복마대제신위원진천존관성제군(三界伏魔大帝神威元眞天尊關聖帝君). [28송]
천사천사일월천사소소명명와룡선생(天師天師日月天師昭昭明明臥龍先生). [21송]

이 주문들을 수시로 송주하는데, 많이 행할수록 소망 성취가 빠르다는 것이다. 음력 3월 3일과 9월 9일은 대제일로 이날은 많은 음식물을 공상하여 제례를 행하는데, 전국 각처의 신자가 이곳 본당에 참석하여 誠米 또는 성금을 奉納한다.

(6) 正道敎[26]

이 교의 교주는 어느 노파(이미 死去)인데, 본래 文盲이었으나 하나님 즉 聖父(천황씨)의 계시로 정도교 교리를 알게 되어 그것을 측근자에게 구술하여 교리 원본을 기록하게 했다고 한다. 현재 이 교는 65세의 문맹 老婆派와 40여 세의 沈某派, 이 두 파로 분열해 있다.[27] 이 노파의 정도

---

26) 서기 1922년 경기도 고양에서 李仙秤이 정신수양을 강조하는 정도교(처음엔 覺世敎라 하였음)를 창시하여(村山智順, 앞의 책, 429~430쪽) 유지해 왔는데, 명칭은 동일하나 신도내 정도교와는 전혀 다른 것이다.

교 본당에는 제단을 설치하고 그 위에 사진틀을 안치하였는데 그 안에는
다음 그림과 같은 모양의 표지를 녹색 실로 수놓은 하얀 천이 들어 있다.
이것이 그들의 신앙대상이다.

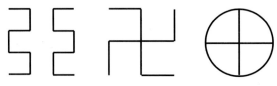

〈그림 2〉 정도교의 신앙대상

단상 한 모퉁이에는 한글로 '계룡산산신령지위'라고 세로로 쓴 조그
마한 액자가 놓여 있는데, 이것은 山神을 상징한다. 평일에는 아침, 낮,
저녁으로 3회 청수를 공상하고 분향한 후 6배 한다. 매월 음력 9일, 19
일, 29일은 이 교의 主日(기독교의 일요일에 해당)로, 본당 근처에 거주
하는 신자들은 이날 본당에 모두 집합하여 앞에서 설명한 대로 예배를
행한 후 다음과 같은 기도문을 암송한다.

> 정도 대운의로 궁을 부모님께 기도하오니 애호하여 주시옵소서. [1송]
> 궁을 부모님 궁을 부모님 경이 지상에 임하시사 계룡산 운수에 지상천국
> 을 이루어 주시옵소서 이 자녀의 모든 죄를 사하여 주시옵소서 영혼, 육신 보
> 호할 양식을 주시옵소서 시험에 들지 말게 하옵소서 만사 형통 만사 통달 주
> 옵소서 생명수 마시워나서 지상천국 맞이하여 궁을 부모님 모시고 부귀 영화
> 받아 누리도록 하여 주시옵소서 원(이것을 '사기도문'이라 한다). [3송]
> 궁을 부모님 궁을 부모님 궁을 부모님 금수 강산 삼천리에 품질 좋은 단
> 군 자손 일심 합력 주옵소서 지혜 총력 능력 담력 실력을 주시사 천하 만민의
> 구원자와 모범자가 되도록 하여 주시옵소서(이것을 '공기도문'이라 한다). [3
> 송]

---

27) 노파파의 교주인 노파의 말을 인용하면, 심 모와 자기는 전 교주의 수제자였는데,
　　그가 자기 스스로 군주라 칭하여 이것은 교리에 어긋나는 행동이라 자기는 정도
　　교의 정상화와 발전을 위해서 심 모와 결별하였다는 것이다.

궁을 부모님 궁을 부모님 궁을 부모님 천하 만인의 모든 죄를 사하여 주시사 당면한 신판을 순리로 거두어 주시옵소서 통일 천하 일심정심 주시옵소서 만사 형통 만사 통달 주옵소서 장생 불사 영생복 주옵소서 생명수 마시워서 지방천국 맞이하여 궁을 부모님 모시고 부귀영화 받아 누리도록 하여 주시옵소서(이것을 '만기도문'이라 한다). [3송]

이러한 기도문을 암송한 후 다시 6배 하고 신자 대표가 일동을 대신하여 소원 기도를 행하고 다시 6배 한 뒤, 단상의 청수를 나눠 마시고 이어 신자들이 상호 축복인사를 교환하고 나면 행사는 끝난다. 음력 3월 9일과 6월 29일 그리고 9월 9일은 정도교의 대제일로, 이날에는 주일행사와는 달리 지방 신자도 참례하고 주일과 평일에 없던 좋은 제물을 공상하고 山神祭를 행한다. 예배도 이날은 3배를 더한 9배다. 각 신자는 가정에 신앙대상물을 안치해 놓고 평소에는 1일 3회 청수를 공상하고 6배 한 후에 기도문 암송, 소원 기도를 하며, 식사 때에는 반드시 '궁을 부모님'(聖父聖母)에게 감사 기도를 행한다. 또한 신도들은 각기 수시로 혹은 신도끼리 만났을 때 "궁을부모환영가", "大平歌", "綠色十字歌", "新運歌", "正德歌", "五倫歌", "옥중시", "자탄시", "정명가", "정문가", "회춘가", "正氣歌", "朝鮮歌", "修道의 바다 鷄龍山歌" 등을 합창한다.

이러한 종교들 외에, 일종의 종교인, 즉 훌륭한 교를 가졌다고 자처하는 사나이가 정도교당을 비롯하여 신도내 이곳저곳에 출현하여 " … 신장 … 신장"이라는 주문을 연달아 암송하고 강한 휘파람을 연발하며 자기 교가 진정한 지상천국을 이룩할 수 있는 교라고 선전한 일이 있었다.[28] 또한 안터골에 살던 한 사나이는 그의 추모자 중 여덟 처녀를 뽑아 팔선녀로 삼고 占卜 내지 예언을 하였는데 천안 방면으로 떠나 버렸다는 것이다.[29] 이 밖에도 대궐터에 자리잡은 大彌勒寺에 있는 여승은

---

28) 정도교의 한 여자 교인이 이야기한 것임.
29) 김진홍 씨의 이야기.

점복에 능통하고 어떤 사찰에서는 단군의 영상을 안치하기도 했다.

지금까지 기술한 여러 종교[30]는 그 종교의 行事 면에서 신앙생활에 엄격한 규범이 있는 것이 아니고 교리 또한 종교들마다 서로 모방, 인용한 것을 엿볼 수 있었다. 가장 숫자가 많은 『鄭鑑錄』 신앙자는 특별한 신앙행사는 없고 단지 마음속 깊이 계룡산 신도설을 믿고 있을 따름이다.

3) 신앙의 내용 및 유형

종교집단은 前述한 바와 같이 교직자와 일반 신도로 구성되는데, 신도의 지지가 없다면 그 집단은 성립할 수 없다는 점에서 교도의 종교의식은 중요하다. 다음에서 보고하고자 하는 것은 종교의식의 일면에 불과하다고 생각하나 그를 통해 교도의 신앙의식을 다소나마 이해할 수 있다고 생각한다. 이를 조사하기 위하여 임의로 용동 2구의 상제교도 20명과 감리교도(상제교와 비교하기 위해 이 교를 택했음) 10명을 조사대상으로 택하여 문답식 조사를 하였는데, 그 결과는 다음과 같다. "교는 무엇 때문에 믿는가?" 하는 질문에 상제교인 20명 중 17명(전체의 90%)이 지상천국을 이루기 위하여 믿는다고 답했고, 正人이 되고자 믿는다고 답한 자가 3명이다(<표 16> 참고).

〈표 16〉 신앙의 이유

질문 종교	生男	無病	無災	경제적 도움	사후 천당	지상천국	正人
상제교인	·	·	·	·	·	17	3
감리교인	1	2	·	·	7	·	·

---

30) 기독교, 불교, 유교 및 단군교는 이번 고찰대상에서 제외한다.

흥미롭게도 감리교도 10명에게 같은 질문을 한 결과, 사후 천당에 가고자 믿는다는 자가 7명, 生男을 목적으로 믿는다는 자가 1명, 無病을 위해 믿는다는 자가 2명이었다. 다음으로 상제교인 20명에게 "자기의 敎名과 교주명을 아는가?"하고 질문하여 전부 알고 있다는 답을 얻었다. 그러나 "교리를 아는가?"하는 물음에는 11명만이 그렇다고 답했는데, 이들 모두 교리를 전부 아는 것이 아니라, 하나 또는 둘만 단편적으로 알고 있었고, 나머지 9명은 전연 모른다고 했다. "종교는 당신에게 필요하냐?"는 질문에는 20명 전부 "필요하다"고 대답하였다. 그러면 "어느 종교가 제일 좋다고 생각하느냐?"하는 질문에는 20명 전원이 "상제교가 제일이다"하고 대답하였다. 신앙생활을 파악하기 위하여 "당신 집에 교단이 있는가?"하고 질문한 결과 "그렇다"가 10명, "아니다"가 10명으로 각각 반수이고, "守身符를 가지고 있는가?"하는 질문에(이 교는 수신부가 있다) "가지고 있다"가 15명, "가지고 있지 않다"가 5명이었다. "매일요일에 교당에서 행하는 예배는 몇 번 참석하느냐?"하는 질문에는 1개월에 4회 참석한다는 자가 16명, 전연 참석지 않는다고 한 자가 4명이다. "당신 집에서는 하루에 몇 번 기도예배를 하는가?"하는 질문에는 19명이 2회, 나머지 1명이 1회라고 대답했다.

끝으로 "교 본당에의 禮物은 1년에 몇 번이며 어느 정도인가?" 하는 물음에는 <표 17>, <표 18>과 같은 답변을 얻었다. 한 세대 평균 농토면적이 5단보인 것을 감안하면 예물이 과도하게 많은 것을 알 수 있다. 정도교를 가장 열렬히 믿고 따르는 신자라고 볼 수 있는 교인(교 본당에 거주하거나 또는 빈번히 출입하는 자) 5명에게 앞서 한 것과 같은 질문을 하니, 그들도 모두 교명은 알고 있으나 교리는 모르고 오직 지상천국이 출현하여 자기 욕구를 달성할 수 있음에 입교했다는 것이다. 그중 어떤 노파는 멀리 진주에서 이주하여 상제교 신도가 되어 재산(토지 9두락)까지 헌납하고 열렬히 믿었으나 소원 성취(관직 취임)가 되지 않

으므로 탈교하여 정도교인이 되었다는 것이다. 일심교인이나 태을교인
이나 다만 그 교를 믿음으로써 지금의 고생스러운 생활을 벗어나 좀 더
향상된 생활을 할 수 있기를 바라는 마음에서 교를 믿는다고 하며, 그렇
기 때문에 그만큼 신앙행사에 큰 의의와 가치를 부여하고 있었다.

<표 17> 예물의 회수

전혀 안 함	2명
2회	5명
9회	1명
10회	5명
12회	4명
14회	3명

<표 18> 예물의 분량

없음	2명
자기 1일 식사분량	2명
1말 3되	3명
15~50원(圓)	6명
2,000~4,000원	4명
5,000~10,000원	3명

신도내의 신앙의식은 종교인, 『鄭鑑錄』 신앙자, 종교나 『鄭鑑錄』에
전혀 관심이 없는 자의 신앙의식의 세 유형으로 유별할 수 있다. 종교인
들도 계룡산 정도설을 믿고 또한 포교나 전도를 하는 데도 민중의 이해
를 돕기 위하여 이것을 해석하여 이용하고 있다. 그런데 상제교, 정도교,
태을교, 관성교, 일심교 등에서는 『鄭鑑錄』의 정도령 도읍설을 믿되, 정
도령을 '鄭道令'으로, 즉 육신이 있는 鄭 씨가 이곳에 나타나 도읍한다
고 생각하는 것이 아니라, '正道令'으로, 즉 '올바른(正) 도(敎)를 믿어라'
하는 신의 명령으로 해석하여, 이것은 자기 敎를 가리키는 것이며 자기
교를 믿음으로써 하루속히 지상천국이 출현하여 부귀한 생활을 영위할
수 있고 어떠한 소원도 성취할 수 있다고 믿는다. 즉 신도내 도읍설을
각기 자기 교와 결부하여 해석하는 점은 동일하다. 이러한 신앙의식을
좀 더 구체적으로 파악하기 위하여 정도교의 교리 원본 일부를 그대로
소개코자 한다. 우리는 이 내용을 봄으로써 이 종교가 모든 종교의 신앙
요소를 종합한 형태임을 알 수 있다.

성부(천황씨), 성모(지황씨), 성자(인황씨) 三合하여 新運地上天國 正世界 建設하시려는 성부 말쌈. "이 世上은 어떠한 世上인고 하니 썩은 世上이다. 썩은 것은 죄악 世上이다. 경해년까지 마지막 썩고 금년 무자년부터는 새 운 수 세상이다. 綠色 十字旗, 太極정역 팔괘기를 날려라. 이것은 地上天國이 되 는 標的이다. 그렇지 않으면 天下 萬國이 2~3年 內에 없어진다. 9萬年間 天 地富貴榮華를 享有한다. 天地萬物創造後 人間은 萬物之中 最貴者로 創造하 고 太初에 天皇氏, 地皇氏, 人皇氏, 3佛이 같이 天國을 建設하려다 人皇氏의 作罪로 이루지 못하고 罪惡世上이 되었다. 그 때문에 3佛도 苦生하고 百姓들 도 좋지 못한 먹성과 헌 누더기 간발하고 극난 극병 모든 죄화에 고난 고초를 받아 왔다. 罪惡 先天時代 9萬年後 地上 萬物中 第一 정결하고 맑고 곧은 사 람에 臨하여 正道의 命令을 내려 地上天國을 建設할 約束이다. 그 運數는 경 해년까지 마지막 가고 今年 무자년부터 새 운수이다. 罪惡이 充滿하고 天倫, 人倫, 五倫, 三綱이 끊어져 이대로는 地上天國 建設치 못하겠다. 3佛이 天國 天使 億萬 大兵 거느리고 와서 審判을 하여 惡者는 地獄에 간다. 이 審判은 天下 萬國 山川草木 禽獸 昆蟲에도 有하오니 나쁜 마음 회개하라. 儒佛仙(耶 蘇敎) 하나도 옳게 行하는 道가 없고 物慾 情慾에만 힘을 쓰니 世上이 審判받 아 亡하기가 되었으니 인제는 내(정도령)가 이 世上에 臨하여 朝鮮 鷄龍山에 座定하여 正道의 令을 내려 萬國, 萬法, 萬敎를 統一하여 地上天國 建設한다. 나의 正法, 正道 命令을 順從 服從하라. 以前에는 女子는 三從之道가 있었는 데 以後에는 男女同等의 時代이다. 李朝 때 鄭鑑이란 사람에게 漢陽李朝 500 年 運數가 다 지나가면 鷄龍山 都邑이라 한 것은 鄭姓을 가진 도령 아이가 아니라 正道子 卽 나의 生命의 말이다. 天國時代에는 춥지 않고 덥지 않고, 戰爭도, 凶年도 洪水도 大寒도 大風도 없고 萬病도 없다. 사람 나이는 上은 無限이고 中은 500년年 下는 300까지 살 수 있다. 婚姻은 男子는 30歲 때 女 子는 28歲 때 해야 한다. 同寢도 9日, 19日, 29日에만 해야 하고 그 以上은 罪惡이다. 먹을 것 입을 것이 豊足하고 貧富의 差異가 없고 돈도 없어지고 물 물교환이 行하여진다. 世上에서 쓸 말은 朝鮮말이고 國文이다. 이것은 天下 萬國에 一體的으로 使用하고 萬國語, 方言은 2·3年 內에 없앨 作定이고 時間 도 밤 두 時, 낮 두 時가 있을 따름이다. 現在의 知識者, 英雄 烈士, 無識者는 罪惡時代에 태어난 고로 天國時代에는 差別이 되지 않고 너이들 修心 程度, 積德, 積善 如何에 따른다. 鷄龍山 中峯에 天下 萬國의 金銀과 寶石으로 宮殿 을 建築한다. 天國時代는 稅金이 없어지니 수秋부터는 나에게 바치고 술 담 배도 피우지 말고 醫師, 病院, 占쟁이에게도 가지 말고 나에게 오라."

다음으로 계룡산 신앙자는 『鄭鑑錄』 신앙자인데, 그들은 정 씨가 이 곳에 출현하여 定都한다고 믿으며 이 신도내 정도를 부귀영화를 누릴 수 있는 행복과 평화의 상징이라고 생각한다. 이에 대한 그들의 신앙의 식은 천태만상이다. 그들은 이태조가 遷都 공사 때, "이곳은 정 씨의 도 읍지이지 그대(이태조)의 도읍지는 아니다" 하는 신의 계시(신의 소리를 들었다 한다)로 말미암아 신도내 도읍 의도를 포기했다고, 또는 "현재 정 도령이 어느 곳에 태어났지만 시대가 이렇게 어지러우니 때가 올 때 까지 나타나지 않는다"고 한다. 또 수년 전 일이지만 그 당시 "일이 년 만 있으면 신도내 도읍이 실현된다"는 소문과 기대가 널리 퍼져 신도내 전 촌락을 騷然케 하였으나, 아무런 기적 없이 1~2년이 경과함에 이르 렀다. 그러나 그들은 쉽사리 단념하려고 하지 않고 다시 새로운 해석과 이론을 덧붙여 계속 신도내 정도설을 믿고 있는 것이다. 또한 신도내에 서도 신의 은혜, 혜택을 입을 수 있는 곳이 있고 없는 곳이 있다고 생각 하고, 停戰 후 미군 송신소가 계룡산봉에서 철수한 것을 계룡산신이 방 해하여 송신이 불가능했기 때문이라고 해석하며, 인류 태반이 전멸할 3 차전 때 피난처는 이곳뿐이라고 믿는다. 이렇듯 이들의 신앙은 막연하고 모호한 것이지만, 마음속 한편에서는 위인의 출현을 기대하며 이것만이 세상을 바로잡고 불안과 고난을 제거하며 경제적, 사회적 지위향상이라 는 현실적 욕구를 실현하는 유일한 방도라고 생각한다.

제3의 부류는 이러한 종교와 신앙에 관심이 없는 청소년층인데 대부 분 학교교육을 받은 자들이다. 그러나 그들은 이러한 환경 속에서 성장 했기 때문에 그들의 부모의 이러한 신념과 행사를 비판하지 않고 방관하 며 그 내용에 대해 그다지 호기심을 품지도 않는다. 그들 중에는 이러한 것에 내심 반대하는 자도 있는 것 같으나 한국가족제도의 일면—가부장 의 권위주의—이 여기에도 반영되어 부모가 하는 일이거니 하고 비판하 려 하지 않는다.

지금까지 살펴본 신앙, 종교의 형태는 하나하나가 모두 한국의 민간
신앙과 여러 기성 종교가 복합된 형태임을 알 수 있다. 즉 상제교인이면
서 삼강오륜을 존중하는 것이나 그들 신에게 지내는 제사의 형식 등은
유교에서 유래한 것이며, 이들이 강조하는 정신적 해탈과 인과응보론은
불교사상이고, 無爲而化, 陰陽說은 도교(Taoism)의 요소이고, 일요일마
다 교회 행사를 치르는 것은 기독교의 형식이고, 신도내 천도 예언을 믿
는 것은 민간신앙인 것이다. 또한 관우를 崇敬하는 관성교에서 도교에서
발달한 天神, 地神, 옥황상제 그리고 사두칠성을 숭배하는 것이라든지,
태을교 교리가 옥황상제가 출현한다고 믿는 仙境到達說인 것이라든지,
일심교의 주문의 명칭, 정도교의 天地創造說, 原罪說, 三綱五倫, 最後審
判說, 地獄說, 天皇氏·地皇氏·人皇氏說, 예배형식 등이 모두 여러 기
성 종교가 혼합(syncretism)된 양상을 보이고, 그것이 아무런 모순 없이
잘 행해지고 있다. 그리고 앞서 말한 것처럼 계룡산 신앙자이건 종교인
이건 그들 대부분이 신도내 도읍설과 신격화한 위인의 출현을 믿고 있는
점은 동일하다.[31] 그들이 말하는 천지조화(음양의 이치)에 따라 조상묘
지 위치가 자손번영에 관계된다고 믿는 것처럼, 이곳은 지리적으로 반드
시 한 번은 서울(수도)이 될 것이라고 한다. 이것은 말할 것도 없이 풍수
(feng shui) 신앙에서 연유한 것이며 이 풍수설은 도교를 구성하는 이론
중 하나다.[32] 이렇게 보면 그들의 신앙사상의 기반은 한국민중의 전통
적 신앙습속, 그중에서도 특히 도교적 사상이 아닌가 한다. 즉 신도내

---

31) 상제교인은 그들의 교주가 신격화한 초인간적 특질을 가진 존재라고 생각하고 단
   지 그 증거가 나타나기를 고대하는 반면, 관성교·정도교·태을교 교인은 아직
   그러한 존재는 나타나지 않았고 각기 자기가 속한 종교집단에서 그러한 인물이
   출현한다고 믿으며, 無敎人은 그러한 특질의 소유자 즉 鄭 도령이 이곳에 조만간
   출현한다고 한다.
32) Lewis Hodous, 1946, "Taoism," in Edward J. Jurji(ed.), *The Great Religions of the*
   Modern World, 33·34쪽. 베버도 도교가 풍수 실천으로 발전하였다고 한다(Max
   Weber, 앞의 책, 334쪽).

도읍설과 신격화한 위인-장차 군주가 되어 정말 그들을 잘살게 해줄 존재. 사람에 따라 옥황상제, 鄭 도령, 만사형통하는 道通人, 仙人, 비일 상적 힘이 있는 위대한 지도자 등으로 다르게 정의하고 있음33)-의 출 현이 중심 신앙이고, 여기에 다른 종교 즉 유교, 불교, 기독교 등의 요소 가 종합되어 있다고 생각되기 때문이다.34) 그들이 현세적 이익추구의 수단으로 呪文行事에 큰 가치를 부여하고 지상천국을 꿈꾸는 점은 원시 적이고 주술적이라 할 수 있다. 그들의 신앙태도는 아주 현실적이며, 死 後의 상벌보다는 생존 시의 행복을 중시하고 이상적인 내세보다 현실적 인 현세에 더 큰 기대를 건다. 분트(Wundt)는 종교가 일어나기 전의 신 앙상태는 신화(Mythus)이고35) 신화적 표상인 呪(Zauber)와 魔(Dämon)의 신앙이라 하였다.36) 이 주와 마는 자연발생적으로 일어나는 것이 아니 고 인간의 현상 즉 죽음(Tode)과 질병(Krankheit)이 그 중요 원천이라 하 며37) 이 죽음과 질병은 人心을 감동시키는 것이 甚大하여 신화적 표상 의 원천을 이룰 수 있다고 하였다. 도교는 가장 혼란과 고통이 심한 시 대에 번영38)하였다고 하며 관리가 농민의 세금을 먹고39) 인민은 법의 통치를 받는 것이 아니라 사람의 통치를 받는40) 사회에서, 간섭 없고 자 유롭게, 어떠한 특권도 타인의 권리를 침해치 않는 세계를 실현하며41)

---

33) 한문에 능통하다는 용동 2구(먹방)의 조 씨, 상제교주 民選을 주장한 용동 1구(상 원) 區長 박 씨, 계명중학교 후원회장 민 씨, 부남 2구(장터)의 최 의사, 관성교·정 도교·일심교의 교직자, 忠孝寺의 여주인, 조사보조원 韓 군 등이 한 말을 종합하 면 그러하다.

34) 베버에 따르면 도교는 본래 중국에서 神政的 조직에 있어서나, 그 神會조직에 있 어서나, 그 예배형식에 있어서나, 적어도 많은 것을 불교에서 모방하였다고 한다 (Max Weber, 앞의 책, 352쪽).

35) Wundt, 1913, *Elemente der Völkerpsychologie*, 75쪽.

36) 위의 책, 76쪽.

37) 위의 책, 86쪽.

38) Hodous, 1946, 앞의 책, 42쪽.

39) 위의 책, 29쪽.

40) 위의 책, 42쪽.

파멸되고 고난에 처한 국민에게 통일을 가져오기 위하여 발달한 종교라고 했다.[42] 이렇게 본다면, 아직 그들이 도교적인 사상과 신앙의 運載 기반이라면 그것은 결국 그러한 사회적 환경이 시정되지 않았다는 것을 傍證하는 것일 것이다.

세상 만사는 신(상제)의 의사와 음양의 법칙에 따라 결정되며, 신과 거래할 수 있는 인간은 사회집단에서 특별히 지정된 개인이다. 이 사람을 때로는 초자연적 위인이라고 해석하고 때로는 도가 통한 예언자라고 평가하는데, 이 위인, 道通한 예언자는 신이 계시하여 신의 意志를 받은 사람으로서 과거, 현재, 미래와 공간의 원근에 제약받지 않고 모든 사회 현상을 遠視할 수 있는 존재이며, 때가 오면 이 세상을 올바르게 혁명하여 그 상태를 유지할 수 있는 존재라고 생각한다. 계룡산봉에서는 조선 全圖를 眼下에 전망할 수 있다고 믿는 그들은 신의 의지를 실행할 정도령을 언제까지 기다릴 것인가.

본인은 신도내에서 사회조사를 행할 때, 그리고 그 조사결과를 정리할 때, 신도내의 민간신앙과 종교는 일반이 흔히 지적한 바와 같이 신도내 지역만의 특수성이 아니라, 정도의 차이는 있을지라도 일반 농촌인은 물론 도시인에게도 뿌리박고 있을 것이라는 확신을 더욱 굳히게 되었다. 得男하기 위하여 불교에 귀의해 불공을 드리는 것이라든지, 자손의 번영을 위해서 조상제사를 엄격히 지내는 것이라든지, 병의 치료를 목적으로 기독교 신자가 되는 것이라든지, 점복인에게 미래를 점하게 하여 그에 대한 비합리적 대책을 강구하는 신앙 심리와, 앞서 말한 계룡산의 종교 의식 사이에 다를 점이 어디가 있는가?

이와 같은 의문을 품고 곧 조사에 착수했다. 서울 중앙에 있는 J고등학교 교사 32명을 택하여 조사한 결과 <표 19>, <표 20>과 같은 결

---

41) 위의책, 29쪽.
42) 위의책, 42쪽.

과를 얻었다. 물론 적은 수의 사람들을 대상으로 조사한 결과를 일반화
하는 것은 위험한 일이라 하겠지만 적어도 경향만이라도 알 수 있으리라
고 믿기 때문에 착수한 것이다. 조사대상인 교사 32명은 전부 최고 학부
를 졸업한 우리나라 최고 지식인이며, 연령은 대부분 30세 내지 40세이
고, 수도 서울에 거주하는 남자들이다. <표 19>에서 占卜을 경험한 사
람 수가 5명으로 전체의 15%인데, 무당을 찾아간 일은 전연 없는 것이
눈에 뜨인다. 『土亭秘訣』을 본 적 있는 사람이 17명으로 반수가 넘으며
(53%), 觀相, 四柱가 각각 11명으로 44%, 전체의 약 3분의 1이고, 手相
경험자가 8명으로 약 4분의 1을 차지한다. <표 20>에서는 『鄭鑑錄』을
半信半疑하는 자가 2명 있는 것에 주목한다. 조상묘지의 위치가 자손의
번영에 관계된다고 믿는 자가 9명으로 전체의 28%, 반신반의하는 자가
11명으로 전체의 34%이고, 이 둘을 합하면 20명으로 전체의 62% 즉
과반수를 차지한다(<표 20> 참고). 이상을 개관하건대 이들 교사들은
무당에는 전연 흥미가 없지만, 수상, 관상, 사주에는 상당히 흥미가 있
고, 『土亭秘訣』에는 더욱 관심이 많아 약 반수는 매년 1회씩 경험하고,
풍수설 신앙인 조상묘지 위치에는 가장 관심이 높았다. 그렇다면 그들의
가족은 어떠한가? 그들의 가족이 占, 『土亭秘訣』, 사주, 무당 중에서 2종
이상 경험한 적이 있다고 응답한 교사가 24명으로 전체의 4분의 3, 즉
75%다. 고등교육을 받은 가정이 이러하니 교육을 받지 못한 일반 가정
의 경향이 어떠할지 추측하기는 어렵지 않다. 그리고 이들은 계룡산 신
도내 촌락과는 달리 지상천국이니 천지개벽이니 『鄭鑑錄』이니 하는, 말
하자면 사회적·국가적인 것과 관련된 풍수 신앙에는 관심이 적고 개인
과 가족에 관계되는 신앙에 더욱 관심이 많은 것을 볼 수 있다.

〈표 19〉 고교교사의 점복 등 경험 실태

경험 유무＼질문	점복	무당	『土亭秘訣』	관상	수상	사주
경험자 수	5(15%)	·	17(53%)	11(34%)	8(25%)	11(34%)
무경험자 수	27	32	15	21	24	21

〈표 20〉 고교교사의 『정감록』과 풍수에 대한 태도

응답＼질문	『鄭鑑錄』은 맞는가?	조상묘지 위치가 자손번영에 관계되는가?
맞다	·	9명(28%)
반신반의	2명(6%)	11명(34%)
맞지 않는다	30명(94%)	12명(38%)

이병도 박사는 우리나라 사람들은 모두 뿌리 깊은 地理風水 사상을 지니고 있다[43]고 하였는데, 이 사상 내지 신앙이 가장 강한 농민계급층이 이곳 신도내에 이주한 것이라고 생각한다.

다음으로 그들의 일상생활에 나타난 신앙의 깊이를 보고자 한다. 흘림골에서 임의로 택한 교인(상제교) 20명과 믿는 종교가 없는 자(세대주) 20명 중[44] "요사이 살림살이가 신도내로 이주하기 전보다 좋아졌는가?" 하는 질문에 나빠졌다고 응답한 사람이 각각 반을 차지하고, 여전히 같다는 자가 30여%이고, 좋아졌다고 답한 사람은 극소수다(〈표 21〉 참고). 그리고 "모든 세상사는 人力과 天地造化 중 어느 것에 의해서 결정되는가?" 하는 물음에 인력이 아니라 천지조화가 결정한다는 사람이 약 반수이고, 천지조화와 인력, 兩者에 따라 결정된다는 사람도 약 반수를

---

43) 李丙燾, 1948, 『高麗時代의 硏究』, 을유문화사.
44) 이 항목의 조사대상자를 처음에는 약 100명 정도로 계획하였는데, 그들이 조사를 회피하거나 경계하고 또한 조사기간에 제약이 있어 40명으로 끝냈다. 40명이라는 적은 수로 양적으로 고찰하는 것은 타당성을 얻기에 약간 부족하다고 본다.

차지하고, 인력이라고 한 사람은 40명 중 단 2명뿐이다(<표 22> 참고).
다음에 "『鄭鑑錄』은 맞는가?" 하는 질문에 대하여는 <표 23>에 나타
난 바와 같이 "맞는다"고 답한 사람이 약 10%이고, "맞을 때도 있고 맞
지 않을 때도 있다"고 대답한 자가 약 60%다. 이것으로 미루어 보아 현
재 이들의 심경은 『鄭鑑錄』의 예언이 반드시 적중한다는 신념보다, "맞
을 때도 있고 맞지 않을 때도 있다"는, 즉 '혹시나' 하고 반신반의하는
기대에 가깝다는 것을 알 수 있다.

〈표 21〉 생활형편 변화에 대한 태도(흘림골 주민)

답변 종교 유무	좋아졌다	같다	나빠졌다	계
교인	2명(10%)	7명(35%)	11명(55%)	20명(100%)
무교인	3명(15%)	7명(35%)	10명(50%)	20명(100%)

〈표 21〉 세상사의 결정인자에 대한 태도(흘림골 주민)

답변 종교 유무	인력이 아니고 천지조화다	인력이다	천지조화와 인력이다	모르겠다	계
교인	10	·	8	2	20
무교인	9	2	8	1	20

〈표 23〉『정감록』에 대한 신뢰여부(흘림골 주민)

답변 종교 유무	맞는다	맞을 때도 있고 맞지 않을 때도 있다	맞지 않는다	모르겠다	계
교인	3	15	1	1	20
무교인	2	10	5	3	20

그런데 여기서 주목할 점은 "맞지 않는다"고 응답한 사람 중에는 무
교인이 교인보다 더 많다는 것이다. 이것은 아마도 무교인은 교인과는

달리 마음의 支柱가 튼튼하지 못할뿐더러 이주할 때 품은 기대, 소원이 아직 실현되지 않아 그 후 심리에 변화가 일어났기 때문이 아닌가 하고 생각한다. <표 24>에 나타난 것처럼 언젠가 한 번은 신도내가 수도가 된다고 믿는 자가 전체의 약 70%를 차지하고 불가능하다는 자는 40명 중 단 4명에 지나지 않는다.[45]

〈표 24〉 신도내 수도설에 대한 신뢰여부(흘림골 주민)

종교 유무	답변 그렇다				불가능	모르겠다	계
	5년 이내	10 년 이내	먼 장래	계			
교인	2	6	8	16	1	3	20
무교인	1	4	8	13	3	4	20

다음 <표 25>에서 보는 것처럼 신도내 주민들의 현재 소원은 신도내에 정도가 실현될 때까지의 안정된 생활과 자식교육인데, 이는 종교집단에 속한 자와 아닌 자가 공통적이다. 경제적 여유만 있다면 아들을 학교(중학교, 고등학교, 대학교 등)에 보내고 싶어 하는 심리는 두 집단이 동일하다(<표 26> 참고). 그렇다면 "무엇 때문에 학교에 보내겠는가?" 하는 질문에 대하여, 종교 有無를 불문하고 전체의 약 70%의 사람들이 아들을 봉급자가 되게 하기 위해서라고 대답했다(<표 27> 참고). 그중 과반수가 아들의 미래 직업으로 권력의 소유자라고 볼 수 있는 관직(군수, 경찰서장 등)을 희망하였다.[46] 아들을 농부로 만들고 싶다는 사람은 40명 중 단 3명뿐이다. 상업을 희망하는 사람도 7명이나 되어, 장사를 해야 먹고살 수 있다고 생각하는 경향도 무시할 수 없을 정도다. 봉급자

---

45) <표 22>, <표 23>, <표 24>에서 보는 것처럼 그들의 신앙이 동요하거나 또는 약해지고 있는 것을 알 수 있다. 이주 당시에 그들의 신앙은 훨씬 강했을 것이다.
46) 무엇이 그들에게 이와 같이 관리를 소망케 하였을까? 그들이 달성치 못한 희망을 자식이 실현하게 하고 싶을 것이다.

를 소원하는 27명에게 다시 "무엇 때문에 봉급생활을 원하는가?" 하고 질문하자, 대개가 소극적으로 외부의 간섭을 받지 않기 위해서라고 응답했고, 타인에게 자랑할 수 있고 金力과 권력을 가질 수 있기 때문이라는 적극적인 이유를 말한 사람도 있다(<표 28> 참고). 그들은 무엇 때문에 이와 같이 권력 있는 관직을 소망할까? 이는 충분히 음미해야 할 문제다.

〈표 25〉 주민들에 현재 소원(흘림골)

종교 유무 \ 소원	아들 교육	생활 안정		가정의 평화	계
		농토 확장	경제적 안정		
교인	7	5	5	3	20
무교인	5	10	4	1	20
계	12	15	9	4	40

〈표 26〉 아들 교육에 대한 태도(흘림골 주민)

종교 유무 \ 질문과 응답	돈이 있으면 아들을 높은 학교에 보내겠는가?		계
	보내겠다	보내지 않겠다	
교인	20	·	20
무교인	20	·	20

〈표 27〉 아들 교육의 이유(흘림골 주민)

종교 유무 \ 이유	농부	봉급자				기술자	상인	의사	군인	계
		군수, 서장	교원	회사원	계					
교인	1	10	1	9	15	1	2	1	1	20
무교인	2	9	2	2	15	·	5	·	·	20

〈표 28〉 아들이 봉급 생활자 되기를 희망하는 이유(흘림골 주민 중 봉급생활 희망자)

종교 유무 \ 응답	남의 간섭을 받지 않기 위함	돈을 벌 수 있다	더 잘살 수 있다	권리를 가질 수 있다	계
교인	5	2	2	5	14
무교인	4	2	1	6	13

　다음으로는 교주에 대한 교인의 복종의식을 조사하여 <표 29>와 같은 결과를 얻었다. 이 조사를 통하여 교주에 대한 교인의 굴종의식이 일반적인 한국 가부장가족의 家父長에 대한 굴종의식과 거의 비등하다는 것을 알 수 있다. 그리하여 가부장과 교주의 권위를 비교하기 위해 신도 내 주민들을 대상으로 婚事를 결정하는 주체를 조사하여 <표 30>과 같은 결과를 얻었다. 이를 통해 종교와 관계없는 개인생활에서는 교주의 권위가 그리 크지는 않다는 것을 알 수 있다. 교주의 권위가 부모의 권위보다는 좀 약하지만 큰집의 권위보다는 훨씬 크다는 것 또한 알 수 있다.

〈표 29〉 대상별 복종에 대한 태도(흘림골 교인)

복종대상 \ 복종 정도	복종			때에 따라 복종	계
	무조건 복종	복종하는 것이 좋다	계		
부모의 명령	10	8	18	2	20
큰집의 명령	3	10	13	7	20
교주의 명령	8	9	17	3	20

〈표 30〉 혼사의 결정 주체(흘림골 교인)

며느리는 부모가 결정	교주가 결정	큰집이 결정	신랑의 의견도 참작한다	계
13	4	·	3	20

4) 집단관계

모든 집단이 게마인샤프트(Gemeinschaft) 관계나 게젤샤프트(Gesell-schaft) 관계로 이루어지는 것처럼, 신도내의 종교집단도 같은 교리라는 이데올로기(Ideologie)를 중심으로 결합한 정신적 공동결합체로, 강하게 異端을 배제하려는 가족적인 공동사회관계와 개인의 타산적 현실추구라는 이념을 중심으로 이루어진 이익사회관계로 맺어지는 집단이라 생각한다. 이 종교집단의 상호관계를 두 가지로 나누어 생각해 보고자 한다. 하나는 집단 내부의 상호관계요, 다른 하나는 한 집단과 다른 집단의 관계다. 먼저 집단 내부의 상호 관계를 살피면, 각 종교집단을 구성하는 사람들 즉 교인들은 신앙대상, 교리, 행사 그리고 신앙목적이 같아 그들 상호 간에 동류의식과 친화의식을 가진다. 그들은 집단의 幸不幸은 그들 각자의 행불행과 밀접한 관계가 있다고 생각하는데, 이것은 상제교주 被訴審 때 그들이 열렬히 교주구출운동을 벌인 사실에서도 엿볼 수 있다.

교인들의 동류의식과 친화의식이 어느 정도인지는 정도교에서 교인 상호 간에 '형제자매'라 부르는 점을 보아서도 짐작할 수 있다. 실례를 하나 들자면, 男女有別 관념이 가장 강할 것이라고 생각되는 어느 문맹 노파 신자가 교인이 되기 위하여 이곳에 왔다는 본인을 보고 서슴지 않고 형제자매라고 부르며 조금도 내외하는 기색 없이 친밀하게 이야기를 하였고, 기도할 때마다 "우리 모든 형제자매에게 복이 있기를" 하고 말하는 것을 잊지 않았다. 상제교인들은 서로 '靈友(3인칭)'라 부르는데, 영우들끼리는 무료로 숙박을 제공하고 冠婚葬祭 행사 때 협동하며 농번기에 공동으로 작업하고 병에 걸린 영우에게는 문병을 간다. 이러한 것들로만 보아도 상제교 신도들의 친화도가 어느 정도인지 알 수 있다. 또한 가지 흥미로운 것은 30세 이상인 상제교인은 '某菴'이라 부르게 하고 30세 미만인 교인은 '某堂'이라고 부르는 것인데, 이 '암'은 3대 교주의 號인 龜菴에서 유래하는 것이며 '모암', '모당'의 '某'는 교주가 작명하

는 것이다. 이는 가족집단에서 家長이, 동족집단에서 族長이 동족출생아
의 이름을 짓는 것과 유사하다. 교주가 부여하며 또한 그 종교집단에서
만 통용되는 교인의 號名으로 말미암아 그들은 일층 친화한 우리의식
(we-consciousness)을 가지게 될 것이다. 대체적으로 각 종교집단은 신도
내에서도 동일 지역에 聚合居住하여 친화적 결합의 기초를 더욱 군건히
하고 있다. 상제교단은 교 본부를 중심으로 상원과 청석동에 聚居하고
있으며, 일심교는 골윤에, 정도교는 백암동과 우적골, 태을교는 우적골,
관성교단은 백암동에 각각 모여 있다. 그리고 그들은 공동운명체라는 일
종의 평등사상을 공유함으로써 친화도가 강해지는 반면에 또한 불평등
을 전제로 규정되는 제도가 있다.

　신도내의 모든 종교집단은 비교적 역사가 오래고 체제가 조직적인 상
제교단과, 그렇지 못한 군소 종교집단의 두 유형으로 大別할 수 있다.
군소 종교집단 즉 정도교, 관성교, 일심교, 태을교는 교주를 포함하여
1~3명의 교직자로 구성되어 있는 반면, 상제교에는 정치기구를 본딴 조
직적이고 체계적인 교직제도가 있다. 상제교에는 교주 아래에 교주의 명
을 받아 상제교의 제반 宗務를 관리·집행하는 기관인 宗務院이 있고,
지방에는 이 종무원의 命에 따라 敎務를 집행하는 종무원 지부가 있어
신자와 연결된다. 한편 교주의 자문기관으로서 30여 명의 의사원으로 구
성되는 明道館會議가 있는데, 이러한 관계를 그림으로 그려보면 다음
<그림 3>과 같다. 의결기관인 명도관회의나 집행기관인 종무원은 각자
직무의 한계가 반드시 명백하고 일정한 것은 아니나, 교주는 종종 명도
관회의를 무시하고 종무원 단독으로 교단의 제반 사무를 처리·집행하
게 하는 일이 있다.

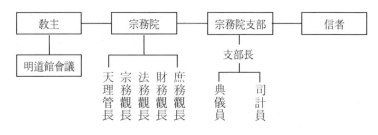

〈그림 3〉 상제교의 조직

法位는 수련과 獻物 진상을 통해 얻는데, 수련 정도와 헌물 진상 정도
에 따라 法師, 道主, 六任, 大領, 中領, 小領으로 상하 계급이 나뉜다. 교
인은 교주를 신의 의사를 선포하는 권위자 내지 신의 상징자로 인식하고
교단은 현세적 이익을 향유할 수 있는 지상천국 건설을 이념으로 하여
이루어진 집단인 만큼, 이러한 조직체는 정치단체화할 기회를 갖게 되는
데 이것이 교주가 등극식을 거행하게 된 소인일 것이다.

현 교주를 예배대상으로 삼는 점과 교주의 출생일과 이른바 그들이
말하는 道通日에 축하예배를 개최한다는 점에서도 초인간적 존재인 교
주의 위치를 더듬어 볼 수 있다. 현 생활의 타개와 보다 행복한 앞날을
추구하며 교주를 신의 상징으로 인식하고 종교집단의 구성원이 된 교인
과 교주의 主從關係가 어느 정도로 철저할지 추측하기는 어렵지 않다.
『上帝敎大憲』에도 法位 또는 敎職에 있는 자를 특별히 仰信 · 敬待하라
는 규정이 있는 것은 물론이다. 평신자는 교직에 있는 자에게, 하위교직
자는 상위교직자에게 그리고 상위교직자는 최고의 領導者인 교주에게
복종한다. 교직자를 호칭할 때에 이름이 아니라 'ㅇㅇ管長님', 'ㅇㅇ觀
長님' 등의 교직명으로 부르는 것도 교직자에게 일반 교인들을 통제하는
권위가 있다는 證左일 것이다. 이미 언급한 바와 같이 교인은 교주를 초
인간적 예언자 혹은 신이 파견한 지도자로 생각하여 그에게 전적으로 헌
신 · 귀의하고자 하기 때문에[47] 우리는 교의 萬機를 영도하는 상제교 교

주와 교인의 관계가 카리스마(Charisma)적 지배관계의 요소를 다분히 포함한다고 생각할 수 있다.[48] 또한 그들 사이에서는 연령이 높을수록 권위가 높다. 庶子인 現 교주가 자기보다 불과 몇 개월 후에 출생한 嫡子를 물리치고 교주직을 세습하였는데, 아직 우리 사회에서 嫡庶를 엄격히 구별한다는 것을 감안하면 상제교에서 연령의 권위가 강할 것이라고 추측할 수 있다. 30세를 기준으로 그 초과자와 미만자의 號를 구별한 것 역시 연령의 권위가 높은 것을 짐작할 수 있게 한다. 이렇게 이들은 상하의 신분적 주종관계에 있으면서도 아무런 구속감을 느끼지 않고 그런 생활을 자연스럽게 여긴다.

둘째로 집단과 집단 간 관계를 고찰하고자 한다. 예를 들어 상제교도와 정도교도는 모두 자기 집단이 제일이라는 확신을 품고 타 집단은 경멸하거나 이단이라고 여긴다. 그러나 이 두 종교집단 모두 불교는 그다지 배척하지 않고, 다만 불교가 현실 아닌 내세를 추구하는 점이 그들의 성격에 맞지 않는다고 할 뿐이다. 그러나 기독교는 종교집단 중에서도 가장 敬遠하며 異端으로 여긴다. 이곳 신도내에 교회가 설립된 지 이미 8년이 경과했건만 처음 전도할 때 30명이었던 신자 수는 단 한 명도 늘지 않고 지금도 여전히 30명에 불과하다는 점과, 기독교를 제외한 종교집단의 교인들은 모두 세대주를 중심으로 가족적인 신앙행사를 치르는 반면 기독교는 대개의 신자가 청소년이라는 점에서도 이를 알 수 있다. 장로교 목사의 말을 빌리면 "無宗敎 촌락에 가서 전도를 해야 신자의 수가 증가하지, 이러한 邪敎村에서는 도저히 전도·보급의 가망이 없다."는 것이다. 그들은 기독교인을 칭하는 말로 '예수쟁이'라는, 보통 경

---

47) 교인은 교주 앞에서는 항시 머리를 숙이며, 교인 중에는 자기 여식을 교주의 시녀로 獻上한 자도 있다.

48) 베버는 지배관계를 법적 지배(legale Herrschaft), 전통적 지배(traditionale Herrschaft), 카리스마적 지배(charismatische Herrschaft)의 세 유형으로 구별하였다(Max Weber, 앞의 책, 124쪽).

멸의 뜻을 담은 말을 쓰는데, 이것은 기독교인이 신도내 종교집단을 사교 또는 미신이라고 거침없이 멸시하는 데도 원인이 있겠지만, 기독교가 과거의 전통과 관습에 가치를 부여하는 그들의 성격과 부합하지 않는 데더 큰 원인이 있지 않을까 하고 생각한다. 불교, 유교, 도교는 전래된 지오래되어 재래 민간신앙과 융합하여 그들의 신앙의 성격이 되기까지 한반면, 기독교는 전래의 역사가 짧은 데다가 불교나 유교나 도교가 다 같이 조상숭배의 행사인 제사를 중시하는 것과 달리 정면으로 조상제사를 거부하니, 과거의 관습이나 전통을 존중하는 그들이 기독교를 이해하려하지 않는 것은 당연하다 할 것이다.

그리고 종교집단의 구성원은 아니면서 신도내 정도설을 믿는 자들끼리 신앙과 관련성이 있는 생활을 공동으로 하는 일은 없었다. 이들 중 몇몇은 상제교, 정도교, 일심교 등의 교인들이 '이해할 수 없는 행동'을 한다고 평했는데, 신도내 정도령 도읍설은 천지이치에 따른 확고한 사실인데 종교집단의 성원이 되어 다액의 헌납품을 소비하는 것은 이해할 수 없는 처사라는 것이다.

5) 신앙쇠퇴에 영향을 주는 素因

지금까지 기술한 바를 통해 신도내의 민간신앙과 여러 종교는 현실생활에 대한 주민의 절실한 욕구에서 나온 것임을 알게 되었다. 이 현실생활의 욕구를 충족하는 것은 살기 좋은 사회가 출현해야만 가능하겠지만 그래도 그들의 신앙은 점차 쇠퇴해가고 있는 듯하였다.

신앙쇠퇴의 첫째 원인으로 학교교육 보급에 따른 사회적 이동(이촌)을 들 수 있다. 학교교육을 받은 사람의 수와 교육수준을 지표 삼아 신앙의식을 논하는 것은 부당하다고 생각한다. 그러나 현대의 교육은 인간의 과학적 사고방식과 소질의 육성에 가장 직접적이고 강력한 관련이 있고, 그러한 교육을 받은 자 중에 교주세습제를 반대하여 교인투표로 교

주를 선출하자고 주장하는 교인이 있으며(상제교), 또한 老齡의 세대주
와는 달리 자녀, 특히 학교교육을 받은 청소년일수록 이러한 신앙의식이
박약하다. 이런 점들을 고려한다면 신도내의 학교교육 실태를 조사함으
로써 주민들의 신앙쇠퇴 경향을 보는 것도 무의미한 일은 아닐 것이다.

현재 신도내 중앙에 있는 신도국민학교는 서기 1939년에 설립되어
현재까지 15회에 걸쳐 약 900명의 졸업생을 냈다. 1949년에는 고등공민
학교가 설립되어 금년까지 100여 명의 졸업자를 내었는데 이것이 다시
계명중학교로 발전하여 현재 200여 명의 학생이 재학하고 있다. 이 중학
교를 졸업한 학생 중 35명이 고교에 진학해 학업을 닦고 있으며, 이 학
교 출신은 아니지만 역시 신도내 출신 대학생이 5명이나 서울과 대전에
서 유학하고 있다. 이렇게 과학적 사고방식을 체득한 사람의 수가 증가
하는 것은 신도내의 신앙쇠퇴의 큰 원인이 될 것으로 생각한다. <표
31>에서 보는 바와 같이, 지식욕과 진취성이 강한 16세부터 40세 사이
의 남자 주민이 봉쇄적이고 보수적인 자기 촌락을 떠나 이질적이고 개방
적인 도시문화를 접하니 그들의 종래 신앙의식이 희박해지는 것은 당연
한 일이라 하겠다.

신앙쇠퇴의 둘째 요인은 곤궁한 생활과[49] 신도내 정도가 실현될 가능
성이 희박하다는 자각에 있을 것이다. 토지면적이 협소하고 비옥하지 못
한 이곳에 수많은 이주민이 연달아 입주하고 보니 자연히 토지 구하기가
곤란해져, 많은 이주민들이 1년 내지 2년, 혹은 5년 내지 6년이 경과하
여도 농지 구득에 어려움을 겪는다. 농지를 구하지 못하면 前 거주지에
서 매도한 농토대금으로 생활하는 길 이외에 다른 방도가 없는데, 시간
이 흐르면서 가진 돈을 다 쓰게 된다. 또한 교주가 초인간적 존재라면
지상천국과 정도가 실현될 텐데 "그 증거도 오랫동안 나타나지 않고, 신

---

49) 곤궁한 생활이 신앙쇠퇴의 요인일 것이라는 것은 현재 신도내 주민에게만 적용한
다.

〈표 31〉 신도내 주민의 연령별 이촌 현황

연령(세) \ 비율	총수(A)	현재 인원수	A에 대한 백분율	이촌인 수	A에 대한 백분율
1~5	321	321	100	·	·
6~10	351	350	100	1	·
11~15	340	335	97	9	3
16~20	372	311	83	65	17
21~25	234	117	49	121	52
26~30	192	90	47	104	54
31~35	151	120	78	34	23
36~40	163	142	85	25	15
41~45	132	121	92	11	8
46~50	150	137	88	18	12
51~55	129	125	95	7	5
56~60	112	109	96	5	4
61~65	78	78	100	·	·
66~70	56	55	98	1	2
71~75	35	35	100	·	·
76~80	28	28	100	·	·
81세 이상	6	6	100	·	·

이라든지 주술적·초인간적인 힘이 없다는 것이 명백해지고, 또한 장시일 기대한 성공도 이루어지지 않고, 그이의 지도가 피지도자에게 행복을 가져오지 않으니 카리스마적 권위가 실추하여"[50] 그 결과 그들 대부분의 신앙의식의 약화가 일어나게 된다고 생각한다. 그리하여 이는 그들이 결국 신도내를 移去하는 동기가 되는바, 이러한 경향은 <표 32>에 나타난 통계를 통해 충분히 알 수 있다. <표 32>는 서기 1918년부터 1924년 사이에 이주한 戶[51] 중 현재 남아 있는 호의 수를 조사한 것이다. 1918년부터 1924년까지 7년간 이곳에 이주한 호는 1,247호인데 현재 殘留한 세대는 단 105호이므로, 나머지 1,142호는 모두 他地로 이거

---

50) Max Weber, 앞의 책, 140쪽.
51) 村山智順, 1933, 『朝鮮の占卜と豫言』, 662쪽.

한 것이다. 교육의 보급과 사회적 이동 그리고 궁핍한 생활과 정도실현 가능성이 희박하다는 자각으로 인하여 그들의 신앙이 점차 쇠퇴해 가고 있다고는 하지만, 한국민중의 생활이 향상되어 사회적 불안이 사라지지 않는 이상, 그리고 민중이 이러한 신앙을 통하여 그들의 현실적 욕구를 해결하고자 하는 한, 신도내 정도 신앙과 같은 종교의식은 좀처럼 쇠퇴하지 않을 것이다. 그들이 주체성을 자각·확립하고 또한 합리적이고 타당한 수단과 방법을 통해서만이 그들의 욕구를 충족할 수 있는 사회가 도래하여도 그들은 이처럼 계룡산에 모여들 것인가.

〈표 32〉 연도별 이입-이출현황

연도 \ 호수	이입 호수	현재 잔존 호수	이출 호수
1918	70	10	60
1919	91	19	72
1920	142	12	130
1921	610	29	581
1922	148	17	131
1923	76	6	70
1924	110	12	98
계	1,247	105	1,142

5. 맺는말

이상에서 신도내 촌락사회에 대해 조사한 결과를 제시했다. 머리말에서 언급한 바와 같이, 조사자와 경비의 부족, 조사보조원의 質의 문제 및 참고문헌 입수난 때문에, 그리고 무엇보다 본인의 조사방법이 미숙하기 때문에 충분한 성과를 거두지 못한 것은 누구보다도 본인이 잘 알고 있다. 한 번 더 신도내 촌락을 조사할 기회가 생긴다면 좀 더 깊고 세밀한 결과를 얻을 수 있을 것이라고 생각한다. 이 조사연구는 사회학적 고찰이 아닌 면을 다분히 포함하고, 또 질적으로 고찰해야 마땅한 것을 양적으로 고찰한 오류를 범한 부분도 있는 등 결함이 많다. 이러한 미비점을 반성하는 것은 금후의 조사연구에 큰 도움이 될 것이라고 생각한다.

끝으로 앞서 조사·분석한 것들을 통하여 신도내 주민과 종교집단의 성격을 다음과 같이 규정하여도 무방할 것이다.

① 대부분 과학적 지식을 습득한 일이 없는 농민계층이 사회적 변동기 내지 불안기에 이주하였다.

② 이들은 지리풍수, 예언, 전설 등의 민간신앙과 도교, 유교, 불교 등의 사상의 혼합으로 이루어진 종교의 자극을 받아 이주하였고, 정도실현 시의 경제적 및 사회적 지위-주로 관리적 직업-의 획득이 유일한 이주동기다.

③ 신도내의 주민들은 사회적 불안과 개인적 고난을 비합리적인 수단-그들은 비합리적이라고 의식하지 않지마는-을 통하여 해결코자 하는데, 이때에 민간신앙 및 종교가 그들의 현실적 욕구를 충족하는 구실을 한다.

④ 신도내의 종교는 민간신앙을 기반으로 유교, 불교, 기독교, 도교 등의 요소를 혼합하여 발생·유지되었다. 이러한 제 요소의 포섭·융화성과 주술성 및 비사회성이 그들의 신앙적 성격이다. 이러한 특질은 이 신앙들이 세대주 중심의 가족신앙이라는 점에서도 엿볼 수 있다.

민간신앙을 토대로 한 종교이기 때문에 교리는 간단하고 안이하다. 교리나 의례도 민중의 요구에 따라 재해석되고, 사회적 조건에 적응하여 새로운 요소를 융합하여 분파(상제교, 일심교)하고 발생(관성교, 정도교)한다. 그렇게 하지 못하면 교단이 마비되어 해체되기도 한다(칠성교, 영가무교).

⑤ 신앙, 종교의 제 요소의 혼합양식에 따라 다시 네 개의 유형으로 분류할 수 있다.

㉠ 가장 많은 수를 점하는 신도내 정도 신앙자: 이들은 종교와는 연관이 없는 민간신앙의 담당자다.

㉡ 민간신앙에 기반을 두고 그 밖의 다른 종교요소를 혼합하여 이루어진 것 : 정도교.

ⓒ 민간신앙과 기성 종교가 혼합한 형태로 출발한 종교가 새로운 민간
　신앙 요소를 포섭하여 조직되고 유지되어온 것: 상제교, 태을교, 일
　심교, 관성교. 특히 분파하기 전의 상제교(그 당시는 시천교)는 신
　도내 정도설과는 전연 관계가 없었는데 뒤에 서울서 분파하여 신
　도내로 교 본부를 이전하였다. 이 사실만으로도 이 과정을 알 수
　있다.

ⓔ 시초에 민간신앙적인 요소가 전연 없던 기성 종교가 신앙성격이 다
　른 사회에 전도·유지됨에 따라 그 사회의 전래 민간신앙을 포섭
　한 것: 신도내의 감리교인. 이들이 득남과 무병을 위해서 교인이 된
　것은 이와 같이 설명할 수 있다.

⑥ 동일 지역에 취합하여 집단생활을 하는 각 종교집단은 타 집단에는 배
　타적이나 구성원 상호 간은 친화적 집단감정이 강하다. 그리고 신앙,
　종교에 결부되어 신도내 전체 주민의 생활을 유지하는 공동조직체는
　찾아볼 수 없다.

⑦ 신도내 최대의 종교집단인 상제교단은 정치기구를 모방한 신분적 교직
　제도가 있고, 교주와 교인의 관계는 '카리스마'적 지배관계의 성격을
　띤다.

⑧ 과학적 지식의 보급·향상과 사회적 이주 등에 따라 이러한 신앙, 종
　교가 쇠미해 가고 있다고는 하지마는, 사회적 불안과 개인적 고난이
　제거되지 않고 또한 그들이 이러한 비합리적인 신앙으로 현실욕구를
　충족하려는 태도를 지양하지 않는 이상, 이러한 신앙, 종교는 좀처럼
　쇠퇴하지 않을 것이다.

제10장
한국 무속신앙의 초기연구

-해방 전의 무속문헌과 연구경향을 중심으로-

1. 머리말

1950년대 초 대학을 졸업할 때부터 본인은 촌락생활연구에 관심을 갖게 되었는데, 그 가운데서도 혈연집단(가족, 씨족)과 신앙(무속), 이 두 가지 측면에 강한 흥미를 느끼게 되었다. 그리하여 본인은 1955년에는 충남 계룡산 신도내 신앙촌락을 답사하여 「信仰村落의 硏究」라는 졸고를 발표하기도 하였다. 그 후로 본인은 지금까지 시종 혈연집단연구에 몰두하여 왔지만 신앙에 대한 관심이 사라진 것은 아니고 무속연구에 대한 미련이 계속 남아 있었다. 혈연집단연구를 약 25년 동안 계속하여 왔지만 아직도 그 윤곽이 보일까 말까 한 정도에 지나지 않기 때문에 무속연구에 매료되었으면서도 착수할 여유가 없었다는 것이 솔직한 심정이다.

계속 지켜 본 결과 한국무속연구는 1950년대, 1960년대를 지나 1970년대부터는 양적으로나 질적으로나 비약적으로 발전하고 있는 것처럼 느꼈다. 그리고 근래에는 한국무속에 관한 문헌목록을 정리하고[1] 그간의 연구를 회고 내지 반성하는 모습도 보인다.[2] 그런데 본인이 보기에는

---

1) 한국민속연구문헌을 정리한 것으로는 다음과 같은 것이 대표적이다. 民族文化硏究所의 「民族文化關係文獻目錄: 1945年以前」의 "Ⅳ. 信仰傳承" 항목(1964, 『民族文化硏究』 1); 印權煥의 "Ⅱ. 口碑傳承"의 "6. 巫歌"와 "Ⅲ. 信仰傳承"의 "2. 巫俗信仰" 항목(1978, 「한국민속학논저총목록(1900~1977)」 『韓國民族學史』, 열화당); 金泰坤의 「韓國巫俗關係文獻目錄(1900~1980)(1981, 『韓國巫俗硏究』, 집문당).

2) 한국무속연구사를 회고한 것에는 다음과 같은 것이 있다. 崔吉城, 1970, 「韓國巫俗硏究의 過去와 現在」 『文化人類學』 3; 金泰坤, 1976, 「巫俗硏究半世紀의 方法論的 反省」 『韓國民俗學』 9; 金泰坤, 1981, 『韓國巫俗硏究』, 集文堂; 金仁會,

이러한 문헌정리나 무속연구성과 평가는, 특히 해방 이전에 발표된 문헌과 연구성과에 대한 것은 충분하지 못하다고 느꼈다. 좀 더 구체적으로 말하면, 지금까지 발표된 해방 전의 한국무속연구문헌목록에는 본인이 알고 있는 것의 반수 정도만 기록되어 있고, 또 연구성과 평가에서도 연구성과를 이룩한 사람이나 업적이 간과된 부분이 있으며, 또 외국인의 경우 업적평가에 감정을 배제했다고는 볼 수 없는 면이 있기 때문이다. 이러한 것들이 본인이 이 졸고를 집필하게 된 동기 중 하나다. 그러나 본고는 구한말부터 해방에 이르기까지 이루어진 한국무속에 관한 연구를 회고하되, 문헌목록을 제시할 뿐이며 그 이상의 것은 되지 못한다. 앞으로 한국무속사연구를 양적·질적인 면에서 본격적으로 진행하는 데 기초자료로 제공하고자 하는 뜻으로 붓을 들어 본 것이다.[3] 이 졸고가 과거를 더욱 정확하게 인식하고 반성하여 앞으로 한국무속연구의 발전을 촉진하는 데 도움이 되었으면 하는 마음 간절하다.

1981, 「韓國巫俗硏究史」, 1981년 10월 30일 고대민족문화연구소 주최 학술연구발표회 발표요지 『韓國巫俗의 綜合的 考察』.

3) 원래는 현재 하는 일이 어느 정도 끝나면 구한말부터 해방까지 이루어진 한국무속연구를 구체적, 체계적으로 검토할 생각으로 그 문헌목록을 준비하고 있었다. 그런데 토론자로 참가한 학술연구발표회(고려대 민족문화연구소, 1981년 10월 30일, 『韓國巫俗의 綜合的 考察』 - 주 2) 참조)에서 시간부족으로 의견을 충분히 교환하지 못해 좀 불만족스러운 기분에 싸여 있었는데, 바로 그날 11월 10일까지 田溶新 교수 회갑기념논문을 써내 달라는 요청을 받고 부랴부랴 이 원고를 작성한 것이다. 곧 公刊될 기념논문집에 토론회 때 하지 못한 이야기를 하게 되어 기쁘기도 하지만, 10일이라는 짧은 기간에 작성한 것이기 때문에 정말 문헌목록을 제시하는 수준에 지나지 않아 한편으로 마음이 개운치 않다.

2. 일제강점 전의 무속연구

여기서는 한국무속에 관한 근대적 연구문헌을 중심으로 구한말부터 해방에 이르는 사이의 연구경향을 알아보고자 한다. 단 한국무속에 대해 조금이라도 언급한 자료까지 모두 다루지는 않고, 논문의 경우에는 독립적으로 한국무속을 다룬 것만, 저서는 적어도 한국무속이 章 제목으로 오른 것만 문제 삼기로 한다.[4]

이와 같은 기준에서 볼 때 한국무속연구의 경향은 4시기로 뚜렷하게 구분할 수 있다. 첫째 시기는 구한말부터 일제강점(1910년)까지인데, 이 시기에는 서양인(여행인, 선교사)만이 한국무속에 대한 기록을 남겼다. 둘째 시기는 1910년부터 1920년대 중반(1924년)까지로, 어느 일본인 학자가 쓴 논문 다섯 편과 한 미국 박물관 관리의 글이 보이는 시기다. 이 시기는 1931년 이후 다른 일본인 학자가 활약한 시기와 비교해 볼 때 무속을 연구한 의도에서 차이가 난다. 셋째 시기는 1920년대 중반(1925년)부터 1930년까지인데, 이 시기는 거의 전적으로 한국인 학자만이 활약했다. 그리고 마지막으로 네 번째 시기는 1931년부터 해방(1945년)까지인데, 이 시기에는 한국인 학자와 일본인 학자가 함께 활동했다.

먼저 합병 전의 무속연구를 살펴보자. 이 시기의 것 중 주요한 것만을 연대순으로 열거하면 다음과 같다.

A-1. Griffis, William E., 1882, "Chapt. XXXIII Shamanism and Mythical Zoology," *Corea: The Hermit Nation*.

A-2. Landis, E. B., 1895, "Notes on the Exorcism of spirits in Korea,"

---

4) 독립된 논문이나 저서 속의 章으로 다루지 않은 것은 수없이 많다. 저서에서 언급한 예로는 샤를 달레의 『한국천주교회사(상)』(1979, 분도출판사)가 있고, 논문 속에서 언급한 것으로는 H. S. Saunderson, 1985, "Notes on Corea and its people," *Journal of the Anthropological Institute* 24-3이 있다.

China Review 21-6.

A-3. Allen, H. N., 1896, "Some Korean Customs: The Mootang." *Korean Repository* 3.

A-4. Bishop, Isabella B., 1898, "Chapt. XXXIV Daemonism or Shamanism," *Korea and Her Neighbors*.

A-5. Jones, G. H., 1901, "The Spirit Worship of the Koreans," *Transactions of the Korea Branch of the Royal Asiatic Society* II(part 2).

A-6. Hulbert, Homer B., 1903, "The Korean Mudang and Pansu," *The Korea Review* 3-4, Seoul: Methodist Publishing House.

Hulbert, Homer B., 1903, "The Korean Mudang and Pansu," *The Korea Review* 3-5, Seoul: Methodist Publishing House.

Hulbert, Homer B., 1903, "The Korean Mudang and Pansu," *The Korea Review* 3-6, Seoul: Methodist Publishing House.

Hulbert, Homer B., 1903, "The Korean Mudang and Pansu," *The Korea Review* 3-7, Seoul: Methodist Publishing House.

Hulbert, Homer B., 1903, "The Korean Mudang and Pansu," *The Korea Review* 3-8, Seoul: Methodist Publishing House.

Hulbert, Homer B., 1903, "The Korean Mudang and Pansu," *The Korea Review* 3-9, Seoul: Methodist Publishing House.

A-7. Underwood, Horace Grant, 1910, "III. The Shamanism of Korea," *The Religions of Eastern Asia*, New York: Macmillan.

이 시기에 서양인이 한국의 무속에 대하여 언급한 것은 논문형식의 것이 4개(A-2, A-3, A-5, A-6)이고, 저서의 章으로 삽입된 것 중에서 대표적인 것 3개(A-1, A-4, A-7)로 도합 7개다.[5]

A-1~A-7에서 보다시피 이 시기에 한국무속은 대체로 여행자들과 선교사들이 논급했음을 알 수 있다. 대체로 이들은 한국인의 神 개념 내지 귀신관, 무당과 귀신의 관계, 巫의 유형, 무당의 기능, 무의 의식, 巫具

---

5) 이 밖에 다음과 같은 것들이 있다. H. B. Hulbert, 1896, "The Geomancer," *Korean Repository* 3; D. K. Lanbuth, 1907, "Korean Devils and Christian Missionaries," *Independent* 63; E. B. Landis, 1898, "Geomancy in Korea," *Korean Repository* 5; E. B. Landis, 1899, "Korean Geomancy," *China Review* 23.

등에 관하여 언급했다.[6] 개중에는 종교적 편견이 介在된 논저도 있고 또 극히 상식적인 수준에서 논한 글도 있으나 논문 중에는 학구적인 것도 있다. 예를 들면 존스(G. H. Jones)의 "The spirit worship of the Koreans" 는 무당의 판톤(Pantheon) 즉 무당이 섬기는 신을 17종이나 들었다. 이 논문은 1930년대에 일본인 학자 赤松智城에게 영향을 준 것으로 사료된다. 또 랜디스(E. B. Landis)의 글은 일본의 神道儀式이 한국무속을 아주 닮은 점, 귀신의 유형, 굿(exorcism)의 종류에 대하여 기술했다.

3. 1910년부터 1924년까지의 무속연구

1910년대와 1920년대 초기에 한국무속에 대한 글을 발표한 사람은 일본인 鳥居龍藏과 미국의 박물관 관리 카사노비치(Casanowicz), 이 두 사람뿐이다. 본인의 눈에 들어온 이 일본인 학자의 저작과 카사노비치의 글은 다음과 같다.

> B-1. 鳥居龍藏, 1913, 「朝鮮の巫人に就いて」『東亞の光』8-11.
> B-2. Casanowicz, I. M., 1917, "Paraphernalia of a Korean Sorceress in United States National Museum," *Proceedings of the United States National Museum* 51: 591~597.
> B-3. 鳥居龍藏, 1918, 「シヤーマン教より見たる朝鮮の巫子」『明治聖德記念學會紀要』9.
> B-4. 鳥居龍藏, 1922, 「朝鮮の巫に就いて」『朝鮮文化研究』.
> B-5. 鳥居龍藏, 1924, 「朝鮮の巫覡」『日本周圍民族の宗教』.
> B-6. 鳥居龍藏, 1924, 「西比利亞のシヤーマン教よりたる朝鮮の巫覡」

---

6) A-6와 A-7, 그리고 클라크(Charles A. Clark)의 글(1926, "Shamanism," *Religions of Old Korea*)에 관하여는 이미 최길성 교수와 김태곤 교수가 간략하게 소개한 바 있다(崔吉城, 1970, 앞의 논문; 金泰坤, 1981, 앞의 논문의 제1장 2절 "研究史的 檢討" 참조).

『日本周圍民族の宗敎』.

이 일본인의 논지를 알아보기 위하여 우선 그가 쓴 글을 몇 대목 그대로 옮겨 보고자 한다.

조선의 巫를 이야기하는 것은 극히 사소한 일같이 생각될지 모르나 학문상으로는 대단히 중요한 일이다. 이와 같이 조선의 옛 풍습이나 습관을 살펴보지 않으면 조선과 일본의 관계를 알 수 없다. 이런 점에서 나는 조선의 巫라는 것에 대단히 흥미를 가지고 연구하고 있다.

이전에는 조선에 …중략… 일종의 종교가 있었는데 이것을 학술용어로 말하면 샤먼교라고 하며 일본의 神道도 샤머니즘의 하나로 보아도 무방하다. 이런 점에서 일본과 조선은 옛 시대에는 같았으며 조선사람도 일본사람도 어느 시대에는 함께 있었다는 것을 알 수 있다.

옛 시대에는 巫가 조선의 사상을 지배했으니 이는 일본의 原始神道에 巫가 있어 그 위력이 대단했던 것과 다름이 없다.

조선의 말은 우랄알타이어를 매우 닮았다. 중국어와는 관계없지만 土耳其語나 몽고어, 제주어와 관계가 깊다. 그리고 같은 성질의 의미를 지니고 있기 때문에 서로 관계가 있다고 생각한다. 이것은 비교어학상의 문제가 되겠지만 조선어는 우랄알타이어의 하나라고 말할 수 있다.
조선에서는 巫를 무당이라고 하는데 이 '무당' 혹은 '무'라는 용어는 모두 우랄알타이어를 통하여 몽고어, 만주어, 토이기어, 西伯利亞語 등과 공통적인 면이 있다.

이를 통해 그의 논지가 다음과 같음을 명백히 알 수 있다.

① 한국의 고대종교나 일본의 원시종교(神道)도 모두 샤머니즘(shamanism)이다. 즉 두 나라의 종교, 습관 간에는 관련성이 있다.
② 한국의 언어나 무속과 같은 생활양식과 동북아시아 제 민족의 그것 간에도 상호 관련성이 있다.

③ 일본문화의 원류를 밝히는 것은 우랄알타이어족 문화를 밝힘으로써만
가능하다.

이 일본인 학자는 무의 유형(巫人, 巫女, 男覡), 샤머니즘과 샤먼
(shaman)의 종류, 샤먼의 성별, 巫具, 무의 호칭에 대하여 언급했으나, 구
체적인 조사과정이나 조사내용은 밝히지 않고 단편적이고 산만한 언급
에 그쳤다.

그의 논지에 나타나 있듯이 그의 글은 한국무속을 과학적인 방법으로
조사하고 분석하기보다는 연구의도만 강조한 인상이 짙다. 필자가 주목
하는 것은 그가 神道를 포함한 일본문화 거의 전부가 한국에서 얻은 것
이라는 랜디스의 견해에는 완전히 눈을 감은 채, 단지 한국 내지 동북아
시아의 무속과 일본의 신도의식이 유사하다는 점만을 강조한 점이다(물
론 그는 랜디스에 대하여는 언급조차 하지 않았다).

4. 1925년부터 1930년까지의 무속연구

1910년대와 1920년대 초까지가 일본인 1인의 연구시기라고 한다면,
1925년부터 1930년까지는 대체로 한국인 학자만이 활약한 시기라 할 수
있다. 이 시기에는 孫晉泰, 李能和, 崔南善이 무속에 관한 글을 발표하였
는데, 그 문헌을 연대순으로 열거하면 다음과 같다.

C-1. 孫晉泰, 1925. 11, 「朝鮮に於けるシヤマ二ズム」『東洋』.
C-2. Clark, Charles Allen, 1926, "Chapt. 6 Shamanism," *Religions of Old Korea*.
C-3. 孫晉泰, 1927. 3, 「朝鮮上古文化의 硏究(1)」『東光』 11.
　　　孫晉泰, 1927. 4, 「朝鮮上古文化의 硏究(2)」『東光』 12.
　　　孫晉泰, 1927. 6, 「朝鮮上古文化의 硏究(3)」『東光』 14.
　　　孫晉泰, 1927. 7, 「朝鮮上古文化의 硏究(4)」『東光』 15.

孫晋泰, 1927. 8,「朝鮮上古文化의 研究(5)」『東光』 16.
C-4. 李能和, 1927. 5,「朝鮮巫俗考」『啓明』 19.
C-5. 崔南善, 1927. 5,「薩滿教劄記」『啓明』 19.
C-6. 李能和, 1928. 5,「朝鮮の巫俗(1)」『朝鮮』 156.
　　　李能和, 1928. 6,「朝鮮の巫俗(2)」『朝鮮』 157.
　　　李能和, 1928. 8,「朝鮮の巫俗(3)」『朝鮮』 159.
　　　李能和, 1928. 9,「朝鮮の巫俗(4)」『朝鮮』 160.
　　　李能和, 1928. 10,「朝鮮の巫俗(5)」『朝鮮』 161.
　　　李能和, 1928. 11,「朝鮮の巫俗(6)」『朝鮮』 162.
　　　李能和, 1928. 12,「朝鮮の巫俗(7)」『朝鮮』 163.
　　　李能和, 1929. 1,「朝鮮の巫俗(8)」『朝鮮』 164.
C-7. 孫晋泰, 1930,『朝鮮神歌遺篇』, 東京: 鄉土研究社.
C-8. 孫晋泰, 1930. 5,「太子巫女考」『新民』 58.

손진태와 이능화의 학문적 업적이나 평가에 대하여는[7] 좀 더 시간을
두고 고찰해야 되겠지만, 현재는, 적어도 무속을 포함한 신앙·종교 연
구에 한해서는, 시기적으로나 양적으로나 또는 질적으로나 손진태가 이
능화를 능가할망정 뒤지지는 않는다고 생각한다.

C-4와 C-6에서 보는 바와 같이 이능화는 무속에 관한 논문을 두 편
발표하였는데, 이 두 논문은 동일한 것이다. 1927년에 순한문으로 발표
한 「朝鮮巫俗考」를 1년 뒤에 조선총독부가 발간한 日文잡지 『朝鮮』지
에 8회에 걸쳐 연재하였는데, 이것은 그 후 무속연구자의 길잡이 중 하
나가 되었다. 최남선의 글은 알려져 있는 바와 같이 차플리카(Czaplicka)
양과 鳥居龍藏의 글을 소개한 것에 불과하다.

손진태에 대해서는 그가 한국무속에 관한 논문을 최초로 발표하였다
는 형식적인 것을 말하고자 하는 것이 아니다. 그는 연구의 범위나 양,

---

7) 이들에 대하여는 심우성 씨가 언급한 바 있다(沈雨晟, 1973,「이능화의 생애와 논
　저」『출판학』 18; 沈雨晟, 1974,「손진태론」『출판학』 9). 그리고 이 두 사람과
　최남선의 무속연구에 관하여는 또한 최길성 교수와 김태곤 교수가 논술하였다(주
　2) 참조).

深度, 방법론에서 주목할 만한 업적을 남김으로써 한국인 최초로 민속학 (그는 土俗學이라고 칭하였다), 인류학, 종교학을 개척한 사람이다.

손진태는 1925년부터 무속에 관한 논문을 발표하기 시작하여 1940년까지 도합 자료책 1권(『朝鮮神歌遺篇』)과 논문자료 9편을 발표하였다. 그의 연구성과를 살펴보면 그는 대체로 두 가지 측면에 연구의 역점을 둔 것을 알 수 있는데, 하나는 한국고대사회의 종교(무속)에 대한 연구이고 또 하나는 巫歌 수집이다.

한국고대사회의 종교에 대한 연구에서 그는 고대문화, 특히 신앙·종교의 全 체계를 파악하고 동시에 그 체계에서 무속이 점하는 위치와 성격을 구명하기 위해 방대한 계획을 세워 그 일부를 완성한 것 같다. 이것은 1927년 3월 『東光』 11호에 게재한 논문 목차를 보아도 알 수 있다. 그의 고대사회문화에 관한 논문 9편은 다음과 같다.[8]

> D-1. 孫晋泰, 1926. 8, 「朝鮮上古文化硏究(1): 朝鮮家屋形式의 人類學的 土俗學的 硏究」 『新民』 16.
> D-2. 孫晋泰, 1926. 9, 「朝鮮上古文化硏究(2): 朝鮮家屋形式의 人類學的 土俗學的 硏究」 『新民』 17.
> D-3. 孫晋泰, 1926. 10, 「朝鮮上古文化硏究(3): '검줄'文化의 土俗學的 硏究」 『新民』 18.
> D-4. 孫晋泰, 1926. 11, 「朝鮮上古文化硏究(4): '蘇塗, 積石壇, 立石'의 土俗學的 宗敎學的 硏究」 『新民』 19.
> D-5. 孫晋泰, 1927. 3, 「朝鮮上古文化의 硏究: 朝鮮古代宗敎의 宗敎學的 土俗學的 硏究(1)」 『東光』 11.
> D-6. 孫晋泰, 1927. 4, 「朝鮮上古文化의 硏究: 朝鮮古代宗敎의 宗敎學的 土俗學的 硏究(2)」 『東光』 12.

---

8) 『東光』 11호에 나타나 있는 바와 같이 그는 방대한 연구계획(제1장~제7장)을 미리 세워 놓고 논문을 하나하나 발표해 갔다. 그리하여 그는 제6장을 먼저 발표하고(『新民』 18~19호) 제1장부터 순서에 따라 논문을 발표하였는데, 제4장 「샤－만」, 제5장 「多神敎的 諸神과 僧侶」, 제7장 「샤－만階級의 歷史的 考察」 등은 완성을 보지 못한 것 같다.

D-7. 孫晉泰, 1927. 6, 「朝鮮上古文化의 研究: 朝鮮古代宗教의 宗教學的 土俗學的 研究(3)」『東光』14.

D-8. 孫晉泰, 1927. 7, 「朝鮮上古文化의 研究: 朝鮮古代宗教의 宗教學的 土俗學的 研究(4)」『東光』15.

D-9. 孫晉泰, 1927. 8, 「朝鮮上古文化의 研究: 朝鮮古代宗教의 宗教學的 土俗學的 研究(5)」『東光』16.

1927년 『東光』 11호에 실린 그의 논문의 목차는 다음과 같다.

제7장 '샤－만'階級의 歷史的 考察
　제1절 巫 階級의 歷史的 考察

　1930년대에 손진태는 한국무속의 연구와 돌멘, 온돌, 혼인형태, 掠寡
婚 등 사회적인 민속의 연구뿐만 아니라, 蘇塗, 長栍, 栍, 山神 등 신앙적
인 민속의 연구에도 크나큰 공헌을 하였다. 게다가 그가 1930년대에 이
미 중국과 몽고의 신앙(무속 포함)까지 연구영역을 확대하여 업적을 쌓
은 점은 더욱 높이 평가해야 할 것이다.[9]

5. 1931년부터 1945년까지의 무속연구

　이 시기 한국무속신앙연구에 업적을 남긴 사람은 한국인에는 손진태,
金孝敬이 있으며, 일본인에는 秋葉隆, 赤松智城, 村山智順이 있다. 우선
한국인의 연구업적을 연대순으로 열거하면 다음과 같다.

　　E-1. 孫晋泰, 1931. 9, 「支那及朝鮮に於ける巫の腹活術について」『鄕土
　　　　研究』 5-4.

---

9) 손진태의 연구문헌목록을 제시하는 것은 다음 기회로 미루기로 하고, 여기서는
　한국의 무속 이외의 신앙을 다룬 문헌으로 주요한 것만 열거해 두고자 한다. 孫晋
　泰, 1928a, 「朝鮮支那民族의 原始信仰硏究: 光明에 關한 信仰과 太陽崇拜의 起因
　(1)」『如是』1; 孫晋泰, 1928b, 「朝鮮支那民族의 原始信仰硏究: 光明에 關한 信
　仰과 太陽崇拜의 起因(2)」『如是』2; 孫晋泰, 1930, 「支那巫に就いて」『民俗學』
　2-4; 孫晋泰, 1932, 「蘇塗考」『民俗學』4-4; 孫晋泰, 1933a, 「栍考」『朝鮮民俗』
　1; 孫晋泰, 1933b, 「蘇塗考續補」『民俗學』5-4; 孫晋泰, 1933c, 「長栍考」『市村
　博士古稀記念東洋史論叢』; 孫晋泰, 1933d, 「朝鮮の累石壇と蒙古の鄂博に就い
　て」『民俗學』5-12; 孫晋泰, 1934, 「朝鮮古代山神의 性에 就하여」『震檀學報』1;
　孫晋泰, 1935, 「支那民族의 雄鷄信仰과 그 傳說」『震檀學報』3; 孫晋泰, 1936a,
　「中華民族의 魂에 關한 信仰과 學說(1)」『震檀學報』4; 孫晋泰, 1936b, 「中華民
　族의 魂에 關한 信仰과 學說(2)」『震檀學報』5; 孫晋泰, 1936c, 「抱川松隅里長栍
　調査記」『朝光』2-2; 孫晋泰, 1940, 「蘇塗考訂補」『朝鮮民俗』3.

E-2. 孫晋泰, 1931. 10,「巫の腹活術追記」『鄕土硏究』5-5.

E-3. 孫晋泰, 1932. 11,「太子明道の巫稱に就いて」『鄕土硏究』6-3.

E-4. 金孝敬, 1933. 3,「巫堂に就いて」『宗敎紀要(2)』.

E-5. 金孝敬, 1935. 1,「巫堂の賽神に就いて」『宗敎硏究(新)』12-1.

E-6. 孫晋泰, 1935. 5,「朝鮮巫覡の神歌(1)」『靑丘學叢』20.

　　孫晋泰, 1935. 11,「朝鮮巫覡の神歌(2)」『靑丘學叢』22.

　　孫晋泰, 1936. 2,「朝鮮巫覡の神歌(3)」『靑丘學叢』23.

　　孫晋泰, 1937. 5,「朝鮮巫覡の神歌(4)」『靑丘學叢』28.

E-7. 金孝敬, 1935. 10,「巫堂に於ける死神賽神」『宗敎紀要(3)』.

E-8. 孫晋泰, 1936. 4,「巫覡의 神歌(1)」『新家庭』4-4.

E-9. 孫晋泰, 1936. 5,「巫覡의 神歌(2)」『新家庭』4-5.

E-10. 金孝敬, 1937. 6,「巫堂の占卜に就いて」『大正大學報』26.

E-11. 孫晋泰, 1940. 9,「巫歌의 神歌」『文章』18.

이 시기에 손진태는 5편(追記를 별개의 것으로 간주하면 6편)의 글을 발표하였는데, 그중 3편은 巫歌에 관한 것이고 나머지 2편만이 무속에 관한 것이다. 이때 이미 그는 다른 분야로 관심을 돌려 무속연구는 부진했다고 할 수 있다.[10] 그의 관심은 蘇塗, 長柱, 柱, 山神이나 중국, 몽고의 신앙으로[11] 옮아갔고, 그의 뒤를 이어 한국무속을 연구한 신진 연구자에는 김효경이 있다.[12]

金孝敬은 1930년대 초반부터 활약한 종교학자다. 그는 일본국 大正大學 종교학과를 졸업하고(졸업논문도「巫堂考」였다), 그 대학 연구실 副手(조수)로 있으면서 무속을 연구하였다.

그는 시종 한국민속신앙연구에 종사하며 한국무속에 관한 논문 4편,

---

10) 손진태의 논문 "盲覡考"는 언제 발표되었는지 아직도 확인하지 못하고 있다. 그는 1929년 12월에 탈고했다고 하였다. 일제시대에 나온 주요 논문을 모은 孫晋泰, 1948,『朝鮮民族文化의 硏究』에는 이 논고가 수록되어 있다.

11) 주 9) 참조.

12) 김효경에 대하여는 간략하게나마 언급한 바 있다(崔在錫, 1974,「한국의 초기사회학:구한말~해방」『한국사회학』9).

무속 이외의 것을 다룬 논문 4편, 도합 8편의 논문을 남겼다. 무속 이외의 신앙에 관한 연구논문은 다음과 같다. 한국무속에 관한 논문은 앞에서 이미 소개했으므로 여기서는 생략한다.

F-1. 金孝敬, 1935, 「朝鮮の風水信仰」『財團法人 明治聖德記念學會紀要』 43.

F-2. 金孝敬, 1935, 「竈神に關する信仰」『民族學研究』 1-1.

F-3. 金孝敬, 1943, 「朝鮮守護神崇拜に於ける地域的特異性」『宗敎研究』 5-1.

F-4. 金孝敬, 1942(?), 「朝鮮に於ける信仰狀態の現狀」『政敎新論』 20-4·5.

무속에 관한 논문에서 그는 샤머니즘 전반을 검토하고, '굿'의 호칭, 의의, 내용을 분석하고, 나아가 夭死者, 客死者, 溺死者, 冤魂, 조상 및 일반 死者에 대한 굿을 깊이 있게 다루었으며, 그와 함께 무당의 점복에 대하여 상세히 설명했다. 그의 연구방법은 일본인 학자 赤松智城과 비슷하며 종교학적·인류학적 방법이라 할 수 있다.

이 시기의 일본인 연구자는 두 부류로 나눌 수 있다. 한 부류는 경성제대에 재직한 赤松智城, 秋葉 隆 교수이며, 또 한 부류는 조선총독부 관리로서 직접 식민정책수립에 필요한 자료를 수집한 村山智順이다. 전자는 대학이라는 조직과 풍부한 연구보조비를 이용하여 학문적인 관점에서 연구하였고, 후자는 조선총독부의 막강한 행정력을 동원하여 전국을 조사하여 식민지통치자료를 집대성한 사람이다. 村山智順은 같은 조선총독부 관리로서 조선의 촌락 내지 사회조직 조사에 종사한 善生永助와 같이 많은 조사보고를 남겼다.[13)]

---

13) 무속 이외에 村山知順이 조사한 신앙 관계 자료는 다음과 같은 것이 있다. 村山智順, 1929, 『朝鮮の鬼神』; 村山智順, 1931, 『朝鮮の風水』; 村山智順, 1933, 『朝鮮の占卜と豫言』; 村山智順, 1935, 『朝鮮の類似宗敎』; 村山智順, 1937, 『部落祭』; 村山智順, 1938, 『釋奠·祈雨·安宅』. 이 가운데 『朝鮮の鬼神』과 『朝鮮の占卜

秋葉 隆, 1931. 1,「朝鮮の巫稱に就て」『宗敎硏究(新)』8-1.

赤松智城, 1931. 4,「薦新賓神の行事」『朝永博士還歷紀念哲學文集』.

秋葉 隆, 1931. 5,「朝鮮の巫俗に於けるデユアリズム」『朝鮮』192.

秋葉 隆, 1931. 7,「朝鮮巫人の入巫過程」『宗敎硏究(新)』8-4.

秋葉 隆, 1931. 11,「巫人乞粒の歌」『靑丘學叢』6.

秋葉 隆,「德物山都堂祭」『民俗學』3-1.

村山智順, 1932. 1,「朝鮮賓神舞樂に就いて」『朝鮮』200.

村山智順, 1932. 3,『朝鮮の巫覡』.

秋葉 隆, 1932. 5,「踊る巫と踊らめ巫」『宗敎硏究(新)』9-3.

秋葉 隆, 1932. 7,「朝鮮に於ける巫の一分類」『城大史學會報』2.

村山智順, 1932. 8,「巫覡信仰の影響」『朝鮮』207.

赤松智城, 1933. 3,「朝鮮巫俗の聖所」『宗敎紀要(2)』.

秋葉 隆, 1933. 4,「巫女の家",『ドルメン』滿鮮特輯號.

秋葉 隆, 1933. 4,「朝鮮と滿洲の薩滿敎について」『滿蒙』14-4.

秋葉 隆, 1933. 5,「朝鮮の巫祖傳說」『朝鮮』216.

秋葉 隆, 1934. 11,「朝鮮の巫家の母系的傾向」『小田先生頌壽記念朝鮮論
　　集』.

赤松智城, 1935,「朝鮮巫俗の神統」『宗敎硏究(新)』12-1.

赤松智城, 1935,「朝鮮巫俗の神統(承前)」『宗敎硏究(新)』12-2.

赤松智城, 1935,「朝鮮巫俗の神統(承前)」『宗敎硏究(新)』12-5.

秋葉 隆, 1935. 4,「朝鮮巫俗文化圈」『朝鮮』239.

秋葉 隆, 1935,「朝鮮巫女の硏究」『鮮滿硏究』8-5.

秋葉 隆, 1935. 7,「朝鮮の巫俗の家祭」『社會學硏究』1.

秋葉 隆・赤松智城, 1937. 6,『朝鮮巫俗の硏究(上)』.

秋葉 隆・赤松智城, 1937,『朝鮮巫俗の參考圖錄』.

秋葉 隆, 1937. 8,「德物山と鷄龍山」『朝鮮』267.

奧田直毅, 1938. 3,「朝鮮の民間信仰に就いて(1)」『讀書』2-2.

奧田直毅, 1938. 4,「朝鮮の民間信仰に就いて(2)」『讀書』2-3.

秋葉 隆, 1938. 4,「朝鮮の巫團」『社會學』5.

秋葉 隆・赤松智城, 1938. 10,『朝鮮巫俗の硏究(下)』.

秋葉 隆, 1943. 7,「朝鮮巫俗の現地硏究序說」『宗敎硏究』5-2.

と豫言』은 무속과 관련이 있으나 직접적으로 다룬 것이 아니기 때문에 무속에
관한 그의 주 보고서인 『朝鮮の巫覡』과 구별하였다.

이들은 이와 같이 많은 보고와 논문을 남겼는데, 이 중 赤松과 秋葉의
것은 『朝鮮巫俗の硏究(下)』에, 그리고 村山의 것은 『朝鮮の巫覡』에 집
약되어 있다. 이들이 한국무속의 어떤 측면에 관심을 두고 접근하였는지
를 두 저서의 목차를 비교함으로써 알아보고자 한다.[14]

조사연구항목	『朝鮮の巫覡』(1932)	『朝鮮巫俗の硏究(下)』(1938)
巫覡의 분포	○	·
호칭	○	○
동기와 과정	○	○
巫行神事	○	·
儀式	○	○
무격 需要(信巫상황)	○	·
무격의 영향	○	·
覡과 巫經	○	○
巫祖傳說	·	○
판톤(Pantheon)과 聖所	·	○
家祭行式	·	○
村祭行事	·	○
巫의 가족생활	·	○
무의 사회생활	·	○
道佛者와의 관계	·	○

이러한 비교를 통해 村山은 식민지 국민의 신앙상태 파악에 관심이
있고, 赤松, 秋葉 등은 학문적인 연구에 관심이 있음을 알 수 있다. 그러
나 赤松과 秋葉이 『滿蒙の民族と宗敎』(1938)를 저술한 것 등을 고려하
면 이들의 논지가 기본적으로 1910~1920년대의 鳥居龍藏의 입장을 벗
어난 것은 아니다. 秋葉의 방법이란 심화적 사회학적 방법(Intensive
Sociological Method)이라고 알려진 것이다. 그에 따르면, 이 방법은 사회
또는 문화의 참다운 이해는 역사학적 방법과 사회학적 방법을 보완함으

14) 정확히 비교할 수 없는 항목은 유사한 항목에 삽입하였다.

로써 증진된다는 견해에 입각해 역사학적 방법의 결함을 극복하고 농촌
사회학의 방법을 참작하는 것이라 하였다. 그는 그 방법이 말리노프스키
(Malinowski) 일파의 기능적 분석과 같은 것으로, 한 사회의 일면을 포착
하여 그것과 다른 여러 면 사이의 기능적 관계를 분석하는 것이라고 하
며, 하나의 문화를 서로 관련된 부분들의 전체로서 연구하는 것을 강조
하였다. 그러나 그가 심화적 사회학적 방법을 적용하였다고 주장하는 것
과, 그의 연구결과가 심화적 사회학적 방법을 정말로 적용하여 얻은 것
인가 하는 것은 별개 문제다. 아직도 그의 논저와 방법론에 대한 과학적
평가가 없어 아쉬운 감이 있다. 또한 앞으로 구조·기능적인 방법의 결
함을 극복하는 방법도 모색해야 한다고 본다.

6. 맺는말

지금까지 무속에 관한 연구문헌을 통하여 해방 전까지 이루어진 한국
무속신앙 연구의 경향을 아주 간략하게 알아보았다. 1910년까지는 전적
으로 호기심을 품은 서구인 여행자와 포교를 의도한 기독교 선교사가 한
국무속을 소개하였으며, 1910년대부터 1920년대 초 사이에는 어느 일본
인이 일본문화의 원류를 탐색하면서 한국을 포함한 동북아시아문화와
일본문화의 관련성을 알고자 한다며 한국무속에 대해 언급하였다. 이러
한 흐름은 그 후 1930년대에 정점을 이루는 일본인들의 식민지정책자료
수집과 1910~20년대의 연구입장을 계승한 학문적 관점의 현지조사에
그 위치를 양도해 갔다.

한국인 학자의 연구는 주로 1920년대 이후 나타나는데, 처음에는 한
국고대사회의 종교의 성격과 무속신앙의 역사적 변천을 파악하기 위해
서 한국무속을 연구하였고, 1930년대에 들어오면서 종교학·인류학적
연구를 하는 신진 연구가가 그 뒤를 이었다.

 연구업적을 개별적으로 평가하여 한국무속신앙연구 전반을 고찰하는 것은 과제로 남겨 두고, 여기서는 단지 한국무속에 대한 문헌과 연구의 槪況을 적는 데 그친다.

제11장
아파트지역의 주민구성과 근린관계

-서울 중류 아파트를 중심으로-

1. 머리말

1960년대에 이르러 급격히 가속화된 한국의 도시화는 사회, 경제, 정치 그리고 환경 등 모든 측면에 상당한 영향을 미쳤다. 수많은 인구가 서울을 비롯한 몇몇 도시에 집중하여 과잉도시화를 초래하였으며 도시와 농촌 사이의 소득격차는 점차 벌어졌다. 또한 도시인구 폭증으로 인하여 교통, 주택, 교육, 상하수도 등의 복지문제나 공해, 청소, 보건위생 등의 환경문제가 심각해졌다.

급격한 도시화 현상은 사회관계에도 영향을 미쳐 전통적인 일차적 관계가 약화되는 반면에 비인격적인 이차적 관계가 강화된다.

도시화가 지연집단 내지 혈연집단에 미치는 영향에 대해서는 일반적으로 두 가지 이론이 있다. 하나는 도시화에 따라 지연·혈연 관계가 점차 쇠퇴하여 소멸하는 과정을 밟게 된다는 입장이다. 다른 하나는 거시적으로 볼 때 도시화 과정에 따라 그러한 과정을 밟고 있다고 하더라도 친족, 친구, 近隣 등의 비공식집단접촉에 더 중요한 위치를 부여하려는 입장이다.

이러한 두 가지 견해에 대하여 액설로드(Morris Axelrod)는 다음과 같이 언급한다. "도시화가 집단참여에 어떻게 관계되는지에 대해, 사회학 문헌들에서 주장하는 견해는 주로 두 가지다. 하나는 전통적인 견해로, 도시적 커뮤니티(community) 내의 사회관계의 비인격적인 성질이나 공식적인 제2차집단적 결합의 광범한 중요성이나 친족집단의 몰락 등을 강조한다. 사회학에서 시카고학파는 이러한 도시의 독특한 개성의 연구에 의거한다. 그러나 새로운 견해는 이러한 점을 인정하면서도 비공식적 집단접촉에 더 중요한 위치를 주려고 한다. 전통적 견해에 따르면 가족 내지 확대된 친족집단의 구실은 상당히 한정되어 있지만, 제2의 입장은 가족의 변화한 역할이 더 강하다고 평가한다."[1]

전통적인 견해를 주장한 대표적인 인물은 시카고학파의 거물 워스 (Louis Wirth)인데, 그는 그의 논문 「생활양식으로서의 도시성(Urbanism As a Way of Life)」에서 이렇게 주장한다. "사회학에서는 도시적 생활양 식의 특징을 대개 다음과 같이 기술한다. 즉 제1차적 접촉을 대신한 제2 차적 접촉, 혈연적 유대의 이완 및 가족의 사회적 의의 표현, 근린집단 소멸, 사회적 유대의 전통적인 기반 崩解. 이러한 현상은 객관적인 지표 를 통해 실제로 이해할 수 있다."[2] 그러므로 결국 도시화가 진전될수록 작은 同質的 지역사회가 가지고 있는 친밀관계가 파괴된다.[3]

이와 다른 견해를 내놓은 새로운 입장은 액설로드의 「도시구조와 사 회참여(Urban Structure and Social Participation)」라는 논문으로 대표된 다고 할 수 있다. 그는 "연구한 주민들의 비공식적 집단결합은 그러한 결합을 전적으로 결여한 일부분을 제외하면 극히 보편적인 현상이다" 라고 말한다.[4]

이러한 두 가지 견해를 바탕으로 본인은 한국도시(서울의 중류 아파 트지역)의 비공식적 집단 중 하나인 近隣이 어떠한지 살펴보고자 하였다.

한국에서는 최근에 들어서야 도시문제에 사회학적으로 접근하고자 하는 움직임이 대두하였다. 이러한 실정에서 도시연구를 하기 위해서는

---

1) Morris Axelrod, 1956, "Urban Structure and Social Participation," *American Sociological Review* 21(Feb), 13〜18쪽.
2) Louis Wirth, 1957, "Urbanism As a Way of Life," in P. K. Hatt and A. T. Reiss(eds), *Cities and Society*. 53·60·62쪽.
3) Louis Wirth, 위의 논문, 3쪽.
4) Morris Axelrod, 앞의 논문.

우선 실제 조사에 근거를 둔 기초자료를 하나씩 하나씩 축적해 나가는 것이 더욱 중요하리라 생각한다.

도시화에 따라 한국도시의 혈연집단 및 지연집단이 어떠한 기능을 하고 있는가 하는 것은 필자에게는 가장 흥미롭고 연구해보고 싶은 문제들 중 하나지만, 이제까지 한국도시의 근린을 본격적으로 연구한 것은 거의 없다. 몇 편 있기는 하나 그나마도 한국도시의 근린을 본격적으로 연구한 것이 아니고 다만 다른 연구의 일부분으로 단편적으로 언급한 것들이다.[5]

近隣이란 전형적으로 촌락(village)과 소읍(smalltown)의 산물이다. 근린의 뚜렷한 특성은 근접성(proximity), 협동(co-operation), 친밀한 사회적 접촉(intimate social contact), 그리고 강한 사회적 의식의 감정(strong feeling of social consciousness)이다.[6] 또한 월린(Wallin)은 근린이란 한 개인이 사는 블록에서 한 블록 범위 내에 있는 모든 가정(home)들이라고 정의한다.[7] 또한 월슨(Wilson)과 슐츠(Schulz)는 근린이란 공통의 사회적 결속들을 인식하면서 동일한 지리적 영역에 거주하는 사람들로 구성되는 하나의 소집단이라고 규정하였다.[8]

---

5) 경북대학교 문리과대학 사회학과, 1963, 『영세민실태조사보고서: 대구시 신암동5구』, 254~255쪽; 盧昌燮, 1964, 『韓國都市地域社會의 研究』제5장 제5절 "인접생활"; 盧昌燮, 1965, 『서울 住宅地域의 研究』제8장 제4절 "근접생활권"; 金泳謨, 1969, 「都市民의 共同生活圈」 『社會福祉研究』 3, 7~10쪽, "근린관계"; 鄭忠良·李効再, 1970, 「都市主婦生活에 관한 實態調査: 中流家庭을 中心으로」 『梨大韓國文化研究院 論叢』 16, 233~282쪽; 李効再·金周淑, 1972, 「都市家族問題 및 地域的 協同에 關한 研究」 『研究叢書』 1, 26~30쪽, "이웃관계"; 權五動, 1972, 「都市住宅地域의 社會學的 比較研究(3): 서울, 大邱 및 金泉의 共同生活圈을 中心으로」 『韓國社會事業大學論文集』 3, 81~96쪽; 姜大基·洪東植, 1982, 「大都市의 住居環境과 近隣關係形成에 관한 研究」 『韓國社會學』 16, 123~140쪽.

6) Robert E. Park et al., 1925, *The City*, 190쪽.

7) Paul Wallin, 1953, "A Guttman Scale for Measuring Women's Neighborliness," *American Journal of Sociology* 59(Nov), 243~246쪽.

8) Robert A. Wilson and David A. Schulz, 1978, *Urban Sociology*, Prentice-Hall Inc.,

이와 같이 근린 개념은 학자들 간에 명확한 일치를 보고 있지 않다. 여기서는 잠정적으로 "지역적으로 近住하는 모든 사람들로 성립되는 제1차적 비공식집단이며, 그 경계는 대개 뚜렷하지 않지만 항상 비교적 작기 때문에 주민 상호 간에 面識的 관계가 성립하고 유지되는 집단"9)이라는 베르겔(Bergel)의 정의를 근린의 개념으로 받아들이고자 한다.

2. 아파트의 주민구성

근린접촉은 근린접촉자의 性, 연령, 교육 정도, 직업, 생활수준(계층), 종교, 출생지, 자녀 有無 및 자녀 數 등에 따라 다르고, 또한 그 지역의 도시화 정도(소·중·대도시), 도시의 지역(도심지, 상업지, 주택지), 주택의 계층(고급 주택지구, 중급 주택지구, 저급 주택지구), 주거형식(독립주택, 아파트)에 따라서도 다를 것으로 생각한다. 여기에서는 서울시에 소재를 둔 한 중류 아파트지역으로 조사범위를 한정하여 근린관계를 알아보고자 한다. 근린관계조사는 1974년에 행했으므로 벌써 9년이라는 세월이 흘렀다. 그 후로 지금까지 근린관계 자체는 한 번도 조사한 적이 없으므로, 현재 아파트의 근린관계도 1974년의 조사결과에서 유추하는 길밖에 다른 방도가 없을 것이다.

그 당시 조사지역을 중류 아파트에 한정하였으므로 다른 여러 계층(상류 아파트, 서민 아파트)의 아파트의 근린조사는 과제로 남는다. 또한 근린과 목적적·계획적으로 조직된 행정적 하위단위인 班, 統 조직 사이에 어떠한 관련성이 있는가 하는 문제도 앞으로 해결해야 할 과제다.

본 연구에서는 근린을 근린접촉의 범위 내지 정도, 근린접촉의 계기 그리고 근린접촉의 내용 등 세 가지 측면에서 고찰하였는데, 근린접촉의

140쪽.
9) E. E. Bergel, 1955, *Urban Sociology,* 487쪽.

단계와 지표는 지스트(N. P. Gist)와 핼버트(L. A. Halbert)의 것을 주로
참조하였다.

지스트와 핼버트는 다음과 같이 근린접촉의 단계를 설정하였다.[10]

A) 친밀한 단계
  ① 가정이나 정원에 비공식적으로 방문한다.
  ② 예고 없이 방문한다.
  ③ 물건을 서로 빌린다.
  ④ 선물이나 서비스를 교환한다.
  ⑤ 저녁식사를 대접하거나 파티에 초대한다.
  ⑥ 서로 조언을 구하거나 해준다.
  ⑦ 게임에 참가한다.
  ⑧ 원예나 수리작업과 같은 공동사업을 분담한다.
  ⑨ 위기에 처했을 때 자발적으로 원조한다.
  ⑩ 함께 여행을 간다.
B) 일시적 面識의 단계
  ① 형식적인 인사를 교환한다.
  ② 만나면 이야기한다.
C) 개인적 또는 가족적 고립의 단계

본인은 지스트와 핼버트의 지표를 참고하여 다음과 같이 근린접촉의
단계를 설정하였다.

A) 친밀한 접촉
  1) 사교의 기능
    ① 예고 없는 방문
    ② 선물 교환
  2) 상호 扶助의 기능
    ① 금전 및 일용품 상호 貸借
    ② 일상 서비스 교환(집 보기, 아이 보기, 세탁, 장보기)

---

10) N. P. Gist and L. A. Halbert, 1950, *Urban Society*, 286〜287쪽.

③ 중요한 일 상의
④ 곤궁할 때 금전대차로써 원조
⑤ 협동작업
3) 의례적 기능
① 출생, 사망, 돌, 입학 때의 방문인사나 선물 교환
B) 인사를 교환하는 정도
C) 접촉 없음

조사대상 지역은 앞서 쓴 바와 같이 서울시에 소재를 둔 J아파트라는 한 중류 아파트다.

J아파트의 가구 수는 총 152호인데, 이 가운데 독신자 가구와 이사 간 가구 10호, 면접을 거절한 가구 19호, 가족원이 외출하거나 하여 집을 비운 가구 22호, 합계 51가구를 제외한 101가구가 연구대상이 되었다.

조사대상 가구의 부부의 직업을 조사한 결과 대다수가 화이트 칼라 계층으로, 남편의 경우 일반 회사원이 41%로 가장 많고, 다음으로 수산업, 광업, 운수업 등에 종사하는 자영업주가 16%, 그 다음이 공무원, 상업 종사자 등의 순이다. 아내의 경우에 결혼 전에는 33% 정도가 직업이 있었으나, 결혼 후 현재까지 직업이 있는 주부는 약 13%다. 이들의 직업은 주로 교사나 의사 그리고 공무원 등이다.

이들의 교육 정도를 조사해 보니, 남편 중의 약 80%, 아내 중의 약 42%가 전문대 이상의 학력이 있다. 아내 중 51%가 중·고등학교 출신으로 전문대학 출신자보다 많다.

주부의 연령은 남녀 모두 30대가 가장 많아서 각각 42%, 41%를 점하고, 남편 중 73%, 아내 중 83%가 20대에서 40대 사이로 대다수 가구가 젊은층으로 구성되어 있다.

조사대상 부부의 生長地를 조사한 결과 지방도시에서 생장한 경우가 남편 42%, 아내 59%로 나타나, 남편과 아내 모두 지방도시 출신이 가장

많다. 따라서 대상자들 과반수가 지방도시 또는 농촌 출신으로 서울에 전입한 轉入市民임을 알 수 있다.

서울에 거주한 기간은 대부분 5년 이상인 것으로 나타났는데, 남편의 약 65%, 아내의 약 85%가 그러하다.

조사대상자들의 결혼생활기간을 조사한 결과 10년 이상이 약 54%로 가장 많았으며, 자녀 수는 2명 또는 3명인 가구가 약 51%로 과반수를 차지한다.

3. 근린관계

1) 근린접촉의 정도

J아파트의 근린관계를 알아보기 위하여, 먼저 근린접촉의 정도를 접촉이 전혀 없는 상태와 인사를 교환하는 정도, 그리고 친밀하게 지내는 정도의 세 단계로 구분하여 살펴보고자 한다.

조사대상자들의 근린접촉 정도를 알기 위하여 "만나면 서로 인사 정도 나누는 집은 몇 집이나 됩니까?", "이웃에 대단히 친하게 지낸다고 생각하는 집이 있으며, 있다면 몇 집 정도입니까?" 하는 두 가지 질문을 하자, 다음 <표 1>과 같은 결과가 나왔다.

〈표 1〉 근린접촉 정도

접촉 없음	인사를 교환하는 가구의 수				친하게 지내는 가구의 수				합계
	1~2가구	3~4가구	5가구 이상	계	1~2가구	3~4가구	5가구 이상	계	
6(6)	4(4)	6(6)	23(23)	33(33)	33(33)	20(20)	9(9)	62(62)	101

비고 : ( )는 %임.

<표 1>에서 보는 바와 같이 조사대상 가구 전체의 약 62%가 친하게 지내는 가구가 있다고 응답했으며, 약 33%는 인사 정도를 주고받는 가구가 있다고 응답했다. 이 둘을 합치면 약 94%에 달해 근린접촉 정도가 대단히 높다는 것을 알 수 있다.

인사 정도 교환하는 가구의 수는 다섯 가구 이상이 약 70%로 가장 많은 데 반하여, 친하게 지내는 가구의 수는 한두 가구가 약 53%로 과반수를 차지한다. 이러한 결과는 중류 아파트지역 주부들은 인사 교환 정도의 접촉을 하는 근린의 폭은 넓지만, 그 이상 친하게 지내는 근린의 범위는 좁다는 것을 말해 준다.

2) 주부의 속성과 근린접촉

도시에서 남편의 생활권은 대개 가정 밖이며, 사회적 접촉은 대외적 접촉이 주가 되기 때문에 근린관계에는 별로 영향을 주지 못할 것으로 보아서 제외하고, 여기서는 주부를 조사대상으로 택하여 주부의 속성에 따른 근린접촉의 정도를 고찰하고자 한다.

먼저 직업의 有無와 근린접촉의 관계를 분석한 결과는 다음 <표 2>와 같다.

〈표 2〉 직업과 근린접촉

정도 속성	구분	접촉 없음	인사교환 정도	친하게 지내는 가구의 수				합계
				1~2가구	3~4가구	5가구 이상	계	
계		6	33	33	20	9	62	101
직업	있음	·	5(38)	5(38)	2(15)	1(8)	8(61)	13
	없음	6(7)	28(32)	28(32)	18(20)	8(9)	54(61)	88

비고 : ( )는 %임.

<표 2>에서 보는 바와 같이, 주부의 직업 유무는 근린접촉에 별 영
향을 미치지 않는 것 같다.

직업이 없는 주부 88명 가운데 이웃과 인사 정도 교환하는 주부는 28
명으로 약 32%를 차지하며, 친하게 지내는 이웃이 있는 주부는 54명으
로 약 61%이고, 이웃과 접촉하지 않는 주부가 6명으로 약 7%를 차지하
였다.

직업이 있는 주부 13명 가운데 이웃과 인사 정도 교환하는 주부는 5
명으로 38%, 친하게 지내는 이웃이 있는 주부는 8명으로 61%를 차지하
였다.

그런데 직업이 없는 주부 가운데는 근린접촉을 하지 않는 주부가 7%
로 나타났지만, 직업이 있는 주부들은 모두 근린접촉을 하는 것으로 나
타나는 점이 주목된다.

다음으로 주부의 교육 정도와 근린접촉의 관계를 고찰해 보자.

〈표 3〉 교육과 근린접촉

속성\정도	구분	접촉없음	인사교환 정도	친하게 지내는 가구의 수				합계
				1~2가구	3~4가구	5가구 이상	계	
계		6	33	33	20	9	62	101
교육	전문대졸·대졸	2(5)	13(31)	14(33)	8(19)	5(12)	27(64)	42
	중졸·고졸	4(8)	15(29)	19(37)	9(18)	4(8)	32(63)	51
	국졸	·	2(40)	·	3(60)	·	3(60)	5
	무학	·	3(100)	·	·	·	·	3

비고 : ( )는 %임.

<표 3>에 나타난 바와 같이, 전문대 이상 출신의 주부와 중·고등
학교 출신 주부는 국민학교 출신이나 無學의 주부에 비해 친밀한 근린

접촉을 하고 있다. 즉 교육 정도가 높을수록 친밀한 근린접촉을 하고 있다.

그리고 전문대 이상 학력이 있는 주부와 중·고등학교 출신 주부 간에는 근린접촉의 정도에 별 차이가 없다. 그러나 이들을 국민학교 출신 주부와 무학인 주부와 비교해 보면 큰 차이가 발견된다. 특히 무학의 주부들이 친밀한 근린접촉을 하지 않고 있다. 이러한 차이는 근린접촉자의 교육 정도 자체에 원인이 있다기보다는 교육수준이 상이한 주부들 사이에 의사소통이 잘 이루어지지 않기 때문인 것으로 보아야 할 것 같다. 즉, 교육 정도의 차이가 근린접촉의 장해요인이 되는 것 같다.

셋째로 주부의 연령과 근린접촉의 관계를 고찰해 보자.

<표 4>에 연령별로 근린접촉의 단계를 조사한 결과가 나타나 있다. 이 표에서 보듯 대체로 연령이 높을수록 친하게 지내는 가구가 있다는 응답의 비율이 높다. 50대에서 이 비율이 가장 높고(78%), 그 다음이 30대(68%), 40대(50%) 그리고 20대(46%)의 순이다. 여기서 필자가 주목하는 것은 40대 주부가 30대보다 근린접촉 정도가 낮다는 점이다.

〈표 4〉 연령과 근린접촉

정도 속성	구분	접촉 없음	인사 교환 정도	친하게 지내는 가구의 수				합계
				1~2가구	3~4가구	5가구 이상	계	
계		6	33	33	20	9	62	101
연령	20대	1(5)	11(50)	6(27)	3(14)	1(5)	10(46)	22
	30대	1(2)	12(29)	16(39)	7(17)	5(12)	28(68)	41
	40대	3(15)	7(35)	6(30)	3(15)	1(5)	10(50)	20
	50대	1(6)	3(17)	5(28)	7(39)	2(11)	14(78)	18

비고 : ( )는 %임.

다음으로 주부의 서울거주기간과 근린접촉 정도의 관계를 고찰해 보자.

〈표 5〉 거주기간과 근린접촉

| 정도 / 속성 | 구분 | 접촉 없음 | 인사 교환 정도 | 친하게 지내는 가구의 수 | | | | 합계 |
				1~2가구	3~4가구	5가구 이상	계	
계		6	33	33	20	9	62	101
서울 거주 기간	2년 미만	1(20)	2(40)	1(20)	·	1(20)	2(40)	5
	2년~5년	1(10)	5(50)	1(10)	3(30)	·	4(40)	10
	5년 이상	4(5)	26(30)	31(36)	17(20)	8(9)	56(65)	86

비고 : ( )는 %임.

<표 5>에서 보는 바와 같이, 서울거주기간이 상대적으로 긴 집단에서 친하게 지내는 이웃이 있는 주부의 비율이 높게 나타난다. 구체적으로, 서울거주기간이 2년 미만인 주부들과 2~5년인 주부들의 경우 친하게 지내는 이웃이 있다고 한 주부는 각각 전체의 40%인데, 5년 이상 거주한 주부들 중에서 친하게 지내는 이웃이 있다고 한 주부는 약 65%다. 다음으로 자녀 유무와 근린접촉의 관계를 살펴보자.

〈표 6〉 자녀와 근린접촉

| 정도 / 속성 | 구분 | 접촉 없음 | 인사 교환 정도 | 친하게 지내는 가구의 수 | | | | 합계 |
				1~2가구	3~4가구	5가구 이상	계	
계		6	33	33	20	9	62	101
자녀 유무	있음	6(6)	33(35)	29(31)	16(17)	9(10)	54(58)	93
	없음	·	·	4(50)	4(50)	·	8(100)	8

비고 : ( )는 %임.

<표 6>에 나타난 바에 따르면 자녀가 없는 주부(100%)가 자녀가 있는 주부(58%)에 비하여 친밀한 근린접촉을 하는 비율이 훨씬 높다. 이러한 결과는 자녀가 없는 부모보다 자녀가 있는 부모들이 서로 접촉할 기

회가 많을 것이라는 추측을 완전히 뒤엎는다. 이 조사에서는 자녀가 없는 주부의 표본 수가 너무 적어서 일반화할 수는 없지만, 조사결과에 따르면 자녀가 없는 주부가 친한 근린접촉을 하고 있는 것으로 나타난다. 끝으로 생활수준과 근린접촉의 관계를 고찰해 보자.

〈표 7〉 생활수준과 근린접촉

정도 \ 속성	구분	접촉 없음	인사 교환 정도	친하게 지내는 가구의 수				합계
				1~2가구	3~4가구	5가구 이상	계	
계		6	33	33	20	9	62	101
생활 수준	상	·	·	·	·	·	·	·
	중	2(2)	27(33)	30(37)	19(23)	4(5)	53(65)	82
	하	4(21)	6(32)	3(16)	1(5)	5(26)	9(47)	19

비고 : ( )는 %임.

<표 7>에 따르면 생활수준이 높을수록 친밀한 근린접촉을 하는 비율이 높은 것으로 나타난다. 이러한 결과는 일반화할 수는 없고, 주로 중류층이 거주하는 중류 아파트에 소수의 하층계급 사람들이 거주하는 경우에 일어나는 현상으로 보인다.

이제까지 주부의 속성들과 근린접촉의 관계를 살펴보았다. 비록 표본 수가 적고 중류 아파트라는 제한점이 있지만, 근린접촉 정도는 대체로 직업 유무와는 이렇다 할 만한 관계가 없었고, 교육 정도의 유사성, 연령, 서울거주기간, 자녀 유무 그리고 생활수준의 유사성과는 관계가 있는 것으로 나타났다.

3) 친하게 지내는 근린 간의 접촉내용

지금까지 주부의 속성에 따라 근린접촉의 정도를 고찰하였다. 이제 근린접촉을 하게 된 계기와 그 접촉의 내용을 살펴보기로 한다.

(1) 친하게 접촉하는 계기

친하게 접촉하는 계기를 구체적으로 알아보기 위하여 "이웃에 대단히 친하게 지냈다고 생각하는 집이 있다면, 어떤 이유로 그 집과 친하게 지내고 있으십니까?"라는 질문을 한 결과 <표 8>과 같은 결과를 얻었다.

〈표 8〉 친하게 접촉하는 계기

계기	빈도	백분율(%)
① 거리가 가깝다	21	15
② 마음이 맞다	44	31
③ 아이들 때문에	17	12
④ 직장 관계로	2	1
⑤ 생활편의상	10	7
⑥ 그전부터 알던 사이이므로	7	5
⑦ 나이가 비슷해서	18	13
⑧ 처지가 비슷해서	12	9
⑨ 고향이 같아서	3	2
⑩ 친척이기 때문에	3	2
⑪ 동창이기 때문에	2	1
⑫ 기타	2	1
합계	141	100

비고 : 한 사람의 응답자가 2개 이상의 항목에 표기한 경우도 있었으므로 합계가 141이 되었다.

<표 8>에 따르면 "마음이 맞다"는 응답이 가장 비율이 높으며 (31%), 그 다음에 "거리가 가깝다"(15%), "나이가 비슷해서"(13%), "아이들 때문에"(12%) 순으로 비율이 높았다.

이것을 종합해 볼 때, 근린접촉은 住居의 근접성이라는 일차적 계기에다, ① 의사소통, ② 연령의 유사성, ③ 자녀를 매개로 한 접촉 등의 이차적 계기가 종합되어 이루어진다고 하겠다.

(2) 사교의 기능

사교의 기능은 예고 없이 방문하는 이웃과 선물을 교환하는 이웃의 두 범주로 나누어 고찰한다.

〈표 9〉 사교의 기능

내용	하지 않음	사교하는 가구의 수							합계
		1~2 가구	3~4 가구	5~6 가구	7~8 가구	9~10 가구	11가구 이상	계	
예고 없는 방문	41(41)	36(36)	15(15)	6(6)	2(2)	·	1(1)	60(60)	101
선물 교환	40(40)	37(37)	20(20)	3(3)	·	1(1)	·	61(61)	101

비고 : ( )는 %임.

<표 9>에서 보는 바와 같이, 예고 없이 이웃을 방문하는 주부는 전체의 60%를 차지하며 또한 선물을 교환하는 주부의 비율도 약 61%로 양자가 비등하다.

사교하는 가구의 수를 살펴보면, '예고 없는 방문'과 '선물 교환'에 각각 36%, 37%의 주부들이 1~2가구라고 응답하여, 양쪽 모두 한두 가구라는 응답의 비율이 가장 높다. 3~4가구라고 응답한 주부의 비율은 1~2가구라고 응답한 주부의 비율보다 낮고, 5~6가구라는 응답은 3~4가구라는 응답보다, 7~8가구라는 응답은 5~6가구라는 응답보다 비율이 낮다. 9가구 이상이라고 응답한 주부는 양쪽 모두 한 사람에 불과하다.

예고 없는 방문의 빈도를 조사한 결과는 <표 10>과 같다.

〈표 10〉 예고 없는 방문의 빈도

자주	때때로	가끔	계
19(32)	20(33)	21(35)	60(100)

비고 : ( )는 %임.

(3) 상호 扶助의 기능

상호 부조의 기능은 ① 금전 및 일용품 상호 대차, ② 집 보기, 아이 보기, 세탁, 장보기 등 일상 서비스 교환, ③ 중요한 일 상의, ④ 곤궁할 때 금전대여로써 원조, ⑤ 협동적인 일 등 다섯 가지로 구분하여 조사하였다.

〈표 10〉 상호 부조의 기능

내용	하지 않음	상호 부조하는 가구의 수							합계
		1~2 가구	3~4 가구	5~6 가구	7~8 가구	9~10 가구	11 가구 이상	계	
① 금전 및 일용품 상호 대차	54(53)	37(37)	10(10)	·	·	·	·	47(47)	101
② 일상서비스교환	75(74)	22(22)	4(4)	·	·	·	·	26(26)	101
③ 중요한 일상의	62(61)	29(29)	8(8)	1(1)	·	1(1)	·	39(39)	101
④ 곤궁한 때 금전 대여로써 원조	67(66)	27(27)	6(6)	1(1)	·	·	·	34(34)	101
⑤ 협동적인 일	63(62)	21(21)	12(12)	3(3)	·	·	2(2)	38(38)	101

비고 : ( )는 %임.

<표 11>에 나타난 바와 같이, ①~⑤ 중 어떤 형태로도 상호 부조하지 않는다고 응답한 주부의 비율이 가장 높아 대체로 53~74%에 달한다. 특히 일상 서비스 교환은 거의 하지 않는 것으로 나타났다.

상호 부조한다고 응답한 주부 중에서는 금전 및 일용품 대차를 한다

고 응답한 주부의 비율이 74%로 가장 높으며, 이어 중요한 일에 대한
상의, 협동적인 일 등의 순이다.

또한 상호 부조하는 가구의 수는 ①~⑤ 모두 1~2가구에 집중해 있
어서 근린접촉의 폭이 좁음을 알 수 있다.

(4) 의례적 기능

앞서 아파트의 주민구성에서도 밝힌 바와 같이, 여기서 의례적 기능
이란 출생, 사망, 돌, 입학 때의 방문인사나 선물 교환을 의미한다.

〈표 12〉 의례적 기능

내용	하지 않음	의례적 기능을 하는 가구의 수							합계
		1~2 가구	3~4 가구	5~6 가구	7~8 가구	9~10 가구	11 가구 이상	계	
의례적 접촉	51(50)	26(26)	12(12)	3(3)	1(1)	8(8)	·	50(50)	101

비고 : ( )는 %임.

<표 12>에 따르면 의례적 접촉을 하는 주부의 비율(50%)과 하지 않
는 주부의 비율(50%)이 같다.

의례적 접촉을 하는 가구의 수는 1~2가구에 집중해 있으며, 주목할
만한 것은 9~10가구와 접촉하는 주부도 8%나 된다는 것이다.

이상에서 한 논의는 다음과 같이 정리할 수 있다. J아파트 주부들을
대상으로 각 기능별 근린접촉의 폭을 조사한 결과, 의례적 접촉이 가장
넓고, 그 다음이 사교의 접촉, 상호 부조의 접촉 순으로 나타났다. 또한
근린접촉이 가장 활발한 것은 사교의 근린접촉(60%)이고, 그 다음이 의
례적 근린접촉(50%)이며, 상호 부조의 근린접촉(36%)은 다른 두 가지에
비해 활발하지 않다.

4. 맺는말

이상에서 서울 중류 아파트지역 주부들의 근린관계를 조사해 보았는데 그 결과를 요약하면 다음과 같다.

① 전체 주부의 94%가 근린접촉을 하고 있으며, 주부의 39%는 인사를 교환하는 정도의 근린접촉을, 61%는 그보다 더욱 친밀한 접촉을 하였다.

② 주부의 직업 유무는 근린접촉과 별반 관계가 없는 듯하나, 주부의 연령, 서울거주기간, 생활수준의 유사성, 교육 정도는 근린접촉과 관련성이 있다. 특히 교육 정도와 근린접촉 정도의 관계를 조사해보니, 무학 또는 국민학교 출신 주부는 대개 중·고등교육을 받은 주부들과 근린접촉을 하지 않는 경향이 있었다.

③ 근린접촉의 주요 계기는 의사소통, 연령의 유사함, 동일한 처지 등 주부의 개인적 속성과 자녀의 媒介 등이다.

④ 친하게 지내는 근린 간의 접촉내용을 기능별로 고찰한 결과, 사교의 기능이 가장 활발하고, 그 다음이 의례적 기능이며, 상호 부조의 기능이 가장 약하다.

결국 도시의 중류 아파트지역에서는 근린의 결합이 친족의 결합만큼 강하지는 못하지만 그 중요성은 상실하지 않고 있음을 알게 되었다. 앞으로 한국도시의 근린에 관한 더 체계적, 본격적인 연구가 실시되어야할 것이라고 생각한다.

제12장
1970년 시점에서 본
한국사회학의 회고와 전망
-기존연구의 분석을 통한 고찰-

1. 머리말

사회학은 인간과 문화와 사회를 대상으로 이를 경험적·분석적으로 구명하려는 학문이라고 말할 수 있을 것이다. 또한 사회학(Sociology)은 사회과학(Social Science)의 한 분과이다. 여기에서 사회과학이란 사회현상을 대상으로 하여 과학적으로 연구하는 諸학문을 총칭하는 개념이다. 그러나 현대사회와 같은 복잡하고 다양하게 얽혀져 있는 양상에서 제사회현상은 인간의 한정된 능력으로서는 그 전체상을 총합적으로 파악하거나 이해한다는 것은 거의 불가능에 속한다고 보는 것이다. 그러므로 사회과학에서도 분업의 원리에 따라 여러 가지로 분화된 제사회과학이 사회현상을 제각기 분할하여 독자적인 접근방법으로 전문적인 연구를 하고 있다는 것이다.

흔히 사회학의 창시자라고 하는 꽁트(A. Comte)가 그의 『실증철학강의』에서 처음으로 '사회학'이라는 말을 발표한 1839년부터 본다면 사회학의 역사가 거의 120여년이나 되는 셈이다. 꽁트의 시대인 19세기 초 프랑스의 지적풍토는 진보의 개념, 즉 보다 높은 단계로 지향하는 인간사회의 필연적인 발전으로 발돋움하는 격동기였던 것이다.

그 후 1860년경 『제1원리』를 발표하여 사회진화론을 주장한 스펜서(H. Spenser)와 함께 꽁트는 사회학의 鼻祖로 불리워지고 있다.

그 이후 오늘날에 이르기까지 사회학은 세계의 커다란 역사적 시점과 더불어 다양하게 변화되어 전개된 것이다. 사회학이 배태된 서구에서 오늘날 미국으로 이행되는 동안 사회학은 그 시대적 배경과 사회적 기반에

따라 여러 가지의 이론과 주장을 배출하였던 것이 사실이다. 특히 사회
학은 현실적인 사회적 위기에 대처하려는 기대 속에서 자라 나온 것이기
때문에 국가마다 사회적 여건이 다르다 보니 자연히 각국의 사회학자들
이 취급하는 내용이 다양해지고 통일성을 결여하였다.

이상에서 언급한 바와 같이 선진제국의 사회적 기반에서 배태된 사회
학이 우리나라에 도입된 것은 해방 전부터이다. 또 사회학이란 어떤 것
이어야 하는가하는 오랜 논의 속에 극히 빈약하게 전개되어 온 것이 또
한 사실이다. 서구사회에서 발전된 사회학의 성격도 그 학문적인 대상과
방법론에 오랜 세월과 노력을 기울이지 않을 수 없었던 것처럼, 우리나
라에 도입된 외국이론은 한국사회연구에 처음부터 많은 문제점을 지니
고 있었던 것이라 아니할 수 없는 것이다.

다시 말하면 전혀 상이한 사회적 배경에서 추출된 이론을 받아들이는
과정에서 우리의 역사적 현실에 적용될 수 없는 무리한 대입은 시행착오
를 거듭하지 않을 수 없었던 것이다. 우리가 여기에서 더욱 의식하지 않
을 수 없는 것은 서구제국은 물론 인근 아세아제국에 비하여도 한국의
사회과학이 뒤떨어지고 있다는 점이다. 아니 자기의 나라인 한국사회의
과학적 인식에도 인근국가에 뒤떨어지는 감이 없지 않다는 사실은 우리
에게 많은 책무를 부여하고 있다고 생각한다.

물론 신흥과학인 사회학은 해방이전의 도입부터를 기점으로 삼아야
하겠지만, 인접과학의 한국연구는 크게 상관관계가 있다는 것이다. 뿐만
아니라 다양한 성격의 사회학이 한국사회연구에 유용하고 가치 있는 공
헌을 하려면 제사회과학의 균형 있는 발전의 보완이 있어야 함은 두말할
필요도 없다.

우리는 이러한 시각에서 8·15해방 후 본격적으로 정착되고 오늘의
한국사회학에 이르기까지의 발전과정을 살피고, 기존문헌의 분석을 통
해서 연구에의 문제점을 지적해 볼까 한다.

　따라서 본고는 어떤 심도 있는 전문적인 고찰이라기보다는, 한국사회
학의 형성과정을 기존의 연구문헌의 분석을 통하여 살펴봄으로써 지금
까지의 연구에 대한 전체적인 테두리를 파악하여 앞으로의 연구에의 반
성의 자료로 삼으려는 의도에서 쓰여진 것이다. 그러므로 필자로서는 기
존연구를 객관적으로 분석하여 소개함으로써, 초학도들이 앞으로 한국
사회연구에 있어서 이룩해야할 제과제에 어떤 암시를 줄 수 있을까 하는
의도에서 본고를 쓰게 된 것이다.

2. 한국사회학의 형성과정

1) 사회학의 도입

　해방 전 우리나라에서 최초로 강단에서 사회학을 소개한 이는 고영환
이 아닌가 한다. 그는 1925년 4월부터 1926년 3월까지 고려대학교의 前
身인 보성전문학교에서 사회학을 강의하였고 저서로도 『新聞學』(1931)
이 나왔다.

　그를 이어 1926년 4월부터 1929년 5월까지 백남운이 사회학을 강의
하였다.

　같은 해 즉 1929년 4월부터 1932년 5월까지 김현준이 역시 보성전문
학교에서 사회학강의를 하였다. 김현준은 독일 Leipzig 대학에서 사회학
을 배우고 귀국하여 보전을 위시하여 여러 전문학교에서 강의한 내용을
정리하여 1930년 8월에 『근대사회학』이라는 저서를 출간하였던 것이다.
지금 이 근대사회학의 내용을 열기하면 다음과 같다.

　　　제1편 사회학원리와 개념
　　　　제1장 사회학개념
　　　　제2장 사회학방법론

제3장
제2편 사회학원리 급 사회학발달사
　제1장 사회학 유래의 전제와 기경향
　제2장 근대사회학상의 유물사관
　제3장 사회학의 기원과 사회학상의 제학설
　제4장 사회학연구의 예비지식
제3편 사회학영리부문(응용사회학)
　제1장 사회와 조직체
　제2장 공동체와 사회와의 관련

그는 위와 같은 사회학의 이론에 관한 저서이외에 또 이보다 앞서 『통계학적 사회실황연구』와 『근대신문학(여론편)』이라는 두 저서를 발간하였다. 사회학을 이론적 사회학과 사회의 구체적인 문제를 실증적으로 연구하는 것으로 二大別 할 수 있다면 그는 확실히 이 양자에 관하여 모두 연구하여 이것을 한국에 이식하였던 것이다.

이로부터 3년 후에 즉 1933년에 미국 남가주대학에서 사회학을 수학한 한치진의 『사회학개론』(1933)이 발간되었다. 이 저서의 목차를 보면 다음과 같다.

제1장 사회학의 정의와 논건
제2장 인성론
제3장 사회조직과 통제
제4장 사회진보론
제5장 사회병리론
제6장 사회 개조론

이 저서와 김현진의 『근대사회학』은 둘 다 해방 후에도 여러 번 발간되었지만 사회학적 용어에 대하여 차치한다면 오늘날 우리들이 다루고 있는 현실문제도 문제삼고 있는 점이 주목된다. 여하튼 이 두 사람은 우리나라 초기의 사회학 이식 내지 도입에 공헌한 학자로 특기해야 할 것이다.

또 해방 전 일본인들에 의한 보고서도 있었다. 예를 들면 아키바 다카하시(秋葉 隆) 등의 『조선무속의 연구』(1937~38)와 스즈키 에이타로(鈴木榮太郎)의 『조선농촌사회답사기』(1943) 등이 그것이다. 전자는 신앙연구에, 후자는 농촌사회연구에 공헌을 한 것이다. 신앙 특히 무속 연구의 경우, 최초의 서구적인 방법을 도입하여 논문을 발표한 이는 손진태이다. 그는 이미 1927년 3월부터 「조선상고문화의 연구: 조선고대종교의 종교학적 토속학적 연구」를 잡지 『동광』에다 연재하였던 것이다. 이렇게 볼 때 한국의 사회학은 해방 후부터 출발한 것이 아니라 이미 1920년대부터 더욱 본격적으로는 1930년대부터, 한국인에 의하여 도입되었다고 할 수 있을 것이다.

2) 한국사회학의 정착과 발전

우리는 잠정적으로 1920년대부터 1945년 해방까지를 사회학의 도입의 시기, 그리고 해방 후 서울대학에서 우리나라에서 최초로 독립된 학과로서 사회학과가 설치된 후부터 1957년 한국사회학회가 조직된 시기까지를 정착의 시기, 그리고 1957년 이후를 발전의 시기라고 보고자 한다. 다시 1957년부터 현재까지를 다시 의미 있는 시기로 세분한다면 1964년이 획기적인 시기가 아닌가 한다. 이 시기는 한국사회학회가 조직된 후 처음으로 잡지 『한국사회학』 창간호가 발간되었고 또 그때까지 각자가 연구해온 결과를 회고하여 앞으로의 연구의 전망이 어느 정도 섰던 시기이다. 이것은 단적으로는 이 창간호에 게재된 사회학관계문헌목록에 의해서 촉진되었다고 볼 수 있을 것이다. 이것은 그 후에 이 문헌목록에 의거하여 한국에 있어서의 사회학의 발전에 관한 석사논문이 나온 것만 보아도 알 수 있을 것이다. 과거를 검토하고 앞으로의 비약의 계기가 된 것만은 틀림없을 것이다. 1964년 이후의 또 하나의 획기적인 시기는 1968년 내지 1969년이 아닌가 생각한다. 1968년 춘계사회학대회에서 발표된 「Weber로 돌아가라: 19세기의 수준을 넘지 못한 현대사회학」(이순구)과 1969년 추계에 발표된 「Parsons에 있어서의 개념과 실재의 혼동」(이순구), 그리고 1969년 8월 한국사회학 4집에 발표된 「Weber로 돌아가라(2): '사회과학적 인식의 객관성'에 대한 최문환교수의 오해」(이순구) 등은 한국사회학계의 수확일 뿐만 아니라, 한국사회학계의 연구풍토조성에 크나큰 역할을 하였다고 볼 수 있기 때문이다.

  해방 후의 사회학의 정착단계라고 할 수 있는 즉, 해방부터 한국사회학회 창설시까지는 유럽의 종합사회학의 영향 밑에서 사변적인 연구가 활발히 전개되었던 것이고, 현대사회학의 입장에서 볼 때는 고전에 속하는 당시까지의 대저작을 처음부터 음미하는 과분히 사회학적인 인식이 없지 않았다. 그러나 이러한 조류는 미국으로부터 사회조사방법이 도입되면서 크게 변모하기 시작했던 것이다. 발전단계의 초기(1958~1964)에는 미국적 사회학의 압도적 영향 하에서 미국의 사회조사방법이 도입되어 이러한 방법에 입각한 조사연구들이 종래의 사변적 성격을 지닌 연구의 지지부진함을 압도하고 광범위하게 전개되었다. 그러나 여기에서 간과해서는 안 될 중대한 사실은 이론적인 것은 사변적인 것 내지 철학적인 것으로 배격하고 우리 사회현상을 무비판적으로 조사방법에 의해 양화시켜 고찰하려는 경향이 성행하였다는 것이다. 1965년 이후부터는 사회조사방법 자체에 대한 비판이 일어나게 되고, 한국의 사회현상을 가장 주체적으로 분석할 수 있는 독자적인 방법론을 모색하려는 논의가 대두하기 시작한 것이다. 이것은 급격한 사회변동기에 있는 한국사회의 역사적 현실을 기반으로 형성된 독특한 제현상을 분석하는 데 있어서는 양화의 접근방법만으로는 이해될 수 없는 많은 문제점을 자각한 데부터 시작한 것이다. 이것은 한국사회학의 정립을 위한 새로운 방향을 설정하려는 주목할 만한 변화인 것이다.

　이상으로 우리는 해방 후의 한국사회학의 발전과정을 단계로 구분하여 역사적인 고찰을 행하여 보았다. 이제 한국사회학도 단순한 외국이론의 이입의 단계에만 머무를 수는 없을 것이라 생각되며, 특히 최근에 이르러 독자적인 한국사회학의 정립을 모색하려는 발전적인 노력이 보이는 경향은 매우 반가운 일이라 아니할 수 없다. 우리의 주체적인 문제의식에서 한국사회학을 창건하려면 무엇보다도 먼저 기존연구문헌을 통하여 한국의 사회학자들의 연구성과와 업적을 객관적으로 분석·검토하고 스스로 자기비판을 하는 데서부터 출발해야 한다고 본다. 무에서 유는 절대로 창조될 수 없을 것이며 기존 연구를 기반으로 하여 한 단계, 한 단계, 쌓아올리는 작업이 계속 되어야만 할 것이다. 본고는 이런 필수불가결한 작업에 참여하는 계기로서의 하나의 시도로서 서술된 것이라는 것은 이미 서언에서 밝힌 바와 같다.

　우리나라에 있어서 해방 이전에 사회학이 이미 한국인에 의하여 소개되었다는 것은 전술한 바와 같다. 그러나 1945년 8월 15일 해방을 맞이하면서 선진제국의 새로운 학문이 흡사 홍수처럼 이 땅에 밀려들어오기 시작한 것이다. 이런 물결을 타고 아직 본격적인 의미의 사회학 저서라고 할 수는 없으나 몇 가지의 사회학개론의 출간을 보게 되었던 것이다. 이는 오히려 사회학일반을 소개한 내용의 것이었다. 즉 1948년에 사회학 입문서로 나온 이재훈저 『사회학개론』에서는 사회란 무엇인가하는 정의부터 시작하여 사회발달의 법칙, 사회불멸의 법칙을 논하고 있는 것으로 이는 R. M. MacIver의 영향을 크게 받은 것이었다. 그리고 다음 해인 1949년에 출간된 한치진저 『사회학개론』은 해방 전의 것의 재판이었고, 1952년에 나온 김현준의 『사회학개론』은 1930년에 나온 『근대사회학』의 수정판이었다. 이들 개론서가 우리 사회학계에 어느 정도 영향을 주었는지는 확실히 할 수 없으나 이것들은 다분히 사변적이면서 외국학자의 이론을 그대로 소개하려는 성격을 내포하고 있었다. 또 사변적이고

도 이론소개의 면은 1949년에 나온 두 개의 석사논문의 성격에도 나타
나고 있다. 즉『Durkheim 사회학의 방법론적 비판』(전명제)과『문화와 사
회』(변세진)가 바로 그것이다.

이리하여 6·25가 발생한 이후에 1954년까지는 변시민저『사회학』
(1952),『사회학신강』(1954) 및『사회학개론신강』(1954) 등의 입문서를
제외하고서는 거의 업적이 나오지 않았었다. 다시 1955년『Ruth Benedict
論』(황성모), 1956년『R. M. MacIver의 다원론적 국가론에 관한 소고』
(장기선),『Durkheim 사회학 방법론』(고영복),『토지제도에 의한 사회유
형』(김대환),『충남신도내(계룡산)의 종교집단의 형성』(최재석) 등 5개의
석사학위논문을 보더라도 대체로 사변적이고 이론적인 연구의 경향은
그대로 남아있다고 볼 수가 있다. 단지 필자의 졸고인『충남신도내(계룡
산)의 종교집단의 형성』은 아주 미숙한 것이라 생각되지만, 조사연구의
성격을 지닌 최초의 시도라고 볼 수 있다. 이는 여러 가지로 부족한 것
이었으나, 한국사회의 올바른 사회학적 분석에 있어서 미개척상태에 놓
여있는 실증적인 분석연구를 시도해보려고 하는 하나의 모티브(motive)
를 암시하려 하였던 것이다. 그 후 미국사회학에서 말하는 소위 사회조
사방법에 의한 연구는 1957년의『도시학생의 직업관념』(이만갑)을 예로
들 수 있다. 이 조사는 일종의 記述的 조사에 속하는 것이었지만, 하여간
이와 같은 조사연구를 전후하여 미국적 사회조사방법이 한국의 사회학
계에 도입된 것이라 볼 수 있다.

또한 같은 해인 1957년에 연구답사의 성격을 지닌『한국 서해 島嶼의
사회학적 조사보고』(이상백·이해영)가 발표되었고,『인구학의 체계와
내용 급 한국인구론』(윤광래),『Sorokin 연구』(윤종주) 등의 석사학위논
문이 나왔다.

그러나 그 뒤 몇 개 대학에 사회학과가 신설되기 시작하면서부터 우
리나라의 사회학계도 비교적 활발하게 움직이게 되었던 것이다. 그러던

중에 1957년 5월 '한국사회학회'가 정식으로 발족되면서부터 사회학자들 간의 긴밀한 연구활동이 점차로 이루어질 수 있었으며 본격적인 단계로 들어서게 되었다.

전술한 이른바 해방 후의 사회학의 정착단계(1946~57)와는 달리 연구업적 즉 논문과 저서가 급증하게 되고, 또한 종래의 분산적이고 사변적이던 연구경향이 구체적인 한국사회의 현실문제로 관심을 돌리게 된 것이 1957년부터라고 해도 무방하겠다. 이것이 다시 우리와 상이한 사회적 기반에서 배태된 미국적 사회조사방법의 적용에 대한 비판에서 출발하여 한국적 사회학을 모색해보려는 움직임이 있었던 것이다.

그러면 사회학의 발전시기를 편의상 1958년부터 1963년까지와 1964년 이후 현재(1969년 말)까지의 두 시기로 나누어, 이 기간에 발표된 논문이 다음과 같은 각 분과별로 어떻게 나타나 있는가를 개관해보고 앞으로의 연구과제를 제기해보고자 한다.

아래 표에 나타나는 경향을 각 분과별로 분석해보면 다음과 같은 것을 알 수 있다.

〈표 1〉 한국사회학의 논저분석

연구분과	(1) 사회학 방법론	(2) 가족	(3) 농촌사회	(4) 도시사회	(5) 사회구조	(6) 사회변동	(7) 인구문제	(8) 기타	합계
1958 ~ 63년	18 (31.6)	6 (10.5)	8 (14.0)	8 (14.0)	8 (14.0)	3 (5.3)	3 (5.3)	3 (5.3)	57편 (100%)
1964 ~ 69년	14 (7.3)	25 (13.2)	40 (21.1)	2 (5.8)	29 (15.2)	8 (4.3)	13 (6.8)	50 (26.3)	190편 (100%)

먼저 1958년~1963년을 보면 사회학방법론에 관한 연구 즉 사회학일반 및 학설소개에 관계되는 것이 18편으로 전체 57편에서 31.6%로 높

은 비율을 차지하고 있다. 이는 사회학의 정착단계에 이르기까지 선진제국의 이론을 도입하는 데 치중하지 않을 수 없었던 것이다. 다음 가족관계는 8편으로 전체 14.0%를 점하고 있어 한국사회를 구명하는 데 가족문제가 가장 기본적인 분야라 아니할 수 없으며, 여기에 농촌사회에 관한 연구를 들 수 있는데 6편으로 전체의 10.5%를 차지하고 있다. 이는 한국사회가 농촌사회의 성격을 지니고 있다고 규정지을 수 있을 정도로 중차대한 농촌관계가 빈약하게 다루어지고 있는 감이 없지 않다. 그러나 도시사회에 관한 것은 8편으로 전체의 14.0%를 나타내고 있어 농촌연구보다 우세를 보이고 있다. 다음으로 많이 사용되고 있지만 개념규정이 되어있지 않고 있는 사회구조를 여기서는 사회계층과 사회제도 등의 측면을 포괄하는 의미로 잡는다면 이에 해당되는 연구가 8편으로 14.0%를 점하고 있어 가족·도시와 같은 관심을 보이고 있다. 또한 애매한 개념이지만 사회변동에 관한 고찰이 3편으로 인구문제와 동일하게 5.3%를 차지하는 낮은 비율이나 앞으로 연구개척에 여지를 보여주고 있다고 생각된다.

다음으로 1964~1969년까지의 연구경향의 특징을 살펴보자.

먼저 사회학방법론에 관한 연구, 즉 사회학일반 및 학설소개가 14편으로 전체 190편 중 7.3%로 전 단계에 비해 감소를 보이고 있다. 이는 외국이론의 소개내지 도입과정에서 한국사회의 구체적인 현실문제에 접근하려는 방향으로 이행한 것으로 보여진다. 그런데 농촌사회에 관한 연구가 전 단계에서는 낮은 비율을 보였으나, 여기서는 40편으로 전체 190편 가운데 21.1%로 단연 높은 비중을 차지하고 있는 변화를 보이고 있다. 반면에 도시사회에 관한 논저가 11편으로 전체 190편 중에서 5.8%로 비교적 낮은 비율을 보이고 있는 것이다. 그러나 사회구조에 관계되는 사회계층과 계급구조에 관한 것은 29편으로 전체의 15.2%를 차지하고 있어 여전히 높은 비중을 점하고 있다. 한편 사회변동에 관한 고찰은

8편으로 전체의 4.3%로 전 단계와 비슷한 비율을 나타내고 있다. 그런데 또 하나 특기할 것은 이상의 7개 분야 이외에 타분야에 대한 연구의 비중이 훨씬 증가했다는 것이다. 이것은 한국사회의 현실문제에 대한 접근에서 사회학이 다각적으로 그 연구영역을 확대시켜가는 경향을 엿보이는 것이 아닌가 생각되기도 하는 것이다.

우리는 상기한 바와 같이 1958년부터를 사회학의 발전단계로 보아 급격한 변동을 보인 한국사회의 현실과학으로서 사회학이 어떻게 대처하였으며, 종래의 무비판적인 외국이론의 적용에 대한 반성과 함께 한국적 사회학의 모색을 보인 과정을 개관해서 고찰하였다. 또한 기존 연구의 분석을 통하여 각 분야별로는 어떤 경향을 나타내고 있는가를 양화시켜 밝혀 보았다. 그러면 다음에는 기존 논저를 중심으로 그 연구성과를 살펴봄으로써, 앞으로의 한국사회학의 연구과제를 제기해 보려 한다.

3. 한국사회학의 연구과제

한국에 있어서 사회학의 발전과정은 근본적으로는 다른 나라에서 사회학이 밟아온 발전과정의 일반적 양상과 비슷한 것 같이 보인다. 즉 그것은 한국에서나 다른 나라에서나 처음에는 강단에서만 논의되는 하나의 사변적 지식이었지만 점차 실사회에 과학적으로 접근하여 이론과 사실을 상호 보완하여 학문과 실천을 밀접히 연결시키는 방향으로 나가고 있다는 것이다. 그러나 여기서 간과할 수 없는 사실은 다른 사회과학부문에서도 그렇긴 하지만 지금까지 한국사회학은 너무도 우리 자체에 대한 문제의식이 결여되어 있다는 점이다. 그것은 한국의 사회학자들이 학교에서 강좌를 담당하고 수권의 교과서를 내놓은 이외는 별로 이렇다 할 연구업적을 발표하지 못한 것을 보면 곧 알 수 있는 일이 아닌가 한다. 이제 단순한 외국이론의 소개단계에만 머물러 있을 수 없는 것이며, 더

구나 무리한 외국이론의 적용의 태도는 탈피해야 할 줄 안다.

　이제 한국사회학도 창조적인 인식에서 한국사회의 자체에 대한 문제 의식을 갖고, 각 분야별로 활발한 연구가 이룩되어 우리의 독자적인 한국사회이론을 정립하려는 노력이 시급하다 하겠다.

　필자는 이러한 시각에서 한국사회학에서 가장 기본적인 연구분야를 중심으로 기존의 연구논저의 분석을 통하여 앞으로 우리들이 지향해야 할 연구과제를 개괄적이나마 제시해 볼까 한다.

1) 사회학 방법론

　이는 요즈음 특히 이론적인 것은 사변적인 것이요, 철학적인 것이라 무시되는 경향에서 더욱 중요성이 크다고 보겠다. 우리와 전혀 상이한 사회적 기반에서 나온 사회조사방법에 의한 양화만으로 한국사회의 기본적 성격은 구명될 수 없다고 본다. 이런 점에서 이론적인 밑바탕이 없는 조사연구는 의미가 없을 것이며, 이론과 실제가 상호보완하되, 나아가서는 새로운 한국사회학의 방법론 모색이 요청된다고 하겠다. 기존의 논저를 분석해 보면 사회학일반 및 학설 소개가 단편적으로 나오고 있을 뿐 본격적인 방법론연구는 거의 찾아볼 수 없는 형편이다. 이도 방법론에 관한 체계적인 고찰이라고 볼 수는 없지만, 1950년 『Durkheim 사회학의 방법론적 비판』(전명제)이라는 석사논문이 최초가 아닌가 한다. 그 후 「Durkheim 사회학 방법론」(고영복)이 발표되었고, 1961년 「Max Weber에 있어서의 인식의 대상」(이순구), 1962년 「Parsons의 행위론 고찰」(정철수), 다시 1963년 「Max Weber에 있어서의 방법론적 제개념의 의미」(이순구) 등이 발표되어 제법 활기를 보이고 1963년 「기능분석론」(오갑환), 1964년 「R. Merton의 Reference Group 이론」(한남제), 「이념형의 수단성과 구조기능론의 계보」(이순구), 「막스·웨버의 이념형에 있어서 문제점」(최문환) 등의 논문이 발표되었던 것이다. 특히 1969년 Weber

로 돌아가라(2) : '사회과학적 인식의 객관성'에 대한 최문환교수의 오해」
(이순구)라는 논문은 막스 베버(Max Weber)이해에 관한 획기적인 논문
이었다고 할 수 있는 것이다. 그러나 우리가 바로 의식할 수 있는 것은
아직도 외국이론의 소개에 그치고 있다는 것이며, 본격적인 사회학적 방
법론에 대한 연구의 단계에 도달하지 못하고 있다는 사실이다. 물론 이
것은 한국사회학의 제분야에 걸친 많은 연구가 이룩된 다음에라야 우리
가 일반화시킬 수 있는 방법론이 구성될 수 있을 것이지만, 그 과정에서
도 이론과 실제가 상호 보완하여 가며 새로운 방법론을 모색하려는 노력
이 계속되어야 하겠다는 것이다. 한국사회학의 방법론이 구체적으로 논
의될 때 우리 사회학계에도 보람찬 연구성과가 기대될 수 있을 것이다.
　이같이 하여 한국사회이론이 구축될 수 있을 것이며 또한 진정한 의
미의 한국사회학이 본 궤도에 올라서게 될 것이다.

2) 가족

　우리가 한국사회의 기본적 성격을 이해하려면 그 단위인 가족문제를
구명하여야 할 것이다. 이는 우리나라가 개인보다 집[家]이 우위에 서
는 사회이며, 의식구조나 행동양식에 미치는 가족관계에 영향은 거의 절
대적이었던 것이다.
　한국가족의 연구가 최초로 집대성된 것은 『조선가족제도연구』(김두
헌)라 하겠으며, 1949년에 나온 이 저서는 제도사적인 측면에서 한국가
족에 관한 연구를 집대성한 노작이었다. 그 후 훨씬 지나서 사회학적 연
구가 나타나기 시작하였던 것이다. 비록 조사보고서의 형식이었지만 『한
국농촌가족의 연구』(고황경 외 3인 공저)가 나왔으며, 이는 한국농민의
가족에 대한 태도조사였던 것이다. 필자는 한국가족에 많은 관심을 가져
왔으며, 이에 대한 연구를 해보려 한 것이 1956년이고 보면 근 14년에
이른다. 그동안의 가족관계 논문을 집대성하여 한국가족을 사회학적 방

법에 의해 체계화하려 시도하여 본 것이 졸저인 『한국가족연구』인데 1966년에 발간하게 되었던 것이다. 물론 여기에는 많은 문제점과 불완전한 고찰이 있었다고 생각되지만, 그 주요내용을 열거해 보면 한국가족의 형태, 가족의 전통적 가치관, 전통적 가족의 변용과정, 친족조직 등으로 되어 있으며 통계조사, 사례조사, 문헌조사에 의하여 한국가족의 기본적 성격을 밝히려 하였던 것이다.

그러면 한국사회에서 가족관계가 차지하는 중요성에 비추어 앞으로 이룩되어야 할 연구과제에 대해서 고찰해 보자.

① 한국가족의 기본적 성격이 새로운 방법론에 의해 재규명되어야 하겠다.
② 앞으로 현대사회에서 야기되는 사회문제로서 가족해체, 이혼 등의 응용분야가 활발하게 논의되어 대처해야 하겠다.
③ 급격하게 변동하고 있는 한국사회에서 가족가치관의 변모를 살펴야 겠다.
④ 도비 간의 격차에서 오는 상이한 가족의 기능을 비교 고찰해야 하겠다.
⑤ 농촌 및 도시가족의 권력구조를 구명하여 그 기본성격을 밝혀야 하겠다.
⑥ 농촌, 도시가족의 역할구조를 밝혀 가족성원간의 상호관계를 고찰해야 겠다.

3) 농촌사회

한국사회는 아직도 전통적인 성격이 강하게 잔존해 있으며, 농촌사회의 구명은 바로 한국사회를 이해하는 첩경이 될 것이다. 우리의 농촌문제에 대해서는 몇 가지 측면에서 매우 의욕적인 연구를 하였다. 그동안에 나온 대표적인 저서를 소개하면 다음과 같다. 즉 1960년에 나온 6개 부락의 조사보고서인 『한국농촌의 사회구조』(이만갑)에서는 한국농촌을 연구하는 데 있어서 동족관계, 봉건적 신분관계 및 경제적 계급으로 문

제를 잡는가 하면, 1967년에 발간된 『한국농촌의 촌락구조』(양회수)에
서는 취락형태와 유형분포, 동족결합과 촌락구조, 반봉건적 농업구조,
촌락구조의 지역적 전개, 농민의 사회적 의식 등을 기존문헌과 실지조사
에 의하여 문제로 삼았다. 이상의 두 저서의 비교를 통해서 우리는 아직
도 농촌사회의 연구가 정립되지 못하고 난맥을 이루고 있다는 것을 알
수 있게 될 것이다. 특히 지역집단의 분석에 있어서 그러하다.

한편 이른바 농촌사회학은 독일의 촌락사회학이 있는 것을 제외하고
는 전연 미국적인 것이므로 전혀 상이한 사회에서 성립된 그 학문적인
성격을 감안하여 이에서 암시는 얻을 수 있겠지만 우리의 독자적인 방법
론이 정립되도록 모색하는 노력을 게을리 해서는 안 되겠다는 것이다.

한국농촌에 관한 연구는 위에 비교해 본 두 저서 외에 적지 않은 양의
논저가 있는 것이 사실이지만, 질적으로 볼 때 아직도 일반화된 문제설
정부터가 되어있지 않고 그야말로 잡다하게 전개되어 있는 상태라 하지
않을 수 없는 형편이다. 그러므로 한국농촌연구의 과제에 대한 고찰은
매우 의미 있는 것이라 생각된다.

① 한국농촌사회학을 모색하려는 독자적인 문제의식에서 우리의 방법론
   이 정립되도록 연구고찰되어야 하겠다.
② 농촌사회에 기본성격을 파악할 수 있는 공통적인 문제설정이 일반화되
   어야 하겠다는 것이다.
③ 농촌의 지역구조에 관한 연구로서 자연부락의 범위와 기능을 밝혀야겠
   다.
④ 농촌에 강한 영향력을 지닌 동족집단의 성격구명과 기능을 알아내야
   하겠다.
⑤ 농촌사회의 권력구조 내지 역할구조의 측면도 고찰되어야 할 것이다.
⑥ 농민의 사회적 성격도 밝혀야 하겠다.
⑦ 도시집중으로 인한 농촌문제 등의 원인구명과 계획문제가 다루어져야
   겠다.

4) 도시사회

도시화현상은 세계적으로 추세이고, 한국사회도 산업화과정에서 도시집중이 현저하게 나타나고 있다. 따라서 도시문제가 앞으로 한국사회도 크게 문제시되리라는 것은 틀림없는 일이다.

기존의 한국도시에 관한 연구는 극히 빈약하며 두 가지의 조사보고서가 그 대표적인 것이 되어있다. 급격하게 변동하여 형성된 신흥지역으로서 서울 신촌을 대상으로 한 조사연구인『한국도시지역사회의 연구』(노창섭, 1963)의 내용을 보면 이 지역의 인구증가라는 양적 변동뿐만 아니라 주민들의 사고방식, 도시적인 생활양식 및 인간관계의 변모를 고찰하려 한 것으로 보인다. 한편『서울 주택지역의 연구』(노창섭, 1964)는 전통적인 주택지역으로 가회동, 제동, 삼청동을 선정하여 신촌연구와 비교고찰하려 한 듯하다. 이상의 두 조사연구는 연구 Theme을 극히 국한시켜서 본 도시조사에 불과하다. 앞으로 도시문제의 고찰은 크게 중시될 것으로 보이며 그 연구과제를 열거해 보면 다음과 같은 것을 들 수 있겠다.

① 도시사회의 지역구조를 밝혀야겠다.
② 도시사회의 기능 및 권력·역할구조의 연구를 통하여 기본성격을 알아야 한다.
③ 도시의 사회집단에 대한 분류와 그 특징 및 제기능을 고찰해야겠다.
④ 도시화의 경향으로 급증하는 인구문제에 대한 고찰이 시급하다 하겠다.
⑤ 도시화의 특색과 요인분석이 요청되며 새로운 이론을 시도해야 한다.
⑥ 도시사회계층 및 계급구조를 밝혀 도시의 사회구조를 파악해야 할 것이다.
⑦ 도시화에서 야기되는 사회문제에 대한 다각적인 연구가 선행되어야겠다.

5) 사회구조

요즈음 특히 사회구조라는 말을 사용하고 있으나 명확한 개념규정을 내리지 못한 채 쓰이고 있는 듯하다. 여기서는 편의상 잠정적인 개념규정 하에 사회계층 및 계급구조와 사회제도 등을 포괄하는 의미로 사회구조를 사용하려한다. 한 사회의 기본적 성격을 밝히고 구명하는 데 필요하고도 중요한 사회학적 작업의 하나는 그 사회계층 및 계급 구조를 과학적·실증적으로 파악하는 일이라 생각한다. 따라서 여기서는 계층과 계급에 관한 연구에 대해서 고찰하려 한다. 우리나라의 사회계층에 관한 연구는 거의 응답자의 주관적 평가에 의한 조사결과이며 아직도 객관적 방법에 의한 과학적 사회계층연구는 실시되지 못하였다. 더욱이 사회계급에 관한 연구는 거의 찾아볼 수 없는 형편이다. 우리나라의 사회계층 연구에 있어서 역사적 고찰은 주로 조선시대의 사회적 배경에 대한 접근으로 구명해 보려는 몇 편의 논문이 보일 뿐이며, 농촌사회계층연구는 전혀 미개척 상태에 있다고 본다. 다만 도시사회계층에 관해서는 3개 도시(서울·대구·전주)에 있어서의 사회계층과 사회이동을 다룬 조사보고서인 『한국사회계층연구』(이상백·김채윤)가 1966년에 나왔으며, 이와 대비되는 연구논문으로 「서울시의 사회계층과 계급구조에 관한 연구」(김영모)가 있으며 이는 1969년에 발표된 것이다.

사회계층과 계급연구가 중대한 의미를 지니고 있는 데 반하여 기존연구는 극히 빈약한 상태에 머물러 있으므로 앞으로 한국사회계층의 연구과제는 많은 문제를 제기하리라 생각된다.

① 사회계층과 계급 이론을 깊이 이해하여 방법론의 정립을 모색해야 하겠다.
② 한국사회는 역사적 고찰에서 출발하여 신분제도의 성격부터 밝혀야 겠다.
③ 조선사회의 제도사적, 사회사적인 연구가 선행되어야 할 것이라고

본다.

④ 농촌, 도시의 전체적인 조사연구로 척도구성과 도수가 일반화되어야 한다.

⑤ 계층구조에서 그 형태뿐만 아니라 상·하층의 간격도 고찰해야 할 것 이다.

⑥ 객관적인 지위척도를 구성해야 하겠고 지위결정 因素를 밝혀야 하겠다.

⑦ 사회이동의 진폭에 대한 고찰을 통하여 상·하향 이동의 정도를 알아 낼 수 있다.

⑧ 계급의식을 밝혀내어 각 계급별의 사회적 태도를 파악해야 할 것이다.

6) 사회변동

한국사회와 같이 급변하는 사회에서 요즈음 운위되는 근대화니, 산업화니 하는 제개념도 사회변동에 포함시켜 고찰해 본다면 그 의의가 크다고 하겠다. 사회변동의 개념이 또한 애매하여 이에 대한 고찰부터가 전제되어야 할 것이다.

기존의 사회변동에 관계되는 연구는 극히 빈약한 상태이며, 내용을 보면 사회변동의 일반론적인 것과, 근대화에 대해서 토지소유관계를 중심으로 본 것, 사회변동과 가치관을 결부시킨 것들이 고작이 아닌가 한다. 즉 1960년대에 발간된 『지식인과 근대화』『한국인의 가치관연구』(홍승직) 등을 그 예로 들 수 있을 것이다. 따라서 앞으로 본격적인 사회변동에 관한 연구가 이룩되어야 할 것이다.

7) 인구문제

이제 인구증가는 커다란 사회문제로 등장했으며 이에 대한 고찰은 매우 중요하다고 본다. 그러나 아직 우리나라에서 인구문제에 대한 기존연구는 극히 초보적인 단계에 있다고 본다. 얼마 전까지만 해도 1930년과 1940년의 국세조사보고서를 토대로 인구를 분석한 것, 산촌, 농촌, 도시의 3개 지역을 선정하여 출산현상을 교육, 직업, 결혼연령 및 결혼계속 연수와 연관시켜 분석한 조사연구가 있었을 뿐이었다. 그러나 최근에 이르러 인구출산력에 관한 것, 인구이동에 관한 연구 등으로 활발하게 연구가 진행되고 있는 것으로 보인다.

8) 기타

최근에 들어와서 한국사회학도 각 분야별로 분화되는 경향이 나타나고 있는 것으로 보인다. 앞에 언급한 주요분야 이외에도 산업사회학관계, 매스컴에 관한 것, 사회심리학적인 연구, 정치사회학적인 것, 사회문제의 측면에서 범죄문제, 사회병리 내지 해체에 관한 고찰, 문화인류학적인 연구, 가치관에 관한 것, 사회복지에 관한 것 등이 단연 높은 비율을 차지하여 요즈음에는 거의 전체의 약 반수를 차지할 정도로 급증하고 있다. 그 가운데서도 한국인의 personality를 다룬『한국인의 사회적 성격』(1965)은 하나의 문제를 던진 저서라고 말할 수 있을 것이다.

이제 한국사회학도 구체적인 현실문제에 접근하여 다각적으로 고찰해 보려는 본격적인 모색단계에 들어서지 않았나 여겨지는 것이다.

4. 맺는말

오늘날의 사회학은 연구대상 및 방법과 기술에 있어서 다분히 과학적이며 다른 사회과학의 기초적인 학문의 성격을 띠고 있다. 이러한 성격을 지닌 사회학에 대한 새로운 지식은 최근에 한국연구원에서 실시한 인문·사회과학 분야의 '한국연구' 활동에 관한 실태조사의 결과에서도 나타나고 있다. 즉 "한국의 인문·사회과학의 발전을 위해서 연구활동이 요청되고 있는 가장 긴급하고도 중요하다고 생각되는 학문분야를 차례로 3개만 들어달라"는 질문에 대하여 응답자의 48%가 경제학이 가장 중요하다고 말하고 있으며, 사회학을 들고 있는 사람은 35%로서 제2위를 점하고 있다. 이것으로 보아도 한국의 학계에 있어서 사회학에 대한 기대가 얼마나 증대하고 있는가 하는 것을 알 수가 있다. 이는 아마도 한국의 제사회현상은 그 사회적 문화적 배경과 관련을 짓지 않고는 이해할 수 없으며, 더구나 급격한 변동기에 발생하는 제사회문제에 대처하기 위해서는 현실과학으로서의 사회학에 전적으로 기대하고 있기 때문인 것으로 보인다. 이러한 중요성에 비추어 이제 한국사회학도 보다 폭넓은 시각에서 다각적인 연구가 활발하게 전개되어야 하겠다. 우선 가장 기본적인 연구분야라 볼 수 있는 가족관계, 농촌사회, 도시사회, 사회계층 등에 있어서 집중적이고 심도 있는 연구가 집대성되어 한국사회이론이 본격적으로 논의되어야만 할 것이다. 또한 요즈음 많이 운위되는 사회변동의 문제는 근대화와 결부되어 발전사회학의 대두를 보이고 있으며, 급증하는 인구문제도 시급히 연구되어야겠다.

그 이외에도 오늘날처럼 사회가 복잡해져 가고 도시화의 경향이 점점 증가하는 시점에서 사회문제에 관련되는 것으로서 사회병리의 문제라든지 사회보장제도에 이르기까지 응용고찰이 있어야 하겠다. 또한 근대화 내지 산업화과정에서 산업사회학분야의 연구가 필요하겠고, 특히 대중사회에서 커다란 영향을 미치는 매스컴의 사회학적 고찰도 요청된다고 하겠다. 뿐만 아니라 사회심리학적 연구, 문화인류학 내지 민족학의 문제, 가치관에 관한 연구, ideology 및 문화 등의 지식사회학에 관한 분야도 중요하다고 본다. 이상으로 나열한 바와 같이 한국사회학에 부여된 연구과제는 산적해 있는 형편에 있는 것이다.

이와 같은 제문제를 구명하여 사회학의 본궤도에 오르기 위해서는 각 분야별로 많은 연구업적이 이룩되어야 함은 물론 우리의 독자적인 방법론의 정립이 하루속히 일반화되어야 하겠다는 것을 재삼 강조하지 않을

수 없다. 우리의 독자적인 방법론을 수립하려는 문제의식에서 주체적인
고찰이 있을 때 한국사회학도 발전적인 새로운 연구방향이 제시될 수 있
을 것이라 생각한다.

제13장
도이힐러(M. Deuchler)의
한국사회사 비판

-선행연구와 관련하여-

1. 머리말

지금으로부터 10여 년 전인 1994년에 필자는『한국사 시민강좌』15집에 게재된 도이힐러(Martina Deuchler)의 글[1]을 읽었다. 이 글은 그녀가 1992년『한국 사회의 유교적 변환(*The Confucian Transformation of Korea*)』(Cambridge: Harvard University)을 출간한 지 2년 뒤인 1994년에 그의 저서에 얽힌 이야기를 적은 것이었다. 이 글 가운데 필자가 의아하게 생각한 것은 1977년까지도 조선시대의 사회구조를 다룬 논문이 없어서 그녀 자신이 최초로 조선시대의 친족구조·조상숭배, 가계계승·상속제도, 여성의 위치, 혼인관계, 상장례 등을 연구하게 되었다고 주장하는 대목이었다. 그러나 최재석은 그보다 1년 전인 1976년 이전에 이미 조선시대의 사회구조의 핵심 부분인 재산상속, 가족형태, 가족제도, 동족부락, 신분계급 등에 관한 논고를 8편이나 발표한 바 있다.[2]

그러나 사실과 다른 1994년의 도이힐러의 주장은 그때만 의아하게

---

1) M. 도이힐러, 1995,「나의 책을 말하다」『한국사 시민강좌』15.
2) 최재석이 1976년까지 발표한 논고는 다음과 같다. 최재석, 1972a,「조선시대 상속제에 관한 연구: 분재기의 분석에 의한 접근」『역사학보』53·54 합집; 최재석, 1972b,「농촌에 있어서의 반상관계와 그 변화과정」『진단학보』34; 최재석, 1974a,「조선전기의 가족형태」『진단학보』37; 최재석, 1974b,「조선후기 도시가족의 형태와 구성: 대구호적을 중심으로」『인문논집』19; 최재석, 1975a,「조선후기 상민의 가족형태: 곡성현 호적을 중심으로」『호남문화연구』7; 최재석, 1975b,「조선전기의 가족제도와 동족부락」『한국사론』3; 최재석, 1976a,「조선시대의 신분계급과 가족형태」『인문논집』21; 최재석, 1976b,「고려후기 가족의 유형과 구성: 국보 131호 고려후기 호적문서의 분석에 의한 접근」『한국학보』3.

생각하였을 뿐 그 후 지금까지 잊고 있었다. 그런데 우연히도 2004년 2월 23일자 발행의 『교수신문』에 실린 경북대학의 한국사 전공의 권연웅 교수의 글을 접하면서 다시 10년 전의 일이 상기됨과 동시에 이제는 침묵을 지킬 것이 아니라 사실을 밝혀야 되겠다는 생각을 하게 되었다. 권교수는 도이힐러에 대하여는 사료와 기왕의 연구에 대한 철저한 검증을 수반한 체계적인 연구방법의 채택, 한국인과 다른 연구시각의 견지 등의 평을 하면서도, 국내 학자에 대하여는 예를 들어 가족제도 같은 주제에는 별로 관심이 없으며 소수의 연구자들이 관심을 가졌지만 대개 단편적이고 체계적이지 못하다고 평을 내렸다. 특히 최재석에 대하여 언급하면서 그의 연구는 해방 직후의 김두헌의 『조선가족제도연구』의 수준을 넘기지 못하였다고 평을 하였다(『교수신문』, 2004년 2월 23일). 남(최재석)의 글을 읽었다면 이런 평을 할 수 없다. 여기에 대하여는 접어두기로 하고 우선 도이힐러의 저서가 그러한 평을 받을 만한 가치가 있는 것인지 알아보기로 한다.

본고는 편의상 신라·고려 친족의 연구, 조선시대의 친족연구 선행연구와 도이힐러의 연구의 비교 등으로 나누어 살펴보기로 한다.

2. 신라·고려시대의 친족연구 비판

1992년에 출간된 도이힐러의 영문 저서는 동아대학의 이훈상 교수에 의해 2003년 12월에 한국어로 번역 출간되었다. 필자의 원문 번역에 따른 오역의 위험성을 없애기 위하여 이상훈 교수의 번역본을 대본으로 하여 그녀의 논지를 살펴보고자 한다.

1) 신라시대의 부계적 요소에 대하여

1984년 최재석은 신라시대의 여러 제도가 부계적 원리로 운영되는가 또는 비부계적 원리로 운영되는가를 파악하기 위해서는 적어도 ① 신라의 왕위계승 ② 시조묘에 대한 제사 ③ 神宮제사 ④ 巨川母·月光의 계보 ⑤ 갈문왕 타이틀의 追封 ⑥ 五廟制 ⑦ 대왕 타이틀의 추봉 ⑧ 태자 칭호의 부여 등의 현상을 분석하지 않으면 안 된다고 생각하여 곧 이 일에 착수하였다. 그 결과 1985년 신라의 왕위계승, 시조묘에 대한 제사, 신궁제사, 거천모·월광의 계보, 갈문왕의 타이틀 추봉 등에는 비부계적 원리가 작용하고 있었으나 오묘제와 대왕 타이틀과 태자 칭호의 부여에서는 부계적 원리가 작용하고 있음을 확인하였다. 오묘제에 관한 기사는『삼국사기』신문왕 6년조에서 원성왕 즉위조까지의 기사 가운데 여덟 곳에 있으며 대왕 추봉 기사는 스무 곳 그리고 태자호 부여 기사는 두 곳에 있다는 것도 확인하였다[3].

신라시대에 부계적 원리가 존재한다는 것은 이상과 같은 종합적 분석에 의해서만 가능하다. 그러나 도이힐러는 1992년에 아무런 근거의 제시도 없이 짤막하게 "부계의 침투는 …중략… 일찍이 신라시대부터 시작된다"고 말하고 있다.[4] 최재석이 지면으로 9쪽에 걸쳐서 논증한 신라의 부계적 요소의 존재를 도이힐러는 단 두 줄 정도의 글로 자신이 연구한 것처럼 주장하고 있다.

2) 고려의 토지 사유제도에 대하여

최재석은 고려시대의 초기부터 토지사유제가 확립되었음을 주장하려

---

3) 최재석, 1985a, 「가족사에서의 서로 다른 두 원리」, 『역사학보』 106.
4) M. 도이힐러, 2003, 이훈상 역, 『한국 사회의 유교적 변환』, 아카넷, 128쪽. 앞으로 도이힐러 책의 내용에 대하여 언급할 때는 본문에서 해당하는 쪽만 괄호 속에 표시하고자 한다.

면 고려시대는 물론이려니와 초기 고려의 이전 시대인 신라시대도 토지
가 사유제였음을 논증하지 않으면 안 된다고 판단하여 그 일에 착수하였
다5).

그러면서 토지사유화의 증거가 되는 토지매매문서, 토지대장 등이 신
라시대에 존재하였는가, 또 실제로 신라의 여러 계급, 예를 들면 상층계
급, 일반농민, 여자 등도 토지를 소유하였는가를 따져보아야 한다고 주
장하였다. 그리고 선행연구 가운데 토지 사유설을 부정하는 주장이 있다
면 이 주장 역시 논파되어야 한다고 생각하였다.

이리하여 최재석은 『삼국사기』에서 토지대장인 『量田帳籍』이나 『田
丁柱貼』이 존재하고 있었음을 확인하였고 「봉암사지증대사적조탑비」에
서는 토지·노비 등을 상속·매매·寄進할 수 있는 문서가 있었음을 확
인하였다. 토지를 매매·기진할 수 있는 문서가 존재하였다는 것은 『삼
국유사』 기록에서도 확인되었다. 신라 말기에 買田卷이 있었으며, 「개선
사석등기」의 매전권에 토지매매의 시기, 토지를 구매한 사람, 가격, 구
소유자, 토지소재지, 地目, 면적 등 여러 가지 항목이 기록되어 있는 것
으로 보아 사유의 토지가 매매되었음을 알 수 있다.

또 『삼국사기』에는 진흥왕 23년, 문무왕 원년, 신문왕 3년, 동 7년,
성덕왕 15년, 경덕왕 등 다섯 왕이 여섯 차례에 걸쳐 토지를 신하에 하
사하여 그 신하가 그 토지를 소유하였다는 기록이 있으며 『삼국유사』에
도 후삼국시대에 고려 태조가 견훤에게 노비와 말, 食邑과 田莊을 급여
하였다는 기사가 보인다.

농민이 실제로 토지를 소유하였음을 보여주는 기사나 토지를 소유하
고 있었음을 간접적으로 시사하는 기사도 적지 않게 나타나 있다. 그 가
운데서도 죽은 부모·동생·처·누이동생의 명복과 처의 다복을 위하
여 甘山 소재의 莊田을 희사하여 가람과 아미타불을 조성하였다는 「감

---

5) 최재석, 1985b, 「신라시대 여자의 토지소유」 『한국학보』 40.

산사 아미타불여래조상기」의 기록은 일반 농민도 토지를 소유하고 있었음을 나타내는 귀중한 사료이다. 일반 여자가 토지를 소유하고 있었음을 나타내는 기사는 각종 금속문이나 『삼국유사』 등에 나타나 있다. 이와 같은 여러 가지 자료에 의하여 최재석은 초기 고려의 인접 시대인 신라시대도 토지사유제의 사회였음을 논증하고 고려시대의 토지사유제에 대하여 논하였다.

최재석은 1981년의 논고에서 고려시대의 토지사유제의 존재에 대하여 다음과 같이 논증하였다.[6] 그는 그때까지 정설로 받아들이고 있던 설, 즉 노비는 고려의 전시대를 통하여 자녀균등상속제를 취하였지만 토지에 있어서는 노비와는 달리 본래 嫡長子 단독상속이었으나 국유제였던 토지의 사유화의 진전에 따라 고려 말에 이르러 토지도 노비와 같이 자녀균등상속제를 취하게 되었다는 하타다 다카시(旗田 巍)의 이른바 '고려시대 토지의 적장자 단독상속설'을 처음으로 논파하였다. 즉 최재석은 장기간의 婿留婦家婚의 전통으로 적장자가 존재할 가족적 기반이 없었으며, 가족의 유형, 상속의 단위, 가장권, 여성의 지위와 장남의 지위 등의 시각이나 隱居制의 결여 등의 관점에서 볼 때 일본에서 존재하는 적장자 단독상속이 고려시대에는 존재할 수 없었음을 지적함과 동시에 가족형태·유형, 노비의 사유제, 재산의 균분상속 등의 측면에서 볼 때 고려시대는 초기부터 토지도 노비와 같이 자녀균분상속제였음을 밝혔다. 특히 종래의 학자가 주장한 토지매매와 토지 寄進이 고려의 토지사유제의 증거가 된다는 점을 받아들이고 이 밖에 토지에 관한 소송과 토지 奪占현상을 토지사유제 존재의 증거로 보고 그 현상조사에 착수하였다. 이리하여 최재석은 『고려사』와 『고려사절요』를 조사하여 1100년대의 토지 탈점 사건은 8개, 1200년대의 그것은 7개 그리고 1300~1350년대의 그것은 15개 기사를 찾아냈다. 이리하여 최재석은 1981년에 고

---

6) 최재석, 1981a, 「고려초에 있어서의 토지의 균등상속」 『한국사연구』 제35호.

려시대는 전 시대를 통하여 일반 국민도 토지를 소유하고 있었음을 논증
하였다.

이와 같이 고려의 토지사유제의 확인은 토지사유설을 반대하는 사람
들의 주장을 논박함과 동시에 다방면에 걸친 조사 분석에 의해서만 가능
한 것인데 도이힐러는 1992년 아무런 증거도 제시하지 않은 채 "토지의
사유권은 이미 고려초기부터 존재해 왔다고 여겨진다"(76쪽)고 한마디
로 고려의 토지사유제를 주장한다. 이런 주장은 최재석이 쌓아올린 연구
결과를 보지 않고서는 할 수 없는 주장이다.

3) 고려의 立嗣에 대하여

최재석은 1982년에 발표한 논고와 1985년에 발표한 논고[7]에서 고려
의 靖宗 12년(1046)의 立嗣 규정은 같은 해에 제정한 田丁 상속의 원리
와 동일하게, 적자→적손→동모제→서손→여손의 순서로 계승되며, 이
규정은 당의 封爵令를 모방한 법제적인 것일 뿐 실제로 기능한 제도는
아니라고 전제하고 당의 봉작령에 없는 여손(외손)을 계승 순위 말미에
첨가한 것은 당제를 모방하되 고려사회의 현실을 일부 반영한 것인데 이
것은 고려가 중국의 오복제를 도입함에 있어서 외손에 대한 복은 당의
것을 모방하되 외손과 대응관계에 있는 외조부에 대하여는 고려의 친족
구조를 반영한 것과 동일한 맥락에 있는 것이라고 논하였다.

고려의 입사의 규정은 고려의 전정상속의 기사, 당의 봉작령에 관한
기사, 고려의 부계적 제도와 비부계적 제도의 구분과 더불어 비부계적
제도의 구체적인 양상인 봉작상속, 음직상속, 공음전상속, 노비상속 등
의 종합적인 고찰 위에서만 이해가 가능하다.

그러나 도이힐러는 이러한 고찰 없이 이 법(입사)은 중국과 한국 본래

---

7) 최재석, 1982b, 「고려시대의 혼인제도」『인문논집』 27; ＿＿＿, 1985a, 「가족사에
서의 서로 다른 두 원리」『역사학보』 106.

의 요소를 기묘하게 혼합하였는데 조상을 중심으로 한 계통을 강조하는
것은 당나라 모델에서 따온 것이지만 외손을 추가한 것은 고려의 관행을
강조한 것이라고 주장하고 있다(75쪽). 외손이 첨가된 의미에 대해서도
최재석이 이미 언급하였으므로 여기에 대하여도 한마디 있었어야 했을
것이다.

4) 고려의 음서에 대하여

최재석은 1982년에 발표한 논문가운데 12쪽 분량의 지면에서 고려의
음서를 논하였다.[8] 그가 활용한 사료는 『고려사』, 『고려사절요』, 금속문
인 『조선금석총람』 그리고 『한국금석문추보』 등이다. 그는 고려 왕손,
고려 태조의 형제의 자손, 공신의 자손, 3품 이상 관인의 자손, 5품 이상
관인의 자손 등 5종의 자손에 수여되는 음서에 대하여 고찰하였으며, 또
한 '고려시대 묘지명'을 조사하여 제도로서가 아니라 실제로 수여된 음
서에 대해서도 살펴보았다.

고려 왕손, 고려 태조 형제의 자손(내외손), 공신의 內外玄孫의 현손
의 현손의 아들이나 내외현손의 현손의 손, 내외현손의 현손 등 여러 후
대의 자손에 이르기까지 음직이 수여되었음을 확인하였다.

예를 들어 1253년(고종 40년) 왕의 지시문에 조부대의 6공신과 삼한
공신의 外玄孫의 현손의 아들(협7녀 포함)에 대하여도 음직을 수여한 것
으로 되어 있다. 이 외현손의 현손의 아들 가운데 挾7女는 일곱 번 姓이
달라진 외손을 뜻한다. 예를 들어 딸의 아들(외손)은 협1녀의 외손이 되
는 것이다. 1309년 忠宣王復位敎에는 祖王의 자손 가운데 협22녀의 자
손도 음직을 가질 수 있도록 규정되어 있다.

최재석은 1982년 당시 '협 몇 녀'의 이해를 돕기 위하여 편의상 어떤

---

8) 최재석, 1982b, 「고려의 상속제와 친족조직」 『동방학지』 31.

중심인물의 4세손 가운데 '협1녀 외손', '협2녀 외손', '협3녀 외손'을 <그림 1>로 그려 설명하였다. 다음 4세손 그림에서 B, C, D, E만이 내손(친손)이고 그 밖의 것은 모두 외손이다. 그림에서 a, b, c, e, f, g 는 A의 '협1녀 외손', d, h, i, j는 '협2녀 외손' 그리고 k는 '협3녀 외손'이 되는 것이다.

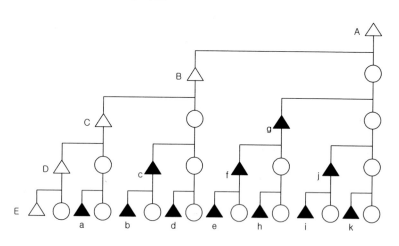

〈그림 1〉 내손과 외손의 모형도

한편 3품 이상의 관인의 자손에 대하여는 1253년(고종 40)의 경우 아들·姪甥(조카나 생질)·사위·수양자·내외손에 음서가 수여되었으며 5품 이상의 관인의 자손에 대하여는 보통 아들이 그 혜택을 받는 것으로 되어 있다. 그리고 150개나 되는 고려시대의 묘지명에 의하여 실제로 행해진 음서를 조사하였더니 高祖蔭, 고조의 부음, 7대조음, 백숙음, 외조부음, 외고조음, 부의 외고조음 등 다양하게 나타나고 있었다.

　지금 자신(ego)에 문음을 준 위의 조상을 정리하면 부, 조, 고조, 고조의 부, 7대조 등 부계의 조상 이외에 외조, 외고조, 부의 외고조, 백부 등 방계조상으로부터도 문음을 받았음을 알 수 있다. 이 관계를 그림으로 그리면 다음 <그림 2>와 같다.

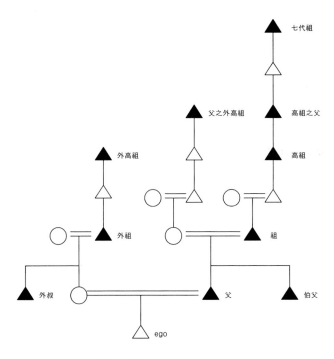

〈그림 2〉 ego에 문음을 준 조상

　그런데 도이힐러는 고려 왕손, 고려 태조의 형제의 자손, 3품 이상 관인의 자손, 관인의 자손, 5품 이상 관인의 자손 가운데 3품 이상 관인의 자손에 대해서만 언급하였으며, 아들, 형제나 자매의 아들, 사위, 양자, 내외손에 음서가 부여된다고 하였을 뿐, 왕손, 태조 형제의 자손, 5품 이상의 관인의 자손에 대하여는 언급하지 않았다. 또 그가 공신의 자손은 이론상으로 손자세대까지만 음서가 수여된다고 주장하지만(73쪽) 그러한 기록은 아무데도 없다. 착오인 듯하다. 도이힐러는 자신이 말하는 '고위관리'가 몇 품 이상의 관리를 뜻하는지 전혀 밝히지 않았다. 공신이나 고위 관리들의 후손에 대하여는 "아버지 쪽 또는 어머니 쪽의 선조(특히 어머니 쪽의 조부)라는 양자를 인정하는 가운데 주어졌다"고 주장하지만(73쪽) <그림 2>를 보면 특히 어머니 쪽의 조부가 강조될 만한 증거는 없다.

5) 고려의 喪祭에 대하여

최재석은 1984년에 고려의 상제에 대한 논고를 발표하였다.[9] 고려인의 상제에 관한 구체적인 정보는 『고려사』, 『고려사절요』가 아니라 묘지명에 의해서만 얻을 수 있다는 것을 확인하고 주로 이 묘지명에 의거하여 사망에서 시작하여 화장·유골매장을 거쳐 상례·제사에 이르기까지의 모든 과정을 살펴보았다. 그 과정을 다시 여기서 제시하면 다음과 같다.

> ① 객지나 전장에서 사망한 경우를 제외하면 고려인은 대개 개인주택이나 불사에서 임종을 맞이한다. 개인주택에서 사망한 경우에도 빈소를 불사로 옮기는 경우가 적지 않았는데 이러한 현상은 고려시대의 사망, 상례의식을 친족보다는 사찰이 주관하였음을 보여주는 것이라 하겠다.
> ② 화장, 拾骨, 유골의 사찰 權安, 매장에 관한 수많은 묘지명의 기록은 화장이 고려시대의 지배적인 장례제도였음을 보여주는 것이라고 하겠다.
> ③ 화장에서 매골까지의 기간은 짧게는 몇 개월 길게는 수년에 이른다.
> ④ 수개월부터 수년에 이르는 장기간의 장례기간(사망→화장→권안→매골)에 주목한다면 고려시대의 정해진 법제적인 상기와 현실의 장례기간은 무관한 것으로 보인다.

---

9) 최재석, 1984b, 「고려시대의 상제」『정재각 박사 고희 기념 동양학논총』.

⑤ 유골의 불사 권안 기간에 행해진 제사는 사찰에서 유족을 대신한 승려 주관 하에 행해지는 불교식 제사였다.
⑥ 사망 장소와 빈소의 위치, 화장과 사찰 권안, 사찰 권안 기간에 행해지는 제사, 불교식 기제사의 거행, 主喪의 성격 등 어느 측면에서 보아도 고려시대에 장자중심의 부계친의 집단 내지 조직이 존재하였다는 증거는 나타나지 않았다.

최재석이 약 29쪽에 달하는 지면에서 고려의 상제에 대하여 자세하게 언급한 것과는 달리 도이힐러는 근거의 제시도 없이 1쪽에도 미치지 못하는 지면에서 역사 기록은 고려의 장례관습을 상세하게 기술하고 있지 않으며(119쪽) 장례절차는 가끔 몇 개월 또는 1년이 더 걸리기도 하였으며(121쪽) 대개 화장하고 유골은 사찰에 임시로 안치했다가 상당한 시일이 지난 후 매장하였으며 때로는 사찰이 후손들로부터 매장제도와 관련한 책임을 대행하면서 부모의 유골을 계속 보존하는 납골당으로 사용되었다(121쪽)고 주장하고 있다. 도이힐러의 이러한 주장은 모두 앞에서 보았듯이 최재석이 밝힌 것들이다. 여기에 관하여 한마디 정도는 언급이 있을 법한데 그녀는 여기서도 그러지 않았다.

6) 고려의 상기에 대하여

최재석은 1983년 고려시대에는 백일상이 일반의 풍습이 되고 오히려 『주자가례』에 있는 삼년상은 실제로 행해지지 않았으며 이러한 풍습은 태조 7년(1398)의 기록에도 나타나 있으며, 조선초기에도 고려의 풍습을 따라 겨우 100일만 차면 吉服을 입거나 白衣·白笠으로 朝路에 분주하게 돌아다닌다고 발표하였다[10]. 그런데 도이힐러는 짤막하게 단지 (고려의) 관리들은 백일상을 치른 것이 분명하다(118쪽)고 하였다. 여기서도 그녀는 근거를 제시하지 않았다.

---

10) 최재석, 1983b, 「조선초기의 상제」 『규장각』 7.

7) 고려의 혼인과 과부재혼에 대하여

최재석은 그 전에 발표된 고려시대의 혼인에 관한 10개의 논고, 『고려사』「열전」의 羅裕 등 4인의 혼례 사례, 『고려도경』, 14인의 묘지명, 조선초기의 혼인기록(5사례) 등을 근거로 1982년에 고려시대는 다처제 사회였음을 논하였다.[11]

그런데 도이힐러는 『고려도경』과 조선초기의 혼인기록만을 근거로 고려에서는 부인을 여러 명 거느릴 수 있었다고 주장할 뿐(106·107쪽) 최재석에 대하여는 일언반구의 언급도 없다. 그가 제시한 사료는 최재석이 제시한 많은 사료 가운데 극히 일부분에 불과하다.

과부의 재혼에 대하여도 최재석은 1982년에 『고려사』에 의거하여 고려시대에는 낮은 신분의 자의 재가는 문제를 삼지 않고 높은 신분의 자의 처의 재가에 대해서만 문제를 삼았지만, 동시에 묘지명과 『고려사』를 근거로 조선시대 특히 조선후기와 같은 재혼에 대한 강한 규제는 없었고 실제로 고려시대는 왕실이나 지배층·양반이나 良人을 막론하고 조선시대 후기와는 달리 상당히 자유롭게 재가할 수 있었다는 것을 밝혔다.[12]

도이힐러도 남편이 죽은 이후의 재혼은 흔한 일이며 손쉬웠다고 말하고 있다(113쪽). 전 남편과의 사이에 낳은 아이들을 데리고 재혼한 사례에 대해서도 언급하고 있으나 최재석이 이미 여기에 대하여도 언급하였다는 것에 대하여는 일절 언급하지 않고 있다.

---

11) 최재석, 1982a, 「고려시대의 혼인제도」『인문논집』27.
12) 최재석, 위의 논문.

3. 조선시대의 친족연구 비판

1) 문화 유씨 족보에 대하여

최재석은 1979년에 족보에 의하여 같은 조상의식을 가진 남계친족인 씨족의 성격을 파악하기 위하여 우선 문화 유씨 족보의 舊譜와 新譜의 소재지 파악에 나섰다. 신보와 구보를 모두 조사하고자 한 것은 조선중기 이전 족보와 이후 족보는 그 기재양식이 다르다는 것이 전제되어 있다. 이 작업은 많은 시일과 노력이 필요함과 동시에 전국을 돌아다녀야 하였으며 미국의 도서관까지도 조사하지 않으면 안 되었다. 그 결과 문화 유씨 족보는 始刊부터 광복(1945)까지 사이에 1423년, 1562년, 1689년, 1740년, 1803년, 1864년 그리고 1926년에 일곱 번 간행되었으나 시간본인 1423년의 족보만은 이북인 황해도 구월산의 재실에 그리고 1803년본은 미국 하버드대학교의 옌칭(Yenching) 도서관에 소장되어 있는 것을 제외하고는 모두 경북 안동, 전남 영암, 충남 당진, 서울의 국립도서관 등 국내에 소장되고 있음을 확인하였다.[13] 따라서 최재석의 자료 수집과정을 무시하고는 문화 유씨 족보에 관해 언급할 수 없을 것이다.

그러나 도이힐러는 이러한 최재석의 자료수집 과정을 일절 무시한 채 문화 유씨 족보는 1423년에 처음 간행되었으나 1423년의 것은 현존하지 않으며 현존하는 판본 중 가장 이른 시기의 것은 1565년(1562년의 오기인 듯)에 출간된 것이다(231쪽 각주) 라고 말하며 자기 자신이 문화 유씨 족보를 확인한 것처럼 서술하고 있다.

2) 族의 개념

최재석은 『한국금속총람』, 『삼국사기』, 『고려사』, 『고려사절요』, 「묘

---

13) 최재석, 1979, 「조선시대의 족보와 동족조직」 『역사학보』 81.

지명」 등을 조사하여 신라시대와 고려시대의 族은 조선후기의 부계의 혈연집단(종족)을 지칭하는 것과는 달리 同姓친족과 異姓친족 모두를 의미한다고 발표하였다.[14]

그러나 도이힐러는 이러한 연구과정 없이 단지 고려시대 한국의 족은 중국의 족(동성의 친족)이 아니라 융통성 있고 일체를 포함하는 개념이라고 말하고 있다(133~134쪽). 물론 선행연구인 최재석의 글에 대하여는 언급하지 않았다.

3) 부모재산의 표현

1972년에 최재석은 서울대학교 소장 고문서를 일일이 조사하여 1600년대 중엽까지는 부모의 재산을 父邊傳來, 母邊傳來의 재산으로 나누어 기재하다가 그 이후부터는 대체로 조상전래 재산으로 기재하여, 아버지·어머니 가운데 누가 가져온 재산인지 구별하지 않았음을 밝혔다.[15]

그러나 도이힐러는 최재석의 논고보다 9년 뒤인 1981년에 출간된 최모씨의 저서에 의거하여 "1429년의 분재기에 따르면 (자식이 상속받는 재산은) 각자의 몫은 그 출처를 父邊傳來, 母邊傳來 등과 같이 분명히 명기하고 있다"고 주장했다(292쪽). 최재석에 대한 도이힐러의 태도가 어떠했는지는 여기서도 나타나 있다고 하겠다.

4) 長子 봉사

최재석은 1972년 전국에서 수집한 80여 통의 분재기에 의거하여 제사상속(계승)에 대하여 살펴보았다. 그 결과 제사상속은 대체로 1600년대 중엽까지는 장자봉사와 자녀가 돌아가면서 제사를 지내는 이른바 자

---

14) 최재석, 1983a, 「신라왕실의 친족구조」『동방학지』 31.
15) 최재석, 1972a, 앞의 논문.

녀 윤회봉사의 두 가지 형태를 취하던 것이 그로부터 1700년대 초까지
는 자녀윤회가 장자봉사로 이행하는 시기이고, 1700년대 초부터는 대체
로 장자봉사로 굳어지는 시기라고 논하였다.[16]

여기에 대하여 도이힐러는 근거의 제시 없이 조선 초기에는 장자 혼
자 봉사하는 경우는 드물었으며 사위까지도 돌아가며 봉사를 했으나
(239쪽) 17세기 말에는 장자만을 유일한 봉사자로 인정하는 것이 일반
현상이 되었다(319쪽)고 하였으니 최재석의 견해를 약간 윤색한 것임을
알 수 있다. 최재석의 견해와 다르다고 하더라도 여기에 대하여 언급이
있어야 했을 것이다.

5) 외손 봉사

최재석은 장자봉사에 관하여 언급한 논문에서 외손봉사에 대하여도
논하였다. 아들이 없더라도 딸이 있으면 그 딸로 하여금 제사를 하게 하
였으며 이 외손봉사는 조선중기까지 유행하였다고 논하였다.

여기에 대하여 도이힐러는 외손봉사는 금지되지 않았으며『경국대전』
편찬자들은 이것을 무시하였으나 이와 같은 관행은 16세기에도 그대로
유지되었다고 주장하고 있다(228·309쪽). 최재석의 견해와 유사함을 알
수 있다.

6) 자손의 개념

최재석은 조선 중기까지는 장기간의 婿留婦家의 전통으로 결혼한 딸
(사위)도 중요한 가족성원으로 인식되고 있었음을 논하였다. 그때까지는
아들이 없더라도 딸이 있으면 입양하는 자가 거의 없었고 또한 아들·
딸 차별 없이 재산을 균등하게 상속하였으며 또 족보에도 예를 들면 문

---

16) 최재석, 위의 논문.

화 유씨 가정보(1562년간)처럼 외손도 그리고 외손의 외손도 친손처럼 기재함으로써 친손만 기록하는 조선후기의 족보와는 달리 친손과 외손을 모두 기록하는 자손보의 성격을 가지고 있었다는 것이다.[17]

또 실제로 처가를 자기 집으로 삼았고 처부와 처모를 각각 아버지와 어머니로 호칭하며 그렇게 섬겼으며, 외조부 및 외증조부에 대하여도 외(外)자를 제거하여 친조부 및 친증조부와 같은 호칭을 사용하였다.[18] 다시 말하면 조선중기까지는 친손과 외손을 차별하지 않는 것처럼 조부와 외조부를 차별하지 않았다. 그러나 도이힐러는 짤막하게 당시(조선전기)의 자손은 아들과 딸 모두를 의미했다고 말하고 있다(303쪽).

7) 宗의 분파현상

최재석은 宗은 大宗과 小宗으로 구별되며, 소종이 대종의 支派로서 특정인을 중심으로 상대적으로 정해지는 개념으로 喪服관계의 소멸과 표리관계에 있으며 이리하여 고조부를 중심으로 한 '계고조소종', 증조부를 중심으로 한 '계증조소종', 조부를 중심으로 한 '계조소종' 등으로 구분된다고 하였다.[19] 또 조선후기에는 기호나 派祖의 이름 대신 시호나 관직명의 派名이 일반화되었으며 파보의 간행이 더욱 보편화되었고 조선후기의 사람들은 파조는 자손들의 결합의 구심점이 되었고, 이러한 씨족의 分節化 경향은 높은 씨족 의식과 조상의 관직의 시위의식과 밀접한 관계가 있다고 논하였다.[20]

여기에 대하여 도이힐러는 "소종(하위)으로서의 分枝는 저명한 사회적 인물이나 학자와 같은 인물을 새로운 시조로 선정하여 그를 중심으로

---

17) 최재석, 1984a, 「17세기의 친족구조의 변화」 『제3회 국제학술회의 논문집』, 한국정신문화연구원.
18) 최재석, 위의 논문.
19) 최재석, 위의 논문.
20) 최재석, 1981b, 「족보에서의 派의 형성」 『민족문화』 7.

조직되어 자체의 전장에 의해 유지된다. …중략… 이 분지는 언제나 파조의 관직이나 호로 구분된다"고 하였다(402쪽). 이와 같이 도이힐러의 주장이 최재석의 견해와 거의 동일하지만 선행연구자인 최재석에 대하여는 언급하지 않았다.

4. 17세기 사회구조 변화에 관한 선행연구와 도이힐러의 연구 비교

우리는 제2절에서 최재석과 도이힐러의 신라와 고려시대의 친족연구를 살펴보고 제3절에서는 최재석과 도이힐러의 조선시대의 친족연구를 살펴보았다. 좀 더 구체적으로 말하면 제2절에서는 신라시대의 친족연구와 고려시대의 토지사유제, 立嗣제도, 음서, 喪祭・상기, 혼인과 과부의 재혼에 대하여 살펴보고, 제3절에서는 조선시대의 친족구조, 즉 문화 유씨 족보, 족의 개념, 부모재산의 표현, 장자봉사, 외손봉사, 자손의 개념, 宗의 분파현상에 대하여 살펴보았다. 그 결과 최재석은 많은 자료를 수집하고 그 수집된 자료에 근거하여 고려시대와 조선시대의 친족의 성격을 논한 데 비하여 도이힐러는 거의 대부분 근거의 제시 없이 고려와 조선의 친족을 논하였으며 그 내용은 최재석과 거의 동일한 것이었으나 선행연구자인 최재석에 대하여 한마디도 언급하지 않았다. 최재석은 또 많은 지면을 할애하여 친족을 논한 데 반하여 도이힐러는 대개의 경우 근거의 제시 없이 한 줄 내지 몇 줄 정도의 언급에 불과하였다.

이 절에서는 17세기 사회구조 변화에 관한 선행연구인 최재석의 연구와 도이힐러의 연구를 비교하고자 한다. 그러나 그녀가 한편에서는 최재석을 비판하면서 자신의 견해를 발표하였으므로 편의상 최재석에 대한 그의 평부터 살펴보고자 한다. 도이힐러가 최재석을 비판한 것은 자기의 주장이 최재석의 것이 아니라 독창적인 것이었다는 것을 주장하기 위하여 취해진 계산이 아닌가 한다. 도이힐러는 3회에 걸쳐 최재석을 비판하였는데 그 내용은 다음과 같다.

① "최재석은 (남편의) 처가거주는 부인이 남편 집으로 귀환하면서 끝이 난다고 하였으나 이를 뒷받침하는 어떠한 확실한 증거는 없다"(102쪽 각주 131)고 비판하면서도, 다른 한편에서는 최재석의 견해를 받아들여 외가에서의 생활은 부친이 자신의 출생 집단 가족을 데리고 돌아오면서 끝이 난다고 주장하여(123쪽) 앞서의 자기 주장을 뒤엎고 있다. 그녀는 부부가 처가에서 남편 집으로 옮겨간다고 한 이런 주장은 다른 곳에서도 하고 있다(329쪽). 억지 비판을 하다 보니 이런 모순된 서술이 나오지 않았나 생각된다.

② "본관의 목록을 가지고 통혼권을 설명하지 못한다"(332쪽)고 비판하였으나 이 표현은 최재석 자신이 한 것이다. 최재석은 "배우자의 본관을 가지고 혼인권을 파악하기란 대단히 어려운 문제"[21]라고 전제한 다음 그러나 여강 이씨와 월성 손씨의 양 씨족으로 구성되는 촌락[양동]에서는 부락내혼과 부락외혼 정도의 혼인권은 파악할 수 있다고 본 것이다.

③ "최재석은 제사윤회의 중요성을 고찰하지 않고 있다"(235쪽)고 비판하였으나 이 비판도 사실과 거리가 멀다. 최재석은 그 의미를 다음과 같은 여섯 가지로 정리하였다.[22]

첫째, 여성(딸)이 조선후기처럼 무시되지 않았음을 의미한다.

둘째, 남자를 입양할 사회적 기반이 없었다.

셋째, 자녀윤회봉사는 자녀간의 재산상속과 더불어 부락 내혼제였음을 나타낸다.

넷째, 조선전기의 자녀윤회봉사의 상기는 고려시대의 동종양자 불이행의 이해에 도움을 준다.

다섯째, 장자봉사의 이행 과정의 이해에 도움을 준다.

여섯째, 제사를 강조하는 사회에서는 자녀간의 제사윤회는 제사를 소홀히 할 염려가 있기 때문에 결국 장자에 더 많은 재산을 상속시켜 장자봉사로 이르게 한다.

---

21) 최재석, 1975c, 『한국농촌사회연구』, 일지사, 504~505쪽.
22) 최재석, 1983c, 『한국가족제도사 연구』, 일지사, 256·305~326·353·551~552쪽.

도이힐러의 주장의 핵심의 하나는 고려사회는 법제와 관행의 두 가지 요소로 되어 있다는 것이다. 그러나 이러한 주장을 하려면 먼저 마땅히 그 구체적인 증거 제시가 있어야 함에도 불구하고 그렇게 하지 않았고, 단지 legislation(법제, 법제정, 법제화)과 practise(실제, 관례, 관행)라는 용어를 사용하였을 뿐이다. 도이힐러는 영문책 제목에서는 이러한 영어 대신 Ideology와 Society라는 용어를 사용하였다. 이렇게 볼 때 도이힐러는 최재석이 사용한 용어인 법제와 실제라는 용어를 자신이 창안한 것처럼 발표하고 있음을 알 수 있다.

최재석은 1985년에 한국가족사는 신라뿐만 아니라 고려시대에도 서로 이질적인 두 제도로 구성되어 있는데 그 중 하나는 실제 존재한 것이고, 다른 하나는 중국에서 도입한 것인데 이것은 법제도로만 존재한다는 견해를 발표한 바 있다.[23] 그는 『고려사』가 고려시대의 제도 가운데 葬喪제도, 제사상속, 토지상속, 친족의 범위, 양자 등은 각각 실제로 행하고 있는 관습과 법으로만 정한 제도 등 두 제도를 모두 기록하고 있다고 긴 지면을 할애하여 논증하였다. 또 예를 들어 양자의 경우 실제는 아들이 없더라도 양자를 두지 않았지만, 법 규정에는 아들이 없으면 형제의 아들이나 同宗支子를 입양해야 한다고 규정하고 만일 異姓의 자를 입양하면 처벌까지 받는다고 기록하고 있다고 발표하였다.

이렇게 볼 때 도이힐러는 최재석이 사용한 용어도 내용도 모두 무단으로 失禮하였음을 알 수 있다.

도이힐러의 주장의 또 하나의 핵심은 17세기에 친족구조의 변화가 일어났다는 주장이다. 이리하여 그는 17세기에 부계친족조직(종족·씨족)이 형성되었다고 주장한다. 한국친족의 변화는 17세기에 장자우대 불균형상속제와 더불어 출계집단의 구조가 엄격해져서 남성 자신의 부계와 어머니의 부계를 날카롭게 구분하기에 이르렀으며(394쪽) 왕조(조선)건

---

23) 최재석, 1985a, 「가족에서의 서로 다른 두 원리」『역사학보』 106.

립 이후 2세기가 되면서 宗族 이데올로기가 내면화되고 적용되면서 관성이 붙었다는 것이다(391쪽). 또 종래의 妻處거주는 夫處制로 바뀌어졌으며(388쪽) 남계친과 비남계친을 모두 추적 기록하는 계보(족보) 의식은 단계 원칙을 기초로 하는 부계적인 것으로 바뀌었다고도 주장한다(388·394쪽).

그러나 이러한 도이힐러의 주장은 이미 1984년에 최재석이 발표한 논고[24]의 내용과 거의 같은 것이다. 최재석은 가족유형, 재산상속도 17세기에 변화가 일어났으며 부계·모계 양방의 존중에서 부계 일방의 존중으로의 변화, 종법사상의 일반 민중으로의 침투, 족보의 기재형식의 변화도 17세기에 일어난 것이라고 발표한 바 있다. 최재석은 논문 제목 자체를 「17세기의 친족구조의 변화」로 하여 17세기의 친족구조의 변화를 논하였을 뿐만 아니라 이러한 주장은 다른 곳에서도 여러 번 한 바 있다.[25]

또 최재석은 부계혈연집단인 씨족도 소규모의 것은 1500~1600년 사이에 형성되었으나 이보다 더 큰 규모의 것은 17세기 이후에 형성된 것으로 보았으니[26] 도이힐러가 17세기에 부계혈연집단이 출현하였다고 하는 주장은 최재석의 논고에서 유래되었음을 알 수 있다.

5. 맺는말

비판자인 최재석이 비판한 분야 이외의 분야에 있어서는 도이힐러가 독자적으로 연구한 바가 있는지는 알 수 없으나 비판자가 비판의 대상으

---

24) 최재석, 1984a, 「17세기의 친족구조의 변화」『제3회 국제학술회의 논문집』, 한국정신문화연구원.

25) 최재석, 1972b, 「농촌에 있어서의 반상관계와 그 변화과정」『진단학보』 37;
_____, 1980, 「조선시대의 양자제와 동족조직」『역사학보』 86~87.

26) 최재석, 1979, 「조선시대의 족보와 동족조직」『역사학보』 81.

로 삼은 영역에서는 독자적으로 연구한 것은 하나도 없었다.

도이힐러가 언급한 고려시대의 친족구조나 조선시대의 친족구조의 묘사는 어느 것이나 자신이 연구한 것이 아님에도 불구하고 모두 자신의 연구인 것처럼 서술하고 각주에서나마 선행연구자의 이름을 밝히지 않았다. 그리고 도이힐러의 서술은 어느 주제에 대해서나 짧고 간단한 것이었다.

도이힐러의 저서에서 다룬 핵심분야는 고려사회는 법제와 실제(관행)의 두 원리로 운영된다는 것과 17세기에 이르러 친족구조의 변화가 일어났다는 것인데 이는 모두 최재석이 1985년과 1984년에 발표한 논고의 내용과 일치한다.

참고문헌을 꼼꼼히 챙기는 도이힐러가 최재석의 두 논고만은 아무 곳에서도 언급하지 않고 있다. 도이힐러가 연구에 착수하기 전에 이미 최재석이 조선시대의 사회구조에 관한 논고를 8편이나 발표하였음에도 불구하고 1972년에 자신이 최초로 조선시대의 사회구조에 관한 논문을 쓴다고 주장한 것(머리말 참조)으로 미루어 보아 앞의 최재석의 논고에 대하여 언급하지 않은 것은 우연이라고 보기 어렵다. 지난 1966년 하버드 대학에서 한국현대사를 공부한다는 그녀를 처음 만난 후 지금까지 한두 차례 정도 더 만난 기억이 난다. 생소한 타인의 것이 아니라 친분이 있는 사람의 글을 자신의 글로 발표할 줄이야 꿈에도 생각하지 못하였다.

세상에는 비밀이 없는 법인데, 남이 한 연구결과를 자기의 것으로 도용하더라도 그것을 하버드대학에서 출판하면 영원히 비밀이 지켜질 것으로 생각하였는지 그것이 궁금하다.

부론

일제강점기의 족보와 동족(씨족)집단

1. 머리말

일제시대에 발간된 족보의 여러 가지 명칭과 그 발간 연대를 살피고, 족보를 간행한 적이 있는 동족이나 하나 이상의 동족부락에 집단거주하는 동족(동성동본)을 고찰하고자 한다. 일제시대의 모든 동족, 다시 말하여 족보를 간행한 적이 없는 동족이나 어떤 부락에도 집단적으로 거주하지 않은 동족까지 포함하여 모든 동족들을 기록한 자료는 현재에도 없고 또한 과거에도 없었다. 그와 같은 동족은 어느 정도 기능을 발휘하는 동족을 문제 삼는 경우에는 무시해도 좋을 것이다.

참고한 자료는 현재 국립도서관에서 보관하고 있는 족보와 善生永助씨가 1930년의 國勢調査를 참고하여 만든 『朝鮮の姓』이다. 그 당시(일제시대) 발간된 족보라면 모두 국립도서관에 納本하는 것이 규정이었기 때문에 당시 발간된 족보는 거의 모두 국립도서관에 보관되어 있다. 이 보고서는 논문이라기보다는 금후의 연구자료로서 가치가 있을 것이다. 족보를 낸 姓의 종류, 그 각각의 本貫의 수, 또는 하나 이상의 동족부락에 집단적으로 거주하는 성이나 그 본관의 종류를 알아내기만 해도 의미 있는 자료가 될 것이다. 각 성의 본관의 종류와 수는 아직껏 밝혀진 바가 없기 때문이다.

2. 족보의 명칭

<표 1> 족보의 명칭과 수량[1]

족보 명칭	수량	족보 명칭	수량
① 세보(世譜)	1,031	㉝ 삭원보(朔源譜)	2
② 족보(族譜)	493	㉞ 연보(年譜)	1
③ 파보(派譜)	473	㉟ 완의문(完議文)	1
④ 가승(家乘)	41	㊱ 전보(全譜)	1
⑤ 세계(世系)	32	㊲ 지보록(支譜錄)	1
⑥ 속보(續譜)	31	㊳ 세헌록(世獻錄)	1
⑦ 대동보(大同譜)	31	㊴ 대종보(大宗譜)	1
⑧ 가보(家譜)	29	㊵ 파록(派錄)	1
⑨ 가승보(家乘譜)	24	㊶ 세기(世紀)	1
⑩ 계보(系譜)	23	㊷ 대동종보(大同宗譜)	1
⑪ 보(譜)	7	㊸ 세승(世乘)	1
⑫ 자손보(子孫譜)	6	㊹ 세가(世家)	1
⑬ 대보(大譜)	6	㊺ 외보(外譜)	1
⑭ 세적보(世蹟譜)	6	㊻ 경편보(輕便譜)	1
⑮ 종안(宗案)	5	㊼ 세첩(世牒)	1
⑯ 세덕록(世德錄)	5	㊽ 구보(舊譜)	1
⑰ 소보(小譜)	5	㊾ 삼응보(三應譜)	1
⑱ 지장록(誌狀錄)	5	㊿ 보계(譜系)	1
⑲ 선원보(璿源譜)	3	51 세고(世稿)	1
⑳ 수보(修譜)	3	52 종표(宗表)	1
㉑ 약보(略譜)	3	53 가장보(家藏譜)	1
㉒ 문헌록(文獻錄)	3	54 일통보(一統譜)	1
㉓ 실기(實記)	3	55 파첩(派牒)	1
㉔ 가사(家史)	3	56 실록(實錄)	1
㉕ 총보(總譜)	3	57 외계(外系)	1
㉖ 선보(璿譜)	2	58 세감(世鑑)	1
㉗ 연원보(淵源譜)	2	59 회중보(懷中譜)	1
㉘ 화수보(花樹譜)	2	60 파별록(派別錄)	1
㉙ 녹권(錄卷)	2	61 분가보(分家譜)	1
㉚ 분파지도(分派之圖)	2	62 세적(世蹟)	1
㉛ 통보(通譜)	2	63 기타	6
㉜ 가첩(家牒)	2		

　　<표 1>에서 보는 바와 같이 족보의 명칭을 정리하여 보니 世譜라
는 명칭이 가장 많다. 그 다음으로 많은 것이 族譜, 派譜인데 이 셋의
합계가 전체의 8할 이상을 차지한다. 중국에서 족보 명칭으로 흔히 쓰는
宗譜가 보이지 않으며, 베트남과 琉球에서 가장 많이 사용하는 家譜라는
명칭이 거의 30번이나 나온 것은 주목할 만하다.

　지금까지 족보의 일반적인 명칭에 대해 살펴보았다. 다음으로 족보의
명칭과 거기에 기록된 동족의 범위의 관계에 대하여 약간 고찰해 보면
다음과 같다.

　　1) 대개 거의 같은 뜻으로 사용하는 大同譜, 大宗譜, 大同世譜,
　　　大同宗譜, 大譜는 보통 派譜보다는 포괄적인 의미로 사용한
　　　다. 그러나 실제로는 파보를 의미하기도 한다. 예:『車柳大同
　　　譜』,『朴氏大同譜』,『沃川陸氏大同譜』,『全州崔氏文英公大同
　　　譜』,『北關淸州韓氏大同譜』.
　　2) 族譜 또는 世譜라는 명칭의 족보 중에는 동성동본인 자를 모
　　　두 포함하는 족보도 있고, 동성동본 가운데 어느 한 갈래의
　　　사람들만 포함한 족보도 상당수다. 특히 大姓의 경우 거의 전
　　　부 그러하다. 예를 들면『全州崔氏世譜』는 불과 15년 사이에
　　　5회나 간행되었는데(1925, 1928, 1935, 1937, 1940년), 각기
　　　編者도 發刊地도 다르며 또한 그 속에 수록된 동족성원도 다
　　　르다. 다시 말하면 명칭은 세보이지만 실제로는 파보인 것이다.

비고: (1) 두 개의 명칭을 합해 사용한 것은 뒤의 것을 취하였다.
　　　　예: 璿源系譜 → 系譜　派譜家乘 → 家乘
　　(2) 두 개의 명칭이 연결되어 있는 것은 앞의 것을 취하였다.
　　　　예: 世譜及宗案 → 世譜
　　(3) 비슷한 명칭끼리 통합한 것도 있다.
　　　　① 世系는 世系와 世系譜를 합친 것이다.
　　　　② 世德錄은 世德과 世德錄을 합친 것이다.
　　　　③ 世蹟譜는 世蹟과 世蹟錄을 합친 통계다.
　　　　④ 系譜는 系譜와 系譜紀略을 합한 것이다.
　　(4) '기타'에는 엄격히 말해서 족보라고 말하기는 좀 곤란한 國記 2, 三綱錄 2, 科宦錄 1, 要覽 1이 포함되
　　　어 있다.

3) 派譜의 경우는 다음과 같은 형식으로 나타난다.
  ① 단지 대동보라는 명칭을 붙인 것. 예:『金海金氏大同譜』.
  ② 단지 족보, 세보라는 명칭을 붙인 것. 예:『全州崔氏世譜』.
  ③ 대동보라는 명칭 이외에 派名을 附記한 것. 예:『全州崔氏
    文英公大同譜』.
  ④ 족보, 세보라는 명칭 이외에 파명을 부기한 것. 예:『海州
    吳氏關北派世譜』, 『全州金氏世譜[長派]』, 『順興安氏第三
    派世譜』.
  ⑤ 파보라는 명칭을 붙인 것.
    ㉠ 단지 파보라는 명칭만 붙인 것. 예:『全州崔氏派譜』.
    ㉡ 파명을 倂記하되 이것이 地名인 것. 예:『廣州安氏金海
      派譜』, 『水原白氏[馬山]派譜』, 『安邊淸州韓氏派譜』.
    ㉢ 파명을 병기하되 이것이 장·차의 구별인 것. 예:『長水
      黃氏長派譜』.
    ㉣ 파명을 병기하되 이것이 派祖의 관직명 또는 號名인 것.
      예:『順興安氏參判公派譜』, 『安東權氏別奬公派譜』.

3. 족보의 발간 연대

그렇다면 한국의 족보는 언제 가장 많이 만들어졌는지에 대하여 살펴
보자. 국립도서관에 보관 중인 족보 가운데 연대가 명백한 것만을 정리
하면 <표 2>와 같다.

〈표 2〉 연대별 족보 발간 현황

왕대	족보 수	연대	족보 수	연대	족보 수
肅宗	1	1912	1	1929	57
景宗	1	1913	5	1930	55
英祖	8	1914	12	1931	45
正祖	1	1915	18	1932	41
純祖	4	1916	38	1933	71
憲宗	1	1917	42	1934	92
哲宗	1	1918	42	1935	90
高宗	2	1919	26	1936	96
隆熙	2	1920	27	1937	97
		1921	19	1938	78
		1922	52	1939	103
		1923	49	1940	72
		1924	44	1941	24
		1925	57	1942	13
		1926	62	1943	3
		1927	76	1944	0
		1928	60	1945	0

　이 표에 나타나 있는 바와 같이, 발간 연대가 명백한 족보 1,568종 가운데 조선조 숙종부터 한말에 이르는 사이에 발간한 족보 21종 외에는 모두 일제시대에 발간한 족보들이다. 이미 말한 바와 같이 일제시대에는 족보를 발간하면 도서관에 납본하는 것이 규정이었기 때문에 일제시대에 발간한 족보는 해방 후에 발간한 족보와는 달리 거의 전부 국립도서관에 보관되어 있다. 이 표를 통하여 우리는 족보의 간행률이 한일합방(일제침략) 이래로 점차 증가하다가 1919년 3·1운동을 기점으로 하여 그 후 약 3년 동안(1919~1921년) 급감하였음을 알 수 있다. 여기에서 3·1운동 당시 일제가 우리 민족을 탄압한 사실을 엿볼 수 있다. 그 후 족보간행률은 3·1운동 이전의 상태를 회복했는데 1930년대(엄격히 말하면 1933년부터 1939년 사이)에 이르러 족보간행률이 급증하여 얼마

간 그 상태를 유지하였다. 즉 일제시대 한국인의 족보간행은 1930년대
에 가장 왕성하였다고 말할 수 있다. 그렇게 증가한 족보간행률은 제2차
대전으로 말미암아 다시 급감하였다. 1910년대나 1920년대에 비하여
1930년대에 이르러 족보간행이 더욱 활기를 띠었다는 것은 주목할 만
하다.

4. 족보를 간행한 바 있는 동족

원칙적으로 한국의 족보는 30년마다 간행하기로 되어 있다. 따라서
일제 36년은 족보를 적어도 1회 이상 간행하기에 충분한 기간이다. 어느
동족이든 이 기간에 족보를 간행하였다면 물론 여기서 우리가 다룬 자료
들에 포함되어 있다. 善生永助 씨는 그의 저서 『朝鮮の姓』에서 다음과
같이 언급한다.

> ① 『增補文獻備考』에 실린 성씨(496종)와 각 성의 본관 수와 그 내용을
> 그대로 連載하였으며,
> ② 1930년 국세조사 결과를 이용해 성씨 수를 조사하여 그 수가 250종이
> 라고 하였다. 그러나 각 성의 본관 수와 그 내용은 조사하지 못하고 따
> 라서 언급하지 못하였다.
> ③ 250종의 성씨 가운데는 100가구 이하의 성씨 98성이 포함되며, 또 10
> 가족 이하의 稀姓도 상당히(56성) 있다고 말한다. 그러나 이 희성의 본
> 관, 조상에 대한 내력은 그 眞僞가 명백하지 않은 것도 있으나 고증할
> 수 없어 신고된 것을 그대로 게재한다고 부언한다.

그가 말한 희성들 가운데는 신고자의 誤記나 혹은 중국인의 성과 한
국인의 성을 혼동한 데서 연유한 것도 많이 있을 것으로 생각한다. 여하
튼 善生 씨는 1930년 국세조사를 근거로 하였다고는 하지만 성만을 조
사하였을 따름이고 姓과 本을 같이하는 동족별로는 조사하지 못한 것이

다. 예를 들면 김씨에는 어떤 본관이 있는지를 1930년 국세조사를 통해
서는 조사하지 못한 것이다. 그래서 본인이 그 고찰을 시도하여 일제시
대에 1회 이상 족보를 간행한 바 있는 동족에는 어떠한 것이 있는지 살
펴보고자 한다. 이와 같은 방법으로 그 당시의 모든 동족을 망라할 수는
없지만 적어도 어느 정도 동족으로서 제 구실을 한 동족은 모두 파악할
수 있다. 왜냐하면 족보를 간행한 바 있고 성과 본을 같이하는 동족은
그렇지 못한 동족에 비하여 훨씬 활발하게 동족으로서의 기능을 발휘하
고 있기 때문이다. 앞으로 우리가 동족을 연구할 때도 물론 이러한 동족
들을 조사대상으로 택해야 할 것이다. 이렇게 볼 때 족보를 간행한 바
있는 동족을 확인하는 것은 매우 중요한 의미가 있다.

　일제시대의 동족(동성동본)별 족보발간 횟수를 표시하면 다음 표와
같다(한말까지 발행된 족보 21종 포함). 이 표에는 동성동본을 단위로 하
거나 그 내부의 派를 단위로 하는 족보만 포함하였고, 성을 단위로 하는
것, 예를 들면 『金氏世譜』, 『白氏大同譜』, 『車柳大同譜』 등은 제외하
였다.

〈표 3〉 동성동본(또는 파)별 족보 발간 횟수

성	본관	발간 횟수	성	본관	발간 횟수
1.李	① 全州	111(璿源 45 포함)		㊳ 永川	4
	② 江陽	1		㊴ 寧川	2
	③ 江華	1		㊵ 寧海	1
	④ 開城	1		㊶ 禮安	1
	⑤ 慶州	49		㊷ 完山	7
	⑥ 固城	2		㊸ 龍宮	1
	⑦ 公州	2		㊹ 龍仁	3
	⑧ 光山	5		㊺ 羽溪	1
	⑨ 廣州	6		㊻ 牛峯	1
	⑩ 金溝	1		㊼ 原州	4
	⑪ 金浦	1		㊽ 月城	1
	⑫ 羅州	1		㊾ 仁川	5
	⑬ 丹陽	8		㊿ 長水	1
	⑭ 大興	2		(51) 長川	1
	⑮ 德山	1		(52) 載寧	3
	⑯ 德水	2		(53) 全義	4
	⑰ 道康	1		(54) 旌善	1
	⑱ 碧珍	3		(55) 眞寶	1
	⑲ 報恩	1		(56) 鎭安	1
	⑳ 鳳山	1		(57) 晋州	1
	㉑ 扶餘	1		(58) 青松	1
	㉒ 富平	1		(59) 淸安	1
	㉓ 西林	1		(60) 淸州	3
	㉔ 星山	3		(61) 忠州	3
	㉕ 星州	12		(62) 泰安	3
	㉖ 隋城	2		(63) 太原	1
	㉗ 遂安	4		(64) 通津	1
	㉘ 新平	1		(65) 平山	1
	㉙ 牙山	2		(66) 平昌	5
	㉚ 安山	1		(67) 鶴城	3
	㉛ 安城	2		(68) 韓山	6
	㉜ 安岳	1		(69) 咸安	2
	㉝ 梁山	1		(70) 咸平	7
	㉞ 陽城	4		(71) 海南	1
	㉟ 驪州	7		(72) 陜川	6
	㊱ 延安	9		(73) 洪州	5
	㊲ 瀛州	2		(74) 花山	1

성	본관	발간 횟수	성	본관	발간 횟수
	⑺5 懷德	1		㉑ 唐岳	1
	⑺6 興陽	3		㉒ 大邱	4
2. 安	① 廣州	3		㉓ 道康	1
	② 順興	21		㉔ 東萊	1
	③ 竹山	6		㉕ 溟源	1
	④ 眈津	1		㉖ 茂長	1
3. 尹	① 南原	2		㉗ 密陽	2
	② 茂松	1		㉘ 白川	1
	③ 漆原	3		㉙ 豊基	1
	④ 坡平	23		㉚ 扶寧	8
	⑤ 海南	2		㉛ 泗川	1
	⑥ 海平	1		㉜ 三陟	6
4. 韓	① 谷山	1		㉝ 商山	6
	② 清州	34		㉞ 尙州	1
5. 姜	① 晋山	4		㉟ 瑞興	1
	② 晋陽	9		㊱ 善山	5
	③ 晋州	20		㊲ 宣城	1
6.金	① 江陵	14		㊳ 雪城	1
	② 康津	1		㊴ 水原	1
	③ 江華	2		㊵ 順川	6
	④ 開城	4		㊶ 安東	24
	⑤ 慶州	79		㊷ 安山	3
	⑥ 雞林	4		㊸ 安城	1
	⑦ 高靈	1		㊹ 安岳	1
	⑧ 固城	1		㊺ 楊根	2
	⑨ 公州	2		㊻ 梁山	1
	⑩ 光山	31		㊼ 楊州	1
	⑪ 廣州	3		㊽ 彦陽	1
	⑫ 交河	2		㊾ 延安	6
	⑬ 金寧	22		㊿ 靈光	7
	⑭ 錦山	2		(51) 永山	2
	⑮ 金堤	2		(52) 英陽	1
	⑯ 金化	1		(53) 寧越	1
	⑰ 金海	121(선원 1 포함)		(54) 永川	2
	⑱ 羅州	4		(55) 龍宮	1
	⑲ 樂安	1		(56) 龍潭	1
	⑳ 南陽	1		(57) 蔚山	1

성	본관	발간 횟수	성	본관	발간 횟수
	㉘ 熊神	1		⑤ 昌原	8
	㉙ 月城	1		⑥ 平海	6
	㉚ 殷栗	1	10. 洪	① 南陽	26
	㉛ 義城	5		② 豊山	4
	㉜ 一善	1		③ 洪州	1
	㉝ 全州	19	11. 高	① 長興	4
	㉞ 貞州	1		② 濟州	12
	㉟ 鎭岑	1	12. 權	安東	33
	㊱ 晋州	6	13. 嚴	寧越	15
	㊲ 鎭川	3	14. 崔	① 杆城	1
	㊳ 淸道	4		② 江陵	16
	㊴ 靑松	1		③ 江華	1
	㊵ 淸州	7		④ 慶州	43
	㊶ 淸風	9		⑤ 古阜	1
	㊷ 忠州	7		⑥ 光陽	1
	㊸ 太原	1		⑦ 廣州	1
	㊹ 坡平	1		⑧ 東州	2
	㊺ 豊山	1		⑨ 朔寧	3
	㊻ 咸昌	4		⑩ 隋城	2
	㊼ 海南	1		⑪ 水原	2
	㊽ 海州	3		⑫ 牙山	1
	㊾ 洪州	1		⑬ 楊州	1
7. 玄	延平	3		⑭ 陽川	1
8. 吳	① 高敞	1		⑮ 延豊	1
	② 羅州	2		⑯ 永川	1
	③ 同福	4		⑰ 永興	1
	④ 寶城	2		⑱ 完山	1
	⑤ 首陽	1		⑲ 龍宮	1
	⑥ 蔚山	1		⑳ 原州	1
	⑦ 全州	1		㉑ 全州	28
	⑧ 平海	1		㉒ 靑松	2
	⑨ 咸陽	4		㉓ 淸州	2
	⑩ 海州	25		㉔ 草溪	1
9. 黃	① 德山	1		㉕ 忠州	4
	② 紆州	2		㉖ 眈津	5
	③ 齊安	2		㉗ 泰仁	1
	④ 長水	4		㉘ 通川	1

성	본관	발간 횟수	성	본관	발간 횟수
	㉙ 海州	12		⑤ 平海	2
	㉚ 和順	7	23. 趙	① 金堤	1
	㉛ 黃州	1		② 白川	4
15. 朱	新安	14		③ 淳昌	
16. 徐	① 南陽	1		④ 楊州	
	② 達成	5		⑤ 玉泉	4
	③ 大邱			⑥ 眞寶	1
	④ 利川	12		⑦ 太原	1
	⑤ 扶餘	1		⑧ 平壤	1
	⑥ 長城	2		⑨ 豊壤	2
17. 申	① 高靈	6		⑩ 豊陽	4
	② 鵝洲	2		⑪ 漢楊	16
	③ 平山	19		⑫ 咸安	9
18. 全	① 慶山	1		⑬ 橫城	1
	② 慶州	1	24. 張	① 結成	2
	③ 星州	1		② 德水	2
	④ 玉山	1		③ 木川	1
	⑤ 沃川	1		④ 鳳城	1
	⑥ 龍宮	1		⑤ 順天	1
	⑦ 旌善	4		⑥ 安東	6
	⑧ 天安	1		⑦ 蔚珍	3
19. 宣	寶城	2		⑧ 沃溝	1
20. 宋	① 南陽	2		⑨ 仁同	21
	② 聞慶	1		⑩ 鎭川	1
	③ 新平	3		⑪ 興城	3
	④ 治爐	1	25. 鄭	① 慶州	10
	⑤ 楊州	1		② 光州	1
	⑥ 礪山	28		③ 錦城	1
	⑦ 延安	3		④ 羅州	3
	⑧ 恩津	17		⑤ 綾城	1
	⑨ 鎭川	2		⑥ 東萊	11
	⑩ 淸州	1		⑦ 奉化	2
21. 曺	昌寧	19		⑧ 瑞山	1
22. 孫	① 密城	3		⑨ 延白	1
	② 密陽	13		⑩ 迎日	15
	③ 月城	1		⑪ 烏川	1
	④ 淸州	1		⑫ 溫陽	2

성	본관	발간 횟수	성	본관	발간 횟수
	⑬ 全州	1		㉑ 雲峯	1
	⑭ 晋陽	5		㉒ 蔚山	6
	⑮ 晋州	6		㉓ 月城	2
	⑯ 靑山	1		㉔ 陰城	1
	⑰ 淸州	1		㉕ 麟蹄	1
	⑱ 草溪	4		㉖ 竹山	5
	⑲ 八溪	1		㉗ 玞原	1
	⑳ 河東	13		㉘ 昌原	1
	㉑ 咸平	1		㉙ 春川	2
	㉒ 海州	2		㉚ 忠州	4
26. 南	① 英陽	2		㉛ 泰仁	1
	② 宜寧	6		㉜ 平州	1
27. 白	① 大興	1		㉝ 新羅	5
	② 泰仁	1		㉞ 平澤	1
	③ 水原	19		㉟ 咸陽	9
28. 閔	驪興	5	31. 兪	① 杞溪	8
29. 文	南平	19		② 務安	1
30. 朴	① 江陵	1		③ 仁同	2
	② 慶州	1		④ 昌源	3
	③ 高靈	2	32. 楊	① 南原	1
	④ 固城	1		② 淸州	5
	⑤ 軍威	1	33. 羅	① 錦城	2
	⑥ 沔川	2		② 羅州	4
	⑦ 務安	2		③ 軍威	1
	⑧ 密城	16		④ 安定	1
	⑨ 密陽	78(준원 3 포함)	34. 柳	① 高興	4
	⑩ 潘南	4		② 文化	12
	⑪ 比安	1		③ 瑞山	3
	⑫ 泗川	2		④ 善山	1
	⑬ 商山	1		⑤ 晋州	7
	⑭ 尙州	1	35. 劉	① 江陵	17
	⑮ 善山	1		② 居昌	2
	⑯ 淳昌	1	36. 梁	① 南原	16
	⑰ 順天	6		② 濟州	2
	⑱ 驪州	2	37. 林	① 羅州	12
	⑲ 靈岩	1		② 保安	1
	⑳ 寧海	6		③ 扶安	1

성	본관	발간 횟수	성	본관	발간 횟수
	④ 庇仁	1	49. 康	① 谷山	1
	⑤ 淳昌	1		② 信川	2
	⑥ 安東	2	50. 盧	① 谷山	1
	⑦ 安義	1		② 光山	2
	⑧ 益山	1		③ 光州	4
	⑨ 臨陂	1		④ 交河	4
	⑩ 長興	1		⑤ 萬頃	1
	⑪ 全州	1		⑥ 新昌	1
	⑫ 鎭川	1		⑦ 長淵	1
	⑬ 彭城	5		⑧ 豊川	2
	⑭ 平澤	10	51. 延	谷山	2
38. 簡	加平	1	52. 卓	光山	2
39. 陳	① 江陵	1	53. 董	廣州	1
	② 神光	1	54. 潘	① 光州	1
	③ 梁山	1		② 南平	1
	④ 驪陽	6	55. 方	① 軍威	1
	⑤ 羅州	1		② 溫陽	5
	⑥ 三陟	1	56. 司空	① 軍威	1
40. 咸	江陵	2		② 孝令	1
41. 魯	① 江華	1	57. 印	喬桐	1
	② 密陽	1	58. 范	錦城	1
	③ 咸平	4	59. 丁	① 錦城	1
42. 王	開城	3		② 羅州	3
43. 愼	居昌	2		③ 靈光	4
44. 章	居昌	1		④ 靈城	2
45. 裵	① 慶州	2		⑤ 昌寧	1
	② 昆山	1		⑥ 昌原	2
	③ 廣州	1	60. 公	金浦	1
	④ 金海	1	61. 許	① 金海	2
	⑤ 達成	2		② 盆城	1
	⑥ 盆城	2		③ 陽川	5
	⑦ 星山	2		④ 泰仁	2
	⑧ 興海	1		⑤ 河陽	1
46. 薛	① 慶州	1	62. 房	南陽	2
	② 淳昌	1	63. 獨孤	南原	1
47. 冰	慶州	1	64. 具	① 綾城	6
48. 孔	曲阜	6		② 昌原	1

성	본관	발간 횟수	성	본관	발간 횟수
65. 禹	丹陽	8	87. 千	穎陽	7
66. 鞠	潭陽	1	88. 皇甫	永川	1
67. 田	潭陽	6	89. 陸	沃川	1
68. 杜	杜陵	3	90. 邊	原州	6
69. 馬	① 馬興	1	91. 元	原州	7
	② 木川	1	92. 慈	遼陽	1
	③ 長興	3	93. 昔	月城	1
70. 卜	沔陽	1	94. 玉	宜寧	2
71. 庚	① 茂松	3	95. 蔡	① 仁川	3
	② 平山	1		② 平康	2
72. 琴	鳳城	1	96. 魏	長興	4
73. 睦	泗川	1	97. 任	① 長興	1
74. 沈	① 三陟	1		② 豊川	5
	② 豊山	1	98. 秋	① 全州	1
	③ 青松	8		② 秋溪	1
75. 周	① 尙州	2	99. 陰	竹山	1
	② 鐵原	2	100. 河	① 晋陽	8
	③ 安義	1		② 晋州	1
	④ 草溪	2	101. 蘇	晋州	2
76. 明	西蜀	2	102. 邢	晋州	1
77. 郭	① 善山	2	103. 成	昌寧	7
	② 淸州	1	104. 慶	淸州	1
	③ 海美	1	105. 史	淸州	1
	④ 玄風	1	106. 卞	草溪	1
	⑤ 苞山	7	107. 池	忠州	6
78. 吉	① 善山	2	108. 諸	漆原	1
	② 海平	1	109. 鮮于	太原	1
79. 呂	① 星山	1	110. 弓	兎山	1
	② 星州	1	111. 楚	巴陵	1
80. 都	星州	2	112. 胡	巴陵	1
81. 賈	蘇州	1	113. 廉	坡州	2
82. 柱	遂安	2	114. 秦	豊基	2
83. 孟	新昌	4	115. 程	河南	1
84. 蔣	牙山	2	116. 奉	河陰	1
85. 車	延安	9	117. 南宮	咸悅	1
86. 辛	① 靈山	5	118. 魚	咸從	1
	② 寧越	4	119. 牟	咸平	1

성	본관	발간 횟수	성	본관	발간 횟수
120. 奇	幸州	1	123. 石	洪州	1
121. 殷	幸州	1	124. 龍	洪川	1
122. 太	陜溪	1	125. 甘	檜山	1

비고 : 본관은 족보에 기재된 것을 그대로 표기했다. 예를 들면 전주와 완산은 동일 지명이지만 달리 합계하였다.

이 표를 통해 다음과 같은 사실을 알 수 있다.

첫째, 일제시대에 족보를 간행한 姓은 125종에 달한다. 이는 1930년 당시 총 250종인 한국인 성 수의 약 半數다.

둘째, 같은 기간에 족보를 발간한 度數별로 살펴보면, 4회 이상 발간한 동족의 수가 가장 많고, 5회부터 10회 사이가 그 다음이고, 11회부터 20회 사이가 그 다음이다. 이와 같이 도수가 많은 동족은 그 수가 점점 줄어든다. 족보를 가장 많이 발간한 동족은 김해 김씨와 전주 이씨이며, 다음이 밀양 박씨와 경주 김씨다.

5회 이상 족보를 발간한 동족을 표로 나타내면 다음과 같다.

<표 4> 5회 이상 족보를 발간한 동족

발간 횟수	동족 수	동족명
111~120	2	金海金氏, 全州李氏.
70~79	2	密陽朴氏, 慶州金氏.
40~49	2	慶州李氏, 慶州崔氏.
31~39	3	淸州韓氏, 安東金氏, 光山金氏.
21~29	9	全州崔氏, 礪山宋氏, 南陽洪氏, 海州吳氏, 安東金氏, 坡平尹氏, 金寧金氏, 仁同張氏, 順興安氏.
11~20	25	晋州姜氏, 全州金氏, 平山申氏, 昌寧曺氏, 水原白氏, 南平文氏, 密陽朴氏, 恩津宋氏, 江陵劉氏, 江陵崔氏, 漢陽趙氏, 南原梁氏, 寧越嚴氏, 迎日鄭氏, 新安朱氏, 江陵金氏, 河東鄭氏, 密陽孫氏, 星州李氏, 海州崔氏, 濟州高氏, 文化柳氏, 利川徐氏, 羅州林氏, 東萊鄭氏.
5~10	68	慶州鄭氏, 平澤林氏, 延安車氏, 咸安趙氏, 晋陽姜氏, 咸陽朴氏, 延安李氏, 淸風金氏, 扶寧金氏, 丹陽李氏, 丹陽禹氏, 晋陽河氏, 昌原黃氏, 潁陽千氏, 昌寧成氏, 苞山郭氏, 原州元氏, 杞溪兪氏, 晋州柳氏, 和順崔氏, 完山李氏, 廣州李氏, 咸平李氏, 驪州李氏, 淸州金氏, 忠州金氏, 靈光金氏, 三陟金氏, 延安金氏, 商山金氏, 順天金氏, 陜川李氏, 順天朴氏, 寧海朴氏, 蔚山朴氏, 竹山安氏, 高麗申氏, 安東張氏, 晋州鄭氏, 大邱徐氏, 平海黃氏, 潭陽田氏, 宜寧南氏, 忠州池氏, 曲阜孔氏, 綾城具氏, 原州邊氏, 驪陽陳氏, 善山金氏, 義城金氏, 晋州金氏, 鷄林金氏, 平昌李氏, 仁川李氏, 光山李氏, 洪州李氏, 道康李氏, 竹山朴氏, 耽津崔氏, 晋陽鄭氏, 陽川許氏, 達成徐氏, 驪興閔氏, 豊川任氏, 靈山辛氏, 溫陽方氏, 淸州楊氏, 新羅朴氏.
1~4	415	(생략)

　　같은 기간에 족보를 간행한 바 있는 동족의 성과 본관의 관계를 살펴
보자. 즉 각 성이 몇 개의 본관으로 나뉘어 있는지 표로 나타내면 <표
5-1>과 같다.

〈표 5-1〉 족보를 발간한 동족의 성별 본관의 수

성	본관수	성	본관수	성	본관수	성	본관수	성	본관수	성	본관수
李	76	孫	5	愼	1	具	2	車	1	卞	1
安	4	趙	13	章	1	禹	1	辛	2	池	1
尹	6	張	11	裵	8	鞠	1	千	1	諸	1
韓	2	鄭	22	薛	2	田	1	皇甫	1	鮮于	1
姜	3	南	2	泳	1	杜	1	陸	1	弓	1
金	79	白	3	孔	1	馬	3	邊	1	楚	1
玄	1	閔	1	康	2	卜	1	元	1	胡	1
吳	10	文	1	盧	8	庚	2	慈	1	廉	1
黃	6	朴	35	延	1	琴	1	昔	1	秦	1
洪	3	兪	4	卓	1	睦	1	玉	1	程	1
高	2	楊	2	董	1	沈	3	蔡	2	奉	1
權	1	羅	4	潘	2	周	4	魏	1	南宮	1
嚴	1	柳	5	方	2	明	1	任	2	魚	1
崔	31	劉	2	司空	2	郭	5	秋	2	牟	1
朱	1	梁	2	印	1	吉	2	陰	1	奇	1
徐	6	林	14	范	1	呂	2	河	2	殷	1
申	3	簡	1	丁	6	都	1	蘇	1	太	1
全	8	陳	6	公	1	賈	1	邢	1	石	1
宣	1	咸	1	許	5	桂	1	成	1	龍	1
宋	10	魯	3	房	1	孟	1	慶	1	甘	1
曺	1	王	1	獨孤	1	蔣	1	史	1	계	526

이것을 다시 이해하기 쉽게 정리하면 표 〈5-2〉와 같다.

즉 일제시대에 족보를 간행한 바 있는 동족 중에서 본관이 가장 많은 성도 그 수가 80을 넘지 못함을 알 수 있다. 본관이 가장 많은 성은 金, 李의 두 성으로 각각 본관 수가 70개 초과 80개 미만이다. 이를 훨씬 밑도는 수치로 朴씨, 崔씨가 뒤를 따르고 그 다음이 鄭씨다. 한국인의 성의 약 8할은 본관이 하나 또는 둘이다. 이상과 같은 분석은 물론 이미 말한 바와 같이 한국인 전체의 성에 관한 것이 아니고 일제시대에 족보를 간행한 바 있는 동족에 한해서다.

〈표 5-2〉 성별 본관 수의 분포 현황(족보)

본관 수	성 수	내용
71~79	2	金, 李.
31~35	2	朴, 崔.
21~25	1	鄭.
11~19	3	趙, 張, 林.
6~10	10	尹, 吳, 黃, 徐, 全, 宋, 陳, 裵, 盧, 丁.
3~5	14	姜, 洪, 申, 孫, 白, 兪, 羅, 柳, 魯, 許, 馬, 沈, 周, 郭.
1~2	94	(생략)

5. 하나 이상의 동족부락에 거주하는 동족

앞에서 족보간행의 관점에서 동족을 살펴보았고, 이제 동족부락 형성의 관점에서 살펴보고자 한다. 동족부락의 개념은 아직까지 명확하지 못하나, 여기서는 종래 동족부락이라고 간주한 것을 그대로 인정하고자 한다. 여기서 참고한 자료는 일본인 善生永助 씨가 발간한 『朝鮮の姓』이다. 여기에는 1930년 당시 전국(남북한)의 동족부락이 망라되어 있다. 그러나 여기에 누락한 동족부락이 우리가 아는 범위 내에도 상당히 있다. 그렇지만 이것을 시정한 다른 자료가 없기에, 불만족스럽기는 하지만 이 자료를 이용하지 않을 수 없다. 善生永助 씨는 이 『朝鮮の姓』을 기초로 『朝鮮の聚落(後篇)』(1935, 493~510쪽)에서 또 동족부락을 분석했지만 이 자료는 통계에 상당한 오류가 있다. 우리는 그 오류도 지적하고자 한다. 먼저 동족부락의 분포를 표로 나타내면 다음과 같다.

〈표 6〉 성별·본관별 동족부락의 수

성	본관	경기	충북	충남	전북	전남	경북	경남	황해	평남	평북	강원	함남	함북	舊計	新計
金	金海	79	49	55	90	236	130	196	27	34	62	147	82	150	1,256	1,287
	慶州	50	37	49	30	39	55	56	15	24	66	76	30	42	613	670
	光山	18	6	25	14	81	11	7	3	6	3	9	3	7	192	202
	全州					37				14	32	5	36	65	135	191
	安東	14	19	10	6	1	43	8	7	2	27	12	5	6	152	160
	金寧	2	1	6	10	17	3	51	5			7			134	102
	三陟						11			2		78	4	5	75	101
	江陵	13	2	6	2		2	2	2	1	4	54	6	6	94	100
	善山		1	2	1	3	37	8			2	6	27	10	71	97
	延安	6		1	4	3	1	5	2	3	25	6			55	56
	清風	6	8		1	2	9	1	13	3	3	1	3	1	43	51
	義城	2	7	1	5	2	1	1	4	5	2	4	4		70	38
	清州				4					4	17		9	4	33	38
	忠州									3	14		3	13	30	33
	開城		1		3				2	2	14		9		28	31
	清道				5	6	7	6	3	3					27	30
	商山			1	3	6	1	9	4		4				37	29
	順川	4		3	1	5	4			6	6			1	25	29
	廣州					4	1	9	7					1	22	22
	晋州	1		1	2					4	7		4	2	19	21
	蔚山	1		2	13		3				1	1			21	20
	靈光	1		1	11			1	3	3					17	20
	彦陽	1		4	6	5		2			1				17	19
	扶安			1	11	2		3			1				13	18
	水原			2	1	3	2	1	3	3	1			1	17	17
	鎭川												2	15	14	17
	一善						15	1							16	16
	安山	5	1			1		1		1	5	1			10	15
	羅州		1	3		4				1	4			1	15	14
	月城						12			1					12	13
	咸昌		2		3		7			1					10	13
	唐岳									6	4				9	10
	公州									4	5				10	9
	龍宮			1			4	2	1		1				9	9
	瑞興	1				1	2	3	1						8	8
	牛峰							1				4	3		4	8

성	본관	경기	충북	충남	전북	전남	경북	경남	황해	평남	평북	강원	함남	함북	舊計	新計
金	扶寧				7										4	7
	大邱							1		6					3	7
	豊山	1	1				2	2							6	6
	海豊	4						1				1			6	6
	道康				1	5									6	6
	康津				5					1					3	6
	宣城						5								6	5
	尙州									1	4				5	5
	交河									2		2	1		5	5
	東萊												5		5	5
	原州	2			1						1	1			5	5
	固城	1		1	2									1	5	5
	光州				2					2	1				5	5
	楊州									5					3	5
	安岳									4	1				3	5
	海州										4			1	4	5
	豊基										5				4	5
	江華	1							1	1	1				4	4
	禮安		1	1		1						1			4	4
	永川								1		2		1		4	4
	白川									1	3				4	4
	平山										2			2	4	4
	寧海												3	1	4	4
	振威												4		3	4
	昌原	1						2							3	3
	高靈	1					1	1							3	3
	永山		2	1											3	3
	楊根			2			1								3	3
	密陽				1					1				1	3	3
	盆城						3								3	3
	遂安						3								3	3
	旌善							2							1	3
	長淵									2					3	2
	和順									2	1				3	3
	豊川									2			1		3	3
	洪州									3					3	3
	南陽									3					3	3
	文州									3					3	3

성	본관	경기	충북	충남	전북	전남	경북	경남	황해	평남	평북	강원	함남	함북	舊計	新計
金	綾城												3		2	3
	杆城												3		3	3
	金堤	1											2		2	3
	德水	2													1	2
	通川		2												2	2
	泗川				2										2	2
	錦山				2										2	2
	野城						2								2	2
	延白							2							2	2
	鷄林								1	1					2	2
	金化									2					2	2
	河陰									2					2	2
	星州									1	1				1	2
	益山									1				1	2	2
	南原									1			1		1	2
	藍浦									2					2	2
	鐵原									1	1				2	2
	平壤										2				2	2
	扶餘												2		2	2
	寧越												2		2	2
	茂長	1						1					2		2	4
	陽州														2	
	英陽														2	
	鳳城														1	
	綾州														1	
	慶山														1	
	開寧														1	
	堂岳				1										1	1
	義州					1									0	1
	披平									1					1	1
	光陽									1					1	1
	高山									1					1	1
	富平									1					1	1
	通津									1					2	1
	靈巖	1													1	1
	雪城	1													1	1
	處仁	1													1	1
	金陵		1												1	1

성	본관	경기	충북	충남	전북	전남	경북	경남	황해	평남	평북	강원	함남	함북	舊計	新計
金	樂安				1										1	1
	漆原				1										1	1
	熙川				1										1	1
	始興									1					1	1
	鳳山									1					1	1
	臨陂									1					1	1
	龍安									1					1	1
	咸平									1					1	1
	珍島									1					1	1
	高陽									1					1	1
	積城									1					1	1
	萬頃									1					1	1
	南平									1					1	1
	驪州									1					1	1
	溫陽										1				1	1
	定山										1				1	1
	恩津										1				1	1
	結城										1				1	1
	成川											1			1	1
	延州											1			1	1
	蔚珍												1		1	1
	韓山												1		1	1
	平海												1		1	1
	稷山												1		1	1
	豊德													1	1	1
	登州													1	1	1
	黃澗														6	
李	全州	157	41	74	76	23	87	54	81	14	53	147	214	146	1,093	1,257
	慶州	18	27	24	15	47	82	58	7	3	18	43	3	1	322	346
	延安	13	5	7	6	5	7	5	10	2	1	4	7	1	78	82
	廣州	17		3	5	2	5	3	8	2	6	1	6	4	74	80
	平昌				1				9	7	1	34	18	7	68	77
	星州	7	3	1	6	4	14	10	1	5	4	3	7	3	67	68
	全義	11	9	5	6	5	7	7	12	2		1			63	65
	韓山	9	1	18	2	1	4		8			13	1	3	54	60
	永川	1			2	33	4		3			1	5		49	49
	咸平	7		5	4	22		3	2		1	1	1		40	46
	遂安			1					24	2	7	1			44	35

성	본관	경기	충북	충남	전북	전남	경북	경남	황해	평남	평북	강원	함남	함북	舊計	新計
李	陜川	3	2	4	1		1	30			2				45	43
	碧珍	1			1		21	13				2			36	38
	丹陽	1	1	3				1	1	29		1			36	37
	驪州	3		1			17	3	3	3			3		32	33
	月城						29	2							32	31
	原州	3	2			9				1	3	2		1	31	31
	龍仁	5	1	3					1	2	1	13	4		29	30
	固城	5		2		2	9	2	2	1	6				29	29
	仁川		2	1		6	5	8	2		4			1	29	29
	星山					1	13	11							20	25
	陽城	4	2			4	3						2		24	15
	淸州			2			2	1	1	4	5		8	1	23	24
	德水	8		3	1			1	4	5	2	1			23	25
	載寧	1			1		5	14							21	21
	公州	4			1	2	2	1						10	18	20
	靑海	1			1				5		1	6	1		15	15
	咸安	3						11							15	14
	眞城						12				1				14	13
	牙山	1	1					5		5		1			13	13
	眞寶	1		1			11								11	13
	光山					9	3								11	12
	安城	1			1			2	1		2				5	7
	蔚山	1		1			1	8							10	11
	羽溪	1					4		2			3			11	10
	旌善						5		1			4			9	10
	禮安	4	1	1							3				9	9
	牛峰	1	3	1		3		1							9	9
	開城	1							1		5	2			7	8
	長水						5	2	1						7	8
	新平	1	2	4	1										7	8
	淸安				1	5									6	6
	安岳						3		1	1			1		6	6
	古阜				3			1	2						6	6
	龍宮								6						5	6
	完山		1			2		1		1	1				5	6
	鐵城						5								5	5
	鎭安									5					5	5
	富平	5													5	5

성	본관	경기	충북	충남	전북	전남	경북	경남	황해	평남	평북	강원	함남	함북	舊計	新計
李	河濱	2							3						5	5
	驪興	1					2					1			4	4
	振威	1	2								1				4	4
	興陽				1	1	2								3	4
	宣城					4									4	4
	永陽						4								3	4
	德山						3			1					3	4
	忠州									1			1	2	4	4
	青松										2	2			3	4
	洪州	1		1						1					3	3
	光州				1						2				2	3
	寧川				2	1									2	3
	隴西						3								3	3
	交河								1	2					3	3
	泰安								2		1				3	3
	晋州									2	1				3	3
	扶安										3				2	3
	水原											3			2	3
	杆城											1	2		2	3
	康津		1	1											2	2
	安平			2											2	2
	月浪				2										2	2
	長興					1						1			2	2
	鳳山					1		1							2	2
	高興					2									2	2
	順川						1					1			2	2
	京山						2								2	2
	高靈								2						2	2
	瑞山								2						2	2
	羅州								1		1				1	2
	聞寧								1				1		1	2
	金浦							2							2	2
	寧海											2			1	2
	通溝												2		1	2
	茂長	1													1	1
	清河	1													1	1
	呂州	1													1	1
	丹城	1													0	1

성	본관	경기	충북	충남	전북	전남	경북	경남	황해	평남	평북	강원	함남	함북	舊計	新計
李	平山	1													1	1
	三山		1												1	1
	河陰		1												1	1
	公山			1											1	1
	德恩			1											1	1
	西林			1											1	1
	尙山			1											1	1
	永陽														1	1
	金山				1										1	1
	溫陽				1										1	1
	咸豊				1										2	1
	沃溝				1										1	1
	潦山					1									1	1
	咸興					1									1	1
	密城					1									0	1
	報恩					1									1	1
	洪川					1									1	1
	昌寧						1								1	1
	學城						1								1	1
	嘉平						1								1	1
	醴泉						1								1	1
	陽山						1								1	1
	廣平						1								1	1
	淸風						1								1	1
	江陽							1							1	1
	東城							1							1	1
	花山								1						2	1
	加平								1						2	1
	務安								1						1	1
	順興								1						1	1
	安山								1						1	1
	宜寧									1					1	1
	金化									1					1	1
	安南									1					1	1
	豊德									1					1	1
	結城									1					1	1
	密陽									1					1	1
	興德									1					1	1

성	본관	경기	충북	충남	전북	전남	경북	경남	황해	평남	평북	강원	함남	함북	舊計	新計
李	淸道									1					1	1
	海州									1					1	1
	大興										1				1	1
	安東											1			1	1
	果川											1			1	1
	江陵													1	1	1
	通津													1	1	1
朴	密陽	63	44	49	73	141	132	166	46	53	68	27	103	96	1,061	1,151
	潘南	2	1	6	9	3	6	4	9	1	2	2			55	94
	咸陽	3	4	3	4	19	7	1	1			2	1	4	52	49
	順川	2	12	5	2	10	6	1			2	1			39	41
	務安	7		5		2	5		1	1		2			26	32
	寧海	1	1	1			4				1	21	1		26	30
	竹山	4	1		2		1	5	1	1	2	6			22	23
	密城	4	2			4	2	7				2			15	21
	高靈	9		1		1	4	2	1			1			10	19
	忠州	1	3	2		2	1			5	1		1	1	17	17
	春州					5				1		9			17	15
	尙州	2	3		1	4			1						11	11
	江陵											9	2		9	11
	蔚山	1	2				1	2				1		1	9	9
	珍原				1	8									9	9
	沔川								6	1					7	7
	軍威												7		6	7
	月城					7									6	7
	昌原	1				3					1	1			6	6
	麗州								1				2	3	5	6
	靈巖	1										3		1	5	5
	平澤					1							3		3	4
	三陟							4							4	4
	義興		1			2									3	3
	商山			1	1	1									3	3
	文義				1			2							3	3
	慶州						1	1	1						2	3
	唐津											3			3	3
	陰城	1													2	2
	泰安		1	1											3	2
	固城		1						1						1	2

성	본관	경기	충북	충남	전북	전남	경북	경남	황해	평남	평북	강원	함남	함북	舊計	新計
朴	綾州						2								1	2
	全州							2							3	2
	開寧									2					1	2
	泗川											2			2	2
	雲峰		1												1	1
	旌善			1											1	1
	錦城					1									0	1
	泰仁					1									1	1
	訥仁						1								1	1
	比安						1								1	1
	龜山						1								1	1
	安城							1							1	1
	唐城									1					1	1
	靑山									1					1	1
	魯城									1					2	1
	河陰									1					1	1
	鷄林										1				1	1
	古城												1		1	1
	淳昌												1		1	1
韓	淸州	22	1	5	19	17	8	16	7	30	26	9	106	18	259	284
	谷山						2								2	2
	錦山				1										1	1
	淸安					1									1	1
	延安									1					1	1
	漢陽												1		1	1
	忠州													1	1	1
姜	晉州	8	4	6	6	52	28	25	16	6	25	1	23	4	212	215
	晉陽				1	1	2	59							61	63
	晉城							1							1	1
崔	慶州	2	3	16	8	18	45	51	5	2	5	6	16	22	202	208
	全州	9	4	5	33	17	4	18	9	12	18	4	15	8	153	207
	海州	7	1	3	1	10	4		21	9	17	4	5	16	89	97
	江陵	2	3	1			2	1	1	2	3	71	3	5	79	91
	水原	1				8							3	18	28	30
	朔寧	1			8	1		7				2			19	19
	和順		2	3	1	2	3	1	4	1	2				18	19
	隋城	8			1	1		2				6			19	18
	耽津	4		2	4	4	1	1							17	16

성	본관	경기	충북	충남	전북	전남	경북	경남	황해	평남	평북	강원	함남	함북	舊計	新計
崔	忠州	2	2							3			4	2	13	13
	月城						13								12	13
	珍出													10	9	10
	原州													7	7	7
	杆城				1								1	5	6	7
	陽州						2	1	4						1	7
	永川						6							10	6	6
	青松														6	6
	草溪					4		1							6	5
	黃州										5				2	5
	興海	1					1	2							4	4
	江華				2							2			4	4
	朗州				1	3									4	4
	泰仁									4					4	4
	寧城											4			4	4
	鐵原		1				1				1				3	3
	聞慶	1									3				3	3
	開城											1		2	3	3
	淸州												1	2	4	3
	扶安													3	3	3
	東州	1									1				2	2
	曲江					2									2	2
	廣州										1	1			3	2
	遂安											2			2	2
	永興												2		1	2
	咸平	1													1	1
	楊州	1													4	1
	通川					1									1	1
	龍宮					1									1	1
	安山														1	0
	康津									1					2	1
	唐津									1					0	1
	晋州									1					1	1
	古阜										1				1	1
	尙州										1				1	1
	溫陽										1				1	1
	仁同											1			0	1
	龍崗													1	1	1

성	본관	경기	충북	충남	전북	전남	경북	경남	황해	평남	평북	강원	함남	함북	舊計	新計
崔	稷山													1	1	1
尹	坡平	19	5	10	4	13	28	23	26	17	12	21	2	2	186	200
	海南					16									15	16
	漆原		1	3		3	1	6							14	14
	南原			2	4	3									10	9
	茂松	2		1				3							5	6
	咸安					3									3	3
	海平		1					1							2	2
	水原						1								0	1
	永川						1								0	1
權	安東	13	5	7	18	6	79	17	8	1	8	8	2		157	172
	仁同					1									1	1
洪	南陽	22	4		9	17	11	9	16	13	17	14	7		140	139
	缶林						6								7	6
	豊山		1			4		1							6	6
	昌原					1									0	1
	南原										1				1	1
文	南平			2	24	44	10	21	9	6	13	1	5		117	135
	甘泉						2								1	2
	江城							1	1						2	2
	南原					1									0	1
	丹城							1							1	1
安	順興	5	2	4	5	11	22	13	18	19	16	7	9	4	126	135
	廣州			1	2	1	3	12							19	19
	竹山	2			2	12			3						18	19
	康津					5									5	5
	順安		1												1	1
	太原		1												1	1
	耽津				1										1	1
	始興														1	
	黃州														1	
申	平山	5	5	9	9	14	17	16	19	11	4	15	8	3	129	135
	高靈	1	12		3	18	2	1				1			38	38
	寧海						10								10	10
	鵝州		3				6								8	9
張	仁同	7	4	2	4	24	36	11	2	3	19	5	14	1	129	132
	結城			4	1				8	8					21	21
	安東			1			2		1	1	9		3		16	17

성	본관	경기	충북	충남	전북	전남	경북	경남	황해	평남	평북	강원	함남	함북	舊計	新計
張	蔚珍						1		1			7		7	16	16
	丹城	1	3				1	1	2			2			10	10
	玉山	2				5									7	7
	木川				6										5	6
	興城				3	3									5	6
	順川					4									4	4
	德水	3													3	3
	興德				1	2									2	3
	智禮	1													1	1
	求禮		1												1	1
	沃溝		1												1	1
	全州				1										1	1
	禮泉						1								1	1
	哲江						1								1	1
	羅州								1						0	1
	報恩									1					0	1
	晋州												1		1	1
曹	昌寧	1	1	4	3	36	20	21	31	2	1	3	2		92	125
	昌山	1	1					1							1	3
趙	韓陽	2	7	4	1	12	9		14	7	5	8	30		92	100
	咸安			1	3	3	17	24	2						49	50
	白川	4							8	13	7		4		37	36
	豊壤	1		8	2	1	5		5	1		6	2		27	31
	玉川				2	19									18	21
	淳昌	1	2			2			1						7	6
	平壤	1		4											5	5
	晋州												4		3	4
	金堤				4										3	4
	忠州										3				3	3
	平山				3										3	3
	密陽								2						2	2
	南原					2									3	2
	楊川	1			1										1	2
	橫城												1		1	1
	泗川									1					1	1
	興德														1	1
	海州									1					1	1
	咸陽								1						1	1

성	본관	경기	충북	충남	전북	전남	경북	경남	황해	평남	평북	강원	함남	함북	舊計	新計
趙	白水							1							1	1
	月川				1										1	1
	永春												1		1	1
	林川				1										1	1
鄭	東萊	2	4	3	13	12	30	26	1	1		2	4		92	98
	河東	2	5	1	1	25	1	7	5		41		3		86	90
	延日	5	4		2	1	12	12	6	13	5	12	8	5	81	84
	慶州	6	1		6	28	5	6	2		2		2	2	61	61
	晋州		2	5	6	18	1	5	3	6	3	2			47	41
	晋陽				8	3	39								50	50
	草溪	5	6	1	1	2	4	7	4	1	2	4			36	37
	海州	6		1		1		4	10						24	24
	迎日	1	2		1		7		4			3			17	18
	清州	1		1		1	9	2							14	15
	溫陽		1	5				1				4	2		9	13
	烏川						11								10	11
	羅州	1		1	1	6									9	9
	八溪							6							6	6
	光山	2			4										6	6
	瑞山		1				1	3							5	5
	奉化	1					2	1							8	4
	光州	1										1			3	2
	野城						2								2	2
	金浦							2							2	2
	豊基	1													1	1
	咸平			1											1	1
	長鬐			1											1	1
	禹州					1									1	1
	月城						1								1	1
	青松						1								1	1
	廣州							1							1	1
	定山							1							1	1
	迎白										1				1	1
	青山											1				1
	河南														1	
	藍浦														1	
吳	海州	7	2	3	10	7	2	2	14	16	7	4	4	4	98	100
	寶城		2	4	1	1			1						18	9

성	본관	경기	충북	충남	전북	전남	경북	경남	황해	평남	평북	강원	함남	함북	舊計	新計
吳	同福				1	13		2	2						17	18
	軍威					17									16	17
	高敞		1				2		10						12	13
	咸陽				5		2	3	1						10	11
	羅州					6									6	6
	樂安					2	1								3	3
	咸平			2											2	2
	長興				2										2	2
	錦城					2									2	2
	和順					1									1	1
	延日									1					1	1
	南陽									1					1	1
高	濟州	7	1		14	50		2	4	3	3		13	1	95	98
	長興				2	16	1	3				1			18	23
	長澤				5										7	5
	開城					3		1							4	4
	橫城											3			3	3
白	水原	2		1	5	14	9	12	5	11	26	5	1		82	91
	藍浦			6											5	6
	泰仁									5					5	5
	大興					1					1				2	2
	清道					1									1	1
	扶餘							1							1	1
宋	礪山	4	1	3	19	26	5	2	3	4	12	4	2		82	85
	思津	1	1	14	2	1	5	13		4	4				44	45
	冶川						6	3							8	9
	延安				1		1	2	1	1					6	6
	新平					4									4	4
	鎭川	1			1	1							1		4	4
	清州							3							3	3
	新安							1			1				2	2
	南陽														2	
	欽安				1										1	1
	勵山					1									0	1
	洪川					1									1	1
	楊州						1								1	1
	金海						1								1	1
	龍城							1							1	1

성	본관	경기	충북	충남	전북	전남	경북	경남	황해	평남	평북	강원	함남	함북	舊計	新計
全	旌善	1	2				3	3	1	1	2	31	37	1	76	85
	天安	1			10	9	1		1		4				25	26
	沃川		3	1	1		7		1	1		1			14	15
	全州					1		6	1	1	2				9	11
	龍宮						8	1				1			8	10
	星州	1					3		4						6	8
	黃澗													6	6	6
	慶山							5							4	5
	竹山						1	2							4	3
	羅州								1	2					2	3
	星山		2												4	2
	玉山						2								2	2
	慶州												2		2	2
	竺山						1								1	1
	靈光							1							1	1
	咸昌							1							0	1
	機張												1		1	1
許	陽川	5	3	3	2	9		1	2	2	6	4	4	44	79	85
	金海				3	9	13				2	7			34	34
	河陽				1		2	12	1						6	16
	泰仁				3	2									5	5
	詩山					2									2	2
	楊川															1
柳	文化	6	6	5	12	15	9	9	14	2		2	1	1	81	82
	晉州	6	3	1			3	3	10		1	3	6		34	36
	全州	3		1	7		5	1	4			1			19	22
	高興				8	7						2			17	17
	瑞山				1			5							6	6
	晉陽						5								3	5
	瑞寧			4											4	4
	豊山					4									4	4
	興陽			1											1	1
	善山				1										1	1
	黃州						1								0	1
徐	達城			3	4	9	26	22	1	2			2		61	69
	利川	2			6	24	9	2	1	1	2	1	10		57	58
	大邱				1	3	8	3			1		1		18	17
	長城				1	1		2				3			3	7

성	본관	경기	충북	충남	전북	전남	경북	경남	황해	평남	평북	강원	함남	함북	舊計	新計
徐	扶餘			1	1					1					3	3
	連山			2											2	2
	浙江						1								1	1
	伊川											1			1	1
孫	密陽		1	4	3	7	8	18	6	9	3	4	3		62	66
	慶州						13								12	13
	平海							3				4			7	7
	月城						4	1			1				6	6
	安東						2	2							4	4
	一直						3								2	3
	密城	1						2							3	3
	宜寧							1							1	1
朱	新安	1		1	2	4	1	6	1	3	1	3	31	6	57	60
	綾城			2											2	2
	延安									1					0	1
黃	昌原	7	1	4	3	6	4	17	5	4	4	2			55	57
	平海	2					15					15	4	3	36	39
	長水	2		3	7	4	7	1	3						23	27
	紆州				7										7	7
	檜山							3							3	3
	濟安									3					3	3
	懷德			1			1								2	2
	昌寧					1									1	1
	靈巖							1							1	1
	黃州										1				1	1
	南原													1	1	1
梁	南原	1	3	2	10	2	4	12	10	2	6	1	3	1	55	57
	濟州				43										42	43
	海州				1										1	1
	清州														42	
沈	青松	3				12	5	10	3	1		8	12		56	57
	三陟											6			6	6
	豊山				2										2	2
車	延安			1	2	4	5	10	4	11	9		1	2	48	49
	晋州				1										1	1
閔	驪興	2	8			9	2	8	14			4			39	47
	驪州						2						1		4	3
田	潭陽			3	6	1	1	10	1	2	15	5			45	44

성	본관	경기	충북	충남	전북	전남	경북	경남	황해	평남	평북	강원	함남	함북	舊計	新計
田	延安						1			1					2	2
	平澤										2				2	2
	河陰						1								1	1
羅	羅州			2	15	12	2		3	7	1				35	42
	錦城		1			10			1						12	12
	安定						1		1						2	2
	軍威								2						2	2
	壽城						1								1	1
林	羅州			1	6	15	3	7	5	2	2				39	41
	平澤	2	2	3	6	12	8	2			1		3		39	39
	蔚珍						2			12		2			17	16
	醴川					11									11	11
	扶安	1		4	1	4		1							10	11
	兆陽				4	3				1					7	8
	安東						1			1		3			5	5
	全州												2	2	4	4
	安義						1			2					3	3
	善山				1		1								2	2
	恩津						2								2	2
	密陽	1													1	1
	慶州	1													1	1
	鎭川	1													1	1
	常山		1												1	1
	長興				1										1	1
	錦城						1								1	1
	安儀							1							1	1
	潭陽									1					1	1
	平海											1			1	1
嚴	寧越	3		1	1		6	3		2		16	7		36	39
禹	丹陽	1	1		2	2	15	4	11	3					38	39
劉	江陵				2	7	4	3	1			9	2	10	36	38
	白川						5	1							6	6
	居昌						4	1							5	5
	忠州		1										1		2	2
	全州							1							1	1
元	原州	6			2			1	3	3		7	10	4	34	36
南	宜寧	2	2	1	3	6	2	2	1	1		1		4	31	34
	英陽					23						6			29	29

성	본관	경기	충북	충남	전북	전남	경북	경남	황해	평남	평북	강원	함남	함북	舊計	新計
南	固城		3	2											5	5
	昌原				1										1	1
	淸州						1								1	1
康	信川			2	3	10	2		1	4	12				32	34
	谷山					14				15			5		31	34
	載寧					1		2							3	3
	晋州							2	1						3	3
	安陵							3							3	3
郭	玄風	2			4	6	7	7	6	2					35	34
	淸州		2					1				1			4	4
	善山		3												3	3
	海美					1									1	1
	東萊						1								1	1
玄	延州	1				13	3			5	4	7			32	33
	星州					1	1			1					3	3
	星山					1									1	1
	迎州						1								0	1
成	昌寧		2	3	3	1	9	12	2				1		28	33
	昌靈							1							0	1
任	豊川	2	1	7	3	6	3		3		1	5	1		32	32
	長興			1		10									8	11
	西河								2						0	2
	谷城	1													1	1
	冠山					1									1	1
	豊山						1								1	1
辛	靈山	3	2		2	1	2	18	1		1				30	30
	寧越		1		2	1	4	1	1			4	3		15	17
河	晋陽	1			3	6	2	12	3	1	1				24	29
	晋州							23							18	23
丁	羅州			2	1	7	7	1	1	3	1	5			25	27
	靈光				1	12									13	13
	昌原				4	3		1							8	8
	靈城					8									6	8
	錦城					4									1	4
	義城				1										1	1
方	溫陽	2					2	1		7	7		3	2	22	24
	軍威					1	1								2	2
	河陰														2	

성	본관	경기	충북	충남	전북	전남	경북	경남	황해	평남	평북	강원	함남	함북	舊計	新計
方	淸州								1						1	1
	安山												1		1	1
廉	坡州		1		2	3		1	3			1	11		19	22
盧	光州					1	10	1	2	1			6		18	21
	交河			2	2		2	4	3			7			20	20
	豊山				5		7								11	12
	光山				6	1									5	7
	長淵						3		2						5	5
	萬頃		5												4	5
	慶州						3								3	3
	海州									3					4	3
	廣州									2					2	2
	安東				1										1	1
	谷山							1							1	1
	延安									1					1	1
蔡	平康	1	1		7	2				1	1		2	6	20	21
	仁川				8	2	3	4							17	17
池	忠州	1	1	1		3	1	4	1		2	2	3		19	19
孔	曲阜	1			1	5	2	6	4						19	19
具	綾城	3	3		1	3	4	1	2						18	17
	綾州			2			6	5							10	13
	平海			6											6	6
	昌原						4								4	4
邊	原州					3	1		8	3	1	1			16	17
	黃州					3									3	3
	長淵					1									1	1
都	星州			2			11	3				1			17	17
	西濟						1								1	1
	全州												1		1	1
裵	星山		3		2		6	1				4			16	16
	星州				1	1	5					2			9	9
	大邱				2	6									8	9
	金海				1		4	3							8	8
	興海						7	1							7	8
	盆城						6								6	6
	達城			1	1	1	1								4	4
	昆陽						1	2							3	3
楊	淸州	2		2	1	1	3	3					2		12	14

성	본관	경기	충북	충남	전북	전남	경북	경남	황해	평남	평북	강원	함남	함북	舊計	新計
楊	南原				6										5	6
	密陽							2							2	2
	中和					1									1	1
	安岳									1					1	1
	潁陽			1	1	3	2	3	1					3	14	14
石	忠州	2					4	2		3	2				13	13
	洪州								1				2		3	3
蘇	晋州	1		10		1			1						13	13
桂	遂安										13				13	13
魏	長興				9	1							3		12	13
	冠山				1										1	1
愼	居昌	1			2	2		5	3						12	13
慶	淸州	5			7			1							6	13
陳	驪陽			1		1	2	8							11	12
	江陵												5		4	5
	三陟			3											3	3
	羅州			1	1										3	2
	驪興														2	
	淳昌														1	
	安東				1										1	1
	驪州				1										0	1
咸	江陵				1				2	1	1	6			11	11
	楊根									2	1	3			6	6
兪	杞溪	2	1	1		1	1	2						3	11	11
	務安			2											2	2
	昌原			2											2	2
	仁牙							2							2	2
蔣	牙山					9	1								8	10
吉	善山									2	5	1			8	8
	海平				1				1			4			6	6
馬	長興				2	1							3	2	8	8
奇	幸州				6	1	1								8	8
夫	濟州				8										7	8
薛	淳昌				4	1		2					1		0	8
	開城	1													1	1
	牙山														1	
	廣州														1	
	慶州												1		0	1

성	본관	경기	충북	충남	전북	전남	경북	경남	황해	평남	평북	강원	함남	함북	舊計	新計
魯	江華				2	3			1						6	6
	咸平				5		1								6	6
	密陽							1							0	1
	水原							1							1	1
呂	咸陽	1			1			5							7	7
	星州						2						1		1	3
	星山						2								4	2
太	南原												2	5	6	7
	密陽			1											1	1
	尙州						1								1	1
卜	草溪					2	2	3							7	7
	密陽						1	4							5	5
	八溪							1							1	1
玉	宜寧						1	3	3						9	7
	宜春							1							0	1
	沃川								1						0	1
	晋州								1						1	1
	淳昌														1	
孟	新昌			4					1			1	1		7	7
周	尙州							4		2					6	6
	草溪		2					1							2	3
	丹城							1							1	1
	安義												1		1	1
宣	寶城						6								6	6
庚	茂松		4	1	1										6	6
房	南陽				4	2									3	6
	南原											1			4	1
卓	光山				1					1	1		3		4	6
	光州									1					2	1
潘	岐城						2	3							5	5
	南平				1										1	1
	巨濟											1			1	1
	光州														1	
秋	秋溪					1	1	3							5	5
	密陽	1													1	1
王	開城				1	1		2		1					5	5
殷	幸州			3		2									5	5
明	延安		3		1		1								5	5

성	본관	경기	충북	충남	전북	전남	경북	경남	황해	평남	평북	강원	함남	함북	舊計	新計
明	西蜀										3				3	3
印	喬桐			3					2						5	5
南宮	咸悅								3				1		4	4
秦	平康				3										3	3
	豊基						1								1	1
	晋州				1										1	1
琴	奉化				3										3	3
	鳳城				1										0	1
史	清州	2											1		2	3
龍	洪川	1											2		3	3
偰	慶州			2	1										3	3
鞠	潭陽			2	1										3	3
陸	沃川			2			1								0	3
牟	咸平				1	1	1								3	3
表	新昌				1				1	1					4	3
皇甫	永川						2		1						3	3
司空	孝令						3								3	3
賓	大邱						2	1							2	3
弓	土山									3					3	3
延	谷山									1			2		4	3
鮮于	太原									1	2				2	3
奉	江華					2									2	2
	河陰								2						0	2
諸	漆原						1	1							2	2
	金海			1											1	1
董	廣川												2		2	2
	榮川												1		1	1
晋	南原			2											2	2
杜	杜陵			1									1		2	2
西門	安義			2											1	2
佘	宜寧						1	1							2	2
片	浙江						2								2	2
章	居昌							2							2	2
景	海州							2							2	2
承	延日						1		1						2	2
公	金浦										2				2	2
智	鳳山											2			2	2
康	密陽											2			2	2

성	본관	경기	충북	충남	전북	전남	경북	경남	황해	평남	평북	강원	함남	함북	舊計	新計
溫	金海				1										0	1
	淸州												1		1	1
	金溝														1	
諸葛	大邱					1									1	1
	漆原					1									1	1
獨孤	南原									1					1	1
尙	木州	1													1	1
范	錦城			1											1	1
程	河南			1											0	1
邢	晉州				1										1	1
芮	義興						1								1	1
錢	開慶						1								1	1
夏	達城						1								1	1
甘	昌原							1							1	1
雷	喬洞								1						1	1
韋	江華									1					1	1
魚	咸從												1		2	1
慈	遼陽													1	1	1

비고:
① 舊計는 일본인의 통계(『朝鮮の聚落(後篇)』)이며, 新計는 같은 자료(『朝鮮の姓』)를 가지고 만든 본인의 통계다.
② 『朝鮮の聚落(後篇)』의 기록에는 晉州 刑씨는 있는데(1부락) 진주 邢씨는 없으며, 또 『朝鮮の姓』에는 진주 邢씨는 있는데 刑씨는 보이지 않는다. 아마도 ‘邢’자를 ‘刑’자로 잘못 적은 듯하다.
③ 0으로 표기한 것은 구계(『朝鮮の聚落(後篇)』)에는 없고 본인의 통계에 새로 나타난 것이다.
④ 『朝鮮の姓』에는 黃澗 全씨가 나와 있는데, 『朝鮮の聚落(後篇)』에는 이것이 없고 황간 金씨로 나와 있다. ‘전’씨를 ‘김’씨로 誤記한 듯하다.
⑤ 『朝鮮の聚落(後篇)』에는 安城 李씨가 두 번 표기되어 있는데, 하나는 7부락, 다른 하나는 5부락으로 나타나 있다.
⑥ 『朝鮮の姓』에는 ‘濟州’ 梁씨로 나와 있는데, 『朝鮮の聚落(後篇)』에는 그것은 없고 ‘淸州’ 양씨로 나와 있다. 오기인 듯하다.
⑦ 『朝鮮の姓』에는 淳昌 玉씨가 나타나 있지 않은데 『朝鮮の聚落(後篇)』에는 이것이 나타나 있다.
⑧ 『朝鮮の聚落(後篇)』에는 이미 말한 안성 이씨 외에도 다음 동족이 이중으로 표기되어 있는데, 구계에는 전자를 택하였다(다음 표).

동족명	동족부락 수	
	前者	後者
牛峰 金氏	4	3
扶寧 金氏	4	1
星山 李氏	4	1
德山 李氏	3	1
寧川 李氏	2	1
扶安 李氏	2	1
泰仁 崔氏	4	2
長城 徐氏	4	3

이상과 같이 동족부락의 분포를 살핌으로써 다음과 같은 사실을 알 수 있다.

첫째, 일제시대에 하나 이상의 동족부락에 집단적으로 거주한 동족의 성은 합계 135성에 달한다(그 당시 한국인의 성은 총 250종이었다).

둘째, 각 성의 본관이 몇 개인지 표로 나타내면 다음과 같다.

〈표 7〉 동족부락의 성별 본관 수

성	본관 수	성	본관 수	성	본관 수	성	본관 수	성	본관 수	성	본관 수
金	132	安	7	全	17	閔	2	郭	5	蔡	2
李	131	申	4	許	5	田	4	玄	4	池	1
朴	50	張	20	柳	11	羅	5	成	2	孔	1
韓	7	曹	2	徐	8	林	20	任	6	具	4
姜	3	趙	22	孫	8	嚴	1	辛	2	邊	3
崔	48	鄭	30	朱	3	禹	1	河	2	都	3
尹	8	吳	14	黃	11	劉	5	丁	6	裵	8
權	2	高	5	梁	4	元	1	方	4	楊	6
洪	5	白	6	沈	3	南	5	廉	1	石	2
文	5	宋	15	車	2	康	5	盧	12	蘇	1
桂	1	魯	4	王	1	表	1	佘	1	程	1
魏	2	呂	3	殷	1	皇甫	1	片	1	邢	1
愼	1	太	3	明	2	司空	1	章	1	芮	1
慶	1	卞	3	印	1	賓	1	景	1	錢	1
陳	6	玉	4	南宮	1	弓	1	承	1	夏	1
咸	2	孟	1	秦	3	延	1	公	1	甘	1
兪	4	周	4	琴	2	鮮于	1	智	1	雷	1
蔣	1	宣	1	史	1	奉	2	唐	1	韋	1
吉	2	庚	1	龍	1	諸	2	溫	2	魚	1
馬	1	房	2	俣	1	董	2	諸葛	2	慈	1
奇	1	卓	2	鞠	1	晋	1	獨孤	1		
夫	1	潘	3	陸	1	杜	1	尙	1	계	135성
薛	3	秋	2	车	1	西門	1	范	1		

이해를 돕기 위하여 이것을 다시 몇 개의 범주로 구분하면 다음과 같다.

〈표 8〉 동족부락의 성별 본관 수의 분포 현황

본관 수	성 수	성
130~139	2	金, 李.
40~50	2	朴, 崔.
20~30	4	趙, 鄭, 林, 張.
10~19	6	吳, 宋, 全, 柳, 黃, 盧.
5~9	14	(생략)
2~4	40	(생략)
1	58	(생략)

이 표에서 보듯 金씨와 李씨의 본관 수가 他姓의 그것보다 훨씬 많다. 뒤따르는 朴씨, 崔씨의 본관 수는 김씨, 이씨의 그것보다 훨씬 적다. 다른 성은 대부분 본관 수가 적은 편이고 본관이 하나인 성도 58종이나 된다. 본관이 하나 이상 넷 이하인 성이 전체 성의 7할이 넘는다.

다음으로 동족별로 동족부락의 수를 살펴보면, 김해 김씨, 전주 이씨, 밀양 박씨의 3동족이 단연 많아 각기 1,100부락 이상을 차지한다. 이보다 훨씬 뒤떨어져 경주 김씨, 경주 이씨, 청주 韓씨 순이다. 본관 수의 조사결과와 마찬가지로, 조사한 동족들은 대부분 거주하는 동족부락의 수가 적은 편이다. 다음 <표 9>에서 보듯이 대다수의 동족이 1개 이상 9개 이하의 동족부락에 거주한다.

〈표 9〉 동족별 동족부락 수의 분포 현황

동족부락 수	동족 수	동족명
1,100~1,300	3	金海金, 全州李, 密陽朴.
670	1	慶州金.
346	1	慶州李.
284	1	淸州韓.
200~215	5	晋州姜, 慶州崔, 全州崔, 光山金, 坡平尹.
160~199	3	全州金, 安東權, 安東金.
100~139	11	南陽洪, 南平文, 順興安, 平山申, 仁同張, 昌寧曺, 金寧金, 三陟金, 江陵金, 漢陽趙, 海州吳.
90~99	8	東萊鄭, 濟州高, 海州崔, 善山金, 潘南朴, 江陵崔, 水原白, 河東鄭.
80~89	7	礪山宋, 旌善全, 陽川許, 延日許, 延安李, 文化柳, 廣州李.
60~79	9	平昌李, 達成徐, 星州李, 密陽孫, 全義李, 晋陽姜, 慶州鄭, 韓山李, 新安朱.
50~59	9	利川徐, 昌原黃, 南原梁, 靑松沈, 延安金, 淸風金, 晋州鄭, 咸安趙, 晋陽鄭.
40~49	13	永川李, 咸陽朴, 延安車, 恩津宋, 驪興閔, 咸平李, 遂安李, 潭陽田, 陜川李, 濟州梁, 羅州羅, 順川朴, 羅州林.
30~39	34	平海黃, 平澤林, 寧越嚴, 丹陽禹, 義城金, 淸州金, 碧珍李, 高靈申, 江陵劉, 草溪鄭, 丹陽李, 白川趙, 晋州柳, 原州元, 金海許, 宜寧南, 信川康, 谷山康, 玄風郭, 忠州金, 驪州李, 延州玄, 昌寧成, 豊川任, 務安朴, 開城金, 月城李, 原州李, 水原崔, 豊壤趙, 淸道金, 龍仁李, 寧海朴, 靈山章.
20~29	31	商山金, 順川金, 固城李, 仁川李, 英陽南, 晋陽河, 長水黃, 羅州丁, 天安全, 星州李, 海州鄭, 陽城李, 淸州李, 德水李, 竹山朴, 長興高, 晋州河, 坡州廉, 全州柳, 廣州金, 晋州金, 載寧李, 密陽朴, 玉川趙, 光州盧, 平康蔡, 結城張, 靈光金, 公州李, 蔚山朴, 交河盧.
10~19	83	彦陽金, 公州李, 朔寧崔, 和順崔, 廣州安, 竹山安, 迎日鄭, 忠州池, 曲阜孔, 寶城吳, 同福吳, 隋城崔, 扶安金, 水原金, 鎭川金, 忠州朴, 安東張, 軍威吳, 高興柳, 大邱徐, 密城辛, 綾城具, 原州邊, 星州都, 仁川蔡, 星山裵, 蔚珍林, 河陽許, 淸州鄭, 蔚珍張, 海平尹, 耽津崔, 一善金, 安山金, 靑海李, 春川朴, 沃川金, 潁陽千, 淸州楊, 漆原尹, 咸安李, 羅州金, 月城金, 咸昌金, 眞城李, 牙山李, 眞寶李, 忠州崔, 月城崔, 溫陽鄭, 高敞吳, 慶州孫, 靈光丁, 綾城具, 忠州石, 晋州蘇, 遂安桂, 長興魏, 居昌愼, 淸州慶, 光山李, 安城李, 錦城羅,

		豊川盧, 驪陽陳, 蔚山李, 尙州朴, 江陵朴, 烏川鄭, 全州全, 醴川林, 扶安林, 長興任, 江陵成, 杞溪兪, 唐岳金, 羽溪李, 旌善李, 珍山崔, 寧海申, 丹城張, 龍宮全, 牙山蔣.
5~9	119	(내용 생략)
2~4	210	(내용 생략)
1	260	(내용 생략)

6. 족보를 간행한 동족과 집단거주하는 동족의 관계

다음에서 족보를 간행한 바 있는 동족과 동족부락에 거주하는 동족은 어떤 관계에 있는지 살펴보자.

〈표 10〉 족보간행과 동족부락의 관계

성	본관	동족부락 수	족보간행 수	성	본관	동족부락 수	족보간행 수
金	金海	1,287	121	金	靈光	20	7
	慶州	1,870	79		彦陽	19	1
	光山	202	31		扶安	18	
	全州	191	19		水原	17	1
	安東	160	24		鎭川	17	3
	金寧	102	22		一善	16	1
	三陟	101	6		安山	15	3
	江陵	100	14		羅州	13	4
	善山	97	5		月城	13	1
	延安	56	6		咸昌	13	4
	靑風	51	9		唐岳	10	1
	義城	38	7		公州	9	2
	淸州	38	7		龍宮	9	1
	忠州	33	7		瑞興	8	1
	開城	31	4		牛峰	8	
	淸道	30	4		扶寧	7	8
	商山	29	6		大邱	7	4
	順川	29	6		豊山	6	1
	廣州	22	3		海豊	6	
	晋州	21	6		道康	6	1
	蔚山	20	1		唐津	6	1

성	본관	동족부락 수	족보간행 수	성	본관	동족부락 수	족보간행 수
金	宣城	5	1	金	野城	2	
	尙州	5	1		延白	2	
	交河	5	2		鷄林	2	4
	東萊	5	1		金化	2	1
	原州	5			河陰	2	
	固城	5	1		星州	2	
	光州	5			益山	2	
	楊州	5	1		南原	2	
	安岳	5	1		藍浦	2	
	海州	5	3		鐵原	2	
	豊基	5	1		平壤	2	
	江華	4	2		扶餘	2	
	禮安	4			寧越	2	1
	永川	4	2		茂長	2	1
	白川	4	1		英陽		1
	平山	4			堂岳	1	
	寧海	4			義州	1	
	振威	4			坡平	1	1
	昌原	3			光陽	1	
	高靈	3	1		高山	1	
	靈山	3	2		富平	1	
	陽根	3	2		通律	1	
	密陽	3	2		靈巖	1	
	盆城	3			雪城	1	1
	遂安	3			處仁	1	
	旌善	3			金陵	1	1
	長淵	3			樂安	1	1
	和順	3			漆原	1	
	豊川	3			熙川	1	
	沃川	3	1		始興	1	
	南陽	3	1		臨陂	1	
	文州	3			龍安	1	
	綾城	3			咸平	1	
	杆城	3			珍島	1	
	金堤	2	2		高陽	1	
	德水	2			積城	1	
	通川	2			萬頃	1	
	泗川	2	1		南平	1	
	錦山	2	2		驪州	1	

성	본관	동족부락 수	족보간행 수	성	본관	동족부락 수	족보간행 수
金	溫陽	1		李	月城	31	1
	定山	1			原州	31	4
	恩津	1			龍仁	30	3
	結城	1			固城	29	2
	成川	1			仁川	29	5
	延州	1			星山	25	3
	蔚珍	1			陽城	24	4
	韓山	1			淸州	24	3
	平海	1			德水	23	2
	稷山	1			載寧	21	3
	豊德	1			公州	20	2
	登州	1			靑海	15	
	龍潭		1		咸安	14	2
	態神		1		眞城	13	
	殷栗		1		牙山	13	2
	貞州		1		眞寶	13	1
	鎭岑		1		光山	12	5
	靑松		1		安城	12	2
	太原		1		蔚山	12	
	鶴城		1		羽溪	10	1
	海南		1		旌善	10	1
	溟源		1		禮安	9	1
	安城		1		牛峰	9	1
	梁山		1		開城	8	1
李	全州	1,257	111		長水	8	1
	慶州	346	49		新平	8	1
	延安	82	9		淸安	6	1
	廣州	80	6		安岳	6	1
	平昌	77	5		古阜	6	
	星州	66	12		龍宮	6	1
	全義	65	4		完山	6	7
	韓山	60	6		鐵城	5	
	永州	49	4		鎭安	5	1
	咸平	46	7		河濱	5	
	遂安	44	4		驪興	4	
	陜川	43	6		振威	4	
	碧珍	36	3		興陽	4	3
	丹陽	36	8		宣城	4	
	驪州	33	7		永陽	4	

성	본관	동족부락 수	족보간행 수	성	본관	동족부락 수	족보간행 수
李	德山	4	1	李	金山	1	
	忠州	4	3		溫陽	1	
	青松	4	1		咸豊	1	
	洪州	3	5		沃溝	1	
	光州	3			遼山	1	
	寧川	3	2		咸興	1	
	隴西	3			密城	1	1
	泰安	3	3		報恩	1	1
	晋州	3	1		洪川	1	
	扶安	3			昌寧	1	
	水原	3			學城	1	
	杆城	3			嘉平	1	
	康津	2			醴泉	1	
	安平	2			陽山	1	
	月浪	2			廣平	1	
	長興	2			清風	1	
	鳳山	2	1		江陽	1	1
	高興	2			東城	1	
	順川	2			花山	1	1
	京山	2			加平	1	
	高靈	2			務安	1	
	瑞山	2			順興	1	
	羅州	2	1		安山	1	1
	聞寧	2			宣寧	1	
	金浦	2	1		金化	1	
	寧海	2	1		安南	1	
	通溝	2			豊德	1	
	茂長	1			結城	1	
	清河	1			密陽	1	
	呂州	1			興德	1	
	丹城	1			清道	1	
	平山	1	1		海州	1	
	三山	1			大興	1	2
	河陰	1			安東	1	
	公山	1			果川	1	
	德恩	1			江陵	1	
	西林	1	1		通津	1	1
	尙山	1			江華		1
	永陽	1			金溝		1

성	본관	동족부락 수	족보간행 수	성	본관	동족부락 수	족보간행 수
李	道康		1	朴	義興	3	
	扶餘		1		商山	3	1
	富平		1		文義	3	
	隋城		2		慶州	3	1
	梁山		1		唐津	3	
	永膺		1		陰城	2	1
	瀛州		2		泰安	2	
	長川		1		固城	2	1
	貞簡		1		綾州	2	
	七修		1		全洲	2	
	太原		1		開寧	2	
	楓泉		1		泗川	2	2
	鶴城		3		雲峰	1	1
	海南		1		旌善	1	
	惠寧		1		錦城	1	
	懷德		1		泰仁	1	1
朴	密陽	1,151	78		訥仁	1	
	潘南	94	4		比安	1	1
	咸陽	49	9		龜山	1	
	順川	41	6		安城	1	
	務安	32	2		唐城	1	
	寧海	30	6		靑山	1	
	竹山	23	5		魯城	1	
	密城	21	18		河陰	1	
	高靈	19	2		鷄林	1	
	忠州	17	4		古城	1	
	春川	15	2		淳昌	1	1
	尙州	2	1		善山		1
	江陵	2	1		麟蹄		1
	蔚山	9	6		平州		1
	珍原	9	1		新羅		5
	沔川	7	2	韓	淸州	284	34
	軍威	7	1		谷山	2	1
	月城	7	2		錦山	1	
	昌原	6			淸安	1	
	驪州	6	2		延安	1	
	靈岩	5	1		漢陽	1	
	平澤	4	1		忠州	1	
	三陟	4		姜	晋州	215	20

성	본관	동족부락 수	족보간행 수	성	본관	동족부락 수	족보간행 수
姜	晋陽	63	9	崔	通州	1	1
	晋城	1			龍宮	1	1
	晋山		4		安山	1	
崔	慶州	208	43		康津	1	
	全州	207	28		唐津	1	
	海洲	97	12		晋州	1	
	江陵	91	16		古阜	1	1
	水原	31	2		商州	1	
	朔寧	19	3		溫陽	1	
	和順	19	7		仁同	1	
	隋城	18	2		龍崗	1	
	耽津	16	5		稷山	1	
	忠州	13	4		光陽		1
	月城	13			牙山		1
	珍山	10			陽川		1
	原州	7	1		延豊		1
	杆城	7	1		完山		1
	陽州	7		尹	坡平	200	23
	永州	6	1		海南	16	2
	青松	6	2		漆原	14	3
	草溪	5	1		南原	9	2
	黃洲	5	1		茂松	6	1
	興海	4			咸安	3	
	江華	4	1		海平	2	1
	朗州	4			水原	1	
	泰仁	4	1		永州	1	
	寧城	4			禮賓		1
	鐵原	3		權	安東	172	33
	聞慶	3			仁同	1	
	開城	3		洪	南陽	139	26
	清州	3	2		缶林	8	
	扶安	3			豊山	6	4
	東州	2	2		昌原	1	
	曲江	2			洪州		1
	廣州	2	1		南原	1	
	遂安	2		文	南平	135	19
	永興	2	1		甘泉	2	
	咸平	1			江城	2	
	楊州	1	1		南原	1	

성	본관	동족부락 수	족보간행 수	성	본관	동족부락 수	족보간행 수
文	丹城	1		趙	豊壤	31	2
安	順興	135	21		玉川	21	4
	廣州	19	3		淳昌	6	2
	竹山	19	6		平壤	5	1
	康津	5	1		晋州	4	
	順安	1			金堤	4	1
	太原	1			忠州	3	
	耽津	1	1		平山	3	
申	平山	135	19		密陽	2	
	高靈	38	6		南原	2	
	寧海	10			楊川	2	2
	鵝州	9	2		橫城	1	1
張	仁同	132	21		泗川	1	
	結城	21	2		海州	1	
	安東	17	6		白水	1	
	蔚珍	16	3		月川	1	
	丹城	10			永春	1	
	玉山	7			林川	1	
	木川	6			眞寶		1
	興城	6	3		太原		1
	順川	4	1		豊陽		4
	德水	3	2	鄭	東萊	98	11
	興德	3			河東	90	13
	智禮	1			延白	84	1
	求禮	1			慶州	61	10
	沃溝	1	1		晋州	51	6
	全州	1			晋陽	50	5
	禮泉	1			草溪	37	4
	哲江	1			海州	24	2
	羅州	1			迎日	19	15
	報恩	1			淸州	16	1
	晋州	1			溫陽	13	2
	鳳城	1			烏川	11	1
	鎭川	1			羅州	9	3
曺	昌寧	125	19		八溪	6	1
	昌山	1			光山	6	
趙	漢陽	100	16		瑞山	5	1
	咸安	50	9		奉化	4	2
	白壤	36	4		光州	2	1

성	본관	동족부락 수	족보간행 수	성	본관	동족부락 수	족보간행 수
鄭	野城	2		白	泰仁	5	1
	金浦	2			大興	2	1
	豊基	1			淸道	1	
	咸平	1	1		扶餘	1	
	長鬐	1		宋	礪山	85	28
	禹州	1			恩津	48	17
	月城	1			冶川	9	
	廣州	1			延安	6	3
	定山	1			新平	4	3
	延白	1			鎭川	4	2
	靑山	1	1		淸州	3	1
	錦城		1		新安	2	
	綾城		1		南陽		2
	全州		1		欽安	1	
吳	海州	100	25		勵山	1	
	寶城	18	2		洪川	1	
	同福	18	4		楊州	1	1
	軍威	17			金海	1	
	高敞	13	1		旌城	1	
	羅州	6	2		聞慶		1
	樂安	3			冶爐		1
	咸平	2		全	旌善	85	1
	長興	2			天安	26	1
	錦城	2			沃川	15	1
	和順	1			全州	11	
	延白	1			龍宮	10	1
	南陽	1			星州	8	1
	首陽		1		黃澗	6	
	蔚山		1		慶山	5	1
	全州		1		竹山	3	
	平海		1		羅州	3	
	咸陽	2	4		星山	2	
高	濟州	98	12		玉山	2	1
	長興	23	4		慶州	2	1
	長澤	5			竺山	1	
	開城	4			靈光	1	
	橫城	3			咸昌	1	
白	水原	91	19		機張	1	
	藍浦	6		許	陽川	85	

성	본관	동족부락 수	족보간행 수	성	본관	동족부락 수	족보간행 수
許	金海	34		黃	平海	39	6
	泰仁	5	2		長水	27	4
	詩山	2	2		紆州	7	2
	楊川	1			檜山	3	
	盆城				濟安	3	2
	陽川		1		懷德	2	
柳	文化	82	1		昌寧	1	
	晋州	36	12		靈岩	1	
	全州	22	7		黃州	1	
	高興	17			南原	1	
	瑞山	6	4		德山		1
	晋陽	5	3	梁	南原	57	16
	瑞寧	4			濟州	43	2
	豊山	1			海洲	1	
	興陽	1		沈	靑松	57	8
	善山	1	1		三陟	6	1
	黃州	1			豊山	2	1
徐	達城	69	5	車	延安	49	9
	利川	58	12		晋州	1	
	大邱	17	6	閔	驪興	47	5
	長城	7	2		驪州	3	1
	扶餘	3	1	田	潭陽	44	6
	連山	2			延安	2	
	浙江	1			平澤	2	
	伊川	1			河陰	1	
	南陽	1		羅	羅州	42	4
孫	密陽	66	13		錦城	12	2
	慶州	13			軍威	2	1
	平海	7	2		壽城	1	
	月城	6	1		安定	2	
	安東	4		林	羅州	41	12
	一直	3			平澤	39	10
	密城	3	3		蔚珍	16	
	宣城	1			醴川	11	
	淸州		1		扶安	11	
宋	新安	60	14		兆陽	8	
	綾城	2			安東	5	2
	延安	1			全州	4	
黃	昌原	57	8		安義	3	1

성	본관	동족부락 수	족보간행 수	성	본관	동족부락 수	족보간행 수
林	善山	2		郭	海美	1	1
	恩津	2			東萊	1	
	密陽	1			苞山		7
	慶州	1		玄	延州	33	3
	鎭川	1	1		星州	3	
	常山	1			星山	3	
	錦城	1			迎州	1	
	安儀	1		成	昌原	33	7
	潭陽	1			昌靈	1	
	平海	1		任	豊川	32	5
	保安		1		長興	2	1
	秩安		1		西河	2	
	庇仁		1		谷城	1	
	淳昌		1		冠山	1	
	益山		1		豊山	1	
	臨陂		1	辛	靈山	30	5
	長興		1		靈越	17	4
	彭城		4	河	晉陽	29	8
嚴	寧越	39	15		晉州	23	1
禹	丹陽	39	8	丁	羅州	27	3
劉	江陵	38	17		靈光	13	4
	白川	6			昌原	8	2
	居昌	5	2		靈城	8	2
	忠州	2			錦城	4	1
	全州	1			義城	1	
元	原州	36	7		昌寧		1
南	宜寧	34	6	方	溫陽	24	5
	英陽	29	2		軍威	2	1
	固城	5			淸州	1	
	昌原	1			安山	1	
	淸州	1		廉	坡州	22	2
康	信川	34	2	盧	光州	21	4
	谷山	34	1		交河	20	4
	載寧	3			豊川	12	2
	晉州	3			光山	7	2
	安陵	3			長淵	5	1
郭	玄風	34	1		萬頃	5	1
	淸州	4	1		慶州	3	
	善山	3	2		海州	3	

성	본관	동족부락 수	족보간행 수	성	본관	동족부락 수	족보간행 수
盧	廣州	2		桂	遂安	13	2
	安東	1		魏	長興	13	4
	谷山	1	1		冠山	1	
	延安	1		愼	居昌	13	2
	新昌		1	慶	淸州	13	1
蔡	平康	21	2	陳	驪陽	12	6
	仁川	17	3		江陵	5	1
池	忠州	19	6		三陟	3	1
孔	曲阜	19	6		羅州	2	1
具	綾城	17	6		安東	1	
	綾州	13			驪州	1	
	平海	6			梁山		1
	昌原	4	1		新光		1
邊	原州	17	6	咸	江陵	11	2
	黃州	3			楊根	6	
	長淵	1		兪	杞溪	11	8
都	星州	17	2		務安	2	1
	西濟	1			昌原	2	3
	全州	1			仁同	2	2
裵	星山	16	2	蔣	牙山	10	2
	星州	9		吉	善山	8	2
	大邱	9			海平	6	1
	金海	8	1	馬	長興	8	1
	興海	8	1		馬興		1
	益城	6	2		木川		1
	達城	4	2	奇	幸州	8	1
	昆陽	3		夫	濟州	8	
	昆山		1	薛	淳昌	8	1
	慶州		2		開城	1	
	廣州		1		慶州	1	1
楊	淸州	14	5	魯	江華	7	1
	南原	6	1		咸平	6	4
	密陽	2			密陽	1	1
	中和	1			水原	1	
	安岳	1		呂	咸陽	7	
千	潁陽	14	7		星州	3	1
石	忠州	13			星山	2	1
	洪州	3	1	太	南原	7	
蘇	晉州	13	2		密陽	1	

성	본관	동족부락 수	족보간행 수	성	본관	동족부락 수	족보간행 수
太	尙州	1		琴	鳳城	1	1
	陜溪		1	史	淸州	3	1
卞	草溪	7	1	龍	洪川	3	1
	密陽	5		偰	慶州	3	
	八溪	1		鞠	潭陽	3	1
玉	宜寧	7	2	陸	沃川	3	1
	宣春	1		牟	咸平	3	1
	沃川	1		表	新昌	3	
	晉州	1		皇甫	永川	3	1
孟	新昌	7	4	司空	孝令	3	1
周	尙州	6	2		軍威		1
	草溪	3	2	賓	大邱	3	
	丹城	1		弓	土山	3	
	安義	1	1		兎山		1
	鐵原		2	延	谷山	3	2
宣	寶城	6	2	鮮于	太原	3	1
庚	茂松	6	3	奉	江華	2	
	平山		1		河陰	2	1
房	南陽	6	2	諸	漆原	2	1
	南原	1			金海	1	
卓	光山	6	2	董	廣川	2	1
	光州	1			榮川	1	
潘	岐城	5		晉	南原	2	
	巨濟	1		杜	杜陵	2	3
	光州		1	西門	安義	2	
	南平	1	1	余	宣寧	2	
秋	密陽	1		片	浙江	2	
	秋溪	5	1	章	居昌	2	1
	全州		1	景	海州	2	
王	開城	5	3	承	延日	2	
殷	幸州	5	1	公	金浦	2	1
明	延安	5		智	鳳山	2	
	西蜀	3	2	唐	密陽	2	
印	喬桐	5	1	溫	金海	1	
南宮	咸悅	4	1		淸州	1	
秦	平康	3		諸葛	大邱	1	
	豊基	1	2		漆原	1	
	晉州	1		獨孤	南原	1	1
琴	奉化	3		尙	木州	1	

성	본관	동족부락 수	족보간행 수	성	본관	동족부락 수	족보간행 수
范	錦城	1	1	慈	遼陽	1	1
程	河南	1	1	卜	沔陽		1
邢	晋州	1	1	睦	泗川		1
芮	義興	1		賈	蘇州		1
錢	聞慶	1		昔	月城		1
夏	達城	1		陰	竹山		1
甘	昌原	1		楚	巴陵		1
	檜山		1	胡	巴陵		1
雷	喬洞	1		簡	加平		1
韋	江華	1		冰	慶州		1
魚	咸從	1	1				

이 표에 나타나 있는 바와 같이 한국동족은 동족부락 수가 많을수록 족보간행 횟수도 많음을 알 수 있다. 그리고 동족부락을 이루지 않은 것으로 기록되었지만 족보를 간행한 동족의 경우, 실지는 동족부락을 이루어 거주하지만 아마도 동족부락조사에서 누락한 것으로 보이며 따라서 분석결과에는 영향을 끼치지 않는다고 본다.

끝으로 족보를 간행한 바 있는 동족의 성과 본관 그리고 동족부락을 형성한 성과 본관은 어떤 관계에 있는지 알아보자. <표 11>에서 보는 바와 같이 예외가 있기는 하지만 거의 모든 성이 족보조사로 파악한 본관 수보다 동족부락조사로 파악한 본관 수가 더 많다. 또 성의 종류도 동족부락조사를 통해 파악한 것이 더 많다. 족보조사로 파악한 성의 종류는 총 125성인데, 동족부락조사로 파악한 결과는 135성이다. 또 대부분의 성은 양자에 다 포함되어 있으나, 夫, 偰, 表, 賓, 晋, 西門, 余, 片, 景, 承, 智, 唐, 溫, 諸葛, 尙, 芮, 錢, 夏, 雷, 韋의 20성은 동족부락조사에는 포함되어 있으나 족보조사에는 나타나지 않는다. 한편 簡, 冰, 卜, 睦, 賈, 千, 昔, 陰, 楚, 胡의 10성은 족보조사에는 나타나 있으나 동족부락조사에는 나타나지 않는다.

〈표 11〉 성별 동족부락과 족보간행 본관 수 비교

성	A	B	성	A	B	성	A	B	성	A	B	성	A	B
金	132	79	車	2	1	石	2	1	殷	1	1	承	1	
李	131	76	閔	2	1	蘇	1	1	明	2	1	公	1	1
朴	50	35	田	4	1	桂	1	1	印	1	1	智	1	
韓	7	2	羅	5	4	魏	2	1	南宮	1	1	唐	1	
姜	3	3	林	20	14	愼	1	1	秦	3	1	溫	2	
崔	48	31	嚴	1	1	慶	1	1	琴	2	1	諸葛	2	
尹	8	6	禹	1	1	陳	6	6	史	1	1	獨孤	1	1
權	2	1	劉	5	2	咸	2	1	龍	1	1	尙	1	
洪	5	3	元	1	1	兪	4	4	僕	1		范	1	1
文	5	1	南	5	2	蔣	1	1	鞠	1	1	程	1	1
安	7	4	康	5	2	吉	2	2	陸	1	1	邢	1	1
申	4	3	郭	5	5	馬	1	3	車	1	1	芮	1	
張	20	11	玄	4	1	奇	1	1	表	1		錢	1	
曹	2	1	成	2	1	夫	1		皇甫	1	1	夏	1	
趙	22	13	任	6	2	薛	3	2	司空	1	2	甘	1	1
鄭	30	22	辛	2	1	魯	4	3	賓	1		雷	1	
吳	14	10	河	2	2	呂	3	2	弓	1	1	韋	1	
高	5	2	丁	6	6	太	3	1	延	1	1	魚	1	
白	6	3	方	4	2	卞	3	1	鮮于	1	1	慈	1	1
宋	15	10	廉	1	1	玉	4	1	奉	2	1	簡		1
全	17	8	盧	12	8	孟	1	1	諸	2	1	冰		1
許	5	5	蔡	2	2	周	4	4	董	2	1	卜		1
柳	11	5	池	1	1	宣	1	1	晋	1		睦		1
徐	8	6	孔	1	1	庚	1	2	杜	1	1	賈		1
孫	8	5	具	4	2	房	2	1	西門	1		千		1
朱	3	1	邊	3	1	卓	2	1	余	1		昔		1
黃	11	6	都	3	1	潘	3	2	片	1		陰		1
梁	4	2	裵	8	8	秋	2	2	章	1	1	楚		1
沈	3	3	楊	6	2	王	1	1	景	1		胡		1

비고 : A는 동족부락을 형성한 성(姓)의 본관 수이며, B는 족보를 간행한 바 있는 성의 본관 수다.

참고문헌

『경국대전』
『經國大典註解』.
『대명률』
『산음장적』
『삼국사기』
『삼국유사』
『조선왕조실록』
『인구센서스보고서』

姜大基·洪東植, 1982, 「大都市의 住居環境과 近隣關係形成에 관한 研究」 『韓國社會學』 16.

경북대학교 문리과대학 사회학과, 1963, 『영세민실태조사보고서: 대구시 신암동 5구』.

慶尙南道誌編纂委員會, 1963, 『慶尙南道誌(下)』.

고영복, 1965, 『사회학요론』.

_____, 1972, 『현대사회학』.

고영환, 1931, 『新聞學』.

고황경 외, 1963, 『한국농촌가족의 연구』, 서울대출판부.

郭亨基, 1982, 「花郎道精神의 體育史的 考察: 新羅時代를 중심으로」 『同大論叢』 12.

권귀숙, 1998, 「제주도 이혼의 구조적 원인분석」 『가족과 문화』 10-1, 한국가족학회.

權五勳, 1972, 「都市住宅地域의 社會學的 比較研究(3): 서울, 大邱 및 金泉의 共同生活圈을 中心으로」 『韓國社會事業大學論文集』 3.

金彊模, 1973, 「花郎思想研究」 『學術論文集』 (朝鮮獎學會) 3.

金光永, 1958, 「花郎道創設에 對한 小考」 『東國思想』 1.

김기석, 1954, 『새로운 윤리』.

김대환(역), 1959, 『사회희 입문』.

김대환, 1963, 『사회학』.

金斗憲, 1949, 『조선가족제도연구』, 을유문화사.

_____, 1969, 『韓國家族制度研究』, 서울大學校出版部.

김두희, 1959,『공동생활』1.

金凡父, 1948,『花郎外史』.

_____, 1960,「風流精神과 新羅文化」『韓國思想』3.

金鳳守, 1960,「花郎道의 敎育的 價値」『慶北大論文集』4.

김삼수, 1965,『한국사회경제사』.

金庠基, 1969,「花郎과 彌勒信仰에 대하여」『李弘植博士回甲紀念韓國史學論叢』.

金承璨, 1978,「新羅花郎徒와 그 文學世界의 探究」『釜山大論文集』25.

김영돈, 1973,「통과의례」『제주도 문화재 및 유적 종합조사보고서』, 제주도.

金泳謨, 1965,『농촌사회학』.

_____, 1967,『농촌지역사회조직론』, 민조사.

_____, 1969,「都市民의 共同生活圈」『社會福祉硏究』3.

_____, 1972,『한국사회학』.

金煐泰, 1966,「彌勒仙花攷」『佛敎學報』3·4 합집.

_____, 1970,「僧侶郎徒考: 花郎道와 佛敎와의 關係一考察」『佛敎學報』7.

김용덕, 1958,『국사개설』.

金容燮, 1963,「朝鮮後期에 있어서의 身分制의 動搖와 農地占有」『史學硏究』15.

金容泰, 1948,「花郎制度創定考」『民聲』4-1.

金雲學, 1974,「花郎道와 佛敎思想」『東國思想』7.

金仁會, 1981,「韓國巫俗硏究史」, 1981년 10월 30일 고대민족문화연구소 주최 학술연구발표회 발표요지『韓國巫俗의 綜合的 考察』.

김일철 외, 1999,『종족마을의 전통과 변화』, 백산서당.

金種璿, 1977,「新羅花郎の性格について: 特にその遊びに關して」『朝鮮學報』82.

金種雨, 1974,「新羅의 花郎과 風流文學論」『又軒丁仲煥博士還曆紀念論文集』.

金 俊, 1937,「新羅花郎制度의 意義」『新興』9.

김증한, 1960,『공동생활』1.

金哲俊, 1975,「三國時代의 禮俗과 佛敎思想」『大東文化硏究』6·7 합집(『韓國古代社會硏究』수록).

金春鉉, 1978,「花郎道敎育思想에 관한 一硏究」『公州敎大論文集』14-2.

金忠烈, 1971「花郎五界의 思想背景考」『亞細亞硏究』14-4.

金泰坤, 1976,「巫俗硏究半世紀의 方法論的 反省」『韓國民俗學』9.

_____, 1981,『韓國巫俗硏究』, 集文堂.

김택규, 1979, 『씨족부락의 구조연구』, 일조각.

_____, 1981, 「한일양국의 이른바 동족부락에 관한 비교 시고」 『한일관계연구소기요』 10·11 합집, 영남대학교.

김현준, 1930, 『근대사회학』.

_____, 1952, 『사회학개론』.

김혜숙, 1999, 『제주도의 가족과   당』, 제주대출판부.

金孝敬, 1933, 「巫堂に就いて」 『宗敎紀要(2)』.

_____, 1935, 「朝鮮の風水信仰」 『財團法人 明治聖德記念學會紀要』 43.

_____, 1935a, 「巫堂の賽神に就いて」 『宗敎硏究(新)』 12-1.

_____, 1935b, 「竈神に關する信仰」 『民族學硏究』 1-1.

_____, 1935c, 「巫堂に於ける死神賽神」 『宗敎紀要(3)』.

_____, 1937, 「巫堂の占卜に就いて」 『大正大學報』 26.

_____, 1942(?), 「朝鮮に於ける信仰狀態の現狀」 『政敎新論』 20-4·5.

_____, 1943, 「朝鮮守護神崇拜に於ける地域的特異性」 『宗敎硏究』 5-1.

盧昌燮, 1963, 『韓國都市地域社會의 硏究』.

_____, 1964, 『서울 住宅地域의 硏究』.

柳子厚, 1946, 「花郎考」 『우리公論』 1-3.

_____, 1947, 「花郎의 紀元辯」 『우리公論』 1-4.

문교부, 1959, 『고등도덕』 1~3.

_____, 1959, 『도덕』.

_____, 1959, 『사회생활』 1~6.

_____, 1962, 『중학도덕』 1~3.

문병집, 1970, 『한국 촌락에 관한 연구』.

閔泳福, 1977, 「鄕歌를 通해 본 花郎思想硏究」 『空軍士官學校論文集』 7.

民族文化硏究所, 1964, 「民族文化關係文獻目錄: 1945年以前」 『民族文化硏究』 1.

박병호, 1962, 「우리나라 솔서혼속에 유래된 친족과 금혼범위」 『법학』 4-1.

朴承吉, 1986, 「新羅花郎徒의 敎政團體的 性格과 그 社會的 意義」 『韓國傳統文化硏究』 2.

박일경·권혁소·이종항, 1959, 『공동생활』 1.

박송홍, 1959, 『공동생활』 1.

朴贊旿, 1962, 「花郎集團의 敎育制度와 그 實際에 關한 考察」 『釜山敎育大學硏究報告書』 1-2.

박혜인, 1988, 『한국의 전통혼례연구』, 고려대민족문화연구소.

배용광, 1957, 『사회학강의안』.

변시민, 1955, 「사회학 신강」.

_____, 1963, 『사회학』 개정판.

변태섭, 1956, 「신라 관등의 성격」 『역사교육』 1.

서울대 국사연구실, 1954, 『국사개설』.

徐廷範, 1974, 「花郎語攷」 『韓國民俗學』 7.

釋德庵, 1959, 「佛敎의 護國思想과 花郎道精神」 『現代佛敎』 1.

성래운・이원순, 1960, 『중등공민』.

손명현, 1957, 『문화의 창조』.

孫仁銖, 1964, 「新羅花郎敎育의 연구」 『敎育學硏究』 2.

_____, 1966, 「新羅花郎道敎育과 西洋中世騎士道의 敎育」 『敎育學硏究』 4.

孫晋泰, 1925, 「朝鮮に於けるシヤマニズム」 『東洋』.

_____, 1926a, 「朝鮮上古文化硏究(1): 朝鮮家屋形式의 人類學的 土俗學的 硏究」 『新民』 16.

_____, 1926b, 「朝鮮上古文化硏究(2): 朝鮮家屋形式의 人類學的 土俗學的 硏究」 『新民』 17.

_____, 1926c, 「朝鮮上古文化硏究(3): '검줄'文化의 土俗學的 硏究」 『新民』 18.

_____, 1926d, 「朝鮮上古文化硏究(4): '蘇塗, 積石壇, 立石'의 土俗學的 宗敎學的 硏究」 『新民』 19.

_____, 1927a, 「朝鮮上古文化의 硏究: 朝鮮古代宗敎의 宗敎學的 土俗學的 硏究(1)」 『東光』 11.

_____, 1927b, 「朝鮮上古文化의 硏究: 朝鮮古代宗敎의 宗敎學的 土俗學的 硏究(2)」 『東光』 12.

_____, 1927c, 「朝鮮上古文化의 硏究: 朝鮮古代宗敎의 宗敎學的 土俗學的 硏究(3)」 『東光』 14.

_____, 1927d, 「朝鮮上古文化의 硏究: 朝鮮古代宗敎의 宗敎學的 土俗學的 硏究(4)」 『東光』 15.

_____, 1927e, 「朝鮮上古文化의 硏究: 朝鮮古代宗敎의 宗敎學的 土俗學的 硏究(5)」 『東光』 16.

_____, 1928a, 「朝鮮支那民族의 原始信仰硏究: 光明에 關한 信仰과 太陽崇拜의 起因(1)」 『如是』 1.

_____, 1928b, 「朝鮮支那民族의 原始信仰硏究: 光明에 關한 信仰과 太陽崇拜의 起因(2)」 『如是』 2.

_____, 1930a, 「支那巫에 就いて」 『民俗學』 2-4.

孫晋泰, 1930b, 『朝鮮神歌遺篇』, 東京: 鄕土研究社.

_____, 1930c, 「太子巫女考」『新民』 58.

_____, 1931a, 「支那及朝鮮に於ける巫の腹活術について」『鄕土研究』 5-4.

_____, 1931b, 「巫の腹活術追記」『鄕土研究』 5-5.

_____, 1932a, 「蘇塗考」『民俗學』 4-4.

_____, 1932b, 「太子明道の巫稱に就いて」『鄕土研究』 6-3.

_____, 1933a, 「栍考」『朝鮮民俗』 1.

_____, 1933b, 「蘇塗考續補」『民俗學』 5-4.

_____, 1933c, 「長栍考」『市村博士古稀記念東洋史論叢』.

_____, 1933d, 「朝鮮の累石壇と蒙古の鄂博に就いて」『民俗學』 5-12.

_____, 1934, 「朝鮮古代山神의 性에 就하여」『震檀學報』 1.

_____, 1935, 「支那民族의 雄鷄信仰과 그 傳說」『震檀學報』 3.

_____, 1935a, 「朝鮮巫覡の神歌(1)」『靑丘學叢』 20.

_____, 1935b, 「朝鮮巫覡の神歌(2)」『靑丘學叢』 22.

_____, 1936a, 「朝鮮巫覡の神歌(3)」『靑丘學叢』 23.

_____, 1936b, 「巫覡의 神歌(1)」『新家庭』 4-4.

_____, 1936c, 「巫覡의 神歌(2)」『新家庭』 4-5.

_____, 1936d, 「中華民族의 魂에 關한 信仰과 學說(1)」『震檀學報』 4.

_____, 1936e, 「中華民族의 魂에 關한 信仰과 學說(2)」『震檀學報』 5.

_____, 1936f, 「抱川松隅里長栍調査記」『朝光』 2-2.

_____, 1937a, 「朝鮮巫覡の神歌(4)」『靑丘學叢』 28.

_____, 1940a, 「蘇塗考訂補」『朝鮮民俗』 3.

_____, 1940b, 「巫歌의 神歌」『文章』 18.

_____, 1948a, 『朝鮮民族文化의 研究』.

_____, 1948b, 『韓國民族史槪論』, 을유문화사.

_____, 1954, 『국사대요』.

申采浩, 1930, 「朝鮮歷史上의 一千年來一大事件」『朝鮮史研究草』(丹齋 申采浩 全集下, 乙酉文化社, 1972).

辛兌鉉, 1965, 「花郞世代考」『慶熙大論文集』 4.

申瀅植, 1985, 『新羅史』.

沈雨晟, 1973, 「李能和의 生涯와 論著」『出版學』 18.

_____, 1974, 「孫晋泰 論」『出版學』 19.

安啓賢, 1960, 「新羅의 世俗五戒와 國家觀」『韓國思想』 3.

安浩相, 1960, 『공동생활』 1.

安浩相, 1966,「배달임금과 배달나라의 고유한 道義原理들과 화랑도에 관한 연구」『東亞論叢』3.

양회수, 1960,『사회학요강』.

_____, 1967,『한국 농촌의 촌락구조』,

여영부, 1970,「한국동족집단갈등에 관한 사회학적 연구」, 고려대 석사학위논문.

여중철, 1974,「동족집단의 제기능」『한국문화인류학』6.

왕학수, 1960,『공동생활』1.

유진오, 1961,『공동생활』1.

兪昌均, 1971,「花郎의 語源에 대한 管見」『新羅伽倻文化』3.

劉昌宣, 1935~1936,「新羅花郎制度의 研究」『新東亞』5-10・11・12, 6-1・2・3(6회 연재).

이광규, 1977,『한국가족의 사적연구』, 일지사.

_____, 1980,「도시친족조직의 연구」『학술원논문집』(인문・사회과학편) 19.

_____, 1984,『사회구조론』, 일조각.

_____, 1990,『한국의 가족과 종족』, 민음사.

李基東, 1976,「新羅花郎徒의 起源에 대한 一考察」『歷史學報』69(『新羅骨品制社會와 花郎徒』, 1980 수록).

_____, 1979,「新羅花郎徒의 社會學的 考察」『歷史學報』82(『新羅骨品制社會와 花郎徒』, 1980 수록).

_____, 1984,「新羅社會와 花郎徒」『新文化』1 (東國大慶州分校).

李基白, 1967,『韓國史新論』, 일조각.

_____, 1978a,『新羅時代의 國家佛敎와 儒敎』.

_____, 1978b,『韓國史學의 方向』.

_____, 1986,『新羅思想史研究』.

李能和, 1927,「朝鮮巫俗考」『啓明』19.

_____, 1928a,「朝鮮の巫俗(1)」『朝鮮』156.

_____, 1928b,「朝鮮の巫俗(2)」『朝鮮』157.

_____, 1928c,「朝鮮の巫俗(3)」『朝鮮』159.

_____, 1928d,「朝鮮の巫俗(4)」『朝鮮』160.

_____, 1928e,「朝鮮の巫俗(5)」『朝鮮』161.

_____, 1928f,「朝鮮の巫俗(6)」『朝鮮』162.

_____, 1928g,「朝鮮の巫俗(7)」『朝鮮』163.

_____, 1929,「朝鮮の巫俗(8)」『朝鮮』164.

李東圭, 1942,「花郎と尙武精神」『東洋之光』4-7.

이만갑·고영복 역, 1964, 『사회학』.

이문웅 외, 1985, 『문화인류학』, 서울대출판부.

李秉岐, 1943, 「新羅의 花郎道」 『半島史話와 樂土滿洲』.

李丙燾, 1948, 『高麗時代의 研究』, 을유문화사.

_____, 1956, 『국사대관』.

_____, 1957, 「壬申誓記石에 대하여」 『서울大論文集』 5(『韓國古代史研究』,
        1976 수록).

이북만, 『이조사회경제사』.

이상백, 1947, 『조선문화사연구논고』, 을유문화사.

이상백(역), 1958, 『사회학』.

이상백·김채윤, 1966, 『한국사회계층연구』.

이상백·이만갑, 1959, 『공동생활』 1.

이상선, 1959, 『공동생활』 1.

李瑄根, 1950, 『花郎道研究』, 海東文化社.

이순구, 1969, 「Weber로 돌아가라(2): '사회과학적 인식의 객관성'에 대한 최문환
        교수의 오해」 『한국사회학』 4.

이영춘, 1995, 「종법의 원리와 한국사회에서의 전통」 『가족과 법제의 사회사』,
        한국사회사학회 논문집 제46집.

이영협, 『증정 일반경제사 요론』.

이의석·신기석·노동필, 1959, 『공동생활』 1.

이의철·신기석·조동필, 1957, 『문화의 향상』.

이인기·민병대, 1956, 『공동생활』 1.

이재훈, 1948, 『사회학개론』.

_____, 1959, 『공동생활』 1.

이종욱, 1974, 『남산신성비를 통하여 본 신라의 지방통치체제」 『역사학보』 64.

_____, 1980, 「신라중고시대의 성골」 『진단학보』 50.

_____, 1985, 「신라 골품제 연구의 동향」 『한국고대의 국가와 사회』.

_____, 1986, 「신라시대의 두품신분」 『동아연구』 10.

_____, 1987, 「회고와 전망, 한국사학계 1984~1986: 고대」 『역사학보』 116.

이창기, 1976, 「동족집단의 변화에 관한 연구」, 고려대 석사학위논문.

_____, 1977, 「동족집단의 기능변화에 관한 연구」 『한국사회학』 11.

_____, 1980, 「동족조직의 변화에 관한 연구」 『한국학보』 21.

_____, 1991, 「한국동족집단의 구성원리」 『농촌사회』 창간호, 한국농촌사회학
        회.

이창기, 1999, 『제주도의 인구와 가족』, 영남대출판부.

李効再・金周淑, 1972, 「都市家族問題 및 地域的 協同에 關한 研究」 『研究叢書』 1.

이해영・고영복(역), 1960, 『사회학』.

이현희, 1971, 「여말선초의 여성생활에 관하여: 처첩문제를 중심으로」 『아세아여성연구』 10, 숙명여자대학교아세아여성문제연구소.

이홍직 외, 1958, 『국사신강』, 일조각.

印權煥, 1978, 「韓國民俗學論著總目錄(1900~1977)」 『韓國民俗學史』, 悅話堂.

임한영・김준섭・최병칠, 1956, 『새로운 도의』 1~3.

全京秀, 1977, 「진도 하사미의 의례생활」 『인류학논집』 3, 서울대 인류학연구회.

_____, 1985, 「新羅社會의 年齡體系와 花郞制度」 『韓國文化人類學』 17(耕雲張燾根博士華甲紀念號).

정범석, 1965, 「우리나라 동성혼 및 근친혼에 관한 연구」 『학술지』 6, 건국학술연구원.

鄭忠良・李効再, 1970, 「都市主婦生活에 관한 實態調査: 中流家庭을 中心으로」 『梨大韓國文化研究院 論叢』 16.

정홍진, 1965, 『농촌사회학』.

조강희, 1988, 「도시화과정의 동성집단연구」 『민족문화연구』 6, 영남대민족문화연구소.

조기준, 1961, 『신 경제사』.

주낙원, 『사회학 개론』.

지두환, 1984, 「조선전기의 종법제도 이해과정」 『태동고전연구』 창간호.

진단학회(편), 1959, 『한국사 고대편』.

崔吉城, 1970, 「韓國巫俗研究의 過去와 現在」 『文化人類學』 3.

崔南善, 1927, 「薩滿敎劄記」 『啓明』 19.

_____, 1948, 『朝鮮常識問答』.

최문환 외, 1961, 『경제사』.

최문환・한춘섭・김상협, 1958, 『공동생활』 1.

崔在錫, 1960, 「同族集團의 結合範圍」 『梨大文化論叢』 1(『한국농촌사회연구』, 일지사, 1975 수록).

_____, 1962, 「日帝下의 族譜와 同族集團」 『亞細亞研究』 12-4.

_____, 1963, 「한국인의 친족호칭과 친족조직」 『아세아연구』 6-2(『한국가족연구』, 일지사, 1982 수록).

_____, 1964, 「韓・中・日 東洋三國의 同族比較」 『韓國社會學』 1(『한국농촌사

회연구』수록).

최재석, 1965a, 「동족집단」『농촌사회학』, 한국농촌사회연구회 편, 진명출판사.

_____, 1965b, 『한국인의 사회적 성격』.

_____, 1966a, 『한국가족연구』.

_____, 1966b, 「同族集團의 組織과 機能」『民族文化研究』 2(『한국농촌사회연구』 수록).

_____, 1968, 「동족집단조직체의 형성에 관한 연구」『대동문화연구』 5.

_____, 1969, 「한국의 친족집단과 유구의 친족집단」『高麗大學校論文集』 15 (人文社會科學篇).

_____, 1970, 「한국가족제도사」『한국문화사대계』 Ⅳ, 고려대학교민족문화연구소.

_____, 1972a, 「朝鮮時代의 相續制에 關한 研究: 분재기의 분석에 의한 접근」『歷史學報』 53·54 합집.

_____, 1972b, 「농촌에 있어서의 반상관계와 그 변화과정」『진단학보』 34.

_____, 1974a, 「朝鮮前期의 家族形態」『震檀學報』 37.

_____, 1974b, 「조선후기 도시가족의 형태와 구성: 대구호적을 중심으로」『인문논집』 19, 고려대학교.

_____, 1974c, 「韓國의 初期社會學: 舊韓末~解放」『韓國社會學』 9.

_____, 1975a, 「조선후기 상민의 가족형태: 곡성현 호적을 중심으로」『호남문화연구』 7, 전남대 호남문화연구소.

_____, 1975b, 「조선전기의 가족제도와 동족부락」『한국사론』 3, 국사편찬위원회.

_____, 1975c, 『한국농촌사회연구』, 일지사.

_____, 1975d, 「도시 아파트 가족의 친족관계」『인문논집』 20(『현대가족연구』, 일지사, 1982 수록).

_____, 1976a, 「조선시대의 신분계급과 가족형태」『인문논집』 21, 고려대학교.

_____, 1976b, 「고려후기 가족의 유형과 구성: 국보 131호 고려후기 호적문서의 분석에 의한 접근」『한국학보』 3.

_____, 1979a, 『제주도의 친족조직』, 일지사.

_____, 1979b, 「조선시대의 족보와 동족조직」『역사학보』 81.

_____, 1980, 「조선시대의 양자제와 친족조직(상, 하)」『역사학보』, 86~87.

_____, 1981a, 「고려조에 있어서의 토지의 균등상속」『한국사연구』 35.

_____, 1981b, 「족보에서의 派의 형성」『민족문화』 7.

_____, 1982a, 「고려시대의 혼인제도」『인문논집』 27, 고려대학교.

최재석, 1982b, 「고려의 상속제와 친족조직」, 『동방학지』 31.

_____, 1982c, 『한국가족연구』(개정판), 일지사.

_____, 1983a, 「신라왕실의 친족구조」, 『동방학지』 35.

_____, 1983b, 「조선초기의 상제」, 『규장각』 7.

_____, 1983c, 『한국가족제도사연구』, 일지사.

_____, 1984a, 「17세기의 친족구조의 변화」『제3회 국제학술회의 논문집』, 한국정신문화연구원.

_____, 1984b, 「고려시대의 상제」, 『정재각박사 고희기념 동양학논총』.

_____, 1985a, 「가족사에서의 서로 다른 두 원리」, 『역사학보』 106.

_____, 1985b, 「신라시대 여자의 토지소유」, 『한국학보』 40.

_____, 1986, 「신라의 골품제」『동방학지』 35(『한국고대사회사연구』, 일지사, 1987 수록).

최재희, 1959, 『공동생활』 1.

최호진, 1964, 『경제사 개론』.

최홍기(역), 1966, 『사회학』.

韓國銀行調査部, 1954, 『韓國經濟圖表』.

한삼인, 1985, 「이혼에 관한 연구(Ⅱ)」『사회발전연구』 창간호, 제주대 사회발전연구소.

한우근, 『한국통사』, 일조각.

한우근·김철준, 1954, 『국사개설』.

한치진, 1949, 『사회학개론』.

한태연, 1956, 『문화의 창조』.

현용준, 1973, 「가족」『제주도문화재 및 유적 종합조사보고서』, 제주도.

_____, 1977, 「濟州島의 喪祭」『民族學硏究』 42-3, 日本民族學會.

洪淳昶, 1970, 「新羅花郎道의 硏究史的 考察」『新羅伽倻文化』 2.

_____, 1971, 「新羅花郎道의 硏究」『新羅伽倻文化』 3.

황산덕·고승제·김경수, 1960, 『공동생활』.

高橋 亨, 1929, 『李朝佛教』, 大阪.

今村 鞆, 1928, 「新羅の花郎を論す」『朝鮮』 161.

_____, 1938, 「朝鮮に於ける一夫多妻の存在期に就いて」『滿鮮史論叢』.

磯村英一, 1953, 『都市社會學』, 東京: 有斐閣.

島崎 稔, 1959, 「村落共同體의 系譜와 文獻 解題」『村落共同體論의 展開』, 日本村落研究會.

福武 直, 1946, 『中國農村社會の 構造』, 大雅堂.

_____, 1949, 「中國の農村と日本の農村」, 『戶田貞三博士還曆祝賀記念論文集』, 弘文堂.

_____, 1956, 「現代 日本에 있어서의 村落共同體 存在形態」 『村落共同體의 構造分析』, 村落社會硏究會.

_____, 1959, 「村落共同體를 둘러싼 討議」 『村落共同體論의 展開』.

_____ 외(편), 1957, 『家族·村落·都市』 講座社會學 第4, 東京大學出版會.

三品彰英, 1930~1931, 「新羅의 奇俗花郎制度에 就いて」 『歷史と地理』 25-1~27-5 (10회 연재).

_____, 1934, 「新羅花郎의 源流とその發展」 『史學雜誌』 45-10·11·12(3회 연재).

_____, 1943, 「新羅花郎의 硏究」 『朝鮮古代硏究』 第一部, 東京: 三省堂(『三品彰英論文集』 第6, 1974 수록).

四方 博, 1937, 「朝鮮に於ける大家族制と同族部落」 『朝鮮』 270.

_____, 1938, 「李朝人口에 關する身分階級的 觀察」 『朝鮮經濟の硏究 (3)』.

善生永助, 1934a, 「著名なる同族部落」 『朝鮮總督府調査月報』 5-1.

_____, 1934b, 『朝鮮의 姓』.

_____, 1935, 『朝鮮의 聚落(後篇)』, 朝鮮總督府.

_____, 1935, 『朝鮮의 聚落(後篇)』.

松島靜雄·中野卓, 1958, 『日本社會要論』, 東京大學 出版會.

野尻重雄, 1942, 『農民離村의 實證的硏究』, 東京.

鈴木榮太郎, 1943, 『朝鮮農村社會踏査記』.

奧田直毅, 1938. 3, 「朝鮮의 民間信仰에 就いて(1)」 『讀書』 2-2.

_____, 1938. 4, 「朝鮮의 民間信仰에 就いて(2)」 『讀書』 2-3.

遠志山人, 1948, 「花郎制度의 小考」 『民主朝鮮』 2-1·2·3(3회 연재).

有賀喜左衛門, 1956, 「村落共同體와 家」 『村落共同體의 構造分析』, 村落社會硏衆會.

_____, 1949, 「親族呼稱의 本質에 關する一考察」 『戶田貞三博士還曆祝賀記念論文集』, 弘文堂.

伊藤亞人, 1973, 「韓國農村社會의 一面」, 中根千枝 編 『韓國農村의 家族과 祭儀』, 東京大出版會.

仁井田陞, 1954, 『中國의 農村家族』, 東京大學出版會.

赤松智城, 1931. 4, 「薦新賓神의 行事」 『朝永博士還曆紀念哲學文集』.

_____, 1933. 3, 「朝鮮巫俗의 聖所」 『宗敎紀要(2)』.

赤松智城, 1935, 「朝鮮巫俗の神統(承前)」 『宗敎硏究(新)』 12-2.

_____, 1935, 「朝鮮巫俗の神統(承前)」 『宗敎硏究(新)』 12-5.

_____, 1935, 「朝鮮巫俗の神統」 『宗敎硏究(新)』 12-1.

鮎貝房之進, 1932, 『花郞攷雜攷』 4(花郞攷, 白丁攷, 奴婢攷), 朝鮮印刷株式會社.

鳥居龍藏, 1913, 「朝鮮の巫人に就いて」 『東亞の光』 8-11.

_____, 1918, 「シヤーマン敎より見たる朝鮮の巫子」 『明治聖德記念學會紀要』 9.

_____, 1922, 「朝鮮の巫に就いて」 『朝鮮文化硏究』.

_____, 1924a, 「西比利亞のシヤーマン敎よりたる朝鮮の巫覡」 『日本周圍民族の宗敎』.

_____, 1924b, 「朝鮮の巫覡」 『日本周圍民族の宗敎』.

朝鮮總督府, 『朝鮮の 聚落(後篇)』.

竹田 旦, 1984, 「韓國における 祖先祭祀の 分割について」 『民俗學評論』 24, 大塚民俗學會.

竹田聽洲, 1961, 『祖先崇拜』, 平樂寺書店.

中野 卓, 1956, 「同族團硏究の起點と課題」 『林惠海敎授還曆記念論文集』, 有裵閣.

中村吉治, 1957, 『日本의 村落共同體』.

增田圭章, 1972, 「新羅における花郞徒について」 『大阪學院大學論叢』 19.

池內 宏, 1929, 「新羅人の武士的精神について」 『史學雜誌』 40-8(『滿鮮史硏究』 上世編 2, 1960 수록).

_____, 1936, 「新羅の花郞について」 『東洋學報』 24-1(『滿鮮史硏究』 上世編, 1960 수록).

淸水慶秀, 1977, 「新羅花郞の硏究動向」 『韓』 12.

淸水盛光, 1949, 『中國族産制度攷』, 岩波書店.

村山智順, 1929, 『朝鮮の鬼神』.

_____, 1931, 『朝鮮の風水』.

_____, 1932a, 「朝鮮賓神舞樂に就いて」 『朝鮮』 200.

_____, 1932b, 『朝鮮の巫覡』.

_____, 1932c, 「巫覡信仰の影響」 『朝鮮』 207.

_____, 1933, 『朝鮮の占卜と豫言』, 조선총독부.

_____, 1935, 『朝鮮の類似宗敎』, 조선총독부.

_____, 1937, 『部落祭』, 조선총독부.

_____, 1938, 『釋尊・祈雨・安宅』, 조선총독부.

秋葉 隆, 1931a, 「朝鮮の巫稱に就て」 『宗敎硏究(新)』 8-1.

_____, 1931b, 「朝鮮の巫俗に於けるデユアリズム」 『朝鮮』 192.

_____, 1931c, 「朝鮮巫人の入巫過程」 『宗敎硏究(新)』 8-4.

_____, 1931d, 「巫人乞粒の歌」 『靑丘學叢』 6.

_____, 1932a, 「踊る巫と踊らめ巫」 『宗敎硏究(新)』 9-3.

_____, 1932b, 「朝鮮に於ける巫の一分類」 『城大史學會報』 2.

_____, 1932c, 「德物山都堂祭」 『民俗學』 3-1.

_____, 1933a, 「巫女の家」 『ドルメン』 滿鮮特輯號.

_____, 1933b, 「朝鮮と滿洲の薩滿敎について」 『滿蒙』 14-4.

_____, 1933c, 「朝鮮の巫祖傳說」 『朝鮮』 216.

_____, 1934, 「朝鮮の巫家の母系的傾向」 『小田先生頌壽記念朝鮮論集』.

_____, 1935a, 「朝鮮巫女の硏究」 『鮮滿硏究』 8-5.

_____, 1935b, 「朝鮮巫俗文化圈」 『朝鮮』 239.

_____, 1935c, 「朝鮮の巫俗の家祭」 『社會學硏究』 1.

_____, 1937, 「德物山と鷄龍山」 『朝鮮』 267.

_____, 1938, 「朝鮮の巫團」 『社會學』 5.

_____, 1943, 「朝鮮巫俗の現地硏究序說」 『宗敎硏究』 5-2.

秋葉 隆・赤松智城, 1937a, 『朝鮮巫俗の參考圖錄』.

_____, 1937b, 『朝鮮巫俗の硏究(上)』.

_____, 1938, 『朝鮮巫俗の硏究(下)』.

喜多野淸一, 1953, 「同族組織と封建遺制」 『封建遺制』, 日本人文科學會 編, 有
　　裴閣.

Allen, H. N., 1896, "Some Korean Customs: The Mootang." *Korean Repository* 3.

Axelrod, Morris, 1956, "Urban Structure and Social Participation," *American Sociological
　　Review* 21(Feb).

Bergel, E. E., 1955, *Urban Sociology*.

Bishop, Isabella B., 1898, "Chapt. XXXIV Daemonism or Shamanism," *Korea and Her
　　Neighbors*.

Casanowicz, I. M., 1917, "Paraphernalia of a Korean Sorceress in United States
　　National Museum," *Proceedings of the United States National Museum* 51.

Clark, Charles Allen, 1926, "Chapt. 6 Shamanism," *Religions of Old Korea*.

달레, 샤를, 1979, 安應烈・崔奭祐 역주, 『韓國天主敎會史(上)』(*Histoire de l'eglise
　　de Corée*), 서울: 분도出版社.

Deuchler, M., 1994, 「나의 책을 말한다」 『한국사 시민강좌』 15.

_____, 2003, 이훈상 역, 『한국 사회의 유교적 변환』, 아카넷.

Durkheim, Émile, 1941, 古野淸人 역, 『宗教生活の原始的諸形態』(Les formes élémentaires de la vie religieuse), 東京: 岩波書店.

Fei, Hsiao-Tung, 1939, Peasant Life in China, London: G. Routledge and Sons.

Gist, N. P. and L. A. Halbert, 1950, Urban Society.

Griffis, William E., 1882, "Chapt. XXXIII Shamanism and Mythical Zoology," Corea: the Hermit Nation.

Hodous, Lewis, 1946, "Taoism," in Edward J. Jurji(ed.), The Great Religions of the Modern World.

Hulbert, Homer B., 1896, "The Geomancer," Korean Repository 3.

_____, 1903a, "The Korean Mudang and Pansu," The Korea Review 3-4, Seoul: Methodist Publishing House.

_____, 1903b, "The Korean Mudang and Pansu," The Korea Review 3-5, Seoul: Methodist Publishing House.

_____, 1903c, "The Korean Mudang and Pansu," The Korea Review 3-6, Seoul: Methodist Publishing House.

_____, 1903d, "The Korean Mudang and Pansu," The Korea Review 3-7, Seoul: Methodist Publishing House.

_____, 1903e, "The Korean Mudang and Pansu," The Korea Review 3-8, Seoul: Methodist Publishing House.

_____, 1903f, "The Korean Mudang and Pansu," The Korea Review 3-9, Seoul: Methodist Publishing House.

Jones, G. H., 1901, "The Spirit Worship of the Koreans," Transactions of the Korea Branch of the Royal Asiatic Society II(part 2).

Lanbuth, D. K., 1907, "Korean Devils and Christian Missionaries," Independent 63.

Landis, E. B., 1895, "Notes on the Exorcism of spirits in Korea," China Review 21-6.

_____, 1898, "Geomancy in Korea," Korean Repository 5.

_____, 1899, "Korean Geomancy," China Review 23.

Lang, Olga, 1950, Chinese Family and Society, Yale University Press.

Murdock, G. P., 1965, Social Structure, Free Press.

Park, Robert E. et al., 1925, The City.

Rutt, Richard, 1961, "The Flower Boys of Shilla," Transactions of the Korea Branch of the Royal Asiatic Society vol. 38.

Saunderson, H. S., 1895, "Notes on Corea and its people," *Journal of the Anthropological Institute* 24-3.

Schneider, David M. and George C. Homans, 1955, "Kinship Terminology and the American Kinship System," *American Anthropologist* Dec. 1955.

Smith, Arthur H., 1899, *Village Life in China*, New York: Fleming H. Revell Co.

Underwood, Horace Grant, 1910, "III. The Shamanism of Korea," *The Religions of Eastern Asia*, New York: Macmillan.

Wallin, Paul, 1953, "A Guttman Scale for Measuring Women's Neighborliness," *American Journal of Sociology* 59(Nov).

Weber, Max, 1940. 細谷德三郎 역, 『儒敎と道敎』(*Gesammelte Aufsatze zur Religionssoziologie* Vol. I).

_____, 1955, *Wirtschaft und Gesellschaft*.

Wilson, Robert A. and David A. Schulz, 1978, *Urban Sociology*, Prentice-Hall Inc.

Wirth, Louis, 1957, "Urbanism As a Way of Life," in P. K. Hatt and A. T. Reiss(eds), *Cities and Society*.

Wundt, 1913, *Elemente der Völkerpsychologie*.

찾아보기

최 재 석

서울대학교 사회학과 문학사 및 문학석사
고려대학교 사회학과 문학박사
중앙대학교 교수, 고려대학교 교수 역임
현재 고려대학교 명예교수
제1회 한국사회학회 학술상, 제46회 3·1문화상 등 수상

저 서

『韓國人의 社會的性格』,『韓國家族研究』,『韓國農村社會研究』,『濟州島의 親族組織』,『現代家族研究』,『韓國家族制度史研究』,『韓國古代社會史方法論』,『韓國古代社會史研究』,『韓國農村社會變動研究』,『百濟의 大和倭와 日本化過程』,『日本古代史研究批判』,『統一新羅·渤海와 日本의 關係』,『正倉院 소장품과 統一新羅』,『古代韓日佛教關係史』,『古代韓國과 日本列島』,『古代韓日關係와 日本書紀』,『한국 초기사회학과 가족의 연구』,『한국의 가족과 사회』,『8세기 한일관계와 속일본기』,『일본고대사의 진실』(수정증보),『고대일본의 정치 상황과 한일관계』,『Ancient Korea-Japan Relations and the Nihonshoki』

한국사회사의 탐구
값 32,000원

2009년 10월 8일 초판 인쇄
2009년 10월 18일 초판 발행

저　　자 : 최 재 석
발 행 인 : 한 정 희
발 행 처 : 경인문화사
편　　집 : 문 영 주
　　　　　서울특별시 마포구 마포동 324-3
　　　　　전화 : 718-4831~2, 팩스 : 703-9711
　　　　　이메일 : kyunginp@chol.com
　　　　　홈페이지 : 한국학서적.kr / www.kyunginp.co.kr
등록번호 : 제10-18호(1973. 11. 8)

ISBN : 978-89-499-0649-2 94910
ⓒ 2009, Kyung-in Publishing Co, Printed in Korea
* 파본 및 훼손된 책은 교환해 드립니다.